プリント形式のリアル過去問で本番の臨場感！

大阪府

同志社香里中学校

2025年春受験用　解答集

本書は，実物をなるべくそのままに，プリント形式で年度ごとに収録しています。
問題用紙を教科別に分けて使うことができるので，本番さながらの演習ができます。

■　収録内容

・解答集(この冊子です)

書籍ＩＤ番号，この問題集の使い方，最新年度実物データ，リアル過去問の活用，
解答例と解説，ご使用にあたってのお願い・ご注意，お問い合わせ

・2024(令和６)年度　～　2021(令和３)年度　学力検査問題

○は収録あり　　年度	'24	'23	'22	'21		
■ 問題(前期・後期)	○	○	○	○		
■ 解答用紙	○	○	○	○		
■ 配点	○	※	○	○		

全教科に解説
があります

※2023年度後期理科の配点は非公表
注)国語問題文非掲載:2024年度後期の【一】,2023年度前期の【一】と【二】

問題文の非掲載につきまして

著作権上の都合により，本書に収録している過去入試問題の本文の一部を掲載しておりません。ご不便をおかけし，誠に申し訳ございません。

本文の一部を掲載できなかったことによる国語の演習不足を補うため，論説文および小説文の演習問題のダウンロード付録があります。弊社ウェブサイトから書籍ＩＤ番号を入力してご利用ください。

なお，問題の量，形式，難易度などの傾向が，実際の入試問題と一致しない場合があります。

教英出版

■ 書籍ＩＤ番号

入試に役立つダウンロード付録や学校情報などを随時更新して掲載しています。
教英出版ウェブサイトの「ご購入者様のページ」画面で，書籍ＩＤ番号を入力してご利用ください。

書籍ＩＤ番号　124429

（有効期限：2025年9月30日まで）

【入試に役立つダウンロード付録】
「要点のまとめ(国語／算数)」
「課題作文演習」ほか

■ この問題集の使い方

年度ごとにプリント形式で収録しています。針を外して教科ごとに分けて使用します。①片側，②中央のどちらかでとじてありますので，下図を参考に，問題用紙と解答用紙に分けて準備をしましょう（解答用紙がない場合もあります)。

針を外すときは，けがをしないように十分注意してください。また，針を外すと紛失しやすくなりますので気をつけましょう。

① 片側でとじてあるもの

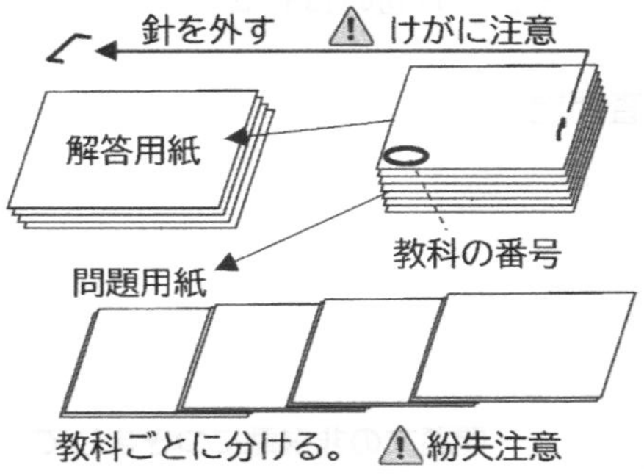

② 中央でとじてあるもの

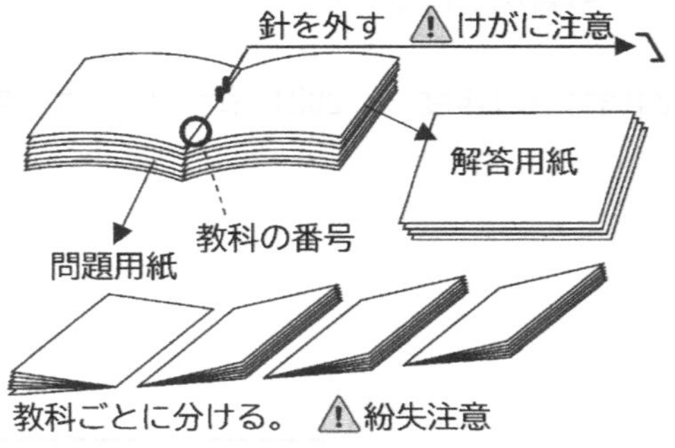

※教科数が上図と異なる場合があります。
　解答用紙がない場合や，問題と一体になっている場合があります。
　教科の番号は，教科ごとに分けるときの参考にしてください。

■ 最新年度 実物データ

実物をなるべくそのままに編集していますが，収録の都合上，実際の試験問題とは異なる場合があります。実物のサイズ，様式は右表で確認してください。

問題用紙	Ｂ４片面プリント
解答用紙	Ｂ４片面プリント

リアル過去問の活用

～リアル過去問なら入試本番で力を発揮することができる～

本番を体験しよう！

問題用紙の形式（縦向き／横向き），問題の配置や余白など，実物に近い紙面構成なので本番の臨場感が味わえます。まずはパラパラとめくって眺めてみてください。「これが志望校の入試問題なんだ！」と思えば入試に向けて気持ちが高まることでしょう。

入試を知ろう！

同じ教科の過去数年分の問題紙面を並べて，見比べてみましょう。

①　問題の量

毎年同じ大問数か，年によって違うのか，また全体の問題量はどのくらいか知っておきましょう。どのくらいのスピードで解けば時間内に終わるのか，大問ひとつにかけられる時間を計算してみましょう。

②　出題分野

よく出題されている分野とそうでない分野を見つけましょう。同じような問題が過去にも出題されていることに気がつくはずです。

③　出題順序

得意な分野が毎年同じ大問番号で出題されていると分かれば，本番で取りこぼさないように先回りして解答することができるでしょう。

④　解答方法

記述式か選択式か（マークシートか），見ておきましょう。記述式なら，単位まで書く必要があるかどうか，文字数はどのくらいかなど，細かいところまでチェックしておきましょう。計算過程を書く必要があるかどうかも重要です。

⑤　問題の難易度

必ず正解したい基本問題，条件や指示の読み間違いといったケアレスミスに気をつけたい問題，後回しにしたほうがいい問題などをチェックしておきましょう。

問題を解こう！

志望校の入試傾向をつかんだら，問題を何度も解いていきましょう。ほかにも問題文の独特な言いまわしや，その学校独自の答え方を発見できることもあるでしょう。オリンピックや環境問題など，話題になった出来事を毎年出題する学校だと分かれば，日頃のニュースの見かたも変わってきます。

こうして志望校の入試傾向を知り対策を立てることこそが，過去問を解く最大の理由なのです。

実力を知ろう！

過去問を解くにあたって，得点はそれほど重要ではありません。大切なのは，志望校の過去問演習を通して，苦手な教科，苦手な分野を知ることです。苦手な教科，分野が分かったら，教科書や参考書に戻って重点的に学習する時間をつくりましょう。今の自分の実力を知れば，入試本番までの勉強の道すじが見えてきます。

試験に慣れよう！

入試では時間配分も重要です。本番で時間が足りなくなってあわてないように，リアル過去問で実戦演習をして，時間配分や出題パターンに慣れておきましょう。教科ごとに気持ちを切り替える練習もしておきましょう。

心を整えよう！

入試は誰でも緊張するものです。入試前日になったら，演習をやり尽くしたリアル過去問の表紙を眺めてみましょう。問題の内容を見る必要はもうありません。どんな形式だったかな？受験番号や氏名はどこに書くのかな？…ほんの少し見ておくだけでも，志望校の入試に向けて心の準備が整うことでしょう。

そして入試本番では，見慣れた問題紙面が緊張した心を落ち着かせてくれるはずです。

※まれに入試形式を変更する学校もありますが，条件はほかの受験生も同じです。心を整えてあせらずに問題に取りかかりましょう。

2024 解答例
令和6年度

同志社香里中学校【前期】

《国　語》

【一】問一．Ⅰ．３　Ⅱ．２　問二．①３　③１　⑦１　問三．２　問四．３　問五．和語
問六．くちばし　問七．日本語を痩せさせる　問八．A．植物　B．視覚　C．芽　D．目　E．葉
F．枝　問九．４

【二】①，②，⑤

【三】①かわざんよう　②うちわけ　③はぐく

【四】①貸　②浴　③洗練　④仮装　⑤争点　⑥政局　⑦紅梅　⑧系列

【五】問一．A．５　B．２　C．３　D．１　問二．a．４　b．６　c．３　問三．３　問四．サクがいな
問五．自分もお客さんも一緒に楽しむ　問六．２　問七．４　問八．Ⅰ．吉沢さんのコネクション
Ⅱ．ありのままの想い　問九．４

《算　数》

1　(1)$\frac{8}{11}$　(2)$\frac{7}{8}$　(3)土

2　(1)27　(2)右図　(3)15.7

3　(1)３　(2)34　(3)最も多い…19　最も少ない…９

4　(1)100　(2)$16\frac{2}{3}$　(3)60

5　(1)12　(2)11　(3)30

6　(1)４　(2)４：５　(3)$\frac{19}{63}$

7　(1)945　(2)810　(3)４

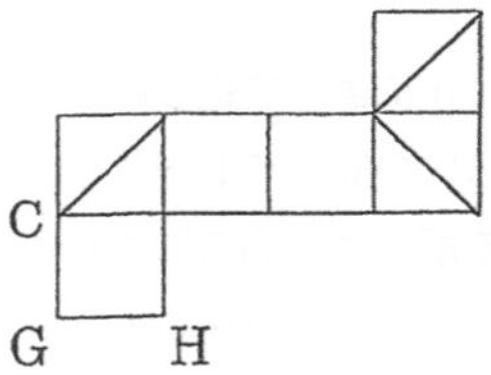

《理　科》

【1】ア．C　イ．a．A　b．E　ウ．C，50　エ．K，90

【2】ア．春…３，４，６　夏…２，５　イ．２～５　ウ．a．２　b．関節　エ．２，４　オ．a．芽　b．２

【3】ア．３　イ．①320　②４　ウ．①２　②４　③３

【4】ア．５　イ．５　ウ．８　エ．４　オ．４　カ．１

【5】ア．４　イ．２　ウ．４　エ．A．２　B．１　C．７　オ．１　カ．２　キ．１，２，３，５

【6】ア．２　イ．１　ウ．２　エ．２

【7】ア．A　イ．３　ウ．１　エ．ミジンコ　オ．５　カ．食物れんさ　キ．外来生物　ク．３
ケ．２

【8】ア．a．X．２　Y．７　b．X．１　Y．４　イ．１　ウ．a．２　b．３　c．１　d．１　e．３
f．２

《社　会》

【1】問１．【Ⅰ】香川県　【Ⅱ】大阪府　問２．(1)お　(2)い　(3)え　問３．〈ア〉え　〈イ〉い　〈ウ〉お
問４．い　問５．う　問６．え　問７．う　問８．え　問９．①あ　②あ

【2】①い　②え　③い　④え　⑤あ　⑥い　⑦う　⑧え

【3】問１．(1)あ　(2)う　(3)う　問２．①う　②え　③あ　④い

【4】問１．(1)く　(2)う　(3)き　(4)か　問２．あ　問３．①あ　②い　③(1)あ　(2)い　問４．う

2024 解答例 令和6年度 同志社香里中学校【後期】

《国　語》

【一】問一．時代の変化　問二．3　問三．1　問四．白妙の衣　問五．⑴夏の到来　⑵感性のきらめき
問六．2　問七．4　問八．⑴a．俳句　b．季語　c．秋　d．白　e．新緑　⑵わかるのではないか。
⑶オーギ

【二】問一．a．6　b．4　c．1　問二．3　問三．4→2→1→3　問四．4　問五．2
問六．Ⅰ．3　Ⅱ．1　問七．2　問八．A．乾燥しやすく、コケの生長が制限されがちな　B．水分を多く保持できる　問九．2，5

【三】②，③，⑤

【四】①ぶ　②かくさく　③ようさん

【五】①暑中　②小康　③盟約　④委　⑤破　⑥信任　⑦庁舎　⑧雲海

《算　数》

1　⑴$\frac{1}{5}$　⑵$\frac{3}{7}$　⑶1

2　⑴20　⑵①　⑶28.56

3　⑴45　⑵30　⑶19

4　⑴60　⑵30　⑶300

5　⑴11　⑵7　⑶17

6　⑴150　⑵54　⑶5.04

7　⑴52　⑵14.25　⑶28

《理　科》

【1】ア．プロキオン　イ．おおいぬ　ウ．4　エ．3，4　オ．4

【2】ア．2　イ．3，5　ウ．12　エ．2　オ．6

【3】ア．3　イ．1，4，5　ウ．a．根　b．気こう　c．蒸散　エ．4　オ．4　カ．2
キ．2，4

【4】ア．D　イ．石灰水…A　塩酸…E　ウ．A，C　エ．A，D

【5】ア．3　イ．55　ウ．4　エ．5　オ．3，4

【6】ア．25.6　イ．43.8　ウ．76.8　エ．5

【7】ア．C．1　E．4　イ．2　ウ．1　エ．2　オ．a．4　b．2　c．1

【8】ア．a．7　b．1　c．2　d．3　e．5　イ．F．皮ふ　G．水蒸気　ウ．X．1　Y．3
エ．2

《社　会》

【1】問1．【A】TPP　【B】EU　問2．広島　問3．え　問4．①え　②あ　③い　④い　⑤あ　⑥い

【2】問1．⑴う　⑵あ　⑶い　⑷い　問2．少子　問3．①う　②え　③う　④あ　⑤あ　⑥う　⑦⑴え　⑵え
⑧⑴あ　⑵い

【3】問1．①あ　②あ　③う　④う　⑤あ　⑥あ　⑦え　問2．う

【4】①い　②い　③え　④う　⑤え　⑥う　⑦え

―《2024　前期　国語　解説》

【一】

問三　「功」とは、すぐれた働きの意。１．「漢字をはじめとした外来語によって」とは、本文に書かれていない。２．第２段落の「多様な日本語の、その場その場の内容をひと目で識別できる手段が漢字です」に当てはまる。３．「他の言語よりも日本語の使い勝手がよくなった」とは、本文に書かれていない。　４．第１段落に「罪の部分も認めなくてはなりません。音と訓の誤解もそうです」とある。　よって２が適する。

問四　――線④の直後に、「その答えが縄文《じょうもん》の土器です。土をこねて成形したものに縄目をはりめぐらしたり、線文様などを刻んだりする～原初の『かく』とは、掻《か》いて表面の土や石を欠くことだったのです。ものに傷をつける『掻く』行為《こうい》は、指を使って行なう動作です」とある。よって３が適する。

問七　「どんな字病」とは、「『どんな字を書くのですか』と絶えず問いかける」ことを病に例えたもの。最後から４段落目に「『はし』は橋なのか端《はし》なのか、どちらの意味だろうかと、意味を限定して理解しようとすることほど日本語を痩《や》せさせるものはありません」とある。すぐに漢字を限定せず、どんな意味なのかを思い浮《う》かべて楽しむことこそ、日本語の豊かさだと筆者は考えている。

問八　「『は』『はな』『め』などが身体の一部分を表しているだけでなく、（　Ａ　）の成長過程や（　Ａ　）の一部分の名前になっている」とある。「身体の一部分を表している」のは、「歯」「鼻」「目」である。それと同じ発音の「葉」「花」「芽」は、「植物の成長過程や植物の一部分の名前になっている」といえるので、Ａには「植物」が入る。次に、「植物の最初の成長段階である（　Ｃ　）と～（　Ｄ　）が同じ発音であっても不思議ではありません」とあるので、Ｃには「芽」、Ｄには「目」が入る。また、「視覚・聴覚《ちょうかく》・触覚《しょっかく》など生き物の感覚機能はたくさんあります」と述べた後、次の行で「（　Ｂ　）の感覚器官である目」とあるので、Ｂには「視覚」が入る。「植物の一部分である（　Ｅ　）は、同じく植物の一部分である（　Ｆ　）と合わせて『取るに足らないもの』という意味の熟語として用いられます」とある。「『とるに足らないもの』という意味の熟語」は、「枝葉《しよう》（末節《まっせつ》）」である。よって、Ｅ・Ｆには「枝」または「葉」が入る。ただし、「（　Ｅ　）についても同じ発音が身体の一部分にある」とあるため、Ｅには「葉」が入り（身体の一部分にあって同じ発音なのは「歯」）、Ｆには「枝」が入る。

問九　「包容力のある、創造性豊かな」という表現は、４の「柔軟性《じゅうなんせい》を持っている」と同様の意味の言葉である。また、「一休ばなしに『このはしわたるべからず』という、有名な話がありますね。単なる駄洒落《だじゃれ》のように受けとめられていますが、これこそ、日本語の豊かさを示してくれる逸話《いつわ》です」「この頓知《とんち》から、『橋』『端』『間』を思い浮かべる遊びは、楽しいではありませんか」と、例をあげて説明している内容も、４に当てはまる。

【五】

問三　吉沢《よしざわ》さんに「オレの知り合いがプロデューサーやってるんだよね。次の改編レギュラー、探してるって言ってたな。やってみたい？」「ああ、そうだ。あさって、うちの会社来てもらえる？手伝ってほしいことがあるんだけど」と言われた重太郎《しげたろう》（＝「僕《ぼく》」）は「早くも仕事が。こんなにうまくいくなんて、こわいくらいだ」と期待した。しかし、「とりあえず、そこに積んである箱、下に運んでくれる？」と言われて、会社をたたむための「荷物の整理」を手伝うために呼ばれたことに気づいた。「虚《うつ》ろに考えながら」「気の抜《ぬ》けた返事」「悶々《もんもん》としていた」「泣きそうになりながら」などから、重太郎が「期待がはずれてショックや悔《くや》しさを感じ」ていることが分かる。しかし、「本当に難しいんだよ。人を笑わせる仕事って」とぽつんと言った吉沢さんの「くたびれたシャツの襟《えり》が汚《よご》れている」のを見て、「吉沢さんのお笑いへの思いやこれまでの苦労を想像して、敬意を払《はら》った態度（＝吉沢さんに深くお辞儀《じぎ》をして部屋を出た）」をとったのだ。よって３が適する。

問五　――線③の直前の「ステージに立ったときのわくわくと高まる気持ち、客席との一体感を思い出す。お客さんの表情。揺《ゆ》れた肩《かた》。体が甘《あま》く疼《うず》いた」を言いかえた――線③の直後の「提供するほうも受け取るほうも、一緒《いっしょ》に楽しい」の部分をまとまる。

問六　「誰《だれ》も僕にあれこれと訊《き》いてきたりしなかった」「『重太郎が元気なら、それでいいよ』と(父から)のんびりした口調でそう言われて」「母さんも、ただほほえんでいた」などから、家族の温かい気持ちが伝わってくる。重太郎も「一番心強い応援《おうえん》だった」と感じている。このことから、重太郎は、家族が重太郎の決めたことならどんな結論でも受けとめて応援するという想《おも》いでいてくれると受け取ったのである。よって２が適する。

問七　てっちゃんは、学生の頃《ころ》重太郎と漫才《まんざい》コンビを組んでいた相方で、現在は中学校の先生である。漫才師となった重太郎は、てっちゃんに「距離《きょり》を置かれてしまったと思っていた」が、電話をくれて「普通《ふつう》に話してもらえてすごく嬉《うれ》しかった」と感じている。居酒屋でコンビ解散のときのことや、今は宅配便のドライバーをしていることなど、ギャグを交えて話したが、「憐《あわ》れまれたりスルーされたり」することはなかった。てっちゃんが「弾《はじ》けるように笑ってくれ」たことで、重太郎は今も変わらぬ距離の近さを感じ、安心して、その後も本音を話すことができた。よって４が適する。

問八　――線⑤の次の行の「うわべだけのお膳立《ぜんだ》てじゃなくて、青森を出たときから僕《ぼく》が携《たずさ》えているありのままの想いが僕を輝《かがや》かせてくれるなら……」に着目する。「うわべだけのお膳立て」とは、重太郎が頼《たよ》ろうとしていた「吉沢さんのコネクション」で、自分を本当に輝かせるのは、そういうものではなく、自分のありのままの「お笑いをやってみたい」という気持ちなのだと気づいた。

問九　イベント会社のスタッフから聞いた、お客さんからの「初めて見たけど、おもしろかったって」という「とてつもなく嬉《うれ》しい言葉」は、重太郎に決心をさせた。それは、自分を評価してくれるお客さんもいるのだから、これからはあせることなく、ありのままの自分(＝「等身大の自分」)で一つ一つの仕事に誠実に向き合っていこうという決心である。よって４が適する。

《2024　前期　算数　解説》

1

(1)　与式＝$1\frac{2}{3}\div\{4-(\frac{5}{6}+\frac{7}{8})\}=\frac{5}{3}\div\{4-(\frac{20}{24}+\frac{21}{24})\}=\frac{5}{3}\div(4-\frac{41}{24})=\frac{5}{3}\div\frac{55}{24}=\frac{5}{3}\times\frac{24}{55}=\mathbf{\frac{8}{11}}$

(2)　与式より，$(\square+\frac{3}{8})\div\frac{5}{11}-\frac{3}{4}=7\div\frac{7}{2}$　$(\square+\frac{3}{8})\div\frac{5}{11}-\frac{3}{4}=2$　$(\square+\frac{3}{8})\div\frac{5}{11}=2+\frac{3}{4}$

$(\square+\frac{3}{8})\div\frac{5}{11}=\frac{11}{4}$　$\square+\frac{3}{8}=\frac{11}{4}\times\frac{5}{11}$　$\square+\frac{3}{8}=\frac{5}{4}$　$\square=\frac{5}{4}-\frac{3}{8}$　$\square=\mathbf{\frac{7}{8}}$

(3)　１月１日から５月17日までは，31＋29＋31＋30＋17＝138(日)ある。138÷７＝19余り５より，５月17日は，火曜日から数えて５日後の**土**曜日である。

2

(1)　右の「へこみのある四角形(ブーメラン型)の角度」を利用すると，角Ｂ＝120°－41°－23°＝56°である。三角形ＡＢＣはＡＢ＝ＡＣの二等辺三角形なので，角ＢＡＣ＝180°－56°×２＝68°である。よって，㋐の角の大きさは，68°－41°＝**27°**である。

へこみのある四角形(ブーメラン型)の角度

右図の太線のようなブーメラン型の図形において，三角形の外角の性質から，角ｄ＝角ａ＋角ｂ，角x＝角ｃ＋角ｄ＝角ｃ＋(角ａ＋角ｂ)だから，

角x＝角ａ＋角ｂ＋角ｃ

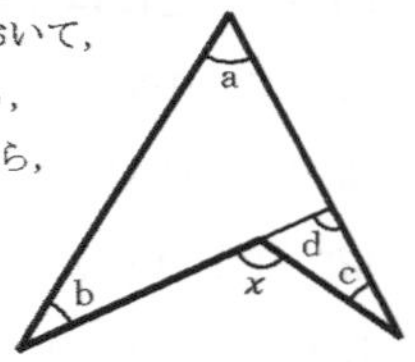

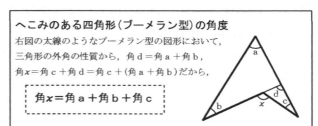

(2)　３点Ｃ，Ｇ，Ｈと同じ面にあるもう１点はＤである。辺ＣＤをはさんで辺ＧＨ，ＢＡが平行に並び，辺ＡＤをはさんで辺ＢＣ，ＥＨが平行に並ぶことが，見取図から読み取れる。このように考えていくと，図１の立方体の展開図は右のようになる。

それぞれ，図１にある直線ＡＣ，ＣＦ，ＡＦをかき込《こ》む。

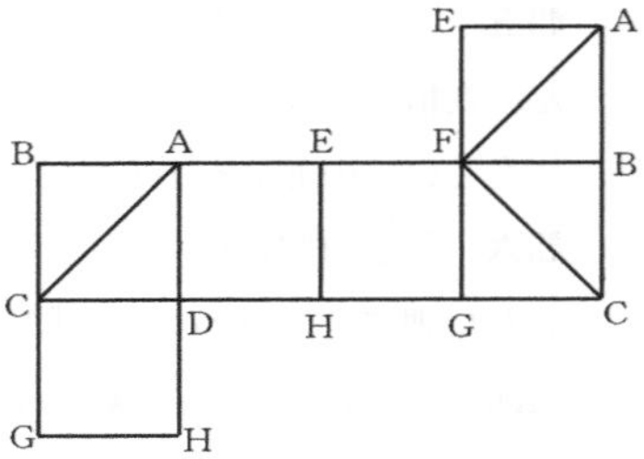

(3)　右下の図で，太線の三角形と，色のついた三角形は合同なので，求める面積は，半径６㎝，中心角 50° のおうぎ形の面積に等しい。

よって，$6 \times 6 \times 3.14 \times \frac{50°}{360°} = \mathbf{15.7}$(㎠)である。

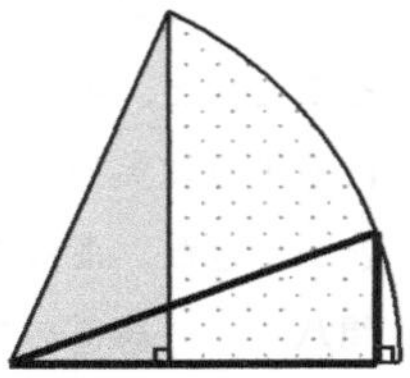

3　(1)　ＢとＣの２題だけ正解した人の点数は 20＋30＝50(点)である。

下の表より，50 点の３人は，ＢとＣの２題だけ正解した人のみなので，**３**人である。

得点	0	10	20	30	40	50	60
正解した問題	なし	Ａのみ	Ｂのみ	ＡとＢまたはＣのみ	ＡとＣ	ＢとＣ	ＡとＢとＣ
人数	0	2	3	10	5	3	2

(2)　平均点は，(全員分の点数の合計÷人数)で求められるから，

(10×２＋20×３＋30×10＋40×５＋50×３＋60×２)÷25＝850÷25＝**34**(点)である。

(3)　(1)の表より，最も少ないときは，ＡとＢを正解した 30 点の人がいなかった場合で，２人(Ａのみ)＋０人(ＡとＢ)＋５人(ＡとＣ)＋２人(ＡとＢとＣ)＝**９**人である。最も多いときは，30 点の 10 人が全員ＡとＢを正解した人だった場合で，９＋10＝**19**(人)である。

4　(1)　**【解き方】Ａさんは一往復を 25×２÷２＝25(秒)で泳ぎ，Ｂさんは一往復を 25×２÷0.5＝100(秒)で泳ぐ。**

よって，２人が泳ぎ始めた端に初めて同時に着いたのは，25 秒と 100 秒の最小公倍数である，**100** 秒後である。

(2)　**【解き方】泳ぎ始めてからＡさんがＢさんを初めて追いこしたとき，ＡさんとＢさんの泳いだ長さの差が 25×２＝50(ｍ)となる。**

ＡさんとＢさんは，１秒で２－0.5＝1.5(ｍ)の差がつくので，50ｍの差がつくのは，$50 \div 1.5 = 33\frac{1}{3}$(秒)後である。

このとき２人は，泳ぎ始めた端から $0.5 \times 33\frac{1}{3} = \mathbf{16\frac{2}{3}}$(ｍ)のところを泳いでいる。

(3)　**【解き方】２人の泳いだきょりの合計が 25×２＝50(ｍ)になるごとにすれちがう。**

50÷(２＋0.5)＝20(秒)ごとにすれちがうから，３回目にすれちがうのは 20×３＝**60**(秒後)である。

5　(1)　**【解き方】Ａ地点の信号機は 50＋３＋27＝80(秒)ごとに再び青色になり，Ｂ地点の信号機は 60＋４＋26＝90(秒)ごとに再び青色になる。**

よって，午前９時の次にＡ地点とＢ地点の信号機が同時に赤色から青色に変わるのは，80 と 90 の最小公倍数である 720 秒後である。720 秒＝12 分より，午前９時 **12** 分である。

(2)　午前９時から午前 11 時まで，２時間＝120 分であり，(1)より，12 分ごとに同時に赤色から青色に変わるので，120÷12＝10(回)同時に変わる。午前９時の分を入れると，10＋１＝**11**(回)である。

(3)　**【解き方】720 秒＝12 分で１つの周期と考え，１つの周期にどちらも黄色に点灯しているのは何秒あるかを調べる。**

赤色から青色に変わったときから 720 秒後まで，黄色に点灯しているのは，Ａ地点の信号機が 50～53 秒後，130～133 秒後，210～213 秒後，290～293 秒後，370～373 秒後，450～453 秒後，530～533 秒後，610～613 秒後，690～

693秒後であり，Ｂ地点の信号機が60～64秒後，150～154秒後，240～244秒後，330～334秒後，420～424秒後，510～514秒後，600～604秒後，690～694秒後である。この中で，どちらも黄色に点灯しているのは690～693秒後のみで，３秒である。午前９時から午前11時までの２時間＝120分だと120÷12＝10(周期)あるので，求める時間は３×10＝**30**(秒)である。

6 (1) 四角形ＡＢＣＤは，台形なので，図より，ＡＤとＢＣが平行であることがわかる。平行線のさっ角は等しいので，角ＡＤＢ＝角ＦＢＣである。また，角ＡＢＤ＝角ＦＢＣなので，角ＡＢＤ＝角ＡＤＢであり，三角形ＡＢＤはＡＢ＝ＡＤの二等辺三角形である。よって，ＡＢ＝ＡＤ＝６㎝であるので，ＢＥ＝６－２＝**４**(㎝)である。

(2) 右の図で，ＡＤの延長線とＣＥの延長線の交わった点をＧとする。

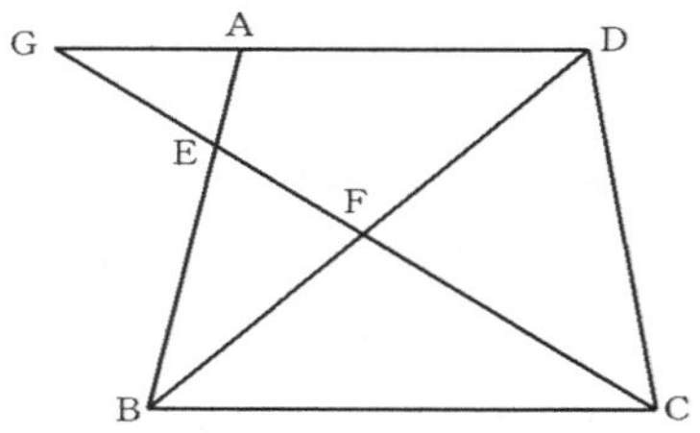

三角形ＡＧＥと三角形ＣＥＢは，同じ形で大きさのちがう三角形で，ＡＥ：ＥＢ＝２：４＝１：２なので，ＡＧ：ＢＣ＝１：２である。よって，ＡＧ＝$8\times\frac{1}{2}$＝４(㎝)である。また，三角形ＣＦＢと三角形ＧＦＤも，同じ形で大きさのちがう三角形で，ＢＣ：ＤＧ＝８：(６＋４)＝４：５より，ＢＦ：ＦＤ＝**４：５**である。

(3) **【解き方】三角形ＡＢＤの面積が台形ＡＢＣＤの面積の何倍かを求めたあと，右の「１つの角を共有する三角形の面積」を利用する。**

> **１つの角を共有する三角形の面積**
> 右図のように三角形ＰＱＲと三角形ＰＳＴが１つの角を共有するとき，三角形ＰＳＴの面積は，
> (三角形ＰＱＲの面積)×$\frac{PS}{PQ}$×$\frac{PT}{PR}$
> で求められる。
>
> 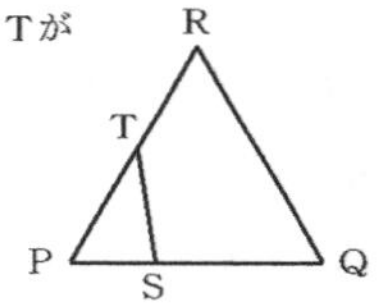
>

三角形ＡＢＤと三角形ＣＢＤの面積の比は，６：８＝３：４であるので，三角形ＡＢＤの面積は，台形ＡＢＣＤの$\frac{3}{3+4}=\frac{3}{7}$(倍)である。ここで，三角形ＡＢＤで「１つの角を共有する三角形の面積」を用いると，三角形ＥＦＢの面積が三角形ＡＢＤの何倍であるかを求めることができる。三角形ＥＦＢの面積は，

(三角形ＡＢＤの面積)×$\frac{4}{4+5}\times\frac{4}{6}$＝(三角形ＡＢＤの面積)×$\frac{8}{27}$と表すことができる。よって，四角形ＡＥＦＤの面積は，(三角形ＡＢＤの面積)×$\left(1-\frac{8}{27}\right)$＝(三角形ＡＢＤの面積)×$\frac{19}{27}$であり，台形ＡＢＣＤの$\frac{3}{7}\times\frac{19}{27}$＝$\mathbf{\frac{19}{63}}$(倍)である。

7 (1) ひとつの立方体の体積は，３×３×３＝27(㎤)である。また，立体Ａでは，一番上の段を５段目とすると，５段目には立方体が１個，４段目には３個，３段目には６個，２段目には10個，１段目には15個で，合計１＋３＋６＋10＋15＝35(個)の立方体が積み上がっている。立体Ａの体積は，27×35＝**945**(㎤)である。

(2) 立体Ａを正面，右，左，下，上，裏のどの方向から見ても，図２と同じ面積が見える。図２の面積は，３×３×15＝135(㎠)なので，表面積は，135×６＝**810**(㎠)である。

(3) ３つの面にだけペンキがぬられている立方体は，右図の㋐，㋑，㋒，㋓の**４**個である。

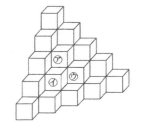

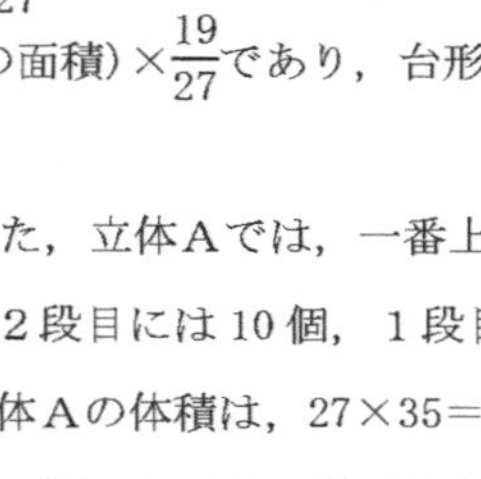

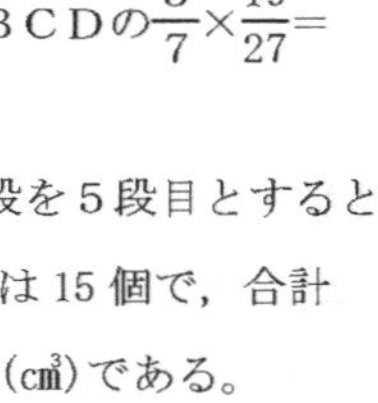

真下からみた図

《2024　前期　理科　解説》

【1】

(ア)　てこを回転させるはたらき〔おもりの重さ(g)×支点からの距離《きょり》(cm)〕が時計回りと反時計回りで等しくなると，水平になる。ここでは支点からの距離を，支柱を取り付けた穴から何個目の穴であるかに置きかえて考える。60gのおもりをHにつるしたとき，てこを時計回りに回転させるはたらきは60×２＝120だから，40gのおもりはFから左に120÷40＝３(個目)の穴であるCにつるせばよい。

(イ)　60gのおもりがてこを時計回りに回転させるはたらきは60×３＝180，40gのおもりがてこを反時計回りに回転させるはたらきは40×２＝80だから，時計回りに回転させるはたらきの方が180－80＝100大きい。よって，20gのおもりであればFから左に100÷20＝５(個目)のA，100gのおもりであればFから左に100÷100＝１(個目)のEにつるせばよい。

(ウ)　支柱がEで，Dに100gのおもりをつるしたときのてこを反時計回りに回転させるはたらきは100×１＝100だから，Dに100gのおもりをつるすかわりに，A～Cのいずれかにおもりをつるして，てこを反時計回りに回転させるはたらきが100になるときを考えればよい。これは，Aに100÷４＝25(g)，Bに100÷３＝33.3…(g)，Cに100÷２＝50(g)のおもりをつるすときのいずれかだから，用意したおもりの重さから考えて，Cに50gのおもりをつるせばよい。

(エ)　支柱がDで，Bに100gのおもりをつるしたときと比べると，支柱がHにあるとき，Jに100gのおもりをつるせば水平になると考えられる。つまり，うでの重さがてこを反時計回りに回転させるはたらきは100×２＝200であり，Gに70gのおもりをつるすと，てこを反時計回りに回転させるはたらきがさらに70×１＝70大きくなって，270になる。よって，I～Kのいずれかにおもりをつるして，てこを時計回りに回転させるはたらきが270になるときを考えればよい。これは，Iに270÷１＝270(g)，Jに270÷２＝135(g)，Kに270÷３＝90(g)のおもりをつるすときのいずれかだから，用意したおもりの重さから考えて，Kに90gのおもりをつるせばよい。

【2】

(ア)　１は秋に見られる。

(イ)　こん虫のあしがすべて胸についていることから考える。

(ウ)　a．うでをのばすときはYが縮み，うでを曲げるときにはXが縮む。

(エ)　カブトムシと２と４は，卵→幼虫→さなぎ→成虫の順に育つ完全変態のこん虫である。なお，１と３は，卵→幼虫→成虫の順に育つ不完全変態のこん虫であり，５と６はこん虫ではない。

(オ)　芽には，花になる芽(花芽)と葉になる芽(葉芽)がある。

【3】

実験Ⅰより，ab間には，a側が＋極，b側が－極になるようにかん電池がつながっていることがわかる。また，実験Ⅱより，ac間にはかん電池がつながっていないことと，bc間にはc側が＋極，b側が－極になるようにかん電池がつながっていることがわかる(図i)。

図 i

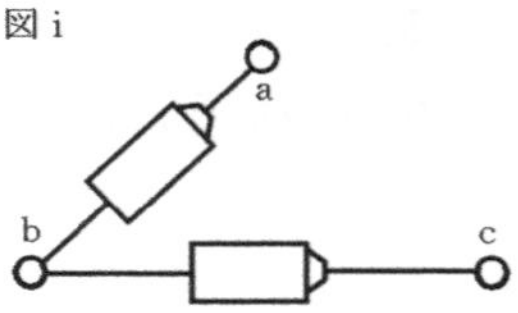

(イ)①　500mAの－たんしを使っているとき，最大で500mAまで測定することができる。つまり，図では，１目もりが20mAになる。　　②　電流計とかん電池だけの回路をつくると，電流計に非常に大きな電流が流れ，電流計が壊《こわ》れてしまうから，必ず電流計は豆電球などと直列につなぐ。また，電流計の＋たんしはかん電池の＋極側，－たんしは－極側とつながるようにすればよい。

（ウ）　図ｉ参照。①２のようにｃａ間をエナメル線でつなぐと，ａｂ間，またはｂｃ間に豆電球をつなげば，２つのかん電池が並列つなぎになる。　②豆電球が実験Ⅰよりも明るく点灯するのは，２つのかん電池が直列つなぎになるときだが，ａｂ間とｂｃ間のかん電池の向きが反対だから，直列つなぎにすることはできない。　③３のようにかん電池がつながっているａｂ間にエナメル線をつなぐと，かん電池だけがつながった回路（ショート回路）ができ，非常に大きな電流が流れてかん電池が熱くなる。

【４】

（ア）（イ）（エ）　満月から約１週間後の月は，明け方（６時ごろ）の南の空で左半分が光って見える下弦《かげん》の月である。月は，南の空に見える時刻の約６時間前に東の地平線からのぼり，南の空に見える時刻の約６時間後に西の地平線にしずむ。よって，下弦の月が東の地平線からのぼるのは真夜中（夜中の０時ごろ），西の地平線にしずむのは正午(12時）ごろだから，21時ではどこを向いても見えない（地平線の下にある）。また，下弦の月が南東に見えるのは，東に見える真夜中と南に見える明け方の間の，夜中の３時ごろである。

（ウ）　８の月が，南東の空から南の空へ，右上に向かって移動し，少しずつ時計回りに向きを変えながら，南の空で左半分が光った状態になる。

（オ）　月は，約１週間ごとに，新月→上弦の月→満月→下弦の月→次の新月と形が変わる。よって，満月の１週間後の下弦の月の日から次の満月までは約３週間である。

（カ）　満月の模様は時計回りに少しずつ回転して見える。21時に１のように見え，その後，西の空で２のように見える。３は南半球で見ることができる模様の向きである。

【５】

（ア）（オ）　台風は，日本のはるか南の海上で発生した熱帯低気圧が発達したものである。北半球では，低気圧の中心に向かって反時計回りに風がふきこむ。

（イ）　日本付近の上空では，強い西風（偏西風《へんせいふう》）がふいている。台風や低気圧などはこの風の影響《えいきょう》を受けて北東に進むことが多い。

（カ）　台風の中心の東側で，台風の風の向きと台風の進む向きが同じになり，風が強くなる。また，台風の中心付近ほど風が強くなる。よって，台風の中心が予報円の最も西寄りに進んだ場合，台風の中心の東側で最も台風の中心に近くなるのは２である。

（キ）　４は地震《じしん》によって発生する可能性があるひ害である。

【６】

（ア）　空気は温度が下がると体積が小さくなる（収縮する）。

（イ）　水は液体から固体に変化すると体積が大きくなる（膨張《ぼうちょう》する）。

（ウ）　空気の温度が上がって室温と同じになれば，冷とう庫に入れる前と同じ体積になる。

（エ）　温度が低くなると，空気中にふくむことができる水蒸気の量が少なくなる。ペットボトルの表面の空気が冷やされることで，空気中にふくむことのできなくなった水蒸気が水になって，ペットボトルの外側につく。

【７】

（ア）　Ｃ→Ｂ→Ａ→Ｄの順である。

（イ）　メダカの卵は積算温度250℃でふ化するとされている。よって，250÷25＝10（日間）より，３が正答となる。

（ウ）　卵からかえってから２～３日くらいは，腹のふくろにある養分を使って成長する。

【８】

（ア）　酸素と二酸化炭素以外では，Ｘを１，Ｙを５か６にすると，水素が発生する。

（イ）　酸素のように，水にとけにくい気体は１の水上置換《ちかん》法で集める。なお，酸素は空気よりも重いので，下方置換法でも集めることができるが，下方置換法は集気びんを空気でみたした状態で行う。

（ウ）　ｂはアンモニアや塩素など，ｅはちっ素についての文である。

―《2024　前期　社会　解説》―

【１】

問１　Ⅰ＝香川県　Ⅱ＝大阪府　　Ⅰ．讃岐うどんは香川県の特産品である。Ⅱ．人工島に建つ空港は，関西国際空港のことである。

問２　⑴お　⑵い　⑶え　　⑴浜名湖から静岡県。⑵屋久島から鹿児島県。⑶島の数は，長崎県＞北海道＞鹿児島県＞岩手県＞沖縄県…の順に多い。

問３　〈ア〉え　〈イ〉い　〈ウ〉お　　ア．軍艦島（端島《はしま》）は長崎県に属していて，「明治日本の産業革命遺産　製鉄・製鋼，造船，石炭産業」の構成資産として，2015 年に世界遺産に登録された。端島炭鉱で採られた石炭が八幡製鉄所に供給されていた。イ．広島県には，厳島神社と原爆ドームの２つの世界遺産がある。ウ．奄美大島，徳之島は鹿児島県，西表島は沖縄県に属していて，2021 年に世界遺産に登録された。宗像・沖ノ島は福岡県，佐渡島は新潟県に属している。

問４　い　　択捉島は，北方領土の中で最も面積が大きい。

問６　え　　島の数が０の都道府県は，栃木県・群馬県・埼玉県・山梨県・長野県・岐阜県・滋賀県・大阪府・奈良県の９つで，このうち海に面しているのは大阪のみである。

問８　え　　日本の国土面積は約 38 万㎢，領海と排他的経済水域を合わせた海域は約 447 万㎢で約 12 倍。

問９①　あ　　冬の降水量が多いのは，太平洋側の気候ではなく，日本海側の気候。　②　あ　　淡路島は，本州とは明石海峡大橋，四国とは大鳴門橋で結ばれていることからも判断できる。

【２】

問１①　い　　日本初の日刊新聞は『横浜毎日新聞』で，1871 年に創刊された。廃藩置県の実施は同じく 1871 年。国会の開設は 1890 年，鹿鳴館の完成は 1883 年，大日本帝国憲法の発布は 1889 年。　②　え　　1945 年３月，日本は太平洋戦争中であり，アメリカ軍の空襲を受けていた。二・二六事件は 1936 年，五・一五事件は 1932 年，関東大震災は 1923 年。　③　い　　後鳥羽上皇が挙兵した承久の乱では，源頼朝の妻である北条政子が関東の御家人に頼朝の恩を説き，幕府軍を勝利に導いた。　④　え　　大日本帝国憲法では，軍隊の統帥権は天皇にあった。⑤　あ　　陸奥宗光は，1894 年にイギリスとの間で領事裁判権（治外法権）の撤廃に成功した外務大臣である。日露戦争は 1904 年に始まった。　⑥　い　　日本の軍人・軍属の戦死者は，日清戦争では約 1.3 万人，太平洋戦争では約 230 万人といわれている。　⑦　う　　旅順は，日露戦争においてロシアが要塞としていた地域である。日本はロシアと講和条約であるポーツマス条約をアメリカの仲立ちで結び，旅順や大連の租借権をゆずり受けた。⑧　え　　日露戦争は 1904～1905 年に起こった戦争であるため，これ以降の時期と考える。

【３】

問１　⑴あ　⑵う　⑶う　　⑴⑵1543 年，種子島に漂着した中国船に乗っていたポルトガル人から日本に鉄砲が伝わった。⑶豊臣秀吉の朝鮮出兵によって途絶えていた朝鮮との国交は，江戸時代初頭に対馬の宗氏によって再開され，幕府の将軍の代替わりごとに朝鮮から通信使が派遣された。

問2① う　明は，1368～1644年(室町時代前期から江戸時代前期)まで存在した中国の王朝。

② え　ケンペルは1690年に，長崎の出島のオランダ商館医として来日した。

③ あ　日本に野球が伝来したのは，明治時代初頭(1872 年)といわれている。 ④ い　東海道は五街道の一つで，江戸と京都を結んだ街道。

【4】

問1 ⑴く ⑵う ⑶き ⑷か　⑴国会で決められた法律や予算をもとに，国民のための仕事を行うことを行政という。⑵内閣総理大臣の指名は衆議院の優越が認められている事項なので，多くの場合，衆議院で多数をしめた政党から選ばれる。⑶すべての国務大臣が出席する閣議は，全会一致を原則とする。⑷日本銀行は発券銀行として紙幣を発行している。

問3① あ　内閣が行政権，国会が立法権，裁判所が司法権をそれぞれ持ち，互いに抑制しあっている。この仕組みを三権分立という。 ③ ⑴あ ⑵い　⑴総務省は，国勢調査の実施・行政組織管理・選挙・消防防災・情報通信・郵政行政などを担う。⑵厚生労働省は，医療・福祉・介護・雇用・年金などを担う。

2024 解説 令和６年度 **同志社香里中学校【後期】**

《2024　後期　国語　解説》

【一】

著作権上の都合により文章を掲載《けいさい》しておりませんので、解説も掲載しておりません。ご不便をおかけし、誠に申し訳ございません。

【二】

問二　――線①の前に「葉の先にある白い透明尖《とうめいせん》は～コケの体温が上昇《じょうしょう》するのを防ぐ」とある。「体温が上昇するのを防ぐこと」は、「体温が上がらなければ、それだけ体から蒸発する水の量も減る」という理由で、「間接的に水の保持に役に立つ」といえる。よって３が適する。

問四　――線②と４は、「可能」の働き。１は「受け身」の働き。２は「尊敬」の働き。３は「自発」の働き。よって４が適する。

問五　[5]段落の「極《きわ》めて高い逃《に》げのスキルが必要とされる～ここで必要とされるスキルは、追っ手からではなく、雑草に対してである」「荒地《あれち》に、ヒョウタンゴケは颯爽《さっそう》と侵入《しんにゅう》する～瞬《またた》く間に胞子《ほうし》体をぐんぐん生長させ、あれよあれよという間に蒴《さく》をつけて胞子を散布する」「親コケから撒《ま》かれた胞子が新しい場所で生命の営みを始めている」「雑草から逃《のが》れるがごとく、ヒョウタンゴケは都市のスペースを次から次へと移動する」などから、２が適する。

問七　次の行の「コケのマットに入った胞子はちょっとやそっとの雨や風では落ちることがない」ことを、「日々の掃除《そうじ》」に例えて、読み手が想像しやすいように説明している。よって２が適する。

問八　４行後の「これには、二つの理由がある」に着目する。「一つ目は～地面から離《はな》れ、風や大気にさらされている樹幹は乾燥《かんそう》しやすい。乾燥に耐《た》えることができるコケであっても、都市の樹幹の環境《かんきょう》では生長が制限されがちになる」、「二つ目は、コケがほかの種と共存することで、より多くの水分を保持できるようになること」と述べられている。

問九　[5]段落の最後の２行「ヒョウタンゴケは焚火《たきび》の跡《あと》に好んで生える～戦時中、空襲《くうしゅう》で街が焼野原になったあとには、ヒョウタンゴケの大群落が広がっていた」より、２が適する。[4]段落の「形や色を工夫して乾燥や強光に耐えるコケの適応には目をみはるものがある」（１行目）と「『不安定な環境では、コケは太く短く生き、一方、安定した環境では、細く長く生きる』といえる」（４～５行目）より、５が適する。

【三】

１．「鼻血」の現代かなづかいは「はなぢ」。　４．「手綱」の現代かなづかいは「たづな」。

《2024　後期　算数　解説》

[1] (1)　与式$=(\frac{14}{27}\div\frac{14}{10}-\frac{1}{3})\times\frac{27}{5}=(\frac{10}{27}-\frac{1}{3})\times\frac{27}{5}=(\frac{10}{27}-\frac{9}{27})\times\frac{27}{5}=\frac{1}{27}\times\frac{27}{5}=\mathbf{\frac{1}{5}}$

(2)　与式より，$(\square-\frac{1}{7})\times5\frac{1}{4}-\frac{3}{10}=5\times\frac{6}{25}$　$(\square-\frac{1}{7})\times\frac{21}{4}-\frac{3}{10}=\frac{6}{5}$　$(\square-\frac{1}{7})\times\frac{21}{4}=\frac{6}{5}+\frac{3}{10}$

$(\square-\frac{1}{7})\times\frac{21}{4}=\frac{3}{2}$　$\square-\frac{1}{7}=\frac{3}{2}\div\frac{21}{4}$　$\square-\frac{1}{7}=\frac{2}{7}$　$\square=\frac{2}{7}+\frac{1}{7}$　$\square=\mathbf{\frac{3}{7}}$

(3)　**【解き方】一の位の数だけを考えればいいので３を何回かかけあわせていくとき，計算結果の一の位だけに３をかけることをくり返し，一の位の数の変化を調べる。**

一の位の数は，3→3×3＝9→9×3＝27→7×3＝21→1×3＝3→…，と変化するので，３，９，７，１という４つの数がくり返される。2024回かけると，2024÷４＝506より，３，９，７，１がちょうど506回くり返されるので，一の位の数は１になっている。

2 (1)　右の図で，長方形を折り曲げているので，角(う)の大きさは 100° である。角(い)の大きさは 180° −100° =80° なので，角(え)の大きさは 100° −80° =20° である。平行線のさっ角は等しいので，角(あ)の大きさは **20°** である。

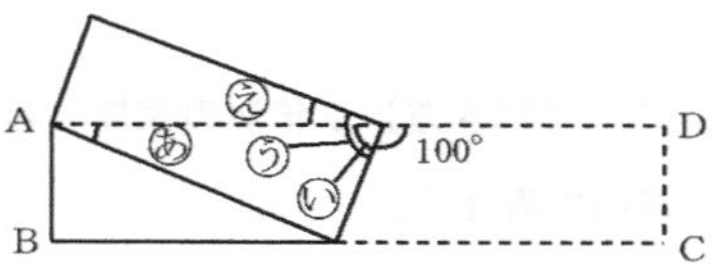

(2)　図１をA，B，Cを通る平面で切ったとき，切り口の三角形の辺は黒になるから，考えられるのは①か⑥である。Aの黒いねん土の部分の下のねん土は白なので，切り口は**①**である。

(3)　右の図で，㋐の部分の面積は，４×４－４×４×3.14÷４＝3.44(㎠)である。かげをつけた部分の面積は，正方形から，２つの三角形と㋐の部分をひいた面積であるから，８×８－８×(８－４)÷２×２－3.44＝**28.56**(㎠)である。

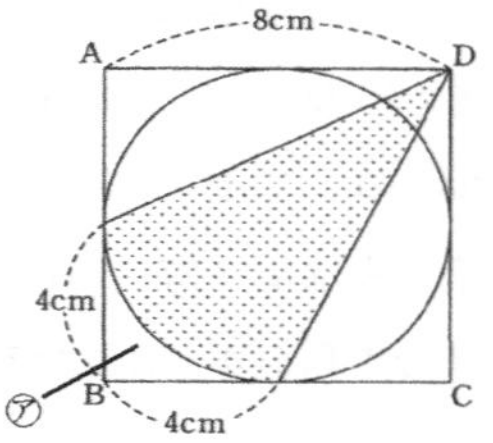

3 (1)　マッチ棒の数，上向きの三角形の数，最下段にある上向きの三角形の数を，下の表のようにまとめた。上向きの三角形の個数を３倍すると，マッチ棒の数を求めることができる。また，上向きの三角形の数は，２，３，４，…と増えていく。表より，５段の図形に使うマッチ棒の数は，**45** 本である。

	1段	2段	3段	4段	5段	…
上向きの三角形の数	1	3	6	10	15	…
マッチ棒の数	3	9	18	30	45	…
最下段の上向きの三角形の数	1	2	3	4	5	…

(2)　(1)の表で，最下段の上向きの三角形の数に注目すると，９段の図形の最下段の上向きの三角形の数は９個，10 段の図形の最下段の上向きの三角形の数は 10 個であることがわかる。つまり，９段の図形と 10 段の図形では，10 段の図形の方が，マッチ棒は 10×３＝**30**(本)多い。

(3)　570 本のマッチ棒で，上向きの三角形が何個作れるか考えてみると，570÷３＝190(個)の三角形を作ることができるとわかる。上向きの三角形の数が 190 個になるのは，１＋２＋…＋19＝190 より，**19** 段の図形である。

4 (1)　**【解き方】Aさんと Bさんの歩く速さは２：３なので，６分間で歩いた道のりも２：３である。**

Aさんが６分間で歩いた道のりは，900×$\frac{2}{2+3}$＝360(m)である。６分間で 360m 歩いたので，Aさんの速さは 360÷６＝60 より，毎分 **60**m である。

(2)　Bさんの速さは毎分(60×$\frac{3}{2}$)m＝毎分 90m である。同じ向きに進むとき，２人の歩いた道のりの差が 900m のとき，BさんがAさんを初めて追いこす。２人の歩いた道のりの差は１分あたり 90－60＝30(m)広がるから，BさんがAさんを初めて追いこすのは，900÷30＝**30**(分後)である。

(3)　**【解き方】２人が初めて出会うまでに歩いた道のりの合計は，区間Xを除いた区間２周分である。**

２人が初めて出会うまでに歩いた道のりの合計は，２＋６＝８(分間)で歩いた道のりの合計だから，(60＋90)×８＝1200(m)なので，区間Xを除いた区間の長さは 1200÷２＝600(m)である。よって，区間Xの長さは 900－600＝**300**(m)である。

5 (1)　**【解き方】現在のつばささん以外の４人の年令の和は，136－９×４＝100(才)である。**

よって，現在のつばささんの年令は，111－100＝**11**(才)である。

(2)　**【解き方】９年前，弟が０才だったとすると，現在の家族の年令の和は 68＋９×５＝113(才)である。**

実際には，111才なので，弟は113－111＝２より，９年前の２年後に生まれたことがわかる。よって，弟は現在９－２＝７(才)である。

(3)　**【解き方】９年前の家族の年令の和が68才，父と母の年令の差が４才であることより，現在の家族の年令を求めて考える。**

母の年令が父と同じだったとすると，９年前の家族４人の年令の和は68＋４＝72(才)である。このとき，年令の比は，父：母：(兄＋つばさ)＝４：４：１であるので，父の９年前の年令は$72\times\frac{4}{4+4+1}$＝32(才)，母の年令は32－４＝28(才)，兄とつばささんの年令の合計は32÷４＝８(才)であり，つばささんは９年前，11－９＝２(才)なので，兄の９年前の年令は８－２＝６(才)である。現在の父の年令は，32＋９＝41(才)，母の年令は28＋９＝37(才)，兄の年令は６＋９＝15(才)，つばささんの年令は11才，弟の年令は７才であるので，両親の年令の和は41＋37＝78(才)，子ども３人の年令の和は15＋11＋７＝33(才)である。両親の年令の和と子ども３人の年令の和が４：３になるとき，両親の年令の和の３倍と子ども３人の年令の和の４倍が等しくなる。現在では，78×３－33×４＝102(才)の差があるが，１年で１才×３人×４－１才×２人×３＝６(才)の差が縮まるから，両親の年令の和と子ども３人の年令の和が４：３になるのは，102÷６＝**17**(年後)である。

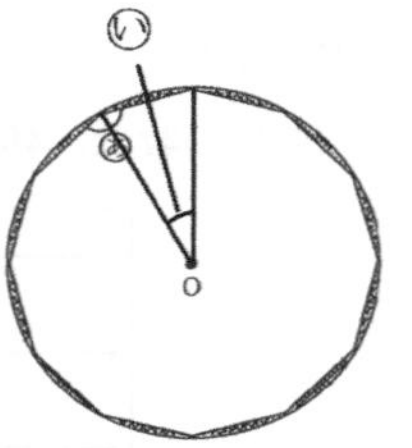

6　(1)　右の図で，角㋑の大きさは，360°÷12＝30°であるので，角㋐の大きさは(180°－30°)÷２×２＝**150°**である。

(2)　十二角形で，ひとつの頂点から引くことのできる対角線は，12－３＝９(本)である。また，１本の対角線の両端は十二角形の頂点である。よって，十二角形の対角線は９×12÷２＝**54**(本)である。

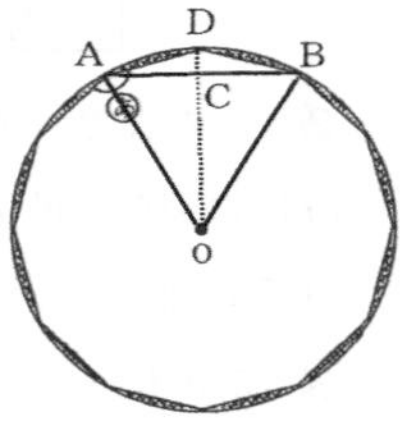

(3)　**【解き方】円周を12等分する点を結んでできた十二角形は，正十二角形である。**

右の図で，三角形ＡＯＢは正三角形であり，角ＯＣＡ＝90°となるＣを考えると，ＯＡ：ＡＣ＝２：１なので，ＡＣの長さは６÷２＝３(cm)である。三角形ＡＯＤの面積は，６×３÷２＝９(cm²)なので，正十二角形の面積は，９×12＝108(cm²)である。よって，かげをつけた部分の面積は，６×６×3.14－108＝**5.04**(cm²)である。

7　(1)　**【解き方】グラフより，ブロック１個分の水が増えるのにかかる時間は，22－10×２＝２(秒)である。**

高さ４cmまでを１段目，４cmから８cmまでを２段目…とすると，３段目に水が入り，水の高さが12cmになるのは，22－10＋２＝14より，22＋14＝36(秒後)，４段目に水が入り，水の高さが16cmになるのは，14＋２＝16より，36＋16＝**52**(秒後)である。

(2)　36＜45＜52より，45秒後に，水は４段目のと中まで入っていることがわかる。４段目は，52－36＝16(秒)で水の高さが４cm上がるので，45－36＝９(秒)では，$4\times\frac{9}{16}$＝2.25(cm)上がる。よって，45秒後の水の高さは，12＋2.25＝**14.25**(cm)である。

(3)　22＜30＜36より，30秒後に，水は３段目のと中まで入っていることがわかる。正方形×高さ４cmの体積に水を入れるのに14秒かかった。(1)より，ブロック１個分の水が増えるのにかかる時間は，２(秒)であるので，正方形の一辺の長さは$4\times\frac{14}{2}$＝28(cm)である。よって，㋐の長さは**28**cmである。

《2024　後期　理科　解説》

【１】

(ア)(イ)　Ａ(プロキオン)をふくむが星座がこいぬ座，Ｂ(ベテルギウス)とＥ(リゲル)をふくむ星座がオリオン座，Ｄ(シリウス)をふくむ星座がおおいぬ座，Ｃ(アルデバラン)をふくむ星座がおうし座である。なお，ＡとＢとＤを結んでできる三角形を冬の大三角という。

(エ)　３○…地球が太陽のまわりを回っている(公転している)ことによって起こる。　４○…地球が自ら回転している(自転している)ことによって起こる。

(オ)　南の空を通る星座は，東の地平線からのぼり，南の空で最も高くなった後，西の地平線にしずむ。オリオン座の位置に着目すると，１月13日22時00分の図から少し右下へ動いた４が正答となる。

【２】

(ア)　輪ゴムの本数以外の条件が同じ２つを比べればよい。よって，①と③，④と⑤の２種類である。

(イ)　３○…①と③，④と⑤を比べると，どちらもゴムが２本のときの方が車の動いたきょりが大きい。

５○…①と②を比べると，のばす長さが15cmのときの方が車の動いたきょりが大きい。

(ウ)(エ)　表より，おもりの重さとゴムひものののびには比例の関係があり，Ａは10ｇで２cm，Ｂは10ｇで１cmのびることがわかる。よって，Ａは60ｇで$2\times\frac{60}{10}=12$(cm)のびる。

(オ)　図２のようにゴムひもを並列にすると，おもりの重さ60ｇは等しく分かれて30ｇずつかかる。よって，１つのＡののびは$2\times\frac{30}{10}=6$(cm)である。

【３】

(ア)　チョウの仲間の幼虫は種類によって食べる植物の葉が決まっていて，成虫はその幼虫が食べる植物の葉に卵を産みつける。種類によって食べる植物の葉が異なるのは，エサの取り合いをさけるためだと考えられている。

(イ)　２×…めしべの一部である子房《しぼう》は，花びらの下にある。子房は成長して果実になる部分である。　３×…お花にはめしべがない。

(エ)　４○…ミツバチの目的はみつを吸うことであり，ミツバチがめ花とお花を行き来することで，受粉が行われる。このように，おもに昆虫《こんちゅう》によって受粉が行われる花を虫媒花《ちゅうばいか》という。

(カ)　ツバメは春になると南の方から日本にやってくる渡《わた》り鳥で，日本で産卵して子育てをすると，秋には南の方へもどっていく。

(キ)　１と５と６は春，３は夏の出来事である。

【４】

(ア)(イ)　ＢＴＢ液は，酸性で黄色，中性で緑色，アルカリ性で青色に変化する。表の結果より，Ａは石灰水，Ｂはアンモニア水，Ｃは食塩水，Ｄは炭酸水，Ｅは塩酸だとわかる。これらのうち，見た目だけでわかるのは，あわが出ているＤである。

(ウ)　白い固体が残るのは，白い固体がとけているＡ(とけているものは水酸化カルシウム)とＣ(とけているものは食塩)である。

(エ)　炭酸水にとけているものは気体の二酸化炭素だから，ＡとＤを混ぜると，Ａに二酸化炭素を通したときと同様に白くにごる。

【５】

(ア)　あたためられた水は軽くなって上に移動するので，まずは電熱線の真上のＺがあたたまり，その後，Ｙ→Ｘ

の順にあたたまる。

(イ)　表より，水の温度は20秒で２℃高くなると考えられる。よって，５分→300秒では$2\times\frac{300}{20}=30$(℃)高くなって，25＋30＝55(℃)になる。

(ウ)　水を加熱すると，100℃でふっとうが始まり，ふっとうが終わるまで(水がすべて液体から気体に変化するまで)温度は100℃で一定になる。

(エ)　かん電池をAやCのように直列つなぎにすると，数が多いほど電熱線に流れる電流が大きくなり，80℃になるまでの時間は短くなる。これに対し，BやDのように並列つなぎにすると，電熱線に流れる電流の大きさはかん電池１個のときと等しく，80℃になるまでの時間も等しい。

(オ)　３×…太陽光発電では，光を電気に変えている。　４×…手回し発電機では，動きを電気に変えている。なお，火力発電，水力発電，風力発電，原子力発電などでも，最終的には動きを電気に変えている。

【６】

(ア)　物質が水にとける量は水の量に比例する。40℃のとき，水100ｇに64ｇまでとけるから，水40ｇには$64\times\frac{40}{100}=25.6$(ｇ)までとける。

(イ)　このような問題では，水が100ｇのときと比べるとよい。60℃の水100ｇに105ｇ，20℃の水100ｇに32ｇまでとけるから，水を100ｇにして(イ)の操作を行うと，105－32＝73(ｇ)の結晶《けっしょう》が出てくる。よって，同様の操作を60ｇの水で行った場合，$73\times\frac{60}{100}=43.8$(ｇ)の結晶が出てくる。

(ウ)　80℃のとき，水100ｇに168ｇまでとけるから，水80ｇには$168\times\frac{80}{100}=134.4$(ｇ)までとける。また，20℃のとき，水100ｇに32ｇまでとけるから，水20ｇには$32\times\frac{20}{100}=6.4$(ｇ)までとける。よって，これらを混ぜると，水80＋20＝100(ｇ)にXを134.4＋6.4＝140.8(ｇ)加えたことになる。これを40℃に保つと，40℃の水100ｇには64ｇまでとけるから，140.8－64＝76.8(ｇ)の結晶が出てくる。

(エ)　80℃の水50ｇには$168\times\frac{50}{100}=84$(ｇ)，20℃の水50ｇには$32\times\frac{50}{100}=16$(ｇ)までとけるから，水50＋50＝100(ｇ)にXを84＋16＝100(ｇ)加えたことになる。60℃のとき，水100ｇには105ｇまでとけるから，とける量が100ｇになるのは水が$100\times\frac{100}{105}=95.2\cdots$(ｇ)のときである。よって，100－95.2＝4.8(ｇ)より，５が正答となる。

【７】

(ア)　C．直径が0.06㎜以下の非常に細かい粒《つぶ》がどろ，直径が0.06㎜から２㎜の粒が砂，直径が２㎜以上の粒がれきである。　E．ガラスのようにキラリと光ること，角ばった粒であることなどから，流れる水のはたらきを受けていない火山灰だと判断する。

(イ)　ホタテは冷たい海に生息する生き物である。このように，地層が堆積《たいせき》した当時の環境《かんきょう》を知る手がかりとなる化石を示相化石という。

(ウ)　図２(がけ①)の層は下から，図１のA→B→C→Dの順に重なっていると考えられるから，がけ②では１のようなしま模様が見られる。

(エ)　Bのように，１つの層の中で粒の大きさが分かれるのは，大きい粒ほど重く，早くしずむためである。よって，Bができたとき，大きい粒が堆積しているA側が下になっていたから，Bのあらい粒→Bの細かい粒→Cの粒の順に積もったと考えられる。

(オ)　(ウ)と図１より，X地点のボーリング試料のａ，ｂ，ｃは，それぞれ図１のE，D，Cと同じだと考えられる(図ｉ)。

図ｉ
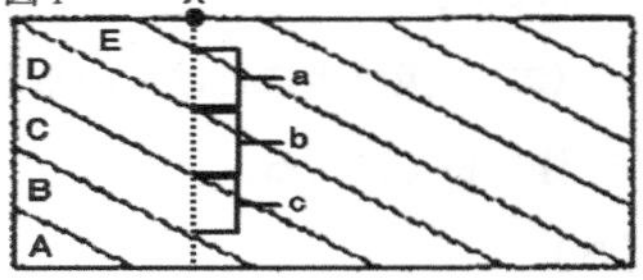

【8】

(エ) 体内に水分が足りないときには，尿《にょう》として体外に出ていく水の量を減らす必要がある。尿にふくまれる水分が減ると，こい尿になる。

―《2024　後期　社会　解説》―

【1】

問1　A＝TPP　B＝EU　　A．Trans-Pacific Partnership の略称。B．European Union の略称。

問2　広島　　サミットは日本では過去に，東京，九州・沖縄，北海道洞爺湖，三重県伊勢志摩で開かれている。

問3　え　　フィンランドは，ロシアのウクライナ侵攻を受けて，2022 年５月にスウェーデンとともに NATO(北大西洋条約機構)への加盟を申請した。なお，スウェーデンは 2024 年に加盟した。

問4①　え　　TPP にアメリカは参加していない。　②　あ　　イギリスでは，70 年間国王として在位したエリザベス２世が 2022 年９月に死去し，チャールズ３世が国王として即位した。

③　い　　新興国・途上国の多くが南半球に位置することから，グローバルサウスとよばれている。

④　い　　b．都道府県知事などの地方公共団体の首長は，住民の投票によって選ばれる。首長と地方議会議員の両方を直接選挙で選ぶ制度は二元代表制である。　⑥　い　　b．憲法第 78 条において，裁判官は心身の故障や公の弾劾によらなければ罷免されないとあり，住民の署名によってやめさせられることはない。ただし，最高裁判所の裁判官については，国民審査でやめさせられることがある。

【2】

問3①　う　　中国やインドを含むアジアの人口が最も多い。アジアと同じくらいの面積で，アジアに次いで人口が多いＢがアフリカである。Ｃはヨーロッパ，Ｄは北アメリカ，Ｅは南アメリカ，Ｆはオセアニア。

②　え　　え．人口が減少することによっておこると考えられる問題である。　③　う　　ロシアは，中国とインドに次いで小麦の生産量が多い国であるが，輸出量は世界１位となっている。ウクライナは「ヨーロッパの穀倉地帯」とよばれている。　④　あ　　赤道は，アフリカ大陸のビクトリア湖あたりを通っている。本初子午線は，アフリカ大陸西側を通る。　⑤　あ　　諸外国と比べて日本の食料自給率は低く，カロリーベースで 40％前後，生産額ベースで 60％台であることは覚えておきたい。　⑥　う　　人口ピラミッドは，社会が発展し，少子高齢化が進むほど，富士山型→つりがね型→つぼ型のように，底辺が短く，不安定な形になっていく。

⑦(1)　え　　南鳥島と沖ノ鳥島は東京都，択捉島は北海道にそれぞれ含まれている。　(2)　え　　東京都には多くの人や会社，情報が集まり，出版社や新聞社も多くあることが理由である。　⑧(1)　あ　　は図書館，は税務署，は保健所。

(2)　い　　65 歳以上の高齢者の人口が，全人口に対して７％を超えると高齢化社会，14％を超えると高齢社会，21％を超えると超高齢社会とよばれる。

【3】

問1①　あ　　大津京→藤原京→平城京→長岡京→平安京の順になる。長岡京および平安京への遷都を行ったのは桓武天皇。　②　あ　　778 年は奈良時代後期にあたる。『源氏物語絵巻』は平安時代，『御伽草子』は室町時代，『蒙古襲来絵詞』は鎌倉時代のもの。　③　う　　厳島神社は平氏の氏神であり，平清盛が経典を奉納したことでも知られる。い．鶴岡八幡宮は源氏一族ゆかりの神社である。え．日光東照宮には徳川家康が祀《まつ》られている。

④　う　　近松門左衛門は江戸時代の元禄文化を代表する脚本家として知られる。あ．本居宣長は『古事記』を

研究し，『古事記伝』を著した。い．歌川広重は『東海道五十三次』を描いた。う．杉田玄白はオランダ語で書かれた解剖書を翻訳し，『解体新書』を出版した。

⑥　あ　　行基は，布教活動に対して弾圧を受けていたが，大仏をつくる詔《みことのり》（天皇の命令）が出された後，弟子たちとともに人々によびかけ，大仏づくりに協力した。い．鑑真は，奈良時代に唐から正しい仏教の戒律を伝えるために来日した僧。う．雪舟は，『秋冬山水図』『天橋立図』などの水墨画で知られる画僧。え．運慶は東大寺南大門の金剛力士像を製作した仏師。　⑦　え　　防人は，飛鳥時代の白村江の戦いのあとに，北九州の警備のために置かれた。

【4】

問1①　い　　江戸が東京となったのは，1868 年7月のことであり，この年に年号が明治と改められた。国会の開設は 1890 年，初の政党内閣の成立は 1898 年の大隈内閣時，本格的な政党内閣の成立は 1918 年の原敬内閣時，治安維持法の成立は 1925 年の加藤高明内閣時。

②　い　　第1次世界大戦は 1914 年～1918 年にかけて起こった。日清戦争は 1894 年～1895 年，日中戦争は 1937 年～1945 年，朝鮮戦争は 1950 年～1953 年(休戦)。　③　え　　1920 年代から 30 年代は，大正時代後期から昭和時代前期にかけてである。ラジオ放送が開始したのは 1925 年で，関東大震災(1923 年)の発生により情報伝達メディアとしてラジオの必要性が認識されるようになったことが関わっている。あ．鹿鳴館の開設は 1883 年。欧米諸国にむけて日本の近代化をアピールするのが目的だった。い．学制の公布は 1872 年で，近代的学校制度が整えられた。う．電気冷蔵庫が普及したのは高度経済成長期である。電気洗濯機・白黒テレビと合わせて三種の神器とよばれた。　④　う　　ロシア革命は 1917 年～1923 年に起こり，史上初の社会主義政権が成立した。あ．満州事変は，1931 年の柳条湖事件をきっかけに関東軍が満州全土を支配し，翌年満州国を建国した出来事。い．世界恐慌は，1929 年にニューヨークのウォール街で株価が大暴落したことから始まった。え．日中戦争は，1937 年に北京郊外で起きた盧溝橋事件をきっかけに始まった。　⑤　え　　あ．バスの車掌は女性に人気の職業であり，女性車掌はバスガールとよばれた。い．女性には選挙権が一切与えられていなかった。う．徴兵令は男子のみを対象としていた。　⑥　う　　インドはイギリス領，ベトナムはフランス領であった。タイは唯一，植民地となっていない。　⑦　え　　第二次世界大戦後，日本はアメリカ軍を中心とする連合国軍に占領された。同盟国であったイタリアやドイツは敗戦国である。

2023 解答例　令和５年度　同志社香里中学校【前期】

《国　語》

【一】問一．ａ．１　ｂ．４　問二．おばあさんが摘んでいたソメイヨシノとは違う　問三．Ⅰ．３　Ⅱ．１
問四．２　問五．１，４，５　問六．Ｄ　問七．４

【二】問一．２　問二．１　問三．こと　問四．出来事を理解した気になり、怖れや不安が大きく軽減される／多くの人間と共有できるものとなり、データベースとして蓄積される　問五．納得する　問六．⑥４　⑦１
問七．いまい　問八．当時の人々が何を考え、何を求めていたか　問九．３　問十．雨雲なしで雨が降ることを不思議に思う。

【三】①つら　②しぐさ　③じばら　④びんじょう　⑤ふる

【四】①清　②肥　③布石　④案　⑤栄転　⑥反骨　⑦祭礼　⑧行楽

【五】Ａ．２　Ｂ．１　Ｃ．２　Ｄ．３

《算　数》

1 (1)28　(2)$\frac{4}{7}$　(3)613

2 (1)82　(2)12　(3)57

3 (1)５　(2)15　(3)95

4 (1)78　(2)11　(3)150

5 (1)12　(2)$13\frac{3}{4}$　(3)$6\frac{3}{7}$

6 (1)３：１　(2)2.7　(3)32.4

7 (1)157　(2)55.4　(3)20.48

《理　科》

【１】ア．１，３　イ．０　ウ．２　エ．ａ．４　ｂ．３　ｃ．４

【２】ア．Ａ．４　Ｂ．５　イ．３　ウ．３　エ．１

【３】ア．作用点　イ．４　ウ．98　エ．①３　②１　③２

【４】ア．Ｃ　イ．Ａ．３　Ｂ．７　Ｃ．５　Ｄ．８　ウ．Ｄ　エ．２　オ．２　カ．３　キ．やご

【５】ア．①ベガ　②２　イ．アルタイル　ウ．天の川　エ．はくちょう　オ．３　カ．①４　②２　③１

【６】ア．１，２，３　イ．４　ウ．３　エ．２　オ．ａ．光　ｂ．子葉　ｃ．ヨウ素液　ｄ．二酸化炭素
ｅ．酸素　ｆ．肺

【７】ア．①１　②電磁石　イ．２　ウ．①３　②６

【８】ア．しん食　イ．でい岩　ウ．火山灰　エ．①１　②２，６　オ．Ｚ　カ．６

《社　会》

【１】問１．あ　問２．い　問３．え　問４．あ　問５．①[１]い　[２]え　②う　③え　④え
⑤ＮＡＴＯ

【２】問１．(1)あ　(2)え　(3)あ　(4)う　問２．①い　②う　③あ　④う　⑤[１]えとろふ　[２]い　⑥あ
問３．[１]い　[２](Ⅰ)い　(Ⅱ)あ　(Ⅲ)資源

【３】問１．(1)え　(2)う　(3)い　(4)あ　問２．①う　②い　③い　④え

【４】問１．あ　問２．あ　問３．い　問４．う　問５．①う　②え　問６．え

同志社香里中学校【後期】

《国　語》

【一】問一．ア．２　イ．５　ウ．６　エ．１　問二．精神的　問三．４　問四．２　問五．４
問六．Ａ．４　Ｂ．１　Ｃ．３　問七．空は藍　問八．大切な母に心配をかけたくない　問九．１

【二】①のべ　②ねじろ　③たぐ　④くめん　⑤ぐんせい

【三】①収　②再三　③効　④協調　⑤照合　⑥臣下　⑦往年　⑧待望

【四】Ａ．２　Ｂ．２　Ｃ．４　Ｄ．１

【五】問一．Ⅰ．４　Ⅱ．３　問二．４　問三．プラスチックが容易に自然分解されない　問四．２
問五．使用期間が永遠のものを作ればよい　問六．製品を作る～ておくこと　問七．Ｃ→Ｂ→Ｄ→Ａ
問八．１．○　２．×　３．×　問九．１．×　２．○　３．○

《算　数》

1　(1) $1\frac{1}{3}$　(2) $\frac{5}{6}$　(3) $5\frac{1}{3}$

2　(1)109　(2)18.42　(3)20

3　(1)5　(2)17　(3)798

4　(1)4200　(2)40　(3)2520

5　(1)74　(2)936　(3)608

6　(1)480　(2) $13\frac{1}{3}$　(3)15

7　(1)1024　(2)468　(3)14

《理　科》

【１】ア．２　イ．ふりこの長さ　ウ．３　エ．３　オ．３

【２】ア．３　イ．３　ウ．１　エ．１，３

【３】ア．ａ．２　ｂ．３　ｃ．７　ｄ．12　ｅ．８　イ．Ⅰ．水蒸気　Ⅱ．あせ　Ⅲ．熱中　Ⅳ．蒸散　ウ．２

【４】ア．30　イ．３　ウ．40　エ．40　オ．１，４

【５】ア．Ｘ．Ｂ　Ｙ．Ｃ　イ．３　ウ．①２　②３　エ．１　オ．３　カ．２　キ．２　ク．４

【６】ア．Ｘ．２　Ｙ．３　イ．Ｂ　ウ．６　エ．４　オ．４　カ．４

【７】ア．Ａ．ａ．１　ｂ．１　ｃ．２　Ｂ．ａ．２　ｂ．２　ｃ．１　イ．ａ．５　ｂ．３　ウ．ａ．３
ｂ．２　ｃ．２　エ．２　オ．３

【８】ア．24　イ．40　ウ．104　エ．６

《社　会》

【１】問１．え　問２．え　問３．い　問４．①い　②う　③い　④あ　⑤う　⑥え　⑦う

【２】問１．(1)あ　(2)い　(3)い　問２．①[Ⅰ]い　[Ⅱ]え　②う　③[１]Ａ．え　Ｂ．う　Ｃ．い　Ｄ．あ
[２]瀬戸内　④[Ⅲ]あ　[Ⅳ]う　⑤[１]う　[２]対馬

【３】問１．刀狩　問２．(1)い　(2)い　(3)え　問３．①あ　②あ　③い　④う

【４】問１．(1)う　(2)い　(3)う　(4)え　問２．①あ　②う　③え

2023 解説 令和5年度 同志社香里中学校【前期】

《2023　前期　国語　解説》

【一】【二】

著作権上の都合により文章を掲載《けいさい》しておりませんので、解説も掲載しておりません。ご不便をおかけし、誠に申し訳ございません。

《2023　前期　算数　解説》

1 (1)　与式$=\{15-(2.2-1.6)\}\times(\frac{3}{6}+\frac{2}{6})\times\frac{7}{3}=14.4\times\frac{5}{6}\times\frac{7}{3}=14.4\times\frac{35}{18}=$**28**

(2)　与式より，$\frac{5}{7}-\square\div\frac{6}{5}=\frac{5}{24}\times\frac{8}{7}$　　$\square\div\frac{6}{5}=\frac{5}{7}-\frac{5}{21}$　　$\square=\frac{10}{21}\times\frac{6}{5}=$**$\frac{4}{7}$**

(3)　与式$=(67.4+32.6)\times7.54-(54.7+45.3)\times1.41=100\times7.54-100\times1.41=754-141=$**613**

2 (1)　**【解き方】右のようにＣＤと平行な直線を108°の角の頂点を通るように作図し，記号をおく。平行線の錯角《さっかく》と同位角，三角形の外角の性質を利用する。**

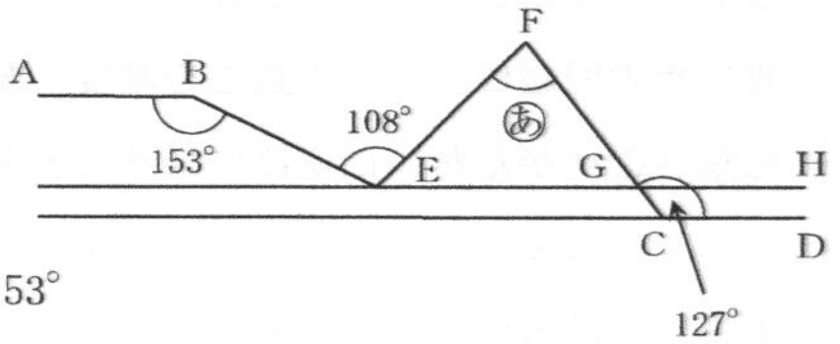

ＡＢとＥＧは平行だから，錯角が等しいので，角ＢＥＧ＝角ＡＢＥ＝153°

したがって，角ＦＥＧ＝153°－108°＝45°　　ＣＤとＧＨは平行だから，同位角が等しいので，角ＦＧＨ＝角ＦＣＤ＝127°　　三角形ＥＦＧについて，１つの外角はとなり合わない２つの内角の和と等しいので，

㋐＝127°－45°＝**82°**

(2)　**【解き方】正六角形は円に内接《ないせつ》する。また，「半円に内接する三角形」を利用する。**

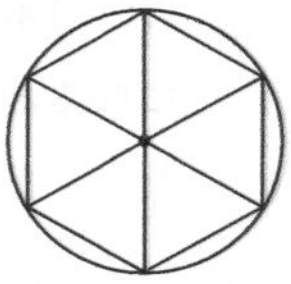

右図のように正六角形は円に内接し，３本の対角線は円の直径となる。

よって，半円に内接する三角形の性質より，１本の対角線につき，４つの直角三角形ができる。

これ以外の対角線を１辺としない三角形で，直角三角形になるものはない。

したがって，直角三角形は３×４＝**12**(個)できる。

> **半円に内接する三角形**
>
> 右図において，三角形ＰＱＲの内角の和より，
>
> ○×２＋●×２＝180°　○＋●＝90°
>
> したがって，角ＱＰＲ＝90°
>
> 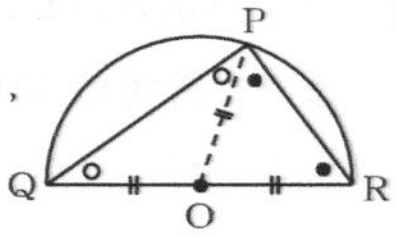
>
>
> **半円に内接する三角形は直角三角形である。**

(3)　**【解き方】円の直径をａとすると，ａは正方形の対角線の長さと等しい。**

正方形の面積は10×10＝100(㎠)だから，ａ×ａ÷２＝100より，ａ×ａ＝200となる。円の面積は(半径)×(半径)×3.14＝$a\times\frac{1}{2}\times a\times\frac{1}{2}\times3.14=a\times a\times\frac{1}{4}\times3.14=200\times\frac{1}{4}\times3.14=157$(㎠)である。よって，求める面積は157－100＝**57**(㎠)

3 (1)　１回目に５の目が出たとき，または１が５回連続で出たときだから，最も低い合計点は**５**点である。

(2)　**【解き方】１の目が連続して出て，合計点が５の倍数より１小さい数となったときのみ，次のさいころの目が２となる目の出方をくり返し，最後に合計点が５の倍数となったときに最も低い合計点となる。**

さいころを９回投げたときの最も低い合計点は右表のようになり，11点である。よって，さいころを10回投げてゲームが終わるときの最も低い合計点は，**15**点である。

回数	1	2	3	4	5	6	7	8	9
目の数	1	1	1	1	2	1	1	1	2
合計点	1	2	3	4	6	7	8	9	11

(3)　**【解き方】合計点が最も大きくなるのは，18 回目までゲームが終わらず，６が最も多い回数出るときである。**
最初に６を足していくと，５回目に合計点が 30 点で，５の倍数となる。５の倍数になることを避《さ》けるため，ア5回目以降で４と６を交互《こうご》に何度か足していき 18 回目で５の倍数にする方法と，イ5回目以降は５を足し続けていき 18 回目で５の倍数にする方法の２通りが考えられる。いずれも２回ごとに合計点が 10 点ずつ増える。
アの方法だと，５回目から 16 回目の 16－５＋１＝12(回)は４と６を交互に足し，17 回目に５，18 回目に６を足すと合計点が最も高く，18 回目の合計点は６×４＋(４＋６)×(12÷２)＋５＋６＝95(点)となる。
イの方法だと，５回目から 17 回目の 17－５＋１＝13(回)続けて５を足し，18 回目で６を足すと合計点が最も高く，６×４＋５×13＋６＝95(点)
よって，ア，イのどちらの方法でも，最も高い合計点は **95** 点になる。

4　(1)　求める食塩の量は 600×0.13＝**78**(ｇ)

(2)　**【解き方】２つの容器の食塩水の濃度《のうど》が等しくなったということは，２つの容器の中にある食塩水をすべて混ぜ合わせたときにできる食塩水の濃度と同じ濃度になったということになるので，このときの濃度を求める。食塩水の問題は，うでの長さを濃度，おもりを食塩水の重さとしたてんびん図で考えて，うでの長さの比とおもりの重さの比がたがいに逆比になることを利用する。**
右のようなてんびん図がかける。ａ：ｂは，食塩水の量の比である 200：600＝１：３の逆比になるので，ａ：ｂ＝３：１となる。これより，ａ：(ａ＋ｂ)＝３：４となるから，ａ＝(13－５)×$\frac{3}{4}$＝６(％)なので，求める濃度は，５＋６＝**11**(％)

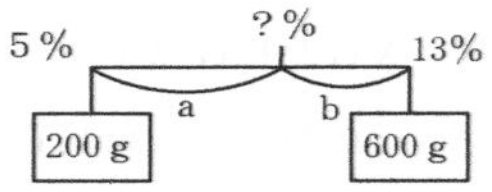

(3)　**【解き方】(2)をふまえると，５％の食塩水と 13％の食塩水が 200：600＝１：３の割合で混ざれば濃度が 11％になるとわかる。同じ量の食塩水を入れかえたから，入れかえたあとの食塩水の量は変わらない。**
食塩水を入れかえたあとの容器Ｂの中の$\frac{1}{1+3}=\frac{1}{4}$が容器Ａから入った食塩水である。よって，それぞれの容器からくみ出した食塩水は，600×$\frac{1}{4}$＝**150**(ｇ)

5　(1)　**【解き方】図１の状態で 10 分後に水の高さが 10 cmになっているので，水の高さは１分で１cm上昇《じょうしょう》する。また，線香は 10 分で 10 cm燃えたので，１分で１cm燃える。よって，線香の先と水面は１分間に２cm近づく。**
火をつけて４分後，線香の長さは 20－４＝16(cm)になっている。よって，線香の火が消えるのは，火をつけてから４＋16÷２＝**12**(分後)

(2)　**【解き方】水面が上昇するのにかかる時間は底面積と比例することを利用する。**
直方体の水そうの底面積は５×20＝100(cm²)，ブロックの底面積はどの面も５×５＝25(cm²)であり，水そうの底面積の$\frac{1}{4}$である。よって，水そうの底面から高さ５cmまでの水が入る部分の底面積は$\frac{1}{4}$，高さ５cmから 10 cmまでの水が入る部分の底面積は$\frac{2}{4}=\frac{1}{2}$，高さ 10 cmから 15 cmまでの水が入る部分の底面積は$\frac{3}{4}$となっている。したがって，水面が上昇するのにかかる時間は高さ５cmまでは５×$\frac{1}{4}=\frac{5}{4}$(分)，高さ５cmから 10 cmまでは５×$\frac{1}{2}=\frac{5}{2}$(分)，高さ 10 cmから 15 cmまでは５×$\frac{3}{4}=\frac{15}{4}$(分)である。よって，水面の高さが 15 cmになったとき，線香に火をつけてから$\frac{5}{4}+\frac{5}{2}+\frac{15}{4}=\frac{30}{4}=\frac{15}{2}$(分)たっている。このとき，水面と線香の先の間の距離《きょり》は 20－１×$\frac{15}{2}=\frac{25}{2}$(cm)だから，火が消えるまでにかかった時間は，$\frac{15}{2}+\frac{25}{2}\div 2=\frac{55}{4}=$**13$\frac{3}{4}$**(分後)

(3)　**【解き方】火が消えるのは，水そうの底から 15 cmより上か，10 cmから 15 cmか，順に考えていく。**
水面の高さが 15 cmのとき，火をつけてから$\frac{15}{2}$分たっているので，線香の長さが 20－１×$\frac{15}{2}=\frac{25}{2}=12\frac{1}{2}$(cm)で 15 cmより低い。したがって，火は 15 cmより下で消える。水面の高さが 10 cmのとき，火をつけてから$\frac{5}{4}+\frac{5}{2}=\frac{15}{4}$(分)たっているので，線香の長さが 20－１×$\frac{15}{4}=\frac{65}{4}$(cm)となる。これより，火が消えるのは，水そうの底から 10 cmから

15 cmまでの高さとわかる。ここから1分あたり線香の先と水面は$1+\frac{4}{3}=\frac{7}{3}$(cm)近づく。そこから
$(\frac{65}{4}-10)\div\frac{7}{3}=\frac{75}{28}$(分後)に火が消える。よって，求める時間は，$\frac{15}{4}+\frac{75}{28}=\frac{180}{28}=\mathbf{6\frac{3}{7}}$(分後)

6 (1) **【解き方】右図の三角形ＪＡＢと三角形ＪＣＤは角Ｊを共通の角にもつ直角三角形なので，形が同じで大きさが異なる三角形である。**

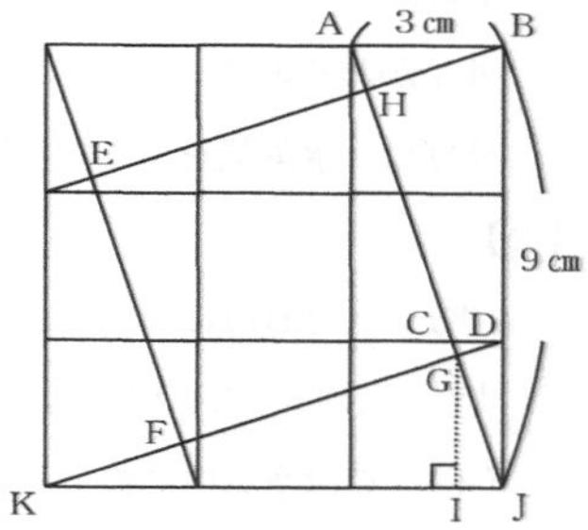

形が同じで大きさが異なる三角形のそれぞれの辺の比は等しいから，
ＡＢ：ＣＤ＝ＢＪ：ＤＪ＝９：３＝**３：１**

(2) **【解き方】ＪＫとＣＤは平行だから，三角形ＧＪＫと三角形ＧＣＤは形が同じで大きさが異なる三角形である。**

(1)より，ＣＤ＝$3\times\frac{1}{3}=1$(cm)だから，ＪＫ：ＣＤ＝９：１
三角形ＧＪＫと三角形ＧＣＤで底辺をそれぞれＪＫ，ＣＤとしたときの高さの比は，底辺の長さの比に等しいから，
ＧＩ＝ＤＪ×$\frac{JK}{JK+CD}=3\times\frac{9}{9+1}=\frac{27}{10}=\mathbf{2.7}$(cm)

(3) **【解き方】四角形ＥＦＧＨの面積は，１辺９cmの正方形の面積から三角形ＧＪＫの面積４つ分を引いた値《あたい》に等しい。**

求める面積は，$9\times9-9\times2.7\div2\times4=81-48.6=\mathbf{32.4}$(cm²)

7 (1) **【解き方】ＡＢを軸として１回転させたときにできる図形は，長方形ＡＢＧＨを１回転させたときにできる図形と同じである。**

できる立体は底辺の半径がＢＧ＝５cm，高さが２cmの円柱だから，求める体積は$5\times5\times3.14\times2=\mathbf{157}$(cm³)

(2) **【解き方】ＡＢを軸として72°回転させてできた立体を上から見ると図１のようになる。Ｅ′，Ｈ′はＥとＨが回転して移った点である。**

図１

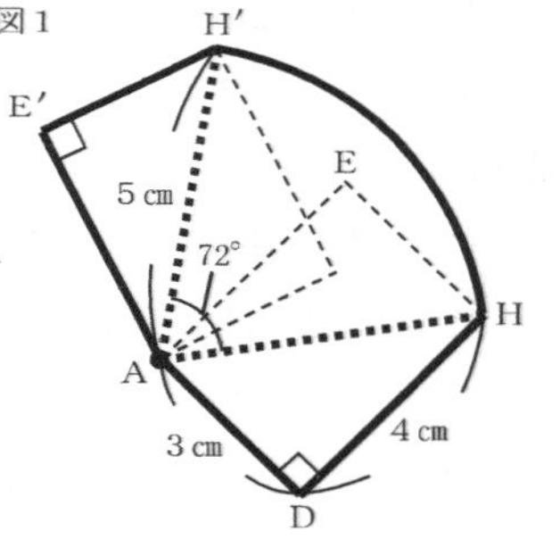

できた立体を右図の太い点線で図形を分けたとき，底面の底辺と高さが３cm，４cmの直角三角形となる三角柱２つと底面が半径５cmの円の$\frac{72°}{360°}=\frac{1}{5}$の円柱の一部を合わせた立体と考えることができ，柱体の高さはいずれも２cmである。
よって，求める体積は，$\{(3\times4\div2)\times2+5\times5\times3.14\times\frac{1}{5}\}\times2=$
$(12+15.7)\times2=\mathbf{55.4}$(cm³)

(3) **【解き方】長方形ＣＤＥＦが回転してできる立体を上から見たときの図形を考える。図２で，ＡからＥＤまでの最長距離はＡＥ＝４cm，最短距離はＡＩだから，ＡＥが回転してできる円からＡＩが回転してできる円を取り除いたドーナツ形の図形を底面とする高さが２cmの立体の体積が，長方形ＣＤＥＦが回転してできる図形の体積である。**

図２

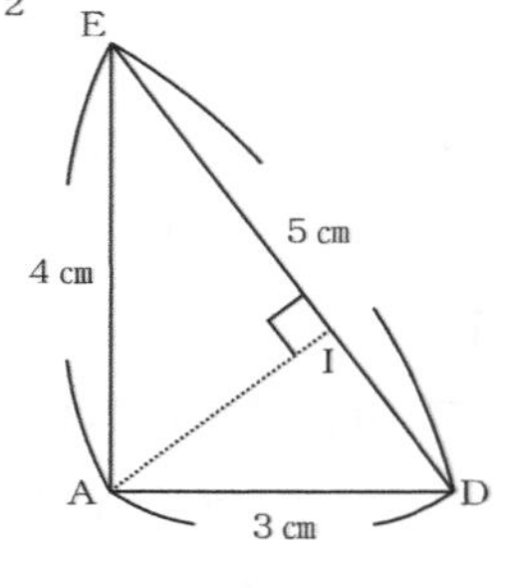

三角形ＥＡＤと三角形ＡＩＤでは角Ｄを共通の角に持つ直角三角形なので，形が同じで大きさが異なる三角形である。よって，辺の長さの比がそれぞれ等しいので，ＡＩ＝$4\times\frac{3}{5}=2.4$(cm)となる。したがって，長方形ＣＤＥＦが回転してできる立体の体積を3.14で割った値は，$(4\times4\times3.14-2.4\times2.4\times3.14)\times2\div3.14=(16-5.76)\times2=\mathbf{20.48}$である。

《2023　前期　理科　解説》

【１】

(ア)　氷を加熱すると水に変化し，水を加熱すると水蒸気に変化する。

(イ)　水を冷やしていくと，0℃で氷に変化し始める。

(ウ)　水が蒸発すると水蒸気に変化する。

(エ)(a)　コップの周りに水滴《すいてき》がつくのは，コップの周りの水蒸気が水に変化するからである。　(b)　洗たくした服が外でかわくのは，服にふくまれる水が水蒸気に変化して空気中に出ていくからである。　(c)　水蒸気は目に見えない。ゆげは，水蒸気をふくむ空気が冷えて小さな水滴になって，目に見えるようになったものである。

【2】

(ア)　AとBはにおいがあるのでアンモニアか塩化水素である。BTB溶液《ようえき》は酸性で黄色，中性で緑色，アルカリ性で青色を示すので，Aは水にとけるとアルカリ性を示すアンモニア，Bは水にとけると酸性を示す塩化水素である。

(イ)　Cは空気中に約78%ふくまれるのでちっ素である。ちっ素はろうそくを燃やす前と後で，割合が変わらない。

(ウ)　Dは酸素である。酸素は植物の葉で日光を受けて光合成が行われるときに発生する気体である。1，2は二酸化炭素，4は水蒸気である。

(エ)　石灰水に通すと白くにごるEは二酸化炭素である。二酸化炭素は水にとけると酸性を示す。

【3】

(ア)(イ)　てこを支える動かない点を支点，力を加える点を力点，力がはたらいてものが動く点を作用点という。

(ウ)　てこを左右にかたむけるはたらき〔おもりの重さ(kg)×支点からの距離《きょり》(cm)〕が等しくなるときにつり合う。Pでてこを右にかたむけるはたらきは 14×21＝294 だから，Qではたらく力がてこを左にかたむけるはたらきも 294 になる。よって，Qにはたらく力は294÷3＝98(kg)となる。

(エ)　作用点が真ん中にあるてこでは，Aのしくみに，力点が真ん中にあるてこでは，Bのしくみになる。支点が真ん中にあるてこでは，力点までの距離と作用点までの距離を変えることで，A，Bどちらのしくみにもなる。

【4】

(ア)　葉に卵を産みつけるのはモンシロチョウとナナホシテントウである。これらのうち，複数の卵を密着するように産みつけるのはナナホシテントウである。モンシロチョウは卵を1つずつ産みつける。

(イ)　キャベツの葉は，モンシロチョウのよう虫，くさった葉はカブトムシのよう虫が食べる。

(ウ)　卵，よう虫，さなぎ，成虫の順に成長する完全変態と，卵，よう虫，成虫の順に成長する不完全変態のこん虫がいる。モンシロチョウ，カブトムシ，ナナホシテントウは完全変態，アキアカネは不完全変態をする。

(エ)　モンシロチョウのよう虫は，卵から出て最初に自分が入っていた卵のからを食べる。

(オ)　カブトムシの長い角は頭から，短い角は胸から生えている。

(キ)　トンボのよう虫をヤゴ，チョウのよう虫を青虫，カのよう虫をボウフラという。

【5】

(ア)(イ)　おりひめはこと座のベガ(A)，ひこぼしはわし座のアルタイル(B)である。夏の大三角をつくるベガ，デネブ(C)，アルタイルはすべて白っぽい色をしている。

(エ)　デネブははくちょう座の一等星である。

(オ)　東の空の星は，90 分後には南東の空へ向かって高度を上げていく。星座は形を変えずに角度を変えながら，東，南，西の順に動いていく。図でA，B，Cなどの星が右上に動いている3が正答である。

【6】

(ア)　水，空気，適当な温度は，種子の発芽と植物の成長の両方に必要な条件である。光と肥料は植物の成長に必要な条件である。

(イ)　ある条件について調べたいときは，その条件以外が同じ２つの実験結果を比べる。ＡとＢでは，光の条件以外が同じだから，光が必要かどうかを調べることができる。

(ウ)　インゲンマメの種子の発芽に光は必要ない。ＡとＢはともに水，光，適当な温度の条件を満たしているので発芽する。

(エ)　日光が当たらないＤでは，光合成が行われないので，養分が作られず，葉が黄色っぽくなり，成長しにくくなる。

(オ)　ｂ，ｃ．インゲンマメの種子は，子葉に養分(デンプン)をたくわえている。ヨウ素液はデンプンに反応して青むらさき色に変化する。発芽後の子葉にヨウ素液をかけても青むらさき色にならないことから，子葉にたくわえられたデンプンが種子の発芽とその後の成長に使われたことがわかる。　ｄ～ｆ．光合成では，植物は二酸化炭素を取り入れて酸素を出す。また，呼吸では，生物は酸素を取り入れて二酸化炭素を出す。

【７】

(ア)　電磁石では，電流が流れている間だけ磁石にすることができるので，電流を流すのをやめれば，持ち上げた鉄くずをはなすことができる。

(イ)　電動式車いすなどに使われているモーターは，電磁石の仕組みを利用して，電気をおもに力や運動に変えている。

(ウ)①　３〇…コイルの巻き数を変えるときは，コイルの全長を同じにして，余分な導線はそのまま余らせておく。

②　かん電池を直列つなぎにすると，回路を流れる電流は大きくなるが，かん電池を並列つなぎにしても，回路を流れる電流の大きさは変わらない。

【８】

(ア)　水が岩などをけずりとるはたらきをしん食という。

(イ)　れき(直径２㎜以上)，砂(直径0.06㎜～２㎜)，どろ(直径0.06㎜以下)はつぶの大きさで区別する。目に見えないほどの細かいつぶでできているＢとＥは，どろが押し固められてできたでい岩である。

(ウ)　つぶが角ばっていることから，流水のはたらきを受けずに降り積もった火山灰と判断する。

(エ)①　先が３つに分かれているから，キョウリュウの足あとの化石と判断する。なお，ワニは前足の指が５本，後ろ足の指が４本である。　②　ＢとＥはまったく同じ層だから，２でも同じ生き物の化石が見つかる可能性がある。また，ＣとＦはまったく同じ層だから，６でも同じ生き物の化石が見つかる可能性がある。

(オ)　３つの岩場で，まったく同じ層の海面からの高さを比べる。ＢとＥでは，Ｂの方が海面からの高さが高いので，これらの層の間には断層がある。また，ＣとＦは海面からの高さが同じなので，これらの層の間には断層がない。よって，Ｚが正答となる。

(カ)　Ａの下に不明な層があるので，下から不明→Ａ(れき)→ＢとＥ(どろ)→ＣとＦ(砂)→Ｄ(火山灰)の順に重なっていると考えられる。

《2023　前期　社会　解説》

【１】

問１　あ　　岸田文雄首相は，アメリカのバイデン大統領，オーストラリアのアルバニージー首相，インドのモディ首相と，日米豪印首脳会合を開き，その後共同声明を発表した。

問２　い　　ＳＤＧｓは，Sustainable Development Goals の略称である。

問３　え　　９月８日にイギリス女王のエリザベス二世が亡くなった。

問４　あ　　閣議は，全員一致を原則とする。本会議・公聴会・委員会は，いずれも衆議院・参議院で開かれる。

問５①〔１〕　い　　Ｇ７は，ドイツ・アメリカ・イギリス・フランス・イタリア・カナダ・日本の７か国である。以前はロシアをふくむＧ８であったが，2014 年にロシアがクリミアを併合した問題から，ロシアはＧ８から外された。　〔２〕　え　2022 年２月 24 日に，ロシアがウクライナに軍事侵攻したことから，Ｇ７による話し合いがもたれた。　②　う　日本の予算額は，2019(平成 31)年に初めて 100 兆円をこえ，その後も年々増え，2022 年度には 110 兆円になった。2023 年度には 114 兆円になる見込みである。　③　え　憲法改正の公布は，天皇の国事行為である。改正の際，天皇は国民の名において改正を公布する。　④　え　ａ．安倍氏は，参議院議員選挙の応援演説中の奈良県で襲撃されたから誤り。ｂ．安倍氏の国葬儀は，９月 27 日に行われたから誤り。
⑤　ＮＡＴＯ　North Atlantic Treaty Organization は，西ヨーロッパ諸国とアメリカ・カナダによって構成され，東側諸国によるワルシャワ条約機構と相対する組織である。

【２】

問１　(1)あ　(2)え　(3)あ　(4)う　(1)根室港の位置は右図を参照。(3)排他的経済水域は，沿岸から 200 海里までの海域のうち，領海を除く範囲である。排他的経済水域は，その水域を設定した国に，海洋資源・海底資源の開発の権利がある。

問２①　い　ピーマンの収かく量は，茨城県＞宮崎県＞高知県の順に多い。　②　う　納沙布岬以外の岬については，右図を参照。　③　あ　千島海流は親潮とも呼ぶ。

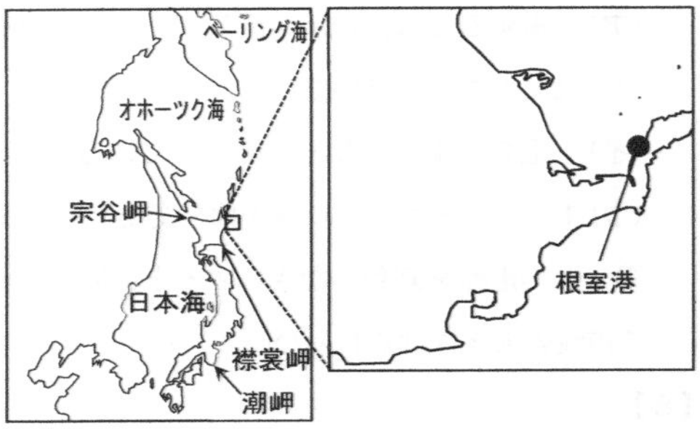

④　う　栽培漁業は，卵から稚魚になるまでの最も弱い期間を人の手で育て，外敵から身を守れる大きさまで育てた後に放流する漁業である。栽培漁業が行われている魚種として，ヒラメ・マダイ・トラフグ・ニシンなどが挙げられる。　⑤　〔１〕えとろふ　〔２〕い　歯舞《はぼまい》群島・色丹《しこたん》島・国後《くなしり》島・択捉島をまとめて北方領土という。　⑥　あ　サンマは寒流魚だから，北に位置する港ほど水揚げ量が多いと判断して，釧路(北海道)，女川(宮城県)，銚子(千葉県)の順とする。

問３〔１〕　い　ａ．【Ｘ】より，ピーク時の漁業生産量合計は 1200 万トンをこえている。2020 年の漁業生産量合計は 400 万トン程度なので，ピーク時の半分にも満たない。ｂ．【Ｙ】より，海面漁業のグラフはほぼ横ばい状態だから誤り。　〔２〕Ⅰ＝い　Ⅱ＝あ　Ⅲ＝資源　【Ｙ】より，横ばいのグラフは海面漁業と内水面漁業，右上がりのグラフは養殖業であることが読み取れる。

【３】

問１(1)　え　徳川家康の遺言をもとに建てられた日光東照宮は，第三代将軍の徳川家光によって改修され，現在の姿となった。

(2)　う　帝国議会は，皇族や華族などからなる貴族院と，選挙によって選ばれた衆議院の二院制であった。

(3)　い　日中平和友好条約の調印は 1978 年，沖縄の日本への復帰は 1972 年，エルトゥールル号の救難活動は 1890 年のことであった。　(4)　あ　三河は，尾張と遠江の間に位置する。近江は現在の滋賀県，駿河は現在の静岡県，越後は現在の新潟県である。

問２①　う　1867－1603＝264(年)　②　い　11 世紀後半に東北地方でおこった反乱は，後三年の役である。後三年の役で清原氏を倒したことで，源義家は東国での源氏の支配力を示し，藤原清衡は奥州藤原氏の礎を築いた。　③　い　源頼朝の妻の北条政子の父親である北条時政が初代執権であり，歴代の執権は北条氏が独占した。　④　え　鎖国を完成させたのは，徳川家康の孫の徳川家光である。

【4】

問2　あ　　日清戦争は1894年，日露戦争は1904年，日中戦争は1937年におきた。

問3　い　　直後に「山岳地帯のため」とあることから，内陸を通る中山道と判断する。

問4　う　　解放令は1871年，五箇条の御誓文は1868年，廃藩置県は1871年に出された。

問5①　う　　坂本龍馬は薩長同盟や大政奉還に関与した土佐藩出身の人物。大塩平八郎は，江戸時代に大塩の乱を起こした大坂町奉行所の元役人。大久保利通は，明治維新に活躍した薩摩藩出身の役人。

②　え　　君主権の強いプロイセンの憲法を学んで帰国した伊藤博文は，内閣制度を設立し，1885年に初代内閣総理大臣に就任した。

問6　え　　関税自主権の回復に成功したのは1911年のことである。

《2023　後期　国語　解説》

【一】

問二　男は、「出張した時に」「帰りの新幹線が事故で何時間もとまったまま、という体験をし」て、「不安だった」が、「チップスターの筒《つつ》を握《にぎ》りしめていると、なぜか安心した」。その経験から、「お菓子《かし》というものは自分の精神的な命綱《いのちづな》のようなものだと思ったのだ」と語っている。

問三　「男は泣いている草児を見てもおどろいた様子はなく、困惑《こんわく》するでもなく、かといって慰《なぐさ》めようとするでもなかった」「いろいろ、と言った男は、けれども、草児の『いろいろ』をくわしく聞きだそうとはしなかった」とある。自分の目の前で泣き出した草児を見ていて「草児の日常が苦しいものであると感じたので、彼《かれ》の気持ちを察して」あえて具体的なことを聞かなかったのだ。よって４が適する。

問四　直後に「同級生に百円をたかられたり、喋《しゃべ》っただけで奇異《きい》な目で見られたり、こっちはこっちでどう見られているか気にしたり」とある。草児は、同級生に傷つけられたり、どう見られているか気にすることが多かった。そのため、「静かな海の底の砂の上で静かに生きているだけの生物として生まれたかった」とあるように、誰《だれ》かに傷つけられることなく心穏《おだ》やかに過ごしたいと思っている。よって２が適する。

問五　４の「セキノヤマ」(関の山)とは、できる最大限度、精いっぱいという意味。男は、自分ができることをどんなに多く見積もっても「仕事をさぼって博物館で現実逃避《とうひ》するぐらい」までで、タイムマシンには乗れないと言っているのである。

問八　草児は、タイムマシンに乗ってエディアカラ紀に行く想像をした時、「もし行けたとしても、戻《もど》ってこられるのかな？」と心配している。「『だって、えっと……戻ってこなかったら、心配するだろうから』草ちゃんがどこにでも行けるように、と母は言ってくれるが、タイムマシンで原生代に行って二度と帰ってこなかったら、きっと泣くだろう」と想像している。これらから、草児がタイムマシンに乗れないと思った理由は、大切な母に心配をかけたくないからだということが読み取れる。

問九　本文の初めから「空中にふわりと舞《ま》い散った」までに、「ずっと一人でつらい思いを抱《かか》えていた」草児が、男には素直な気持ちで話すことができたことが書かれている。「いつもと同じ朝が」から「『恐竜《きょうりゅう》、好きなの？』『うん』草児が頷《うなず》くと、メガネも頷いた。『ぼくも』そこで交《か》わした言葉は、それだけだった」までに、学校で心の中で思ったことをそのまま口にしたことで、打ち解けられそうなクラスメートが見つかったことが書かれている。これらのできごとにより、草児の寂《さび》しさは少し和《やわ》らぎ、心が温まったため、体育館の床《ゆか》はこれまでより冷たさがましに感じられたのである。よって１が適する。「まし」とは、どちらかと言えばその方がまだいいという様子。

【五】

問一Ⅰ　「不可知論」(＝知ることができないとする立場のこと)にあてはまる４が正解。　Ⅱ　「楽観論」にあてはまるものは３または５である。しかし、次の行に「過去の人類も、木炭から石炭、石炭から石油というように、その都度資源を開発してきた」とあるように、木炭や石炭に続いて開発された資源が石油なので、５は適さない。よって３が正解。

問二　「ゴミは、使用期間をすぎたのに耐用《たいよう》期間を保っている物質である」ということを不等式で表したイラストなので、使用期間より耐用期間のほうが長いことを表す４が適する。

問三　直後に「仇《あだ》となっています」とあることに着目する。「仇」とは、害をあたえることである。プラスチックの利点でもある「容易に自然分解されない」ことが害になっているということである。

問四　３～４行前に「自然分解されるもので暮らせばゴミは出ない、ということです」とある。よって２が適する。

問五　「それは『芸術品』だといいます」「芸術品は決してゴミになりません。文化財もそうでしょう～使用期間が『永遠』なのに、耐用期間のほうが先に尽《つ》きようとしていたため、必死の修復作業が行われました」とある。これを生かしたゴミ戦略を筆者は描《えが》いている。

問六　「製造者の倫理《りんり》」とは、作るひとが行うべきことである。7段落の「使用が終わっても処分もできずに延々と残り続けるようなものを作ってはいけない、ということ」が分かりやすい。これを指定字数内で言い表したものが、おなじ7段落の「製品を作る段階で最終処分の方法を決定しておくこと」である。

問八１　1段落で「ある程度確実に分かることで、しかも楽観できないのが、廃棄《はいき》物(ゴミ)の問題です」「世代間倫理が必要な例は、廃棄物問題だといえます」と述べて、その後の段落で論を展開しているので正しい。

２　6段落に「個々人に『建て替《か》えを控《ひか》えよう』と呼びかけても限度があります。そもそも現在の日本の住宅は二五年くらいしかもたないつくりになっているわけですから。改善が必要なのは買う側ではなく、売る側、作る側です」とあることから、「家を建て替えるべきではない」は、まちがっている。　**３**　筆者は、「使用が終わっても処分もできずに延々と残り続けるようなものを作ってはいけない」と考えていて、「放射性廃棄物の処理方法を新しく開発する必要がある」とは言っていないため、まちがっている。

問九１　「3段落では、2段落で筆者が紹介《しょうかい》した意見とは異なる意見を示し」ているのではなく、同じことを逆の視点から述べているので、まちがっている。　**２・３**　それぞれの段落の説明として正しい。

《2023　後期　算数　解説》

1　(1)　与式$=\{3-\frac{2}{5}\times(\frac{7}{4}+\frac{1}{3})\}\div(\frac{4}{20}+\frac{9}{20})-2=\{3-\frac{2}{5}\times(\frac{21}{12}+\frac{4}{12})\}\div\frac{13}{20}-2=(3-\frac{2}{5}\times\frac{25}{12})\times\frac{20}{13}-2=$
$(3-\frac{5}{6})\times\frac{20}{13}-2=\frac{13}{6}\times\frac{20}{13}-2=\frac{10}{3}-\frac{6}{3}=\frac{4}{3}=\mathbf{1\frac{1}{3}}$

(2)　与式より，$\frac{18}{10}\times\frac{5}{3}-(□-\frac{3}{4})\div\frac{1}{2}=\frac{17}{6}$　　$3-(□-\frac{3}{4})\times2=\frac{17}{6}$　　$(□-\frac{3}{4})\times2=\frac{18}{6}-\frac{17}{6}$
$□-\frac{3}{4}=\frac{1}{6}\div2$　　$□=\frac{1}{12}+\frac{9}{12}=\frac{10}{12}=\mathbf{\frac{5}{6}}$

(3)　**【解き方】２つの分数の分母の公倍数が分子，分子の公約数が分母である分数をかけると整数になる。その中で最も小さい分数をかけるので，$\frac{3}{4}$，$\frac{9}{16}$のそれぞれに分子は４と16の最小公倍数，分母は３と９の最大公約数となる分数をかければよい。**

４と16の最小公倍数は16，３と９の最大公約数は３だから，求める分数は$\frac{16}{3}=\mathbf{5\frac{1}{3}}$である。

2　(1)　**【解き方】右図の三角形ＢＤＣについて，三角形の１つの外角は，これととなり合わない２つの内角の和に等しいから，角㋐＝○＋●である。**

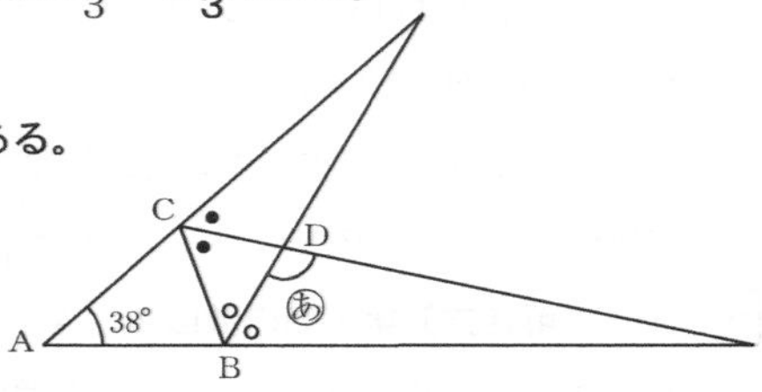

三角形ＡＢＣで，38°＋(180°－２×○)＋(180°－２×●)＝180°
398°－２×(○＋●)＝180°　　２×(○＋●)＝218°
○＋●＝109°となるから，角㋐＝**109°**

(2)　**【解き方】右図のように中心Ｏと折り目について線対称な点をＯ′とする。このとき，Ｏ′は曲線ＯＡを円周の一部とする円の中心である。**

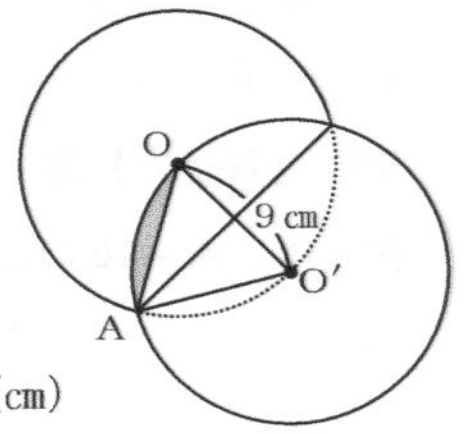

ＯＡ，ＯＯ′は円Ｏの半径だから９㎝，ＡＯ′，ＯＯ′は円Ｏ′の半径であり，ＯＯ′＝９㎝より，ＡＯ′＝９㎝となる。よって，三角形ＯＡＯ′は正三角形だから，角ＡＯ′Ｏ＝60°である。したがって，かげをつけた部分の周の長さは，$9+9\times2\times3.14\times\frac{60°}{360°}=$**18.42**(㎝)

(3)　**【解き方】右図の斜線《しゃせん》部分の８つの直角三角形は合同だから，矢印のように移動するとぴったり重なる。**

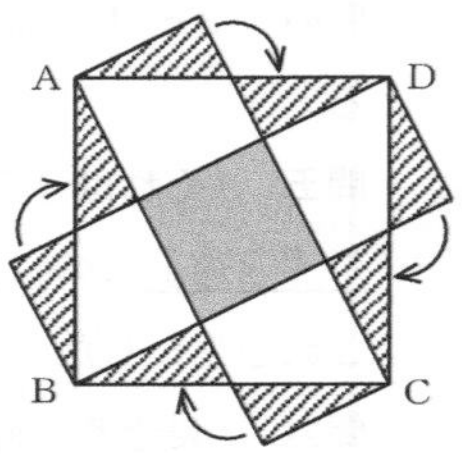

正方形ＡＢＣＤの面積は十字形の５つの正方形の面積の和に等しい。したがって，求める面積は正方形ＡＢＣＤの面積の$\frac{1}{5}$だから，$10\times10\times\frac{1}{5}=$**20**(㎠)

3　(1)　**【解き方】下図のように長さをかきこんで考える。**

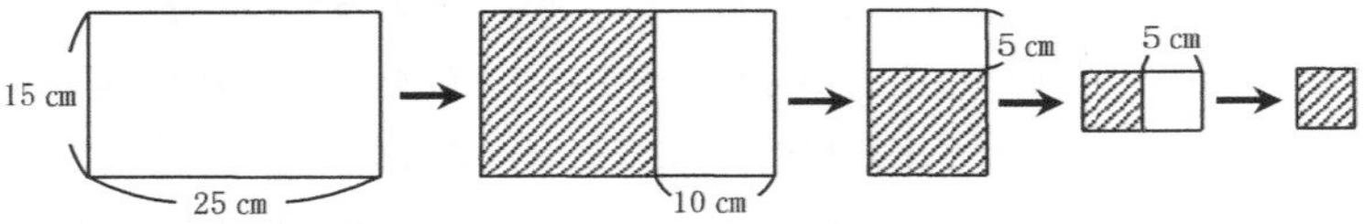

図より，最も小さい正方形の１辺の長さは**5**㎝である。

(2)　**【解き方】長方形の２辺のうち長い方の辺の長さを短い方の辺の長さで割り，余りでまたもう一方の辺の長さを割り，…という作業を，割り切れるまで割っていく。**

714÷323＝２余り 68 より，１辺 323 ㎝の正方形が２個と２辺の長さが 323 ㎝，68 ㎝の長方形ができる。同様にして，323÷68＝４余り 51，68÷51＝１余り 17，51÷17＝３となるから，最も小さい正方形の１辺の長さは**17** ㎝である。

(3)　長方形の縦には 323÷17＝19(個)，横には 714÷17＝42(個)の正方形を並べることができる。よって，必要な正方形の数は全部で，19×42＝**798**(個)である。

4　(1)　**【解き方】船Ａは川上からＱ地点に向かい，船Ｂは川下からＰ地点に向かう。このとき，船Ａは静水時より川の流れの速さだけ速くなり，船Ｂは川の流れの速さだけ遅くなるので，船Ａと船Ｂの速さを足すと川の流れの速さは打ち消されるため，船Ａと船Ｂが近づく速さは静水時の船Ａと船Ｂの速さの和と等しい。**

船Ａと船Ｂは，60＋80＝140 より，分速 140ｍで近づく。２隻《せき》が初めてすれ違《ちが》うのは 30 分後だから，Ｐ地点からＱ地点までの距離《きょり》は，140×30＝**4200**(ｍ)

(2)　船ＡはＰ地点からＱ地点まで，30＋12＝42(分)で移動したので，このときの速さは，4200÷42＝100 より，分速 100ｍである。船Ａの静水時の速さは分速 60ｍだから，川の流れる速さは，100－60＝40 より，分速 **40**ｍである。

(3)　**【解き方】船ＢがＰ地点に着いたときの船Ａの位置を求め，２隻がどの地点ですれ違うのか考える。**

船ＢはＱ地点から，80－40＝40 より，分速 40ｍでＰ地点に向かうので，4200÷40＝105(分後)にＰ地点に着く。このとき船ＡはＱ地点から 105－42＝63(分)だけ，60－40＝20 より，分速 20ｍでＰ地点に向かって移動したので，Ｑ地点から 20×63＝1260(ｍ)のところにいる。よって，２隻がすれ違うのは船ＡがＰ地点に，船ＢがＱ地点に向かうときであり，このとき２隻合わせて 4200－1260＝2940(ｍ)進む。それぞれの船が進む道のりは，実際に進む速さに比例するので，Ｐ地点から $2940\times\frac{80+40}{140}=$**2520**(ｍ)のところですれ違う。

5　(1)　**【解き方】第１列の数は２，４，８，14，22，…となり，次の行の数との差が４－２＝２，８－４＝４，14－８＝６，22－14＝８，…と，２ずつ増えている。**

第５行第１列の数は 22 だから，第９行第１列の数は 22＋10＋12＋14＋16＝**74** である。

(2)　**【解き方】図ｉのように位置を定める。このとき，Ａ＋Ｄ＝Ｂ＋Ｃ＋２となる。例えば，Ａ＝10 のとき，Ｂ＝18，Ｃ＝16，Ｄ＝26 であり，10＋26＝18＋16＋２である。**

求める数の和は，Ｂ＝468，Ｃ＝466 のときだから，468＋466＋２＝**936** である。

図ｉ

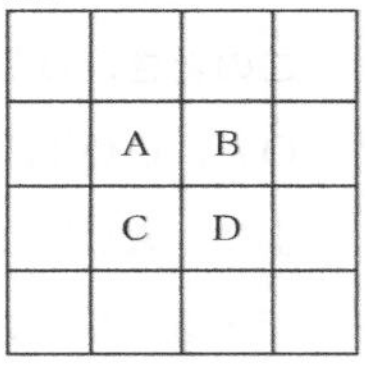

⑶　**【解き方】図 ii のように位置を定める。このときＬの位置にある数が図３の×印のところに書かれている数である。また，Ｅ，Ｆ，Ｇ，Ｈ，Ｉ，Ｊの和が 3648 である。**

図 ii

		G	
	F	L	J
E	K	I	
	H		

Ｅ＝Ｆ－２，Ｇ＝Ｆ＋２より，Ｅ＋Ｆ＋Ｇ＝(Ｆ－２)＋Ｆ＋(Ｆ＋２)＝３×Ｆ

Ｈ＝Ｉ－２，Ｊ＝Ｉ＋２より，Ｈ＋Ｉ＋Ｊ＝(Ｉ－２)＋Ｉ＋(Ｉ＋２)＝３×Ｉ

よって，Ｅ＋Ｆ＋Ｇ＋Ｈ＋Ｉ＋Ｊ＝３×(Ｆ＋Ｉ)＝3648 となるから，

Ｆ＋Ｉ＝1216 である。

また，Ｋ＝Ｌ－２であり，⑵の解説をふまえると，Ｆ＋Ｉ＝Ｋ＋Ｌ＋２となり，1216＝２×Ｌが成り立つから，

Ｌ＝1216÷２＝608　　よって，求める数は **608** である。

6 ⑴　**【解き方】(三角形ＰＣＤの面積)＝(台形ＡＢＣＤの面積)－{(三角形ＰＡＤの面積)＋(三角形ＢＣＰの面積)} として求める。**

ＰがＡを出発して４秒後，ＰＡ＝２×４＝８(cm)，ＰＢ＝48－８＝40(cm)だから，三角形ＰＣＤの面積は，

(18＋30)×48÷２－{(８×18÷２)＋(40×30÷２)}＝1152－(72＋600)＝**480**(㎠)

⑵　**【解き方】(三角形ＰＡＤの面積)＝ＰＡ×18÷２＝９×ＰＡ，(三角形ＢＣＰの面積)＝ＰＢ×30÷２＝15×ＰＢである。**

(９×ＰＡ)：(15×ＰＢ)＝３：４より，(３×ＰＡ)：(５×ＰＢ)＝３：４　　３×ＰＡ＝３とすると，ＰＡ＝１，

５×ＰＢ＝４となるからＰＢ＝$\frac{4}{5}$となる。したがって，ＰＡ：ＰＢ＝１：$\frac{4}{5}$＝５：４となる。

よって，ＰＡ＝48×$\frac{5}{5+4}$＝$\frac{80}{3}$(cm)だから，求める時間は，$\frac{80}{3}$÷２＝$\frac{40}{3}$＝**$13\frac{1}{3}$**(秒後)

⑶　**【解き方】三角形ＰＣＤが直角二等辺三角形となるのは，ＰＤ＝ＣＰ，角ＤＰＣ＝90°となるときである。**

三角形ＡＰＤと三角形ＢＣＰが合同になれば，ＰＤ＝ＣＰ，角ＤＰＣ＝180°－(角ＡＰＤ＋角ＣＰＢ)＝

180°－(角ＡＰＤ＋角ＰＤＡ)＝180°－90°＝90°となる。ＡＰ＝ＢＣ＝30 cmとすると，ＢＰ＝48－30＝18(cm)となり，ＡＤ＝ＢＰ，ＡＰ＝ＢＣ，角ＤＡＰ＝角ＰＢＣ＝90°だから，三角形ＡＰＤと三角形ＢＣＰが合同になる。

このとき，三角形ＰＣＤは直角二等辺三角形になる。ＡＰ＝ＢＣ＝30 cmだから，求める時間は 30÷２＝**15**(秒後)

7 ⑴　**【解き方】立体Ａの三角柱部分は，底面が直角をつくる２辺の長さが４cmの直角二等辺三角形，高さが８cmである。**

立体Ａのうち，三角柱の体積は，４×４÷２×８＝64(㎤)である。また，直方体の底面を１辺が８cmの正方形として見たときの高さは，11＋４＝15(cm)だから，体積は８×８×15＝960(㎤)である。よって，求める体積は，

64＋960＝**1024**(㎤)

⑵　**【解き方】立体Ａのうち，水面より下にある部分の体積を求める。**

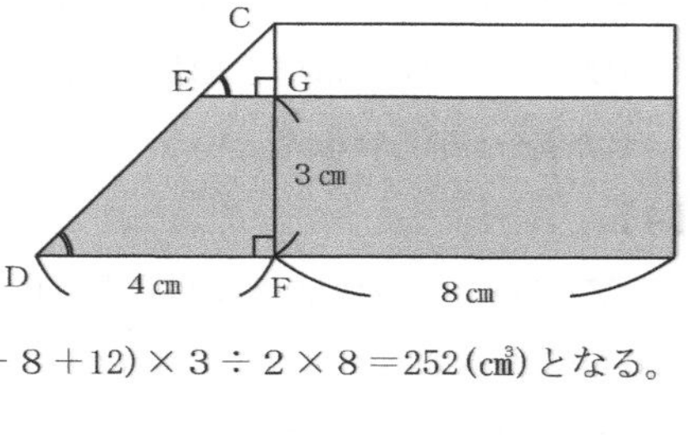

立体Ａを正面から見たとき，水面より下にある部分は右図の色つき部分である。ＧＣ＝４－３＝１(cm)であり，ＥＧとＤＦは平行なので，三角形ＣＥＧはＥＧ＝ＧＣの直角二等辺三角形である。よって，

ＥＧ＝１cmだから，立体Ａのうち水面より下にある部分の体積は，(１＋８＋12)×３÷２×８＝252(㎤)となる。

したがって，求める水の量は，16×15×３－252＝**468**(㎤)

⑶　**【解き方】立体Ａの一番上の高さまで水が入っているとすると，水の体積は 16×15×15－1024＝2576(㎤)だから，これは 2.4Ｌ＝2400 ㎤よりも大きい。つまり，水面の高さは立体Ａの一番上より低い。**

立体Ａの三角柱部分の一番上の高さ(４cm)まで入っている水の体積は，16×15×４－(８＋12)×４÷２×８＝640(㎤)である。立体Ａの三角柱部分の一番上の高さから，残りの 2400－640＝1760(㎤)の水が入る。この水が入

る部分は，底面積が16×15－８×８＝176(㎠)と考えられるので，水の高さは1760÷176＝10(㎝)となる。
したがって，求める水の深さは４＋10＝**14**(㎝)である。

《2023　後期　理科　解説》

【１】

(ア)　時間が他と大きく異なる２回目は，正しく時間をはかれなかったと考えられるので，それ以外の６回の実験結果から平均を求める。

(イ)　おもりを３つ縦に並べてつるすと，おもりが１つのときと比べておもりの重さがかかる位置が下にさがるので，ふりこの長さが長くなって，おもりの重さについて調べることができない。

(ウ)(エ)　ふりこが１往復する時間はふりこの長さによって決まり，おもりの重さやふれはばによって変わらない。図２では，おもりの重さは変わるがふりこの長さは変わらないので，１往復の時間は変わらず，おもりの速さも変わらない。

(オ)　気温が高い夏には金属の大きさが大きくなるので，ふりこの長さが長くなって，１往復する時間が長くなることがある。

【２】

(ア)　固体がとけている水酸化ナトリウム水溶液《すいようえき》は，水を蒸発させると白い固体が残るが，気体の塩化水素がとけている塩酸は水を蒸発させても何も残らない。

(イ)　スチールウール(鉄)は塩酸と反応して水素を発生させるが，水酸化ナトリウム水溶液とは反応しない。

(ウ)　アルミニウムは塩酸と水酸化ナトリウム水溶液の両方と反応して水素を発生させる。

(エ)　うすい塩酸と水酸化ナトリウム水溶液を混ぜると，互いの性質を打ち消し合う中和が起こり，食塩と水ができる。ちょうど中和したときにできる食塩水はアルミニウムと反応しないので，気体が発生するのは塩酸が残って酸性のときか，水酸化ナトリウム水溶液が残ってアルカリ性のときである。

【３】

(ア)(イ)　ａ～ｃ，Ⅰ．ヒトは肺で血液中に酸素をとりこみ，二酸化炭素を出す。このため，吸う前の空気に約21％ふくまれていた酸素は，はき出された後には18％に減り，吸う前に0.04％ふくまれていた二酸化炭素は約３％に増える。また，はき出された空気の中には水蒸気もふくまれている。　ｄ，Ⅱ，Ⅲ．あせをかくと，皮ふについた水分が蒸発するときに体の熱をうばうので，体温を下げる効果がある。体温が下がりにくくなると，熱中症《ねっちゅうしょう》になるおそれがある。　ｅ，Ⅳ．根で吸収された水がくきを通って葉から水蒸気の形で出ていくことを蒸散という。

(ウ)　ホウセンカは単子葉類で，くきの水が通る管(道管という)が輪のように並んでいる。２が道管，３が葉でつくられた養分が通る管(師管という)である。

【４】

(ア)　表より，水の温度は10秒間で0.5℃ずつ上がっていることがわかる。よって，２分→120秒後には，$0.5\times\frac{120}{10}=6$(℃)上がって24＋６＝30(℃)になる。

(イ)　電池を２個並列につないでも，回路を流れる電流の大きさはかん電池が１個のときと変わらないが，直列につなぐ電池の数が多いほど回路を流れる電流は大きくなるので，水の温度上昇《じょうしょう》が大きい順に，ｃ＞ａ＝ｄ＞ｂとなる。

(ウ)　20秒後の温度上昇を，〔電池の数，温度上昇〕の形で表すと，〔１，１〕，〔２，４〕，〔３，９〕となるので，20秒後の温度上昇は直列につないだ電池の個数を２回かけた数になると考えられる。よって，電池を４個直列につなぐと，温度上昇は４×４＝16(℃)になるので，水の温度は24＋16＝40(℃)となる。

(エ)　Ａの長さを$\frac{1}{2}$，$\frac{1}{4}$にすると，水の温度を１℃上げるのに必要な時間はそれぞれ$\frac{1}{2}$，$\frac{1}{4}$になる。よって，Ａの長さを２倍にすると，水の温度を１℃上げるのに必要な時間も２倍の20×２＝40(秒)になる。

(オ)　(ウ)の実験から１，(エ)の実験から４が正しいことがわかる。

【５】

(ア)　ヘチマは夏(６月～７月ごろ)にたくさんのつぼみができて開花する。また，秋(９月～10月ごろ)になると実が熟《じゅく》して茶色くなり種子ができる。

(イ)　ヘチマのめばなでは，花粉がついて受粉する部分はあるが，花粉はつくられない。花粉はお花でつくられる。

(ウ)①　ヘチマのめばなにはめしべが，おばなにはおしべがある。一方，アサガオの花にはおしべとめしべの両方がある。　②　ヘチマもアサガオもめしべは１本しかない。

(エ)　ヘチマのように鮮やかな花びらやみつせんをもつ花は，こん虫を引き寄せ，花粉を運んでもらうものが多い。

(オ)　めばなのめしべの先に花粉がついて受粉しないと実ができないので，おばな(おしべ)とめばな(めしべ)が分かれているヘチマは，実ができないが，アサガオの花は開花するときにおしべの花粉が同じ花のめしべの先について受粉するので，実ができる可能性がある。

(カ)　ヘチマの種子は黒色をしていて，実の中にたくさんの種子が入っている。

(キ)　ヘチマの種子の発芽に必要な条件は水，空気，適当な温度である。４月～５月になると，気温や地面の温度が上がり，ヘチマが発芽しやすくなる。

(ク)　種子は実の中にできる。受粉しないと種子も実もできない。

【６】

(ア)　太陽は東の地平線からのぼり，南の空を通って，西の地平線にしずむので，９時に太陽は南東の空にある。また，かげは太陽と反対の方向にのびるので，かげがのびている方角は北西である。

(イ)　木のかげがのびている方角が北西だから，Ｂが北である。

(ウ)　12 時の木のかげは北の方角にのびている。また，太陽の高度が高いほどかげは短くなるので，太陽の高度が高い12時の木のかげは９時の木のかげよりも短くなる。よって，６が正答となる。

(エ)　15 時には太陽は南西の空にある。月は太陽の光を反射して光って見えるので，15 時に真南の空に見える月は右側が少し光って見える三日月である。

(オ)　かげは12時ごろに最も短くなるので，１～５の上が北だとすると，４が正答となる。

(カ)　太陽からの熱が地面をあたため，地面からの熱が空気をあたためるので，太陽の高度が最も高くなるのは 12 時ごろだが，気温が最も高くなるのは14時ごろである。

【７】

(ア)Ａ　川の上流では土地のかたむきが大きく水の流れが速いため，しん食のはたらきが大きくなる。また，たい積のはたらきは，川の流れがおそくなる下流のほうが大きくなる。　**Ｂ**　川の曲がっているところでは，外側の方が内側よりも流れが速い。このため，外側はしん食のはたらきが大きくがけになりやすいが，内側はたい積のはたらきが大きく河原になりやすい。

(イ)(a)　砂防ダムは土石流などの被《ひ》害《がい》を軽減するために，山地やかたむきが大きい土地につくられたダムである。

(b)　遊水地は，川の水量が増えたときに，水を一時的にためておくところである。

(ウ)　れき(直径２㎜以上)，砂(直径0.06㎜～２㎜)，どろ(直径0.06㎜以下)はつぶの大きさで区別する。つぶが大きいほど水がしみこみやすい。水をためておく必要がある水田の底には、つぶの小さなどろをしきつめている。

(エ)　つぶが小さいほど，河口からはなれたところまで運ばれて積もるので，最後に積もるのはどろである。

【8】

(ア)　40℃の水 100 g にXは約 60 g とけるので，水 40 g には，$60\times\frac{40}{100}=24$(g)とける。

(イ)　水溶液《すいようえき》のこさは〔$\text{こさ(\%)}=\frac{\text{とけているものの重さ(g)}}{\text{水溶液の重さ(g)}}\times100$〕で求める。よって，$\frac{40}{60+40}\times100=40$(%)となる。

(ウ)　水 100 g に 80℃では約 160 g，20℃では約 30 g とけるので，水 100 g では $160-30=130$(g)の結晶《けっしょう》ができる。よって，水 80 g では，$130\times\frac{80}{100}=104$(g)の結晶ができる。

(エ)　水 70 g にXを 100 g とかすということは，水 100 g にXを $100\times\frac{100}{70}=142.8\cdots$(g)とかすということである。グラフより，このような水の温度は 70℃より高く 80℃より低いので，6が正答となる。

《2023　後期　社会　解説》

【1】

問1　え　　あ～えのうち投票が行われるのは国民審査だけである。国民審査…最高裁判所の裁判官を辞めさせるかどうかを決める制度。衆議院議員総選挙と同時に行われ，×印の数が有効投票数の過半数に達すると，その裁判官は罷免される。

問2　え　　約 24 年ぶりとあることから，選択肢の中でもっとも円安のものを選ぶ。

問3　い　　1ドル＝100 円から1ドル＝120 円のように，円の価値が減り，ドルの価値が増えることを，円安ドル高という。アメリカが金利を引き上げたために，円を売り，ドルを買う動きが強まり，円安ドル高にシフトした。

問4①　い　　1946 年 11 月３日に日本国憲法が公布され，翌年の５月３日に施行された。11 月３日は文化の日，５月３日は憲法記念日として国民の祝日となっている。２月 11 日は建国記念の日，８月 11 日は山の日である。

②　う　　直接請求権の１つである。国務大臣の任命権は内閣総理大臣にある。国会の召集は天皇の国事行為である。法律の制定は国会の権限である。　③　い　　青年海外協力隊は，ＯＤＡ(政府開発援助)の一つとして，ＪＩＣＡ(独立行政法人国際協力機構)が派遣する組織である。ユネスコは国連教育科学文化機関，ユニセフは国連児童基金の略称である。安全保障理事会は，世界の平和と安全を守るための国連の主要機関の一つである。

④　あ　　ＯＤＡは政府開発援助，ＰＫＯは平和維持活動，ＡＭＤＡは岡山県に本部をもつＮＧＯ(非政府組織)である。　⑤　う　　a．衆議院には解散があるので４年ごとに行われるとは限らない。また，参議院議員の任期は６年だが，半数を３年ごとに改選している。b．正しい。　⑥　え　　条例の制定は，地方議会が行う。

⑦　う　　衆議院と参議院の各議院の総議員の３分の２以上の賛成をもって，国会は憲法改正の発議をする。法律が憲法に違反していないかを審査する違憲審査権は裁判所の権限である。衆議院の解散は内閣の権限である。天皇の国事行為に対する助言と承認は内閣が行う。

【2】

問1　(1)あ　(2)い　(3)い　　国内の貨物輸送は，自動車＞船舶＞鉄道＞航空の順に多い。海外からの貨物には，原油・石炭・鉄鉱石などの資源が多いので，船舶による輸送量が最も多い。

問2①　Ⅰ＝い　Ⅱ＝え　　人口は，鳥取県＜島根県＜高知県＜徳島県の順に少ない。人口が少ないこれらの県では，参議院議員通常選挙で一票の格差を小さくするために，鳥取県と島根県，高知県と徳島県が合区となっていることなどは覚えておきたい。　②　う　　濃尾平野は，愛知県から岐阜県にかけて広がる平野である。出雲平野は島根県，庄内平野は山形県，越後平野は新潟県に位置する。

③〔１〕　A＝え　B＝う　C＝い　D＝あ　　A．自動車メーカーTOYOTA がある中京工業地帯は，機械工業の占める割合が 60％を超える日本最大の工業地帯である。B．古くからの中小企業が多い阪神工業地帯は，金属工業の割合が高く，工業別の割合の差が小さいのが特徴である。C．首都である東京には情報が集まるので印刷出版業がさかんである。D．北九州工業地域は，機械工業以外に鉄鋼・食料品の割合が比較的高い。

〔２〕瀬戸内　　瀬戸内工業地域は，化学工業の割合が高い工業地域である。　④　Ⅲ＝あ　Ⅳ＝う　　近年，米の都道府県別生産量は，新潟県＞北海道＞秋田県＞山形県で変化がない。　⑤〔１〕　う　　北前船で北海道から大阪まで運ばれる海産物は，寒流魚やコンブであった。　〔２〕対馬　　対馬海流は，九州西方沖で日本海流（黒潮）から分かれた暖流であり，速さは日本海流ほど速くなく時速２㎞程度である。北海道から南下する際には流れに逆らって進み，西日本から北上する際には流れに乗って進むため，西日本から北上する方が時間はかからない。

【３】

問１　刀狩　　豊臣秀吉は，方広寺につくる大仏の釘に使うという名目で，百姓に一揆を起こさせないために刀狩りを行った。

問２　⑴い　⑵い　⑶え　　⑴江田船山古墳から出土した鉄刀には，ワカタケル大王の文字が刻まれていた。大仙古墳は大阪府，稲荷山古墳は埼玉県，高松塚古墳は奈良県にある。　⑵源氏の将軍が三代で途絶えたことを契機として，政権を奪い返そうとした後鳥羽上皇が，当時の執権北条義時を倒そうと挙兵したのが承久の乱である。石橋山の戦いは，平安時代の末期，源頼朝が平氏に大敗した戦い。西南戦争は，明治時代，西郷隆盛を中心とした九州の士族がおこした戦い。島原・天草一揆は，江戸時代に天草四郎を中心としたキリスト教徒の農民たち（キリシタン）がおこした戦い。　⑶1467 年，室町幕府の第八代将軍の足利義政のあとつぎ問題と，管領をめぐる守護大名の争いからおきた戦いが応仁の乱である。京都を中心に 11 年間戦いが続いた。平治の乱は，平安時代の末期に平清盛が源義朝に勝利した戦い。関ヶ原の戦いは，安土桃山時代の末期，徳川家康を中心とした東軍が，石田三成を中心とした西軍に勝利した戦い。屋島の戦いは，源平合戦の１つで，四国を戦場とした戦い。

問３①　あ　　弥生時代，青銅器と鉄器が大陸からもたらされた。　②　あ　　壇ノ浦は，山口県の南西部の海である。源平合戦は，一の谷の戦い－屋島の戦い－壇ノ浦の戦いと続いた。桶狭間の戦いは，織田信長が今川義元に勝利した戦い。長篠の戦いは，織田信長・徳川家康連合軍が鉄砲と馬防柵を利用して，武田氏に勝利した戦い。　③　い　　神奈川県は相模，鳥取県は因幡，三重県は伊賀・伊勢・志摩などと呼ばれた。

④　う　　井伊直弼とアメリカのハリスの間で結んだ条約が日米修好通商条約であった。井伊直弼が天皇の許可を得ずに条約に調印したうえに，次期将軍を徳川家茂に強引に決定したので，多くの大名や攘夷論者これを批判した。井伊直弼は，多くの大名・公家を処分し，攘夷論者の吉田松陰らを処刑する安政の大獄を断行した。下関条約は日清戦争の講和条約，ポーツマス条約は日露戦争の講和条約で，いずれも明治時代のことである。日米安全保障条約は昭和時代の 1951 年に結ばれた条約である。

【４】

問１　⑴う　⑵い　⑶う　⑷え　　⑴参議院議員の任期は６年で，３年ごとに半数が改選される。参議院には解散がないため，参議院議員通常選挙は３年ごとの７月頃に行われる。⑵1936 年，陸軍の青年将校らが首相官邸などを襲撃し，首相経験者である高橋是清らが殺害された事件を二・二六事件という。⑶非核三原則を唱えた佐藤栄作は，ノーベル平和賞を受賞した。湯川秀樹はノーベル物理学賞，川端康成はノーベル文学賞を受賞している。

⑷山口県は，古くは長州・長門と呼ばれた。

問２① あ　日露戦争に出征した弟の身を案じて，与謝野晶子が発表した詩が「君死にたまうことなかれ」である。「進め一億火の玉だ」は，太平洋戦争中に大政翼賛会が掲げたスローガン。「栄冠は君に輝く」は，夏に甲子園で行われる「全国高等学校野球選手権大会」の大会歌。「人生いろいろ」は昭和末期に歌手の島倉千代子が歌った流行歌。　② う　日本国憲法の公布は1946年，サンフランシスコ平和条約の締結は1951年，新日米安全保障条約の締結は1960年，日本の国際連合への加盟は1956年のことである。　③ え　統監府の初代統監であった伊藤博文が安重根に暗殺されたことをきっかけに，1910年，日本は朝鮮を併合し，朝鮮総督府を置いた。大日本帝国憲法の発布は1889年，日露戦争は1904年，日英同盟の締結は1902年のことである。

2022 解答例 令和4年度 同志社香里中学校【前期】

《国　語》

【一】 ①でまど　②じちょう　③しゅくば　④せっぱん　⑤こうじょう

【二】 ①異　②訓示　③勇　④大団円　⑤明暗　⑥内省　⑦太平　⑧採光

【三】 ①6　②4　③5　④2

【四】 問一．2　問二．1　問三．A．冬　B．春　問四．⑴越冬地…4　繁殖地…1　⑵日の長さから季節変化を読み取りやすい　問五．4　問六．3　問七．4　問八．2，5　問九．1，3

【五】 問一．Ⅰ．1　Ⅱ．4　問二．A．4　B．3　C．5　D．1　E．6　問三．暇を出された先のことをうちと呼ぶ　問四．2　問五．井筒屋の頭取だったことにしがみついて、木村屋を受け入れようとしない　問六．3　問七．木村屋の安否　問八．2　問九．2，4

《算　数》

1 ⑴3　⑵$\frac{2}{3}$　⑶4，1，1，5

2 ⑴105　⑵192　⑶5：3

3 ⑴29　⑵208　⑶51

4 ⑴14　⑵8　⑶2880

5 ⑴64　⑵右図　⑶511

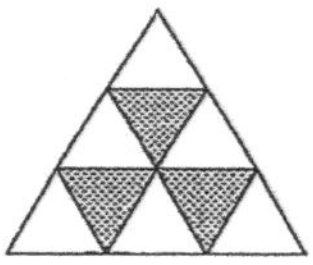

6 ⑴15　⑵31.4　⑶141.3

7 ⑴頂点…12　辺…24　⑵180　⑶$\frac{13}{16}$

《理　科》

【1】 ア．2　イ．4　ウ．2　エ．1　オ．2，3

【2】 ア．酸　イ．A．2　B．1　C．3　D．3　ウ．3　エ．5

【3】 ア．a．2　b．1　c．3　d．7　e．8　f．6　g．12　h．4　イ．2　ウ．2

【4】 ア．2　イ．2　ウ．1　エ．2　オ．3

【5】 ア．3　イ．3　ウ．1，3　エ．2　オ．4　カ．a．温泉　b．火山灰　c．熱　キ．ハザード

【6】 ア．ろ過　イ．12　ウ．38

【7】 ア．a．つぼみ　b．受粉　c．実　d．花粉　イ．i．子葉　ii．1　ウ．1　エ．2，3　オ．1

【8】 ア．2　イ．1　ウ．2　エ．a．3　b．6　オ．a．4　b．4

《社　会》

【1】 問1．い　問2．⑵え　⑶う　問3．い　問4．え　問5．う　問6．う　問7．①きょうと→とちぎ／ふくおか→かがわ　②あ　③い　④う　⑤え　⑥い

【2】 問1．⑴え　⑵き　⑶い　⑷く　問2．233　問3．①い　②え　③[1]あ　[2]う　[3]う

【3】 問1．⑴く　⑵う　⑶か　⑷い　問2．①う　②え　③い　問3．う

【4】 問1．⑴え　⑵え　⑶い　⑷あ　⑸あ　問2．①あ　②い　③う

2022 解答例 令和4年度 同志社香里中学校【後期】

《国　語》

【一】 問一．A．4　B．5　C．3　D．1　問二．3　問三．4　問四．3　問五．1　問六．2
問七．「ねえ、早　問八．一日だけ遠くに行ってみること。　問九．1，5

【二】 ①2，6　②1，4

【三】 ①ぎょくざ　②つのぶえ　③ふし　④えんかく　⑤ひとかた

【四】 ①土俵　②元来　③氷河　④希求　⑤火急　⑥障子　⑦保険　⑧加味

【五】 問一．ア．4　イ．5　ウ．2　問二．A．3　B．4　C．1　問三．a．光合成がさかんになる
b．老化が早い　問四．5　問五．2　問六．4，6　問七．1．○　2．×　3．○

《算　数》

1 (1) $1\frac{5}{7}$　(2) $\frac{4}{9}$　(3) 0

2 (1)40　(2)9.42　(3)1：5

3 (1)長いす…90　生徒…560　(2)9

4 (1)51　(2)2　(3)280

5 (1)4，54　(2)1080　(3)270

6 (1) $\frac{8}{35}$　(2) $\frac{2}{7}$　(3)7：10

7 (1)40　(2)800　(3)1200

《理　科》

【1】 ア．2　イ．3　ウ．①1　②3　エ．3　オ．2　カ．1　キ．0　ク．2　ケ．1

【2】 ア．3　イ．4　ウ．3　エ．2　オ．3

【3】 ア．a．こう門　b．心臓　c．血管　d．えら　イ．1　ウ．消化　エ．4　オ．消化管
カ．2　キ．2

【4】 ア．a．10　b．20　c．20　イ．4　ウ．E　エ．5

【5】 ア．1　イ．4　ウ．12時…晴れ　15時…晴れ　エ．1　オ．8時…2　12時…6　カ．2

【6】 ア．ボーリング　イ．3　ウ．1　エ．2　オ．4

【7】 ア．操作Ⅰ…3　操作Ⅱ…5　操作Ⅲ…4　イ．②B　③A　⑤D

【8】 ア．4　イ．4　ウ．280　エ．1　オ．1

《社　会》

【1】 問1．バイデン　問2．炭素　問3．(1)け　(2)さ　(3)か　(4)う　問4．え　問5．(6)い　(7)か　(8)く
問6．え　問7．①え　②い　③あ　④あ

【2】 問1．(1)そ　(2)こ　(3)あ　(4)さ　(5)い　(6)く　(7)う　(8)き　問2．①い　②い

【3】 問1．(1)あ　(2)あ　(3)う　(4)う　(5)い　(6)え　問2．あ　問3．う

【4】 問1．(1)あ　(2)き　(3)く　(4)え　(5)お　問2．①え　②い

←解答例は前のページにありますので，そちらをご覧ください。

《2022　前期　国語　解説》

【三】

①　「日照」（日が照る）と同じ構成の熟語は、６「県立」（県が立てる）。　②　「急増」（急に増える）と同じ構成の熟語は、４「予告」（予《あらかじ》め告げる）。　③　「森林」（森・林）と同じ構成の熟語は、５「尊敬」（尊《たっと》ぶ・敬《うやま》う）。　④　「強弱」（強い・弱い）と同じ構成の熟語は、２「往復」（往《ゆ》く・復《かえ》る）。

【四】

問二　Ⅰ・Ⅱ．「Ⅰが暖かくなってきたタイミングをⅡで感じ取れる」は前の行の「越冬地《えっとうち》に居ながらにして繁殖地《はんしょくち》の気温をある程度予測できている」ということを言いかえている。　Ⅲ．「結果的にⅢの気温に応じて行動できている」が、前述の「繁殖地の気温をある程度予測できている」と同じ内容になるためには、「繁殖地」が適する。

問四(1)　越冬地…7段落に「日の長さは越冬地～より繁殖地から戻《もど》る秋の渡《わた》りで特に重要になっている」とあるから、「越冬地」は「日の長さ」に関係のない場所である。２～３行前に「たとえば、赤道近くで越冬していれば日の長さは～そこまで変わりません」とあることから、４の「赤道近く」が適する。　繁殖地…「繁殖地」は、後の部分に日本の季節についての具体例が示されていることから、１の「日本」がふさわしい。　**(2)**　5～7段落は「日の長さ」が渡りにどう影響しているかを話題にしている。「繁殖地から戻る時にはわりと容易に季節を読み取れます」とあることから答えをみちびく。

問五　「あしびきの」の和歌は、本文に「秋の夜長」とあることから、秋の歌であることがわかる。１は「花」とあるから、春の歌。２は「白雪」とあるから、冬の歌。３は「ほととぎす」とあるから、夏の歌。４は「もみぢ葉」とあるから、秋の歌である。

問六　「こうした事情」とは、9段落のミドリツバメのスケジュール「卵を産んで繁殖がいったん始まったら、抱《ほう》卵《らん》、育雛《いくすう》、巣立ち、巣立ちビナの世話とドミノ倒《だお》しのように順番にこなしていくことになります。その延長として、渡りというイベントがある」を指す。つまり「日帰りでお出かけする時」でいうと、「順番にこなしていく」の内容が３の「用事を一つ一つ終わらせていく」にたとえられ、「渡りというイベント」が３の「帰りの時間」にたとえられている。

問七　3・4段落では「気温」、5・6・7段落では「日の長さ」、8段落では「天気」、9・10・11段落では「繁殖」の要因について説明していることを押さえる。

問八　１．11段落の「越冬地に到着《とうちゃく》したタイミングと関係なく渡りを開始できる」という内容に合わない。　２．8段落の内容に合っている。　３．9段落の内容に合わない。「繁殖や渡りの時期が決まって」いるのではなく、前のイベントのタイミングによって次のイベントの開始時期が決まる。　４．2段落に「ツバメの渡りの時期」は「いろいろな要因が絡《から》まって」決定されているとある。　５．1段落の内容に合っている。

問九　１．4段落の「海外旅行に行く時」や、10段落の「日帰りでお出かけする時」などの例が当てはまる。　３．4段落の「～心配される方もいると思いますが」や、5段落の「知識としても経験としてもよくご存じだと思います」「～を感じたことがある方も多いことと思います」「～と考える方もいるでしょう」などの表現が当てはまる。

【五】

問二 A　「もうちょいと～やさしい話しかけをしてやってくれやせんか」という伝兵衛《でんべえ》に対する「やさしくとはどういうことだ」という長兵衛《ちょうべえ》の言葉には強い反発の気持ちがこめられていることから、4が適する。　B　「あんたがそんなだからだめなんだ」という長兵衛の言葉には、さらに強い反発の気持ちがこめられているので、3が適する。　C　伝兵衛の言葉に「うっ……と言葉を呑《の》み込《こ》んだ」と何も返せなかった時の、長兵衛の様子はどうなのかを考える。「そんな目で睨《にら》みつけるのは」と続くことから、5が適する。　D　「いきなりの喩《たと》えが呑み込め」ないことから、怒《いか》りに燃えていた長兵衛の様子がどう変化するのかを考えると、1が適する。　E　「暇《ひま》を出されたと言われて」長兵衛は、6「目がまたいきり立った」のを、「伝兵衛は取り合わずに話を続けた」という流れ。

問三　「うちの舵《かじ》取りをしっかりやってきた」という長兵衛の言葉に対する伝兵衛の反論をぬき出す。

問四　「いきなりの喩え」とあるように、ここでは「海で泳いでいたイカ」が「大店《おおだな》（井筒屋《いづつや》）の頭取《とうどり》番頭だったあんた（長兵衛）」の喩えで、「スルメ」が「木村屋という魚屋に勤める」今の長兵衛ということである。イカがスルメに変わるとは、全く変わってしまうのではない。井筒屋にいた時の経験を生かし、木村屋の一員として働いてほしいということである。

問五　同じ段落で、勤めを休んだ長兵衛が「たしかにあたしは、井筒屋の頭取だったことにしがみついていた」「植え替えられる前の土（＝井筒屋）を懐《なつ》かしんで、いまの土（＝木村屋）に馴染《なじ》もうとしていない」と反省している。

問六　「そのさま」は、長兵衛の「正味のひとの情け」に感動し「込み上げる思い」で「言葉が詰《つ》まった」様子を指す。それを「棒手振《ぼてふり》たちは取り違《ちが》えた」とは、後の棒手振の「そんなにいけねえんですかい？」という言葉のように、家の状態が悪いので長兵衛が言葉を失っていると取り違えたということである。

問七　木村屋の棒手振たちに助けてもらい、長兵衛の言葉は「感謝に充《み》ちている」とある。長兵衛が棒手振にたずね、「でえじょうぶでさ」という返事をもらっていることとは、木村屋が無事かどうかということである。[4]段落目の「木村屋の安否」がふさわしい。「安否」は「無事かどうか」という意味。

問八　「うちの若い衆が助けにきてくれてね」という長兵衛の言葉には、井筒屋のことを「うち」と言ってしがみついていた気持ちはすっかり消え、自分のことを親身になって助けてくれた木村屋こそが「うち」であるという思いが表れている。

問九　1・2．[1]段落の初めに伝兵衛は「ことさらゆっくりした調子で話しかけた」とあるのに対し、長兵衛の語調は強く、それを受けて次第に迫力《はくりょく》を増していることから、1は間違いで、2が正しい。　3．[3]段落でも長兵衛は井筒屋のことを考えてしまい、馴染もうとしない自分を反省しているので「気持ちを整理し終えている」とは言えない。　4．[4]段落の最後に「もう井筒屋のことは思いのなかから消えていた」とあるので、正しい。

5．「長兵衛が頼《たよ》りにならないことから、恐れる気持ちがより強くなっている」は、本文の「長兵衛がうろたえていないことが、女房と娘《むすめ》を落ち着かせた」に反している。

《2022　前期　算数　解説》

[1]　(1)　与式$=\{\frac{7}{13}\times(\frac{9}{12}+\frac{4}{12})-\frac{1}{4}\}\times 9=(\frac{7}{13}\times\frac{13}{12}-\frac{1}{4})\times 9=(\frac{7}{12}-\frac{3}{12})\times 9=\frac{4}{12}\times 9=3$

(2)　与式より，$(2.4-0.6)\div(0.24+\square\times 1.8)=1.25$　　$1.8\div(0.24+\square\times 1.8)=1.25$

$0.24+\square\times 1.8=1.8\div 1.25$　　$0.24+\square\times 1.8=1.44$　　$\square\times 1.8=1.44-0.24$　　$\square\times 1.8=1.2$

□＝1．2÷1．8＝$\frac{2}{3}$

⑶　349265÷60＝5821 余り５，5821÷60＝97 余り１，97÷24＝４余り１より，349265 秒は４日１時間１分５秒

2　⑴　**【解き方】右図のように記号をおく。**

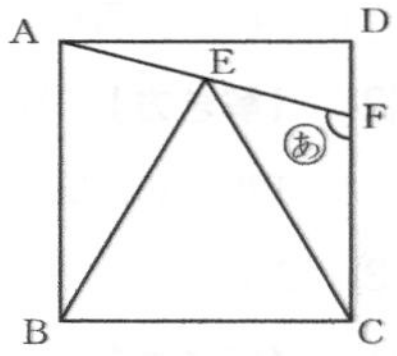

三角形ＥＢＣは正三角形だから，角ＥＢＣ＝60°である。

三角形ＡＢＥは，ＡＢ＝ＥＢ，角ＡＢＥ＝90°－60°＝30°の二等辺三角形だから，

角ＢＡＥ＝(180°－30°)÷２＝75°である。

よって，四角形ＡＢＣＦの内角の和より，角㋐＝360°－75°－90°－90°＝105°

⑵　**【解き方】図２の正方形の１辺の長さは 16÷２＝８(cm)，切り取る直角二等辺三角形の直角をはさむ２辺の長さは８÷２＝４(cm)である。**

図２の切り取ったあとに残った面積は，８×８－４×４÷２×２＝48(cm²)だから，残った部分を広げたときの面積は，48×４＝192(cm²)

⑶　**【解き方】三角形ＡＣＤと三角形ＢＣＥに着目したとき，２つの三角形の重なっていない部分の面積が等しいから，重なっている部分を加えた三角形ＡＣＤと三角形ＢＣＥの面積も等しくなる。**

三角形の面積が等しいとき，高さと底辺の長さは反比例する。

三角形ＡＣＤの底辺をＤＣ，三角形ＢＣＥの底辺をＥＣとしたとき，それぞれの三角形の高さの比が６：16＝３：８だから，底辺の比は，ＤＣ：ＥＣ＝８：３になる。よって，ＤＥ：ＥＣ＝(８－３)：３＝５：３

3　⑴　**【解き方】７枚を貼り合わせると，重なっている部分が７－１＝６(か所)できる。**

５×７－１×６＝29(cm)

⑵　**【解き方】初めに長さ４cmのテープが１枚あり，そこに１枚貼り合わせるごとに長さは４－１＝３(cm)増えるものと考える。**

６m25 cm＝625 cmより，初めの１枚の短い赤テープ以外の長さは，625－４＝621(cm)である。

初めの１枚以外の短い赤テープは 621÷３＝207(枚)あるから，短い赤テープは全部で，207＋１＝208(枚)

⑶　**【解き方】白テープは左から４cmごとにのりしろが現れ，赤テープは左から３cmごとにのりしろが現れる。**

ぴったりと重なるのりしろが現れるのは，４と３の最小公倍数の 12 cmごとである。最初の 12 cmの直後からぴったりと重なるのりしろが現れはじめ，そこから 12 cmごとに現れるので，(625－12)÷12＝51 余り１より，ぴったり重なるのりしろは 51 か所である。

4　⑴　1120÷80＝14(分)

⑵　**【解き方】停留所Ｂから停留所Ｃまでバスに乗ると，1120÷560＝２(分)かかる。**

停留所Ｂから祖母の家に行くまでの時間の方が，停留所Ｃから祖母の家に行くまでの時間より２分多く，停留所Ｂから祖母の家に行くまでの時間と停留所Ｃから祖母の家に行くまでの時間の合計が 14 分だから，停留所Ｂから祖母の家まで歩いた時間は，(14＋２)÷２＝８(分)である。

⑶　**【解き方】⑵をふまえる。停留所Ａから祖母の家までの移動にかかった時間のうち，Ｂ停留所から祖母の家までの移動にかかった時間が８分だから，停留所Ａから停留所Ｂまでの移動にかかった時間は，12－８＝４(分)である。**

停留所Ａから停留所Ｂまでは，560×４＝2240(m)，停留所Ｂから祖母の家までは 80×８＝640(m)だから，

停留所Ａから祖母の家までは，2240＋640＝2880(m)

5 ⑴　**【解き方】1つの三角形しか塗られていない数に着目すると，1，2，4，8，16，…と前の数を2倍していることがわかる。残りの数は，これらの和で表されている。**

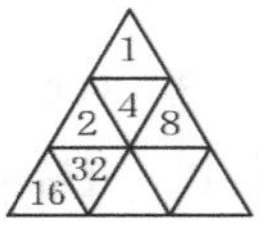

それぞれの三角形の表す数は右図のようになるから，図2の表す数は，32×2＝64

⑵　**【解き方】⑴をふまえると，1つの三角形だけで表せる最大数は，右図より256である。**

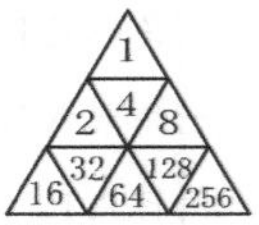

164－128＝36，36－32＝4より，右図の128，32，4の部分を塗りつぶせばよい。

⑶　⑵より，1＋2＋4＋8＋16＋32＋64＋128＋256＝256×2－1＝511

6 ⑴　**【解き方】図2において，角ＡＣＢ＝60°，角ＥＤＣ＝角ＡＢＣ＝90°である。**

ＡＣとＤＥは平行だから，錯角《さっかく》は等しく，角ＡＣＤ＝角ＥＤＣ＝90°である。よって，三角形ＢＣＤは，角ＢＣＤ＝60°＋90°＝150°，ＢＣ＝ＤＣの二等辺三角形だから，角㋐＝(180°－150°)÷2＝15°

⑵　**【解き方】⑴をふまえると，三角形ＡＢＣは150°の回転移動をしたから，角ＡＣＥも150°である。**

点Ａが動いてできる図形は，半径がＡＣ＝12㎝，中心角が150°のおうぎ形の曲線部分を描《か》くから，その長さは，$12\times2\times3.14\times\frac{150^\circ}{360^\circ}=31.4$(㎝)

⑶　**【解き方】{(直角三角形ＡＢＣの面積)＋(おうぎ形ＣＥＡの面積)}－{(直角三角形ＥＤＣの面積)＋(おうぎ形ＣＤＢの面積)}で求められるが，直角三角形ＡＢＣと直角三角形ＥＤＣが合同だから，(おうぎ形ＣＥＡの面積)－(おうぎ形ＣＤＢの面積)で求めることができる。**

ＢＣ＝12÷2＝6(㎝)より，求める面積は，$12\times12\times3.14\times\frac{150^\circ}{360^\circ}-6\times6\times3.14\times\frac{150^\circ}{360^\circ}=$
$(144-36)\times3.14\times\frac{5}{12}=108\times3.14\times\frac{5}{12}=45\times3.14=141.3$(㎠)

7 ⑴　正方形の面が6面あり，正方形の頂点は2つの正方形が共有しているから，頂点の数は，4×6÷2＝12

6つの正方形の辺はどれも共有していないうえに，それ以外の辺はないことから，辺の数は，4×6＝24

⑵　**【解き方】立方体から，体積が$(3\times3\div2)\times3\times\frac{1}{3}=4.5$(㎤)の三角すいを8個切り取っている。**

立方体の体積は6×6×6＝216(㎤)だから，216－4.5×8＝180(㎤)

⑶　**【解き方】3点Ａ，Ｂ，Ｃを通る平面で切ると，右図1の太線で囲んだ図形が切り口になる。**

図1

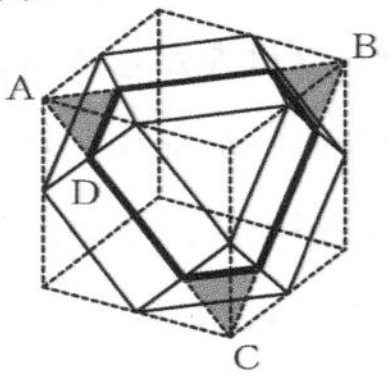

図2

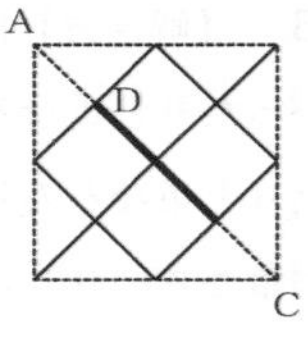

右図2で，ＡＣ：ＡＤ＝4：1である。

三角形ＡＢＣと，図1の色をつけた三角形はどれも正三角形であり，対応する辺の長さの比は4：1になるから，面積の比は，(4×4)：(1×1)＝16：1になる。色をつけた正三角形は3個あるから，切り口の図形の面積と正三角形ＡＢＣの面積の比は，(16－1×3)：16＝13：16になるので，切り口の面積は，三角形ＡＢＣの面積の$\frac{13}{16}$倍である。

《2022　前期　理科　解説》

【1】

ア　熱しているところから近いＡ→Ｃ→Ｂの順にあたたまる。

イ　同じ金属であれば同じ速さで熱が伝わる(熱の伝わり方は角度によって変化しない)。

ウ　金属はあたためると体積が大きくなる。変化の割合がより大きな金属を内側にしているから，あたためると外側の金属より内側の金属の方が体積が大きくなりやすく，ほどけるようにのびていく。

オ　球だけを熱すると球だけが大きくなるため，輪を通らなくなるが，輪も熱すると輪の直径も大きくなるため，球が通るようになる。また，熱した球を冷やすと球の体積がもとに戻るので，輪を通るようになる。

【2】

アイ　A～C．酸性の水溶液は青色リトマス紙を赤色に変化させ，ＢＴＢ液は黄色を示す。なお，中性の水溶液は赤色と青色のリトマス紙のどちらも変化させず，ＢＴＢ液は緑色を示し，アルカリ性の水溶液は赤色リトマス紙を青色に変化させ，ＢＴＢ液は青色を示す。D．塩酸にスチールウール(鉄)を入れると水素が発生し，スチールウールはとける。また，この水溶液を加熱すると，黄色の塩化鉄が残る。

ウ　塩酸は，つんとしたにおいのある塩化水素という気体がとけた水溶液である。

エ　塩化鉄という鉄とは異なる性質をもつ物質になっていて，磁石にはつかず，うすい塩酸にもとけない。

【4】

ア　豆電球と発光ダイオードでは，発光ダイオードの方が効率よく光ることができるため，より少ない電流でも光る。よって，手回し発電機を回す手ごたえは軽くなる。

イ　手回し発電機の回す向きを反対にすると，流れる電流の向きが反対になる。豆電球は電流の向きに関わらず光るが，発光ダイオードは決まった向きの電流でしか光らない。

ウ　コンデンサーにたまった電気が発電機のモーターを回すため，発電機のハンドルが回る。その後，コンデンサーにたまった電気がなくなると，発電機のハンドルが止まる。

エ　ア解説より，コンデンサーにためた電気の量が同じとき，長く光るのは発光ダイオードである。

オ　コンデンサーは電気をためるはたらきをする。

【5】

ウ　２×…地震は海でも多く起こっている。４×…火山とおもな地震が起こった場所は重なっていることが多い。

エ　１×…台風の目は風が弱く，おだやかな天気であることが多い。３×…台風が進む向きの右側で，風が特に強くなる(台風の風の向きと台風の進む向きが同じところで風が強くなる)。４×…台風が通り過ぎた後は，晴天になることが多い(台風一過という)。

カ　c．火山の熱を利用して電気をつくることを地熱発電という。

【6】

イ　Cの水溶液は，冷やして出てきた結晶を取り除いたものだから，20℃のある量の水にXをとけるだけとかした水溶液(飽和水溶液という)である。１週間ほどおいて軽くなった12ｇは水が蒸発して減った分だから，出てきた結晶４ｇは20℃の水12ｇにとけていたとわかる。したがって，20℃の水溶液４＋12＝16(ｇ)にXは最大で４ｇとけるから，水溶液48ｇにXは$4\times\frac{48}{16}=12$(ｇ)とける。

ウ　26＋12＝38(ｇ)

【7】

イ　アサガオなどのように子葉が２枚の植物を双子葉類といい，イネなどのように子葉が１枚の植物を単子葉類という。

ウ　ふつう，根→芽の順番に種子から出てくる。

オ　受粉すると，めしべの根元部分の子房《しぼう》が実(果実)になり，子房の中の胚珠《はいしゅ》が種子になる。

【8】

ア　月の形は，満月→下弦《かげん》の月(左半分が光る月)→新月→上弦《じょうげん》の月(右半分が光る月)→次の満月と変わる。図の月は，満月から下弦の月の間の形で，満月は真夜中(０時)ごろ，下弦の月は６時ごろに南の空で最も高くなるから，図の月はその間の３時ごろに南の空で最も高くなる。

イ　月は，太陽と同じように，東の地平線からのぼり，南の空で最も高くなり，西の地平線にしずむから，図の月は西(右)に動く。

ウ　月がのぼってから，しずむまでの時間はおよそ12時間である。したがって，南の空で最も高くなってから，西の地平線にしずむまでの時間はおよそ６時間である。よって，図の月がしずむのは６時間後の９時ごろである。

エａ　同じ時刻に見る月の位置は１日につき約12°西から東へ移動するから，５日後の３時には12×５＝60(°)東(左)へ移動して見える。　**ｂ**　月は太陽の光を反射して光っていて，このとき太陽は東の地平線の下にあるから，月が光る部分は左下で６のような形(下弦の月と新月の間)である。

オａ　エの月から15日後は，上弦の月と満月の間だから，13日後は上弦の月と考えられる。　**ｂ**　上弦の月は18時ごろに南の空で最も高くなる。

《2022　前期　社会　解説》

【１】

問１　「い」が正しい。「奄美大島，徳之島，沖縄島北部及び西表島」として世界自然遺産に登録された。

問２　２＝「え」，３＝「う」　日本近海の海流は右図を参照。

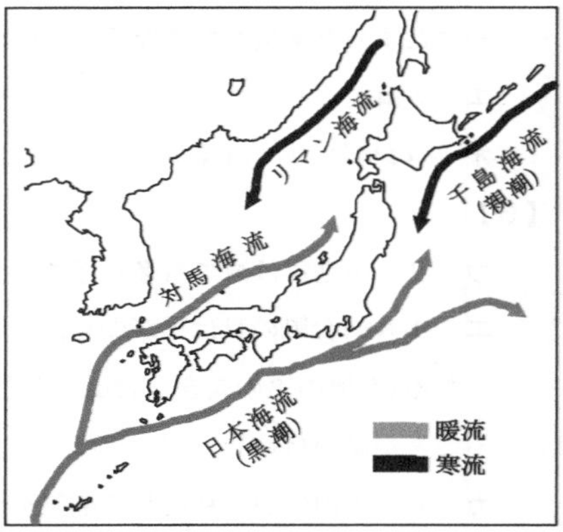

問３　「い」が正しい。グラスゴーは，イギリスのスコットランド南西部にある都市。

問４　「え」が正しい。石炭火力発電については，先進国は2030年まで，途上国は2040年までに廃止するという趣旨の宣言が出された。

問５　「う」が正しい。温室効果ガス(二酸化炭素等)を排出する量と吸収する量を同じにすることで，温室効果ガスの排出を実質的にゼロにすることをカーボンニュートラルという。カーボンオフセットは，削減することが困難な排出量について，他の地域で実現した温室効果ガスの排出削減・吸収量(カーボンクレジット)を，購入したり資金提供したりして，埋め合わせることである。

問６　「う」が正しい。アジェンダは「計画」，ダイバーシティは「多様性」，コンプライアンスは「法令遵守」。

問７①　「ふくおか」→「かがわ」は，「ふくい」→「いしかわ」でもよい。　②　「あ」の本栖湖を選ぶ。富士山周辺の富士五湖は，本栖湖・河口湖・精進湖・西湖・山中湖。最上川は山形県，秋吉台は山口県，阿蘇山は熊本県に位置する。　③　「い」を選ぶ。さんまは寒流魚であることから考える。　④　「う」が正しい。ハイブリッドは，「雑種・異種・掛け合わせ」を意味する。現在日本では，ハイブリッド車・電気自動車・燃料電池車が走っている。　⑤　「え」が正しい。レギュラーガソリンの全国平均が１Ｌ＝160円を３か月連続してこえた場合に，ガソリン税を引き下げるトリガー条項が話題となった。　⑥　「い」が正しい。サウジアラビア，イラン，イラクはいずれもＯＰＥＣ加盟国である。

【２】

問１　⑴＝「え」　⑵＝「き」　⑶＝「い」　⑷＝「く」　⑷　日本維新の会は，大阪の地域政党である大阪維新の会を母体とする政党で，代表は大阪市長の松井一郎，副代表は大阪府知事の吉村洋文で，どちらも国会議員ではない。

問２　衆議院の議員定数は465だから，過半数は，(465＋１)÷２＝233(議席)

問３①　「い」が正しい。ａ．正しい。個人名を投票するのが小選挙区，政党名を投票するのが比例代表区である。ｂ．誤り。被選挙権は，満 18 歳以上の日本国民に与えられている。　②　「え」が正しい。外国と条約を結ぶのは内閣の権限，法律が憲法に違反していないかを調べるのは裁判所の権限，内閣総理大臣の任命は天皇の国事行為である。　③［１］　「あ」が正しい。公職選挙法が改正され，選挙権年齢が 20 歳から 18 歳に引き下げられた。その目的は，少子高齢化が進む中で，現在そして未来の日本のあり方を決める選挙に，若い世代自らの意見を反映させることである。　［２］　「う」が正しい。ａ．誤り。2017 年の人々は，10 年前は 40 代，20 年前は 30 代にあたるから，それぞれの当時の 60 代より投票率は低い。ｂ．正しい。　［３］　「う」が誤り。2022 年３月現在，インターネットによる投票は行われていない。

【３】

問１　(1)＝「く」　(2)＝「う」　(3)＝「か」　(4)＝「い」　(1)　鎌倉幕府は源頼朝によって開かれた。(2)　足利義満は，日明貿易(勘合貿易)の開始，南北朝の統一，鹿苑寺金閣・花の御所の建立，観阿弥・世阿弥の保護などで知られる。(3)　徳川家光は，鎖国体制の完成と武家諸法度に初めて参勤交代の制度を追加したことで知られる。秀忠は江戸幕府の２代将軍，足利義政は室町幕府の８代将軍，尊氏は室町幕府を開いた初代将軍，道長は，平安時代に藤原氏による摂関政治の全盛期を築いた摂政である。

問２①　「う」の山口県が正しい。「あ」＝三重県，「い」＝愛媛県，「え」＝兵庫県　②　「え」の神奈川県が正しい。「あ」＝千葉県，「い」＝静岡県，「う」＝愛知県　③　「い」は江戸時代の説明だから，誤り。

問３　「う」が正しい。源頼朝が征夷大将軍就任は 1192 年，大政奉還は 1867 年だから，1867－1192＝675(年)

【４】

問１　(1)＝「え」　(2)＝「え」　(3)＝「い」　(4)＝「あ」　(5)＝「あ」　(1)　アメリカ・ニューヨークにあるウォール街での株価暴落から世界恐慌が始まった。(2)　奉天郊外の柳条湖で起きた南満州鉄道の爆破事件(柳条湖事件)から満州事変は起きた。　(3)　第一次世界大戦は，1914 年から 1918 年まで続いた総力戦であった。

(4)　岩倉使節団および同行した人物として，岩倉具視・伊藤博文・大久保利通・木戸孝允・津田梅子を覚えておきたい。　(5)　五箇条の御誓文は，天皇が神に誓う形式で発表された。

問２①　「あ」が正しい。カラーテレビは 1960 年代後半から，電気せんたく機は 1960 年代前半，スマートフォンは 2007 年頃から普及している。　②　「い」が誤り。韓国併合は 1910 年である。五・一五事件は 1932 年，二・二六事件は 1936 年，沖縄戦は 1945 年。　③　「う」が正しい。大戦景気の説明である。「あ」は高度経済成長期，「え」は戦後の説明である。

《2022　後期　国語　解説》

【一】　問一Ａ　「人との会話はワークブックに似ている」とあり、それは「素早《すばや》く」「的確な返答を考え出す」「難しいことではないような気がした」とあることから、「あっさりとしている」ことを表す、４「淡々《たんたん》と」が適する。

Ｂ　「律《りつ》は、本当にしっかりした、いい子に育ったわね」と子どもの成長を味わうような母の様子から、５「しんみりと」が適する。　　Ｃ　辞書に書かれていることを確認してみた場面。３「はっきりと」が適する。

Ｄ　「一際《ひときわ》高い身長で」「私とは～まったく違《ちが》ってしまったように見えていた」とある瀬里奈《せりな》の様子。「私」自身を「臆病者《おくびょうもの》」「内気な女の子」と思っていることから、その反対の１「堂々と」が適する。

問二　麗《れい》ちゃんは、「バレンタインの計画」について「久美ちゃんにはまだ内緒《ないしょ》ね」と言っており、久美ちゃんについては「口が軽そう」とは言っているが、「秘密をもらされた」と思っている様子は描《か》かれていない。

問三　２行前から――線①までの麗ちゃんの言葉を聞いて「私は麗ちゃんの作った甘《あま》ったるいチョコレートを口の中で溶《と》かしながら頷《うなず》いた」。麗ちゃんに振《ふ》り回されながら機嫌《きげん》を損《そこ》ねないように行動した結果、麗ちゃん一人が満足している様子に、「甘ったるい」というあまりよい感情ではない言葉で「私」の気持ちが表現されている。よって、４「うんざりしている」がふさわしい。

問四　母が「私」に「本当にしっかりした、いい子に育ったわね」「ありがとうね」と感慨《かんがい》深く話す様子から、涙が出るという意味の、３「目頭《めがしら》を押《お》さえている」が適する。

問五　「ワークブックでとてもいい点数をとっていた」とは、[1]段落の「人との会話はワークブックに似ている」とあることを受けて、人との会話が上手になっていったということを表している。麗ちゃんの機嫌を損ねないように的確な返答を出すことをくり返すうちに、[3]段落にあるように、母との会話でも母を喜ばせることができるようになっていたということ。

問六　ア．直前の「両親に嘘《うそ》をついたことなどなかった私の胸は」と、直後の「やっぱり私は『マウス（＝臆病者）』だなあ」から、両親に嘘をつくことに不安を感じていることが読み取れる。　イ．遠くに行きたい「私」がいよいよ電車に乗ることになり、「旅行案内のポスターが駅にも沢山《たくさん》貼《は》り付けてあった」のを見て、胸がわくわくする様子を表しているとわかる。

問七　「素直で前向きな早野さんらしい」という感想から、「早野さん」について述べられた箇所《かしょ》の後に入る。「多くの買い手の目にさらされて商品になろうという気持ち」が、[6]段落の「早野は、将来モデルになりたいんだって」という内容を受けていると判断できる。

問八　「息抜き」が指すのは、[4]段落の「ごほうびに、何かしたいことをしてもいいんじゃないか」という言葉で表されていること。「遠くへ行きたいと思った」「どこか遠くへ行きたい。少しだけ、一日だけでいい」と表現されている内容をまとめるとよい。

問九　１．「堂々と振る舞っている瀬里奈」に対して、自分のことを臆病だと思っている「私」は「瀬里奈は、私とはすでに女の子としての種類がまったく違ってしまったように見えていた」と感じている。問一のＤの解説も参照。

２．「瀬里奈や麗ちゃんの視点からも」の部分が誤っている。　３．「二人の間にある緊張感《きんちょうかん》」が読み取れない。

４．「雪が降り積もる様子」に「麗ちゃんや瀬里奈に対してたまっていく『私』の不満」は表現されていない。

５．「灰色」には、つまらない、退屈だ等と感じる気持ち、「水色」には「青空を思わせる」とあるように、明るく良いものだと感じる気持ちが表されていると考えられる。

【二】

問一　３「作曲《さっきょく》」は、上下とも音読み。５「雨雲《あまぐも》」は、上下とも訓読み。

【五】

問二　4段落に、葉っぱの寿命《じゅみょう》と光合成の関係について「よく光合成をした葉っぱの寿命は短く、光合成量が少ないものの寿命は長くなります」と述べられていることを参照。　**A**　「多くの光合成を行うクスノキの葉っぱ」は寿命が短い、つまり、３「ほとんどすべてが」入れ替わる。　**B・C**　「葉っぱがあまり多くの光合成を行うことができないような場所で育つクスノキ」は４「寿命が長くなり」、１「入れ替わる葉っぱの量が少なくなります」となる。

問三　5段落５～６行目「第三葉はいつまでも光合成をしなければなりません。そのため、老化が早まるはずです」から、葉っぱは光合成をするほど老化が早まるということが言える。

問四　「ともすると」とは「場合によってはそのようになるかもしれない」ということを表す。多くは間違った内容にかかる言葉で、ここでは「(印象を) もたれるかもしれません」にかかる。

問五　「引き際がきれい」とは「それまでの立場からの退き方が美しい」という意味。２「立つ鳥跡《あと》を濁《にご》さず」が「立ち去る者はきれいに後始末をして去る」という意味なので、適する。　１.「あとは野となれ山となれ」はその反対。　３.「花道を飾《かざ》る」は、華やかに引退すること。　４.「終わり良ければすべて良し」は、途中《とちゅう》はどのようであっても最後が良ければすべて良かったことになるということ。　５.「有終の美」は、最後を立派にしあげること。

問六　　１.「枝には～」とあるが、本文では「葉っぱ」の先端が新鮮《しんせん》な色をしているといっている。また、8段落の「離層《りそう》は、枝や幹からではなく、葉っぱからの働きかけで形成される」に合わない。　２.「地面に落ちたあと」養分を失うのではなく、7段落にあるように「枯れ落ちる前に」「樹木の本体に」栄養物を戻すのである。

３. 8段落に「同じ種類の植物の落ち葉を並べて～まったく同じ形をしています」とあるのに合致《がっち》しない。

４. 9段落の終わりから10段落最初の「葉っぱは、オーキシンという物質を送ることをやめ～枯れ落ちます」「冬が近づいてくると、自分から枯れ落ちていく姿」と合っている。　５. このようなことは本文に書かれていない。

６. 7段落の最後の２行の内容と合っている。

問七　２は、6段落の内容を「別の角度から説明し直している」としている点がまちがっている。３にあるように、「意外性のある事実」とするのが正しい。

《2022　後期　算数　解説》

1 (1) 与式$=\frac{5}{16}\div\{\frac{3}{8}\times(\frac{3}{4}-\frac{1}{6}))\}+\frac{2}{7}=\frac{5}{16}\div(\frac{3}{8}\times\frac{7}{12})+\frac{2}{7}=\frac{5}{16}\div\frac{7}{32}+\frac{2}{7}=\frac{5}{16}\times\frac{32}{7}+\frac{2}{7}=\frac{10}{7}+\frac{2}{7}=\frac{12}{7}=1\frac{5}{7}$

(2) 与式より，$8\frac{2}{3}-(\frac{4}{6}+\frac{5}{6})\times\square=10-2$　$8\frac{2}{3}-\frac{3}{2}\times\square=8$　$\frac{3}{2}\times\square=8\frac{2}{3}-8$　$\frac{3}{2}\times\square=\frac{2}{3}$

$\square=\frac{2}{3}\times\frac{2}{3}=\frac{4}{9}$

(3) 与式$=8\times7\times6\times(9-5)-7\times6\times5\times4-6\times5\times4\times3-5\times4\times3\times2-4\times3\times2\times1=$

$7\times6\times4\times(8-5)-6\times5\times4\times3-5\times4\times3\times2-4\times3\times2\times1=$

$6\times4\times3\times(7-5)-5\times4\times3\times2-4\times3\times2\times1=$

$4\times3\times2\times(6-5)-4\times3\times2\times1=0$

2 ⑴ **【解き方】対頂角が等しいので，右図の４つの直角三角形は同じ形の直角三角形であり，印をつけた角の大きさは等しい。**

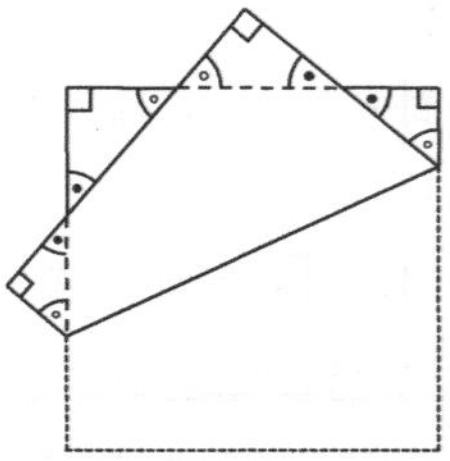

よって，角㋐＝180°－90°－50°＝40°

⑵ **【解き方】１辺が６cmの正三角形の中に１辺が３cmの正三角形を作図する。**

図１と図２の斜線を引いた三角形の面積は等しいので，かげをつけた部分の面積は，図３の色をつけた部分の面積に等しい。正三角形の１つの角の大きさは60°だから，図３の色をつけたおうぎ形の中心角の大きさは，

図１　図２　図３

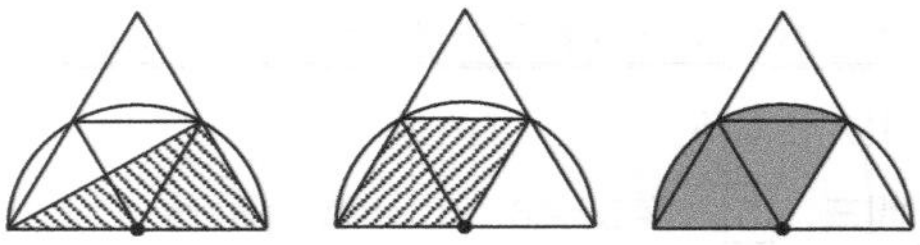

60°×２＝120°になるので，かげをつけた部分の面積は，$3\times3\times3.14\times\frac{120°}{360°}$＝9.42(cm²)

⑶ **【解き方】右のように作図する。**

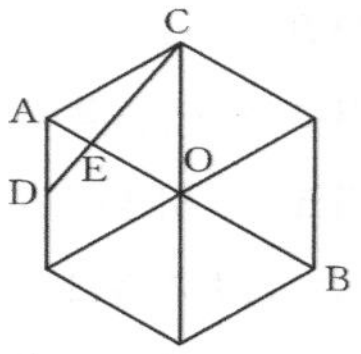

正六角形の中に合同な正三角形を６個作図すると，ＡＤとＣＯは平行だから，

三角形ＡＤＥと三角形ＯＣＥは同じ形の三角形になるので，

ＡＥ：ＯＥ＝ＡＤ：ＯＣ＝１：２である。ＡＥ：ＡＯ＝１：(１＋２)＝１：３で，

ＡＯ＝ＢＯだから，ＡＥ：ＡＢ＝１：(３＋３)＝１：６になる。よって，ＡＥ：ＥＢ＝１：(６－１)＝１：５

3 ⑴ **【解き方】１脚に座る人数を増やしたときの増えた座席数に着目する。**

１脚に座る人数を７－６＝１(人)増やしたことで，増えた座席数は，７×10＋20＝90(席)だから，

長いすは，90÷１＝90(脚)，生徒の人数は，６×90＋20＝560(人)

⑵ **【解き方】男子は，$560\times\frac{15}{15+13}$＝300(人)，女子は560－300＝260(人)いる。**

300÷４＝75，260÷３＝86余り２より，男子は４人ずつ座らせると75脚まで，女子は３人ずつ座らせると86脚まで座らせることができるから，組として座らせていくと先に男子が足りなくなる。組は75組できたから，組になっていない女子は，260－３×75＝35(人)いる。この35人を６人ずつ座らせると，35÷６＝５余り５より，

５＋１＝６(脚)の長いすを使うから，誰も座っていない長いすは，90－75－６＝９(脚)

4 ⑴ １から９までだけが１枚ずつ使うから，２×30－９＝51(枚)

⑵ **【解き方】100から999までは３けたの整数だから，３枚を１つの周期として考える。**

77÷３＝25余り２より，左から77枚目のカードは，３けたの整数の25＋１＝26(番目)の真ん中の数である。

100から数えて26番目の数は125だから，左から77枚目のカードは２である。

⑶ **【解き方】３けたの数の一の位，十の位，百の位に現れる２の回数を考える。**

100から999までの３けたの整数は，999－100＋１＝900(個)ある。

100，101，…と考えていくと，一の位の２は10回に１度現れるから，一の位の２は，$900\times\frac{1}{10}$＝90(回)現れる。

同様に考えると，十の位の２は100回に10回現れるから，十の位の２は，$900\times\frac{10}{100}$＝90(回)現れる。

百の位の２は，200から299までの299－200＋１＝100(回)現れるから，全部で，90＋90＋100＝280(回)現れる。

よって，２のカードは全部で280枚使う。

5 ⑴ **【解き方】Ｂさんは108秒間に432m進む。**

Ｂさんの速さは，秒速(432÷108)ｍ＝秒速４ｍ。また，往復で108秒の差が生じたのだから，片道で生じる差は，

108÷２＝54(秒)になるので，Ａさんが公園に着いてから54秒後にＢさんは公園に着く。

⑵ **【解き方】⑴で求めた54秒は，ＡさんとＢさんが120ｍを進んだときにかかる時間の和である。**

Ｂさんは120mを120÷４＝30(秒)で進むから，Ａさんは120mを54－30＝24(秒)で進んだことになるので，

Ａさんの速さは，秒速(120÷24)ｍ＝秒速５ｍである。ＡさんとＢさんの速さの差は，秒速(５－４)ｍ＝秒速１ｍ

だから，432mの差がつくまでに432÷１＝432(秒)かかる。よって，学校から公園までの往復の距離は，

５×432＝2160(ｍ)だから，学校から公園までは，2160÷２＝1080(ｍ)

⑶　**【解き方】グラフ上にＡさんの動きを表すと右のようになる。**

右図のＱ地点が，ＡさんがＢさんに追いつかれたところである。

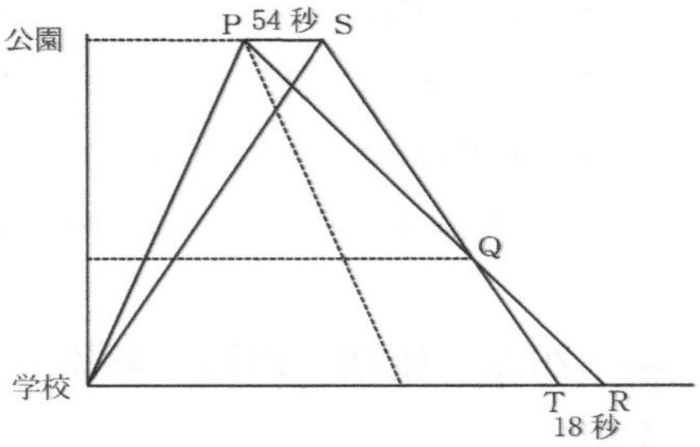

右図で，三角形ＰＱＳと三角形ＲＱＴは同じ形であり，

ＰＱ：ＲＱ＝ＰＳ：ＲＴ＝54：18＝３：１だから，

ＰＲ：ＲＱ＝(３＋１)：１＝４：１になる。

学校から公園まで1080mあるから，追いつかれた地点は，

学校から，$1080\times\frac{1}{4}=270$(ｍ)のところである。

6　⑴　**【解き方】右の「１つの角を共有する三角形の面積」の求め方を使う。三角形ＡＢＣの面積をＳとする。**

１つの角を共有する三角形の面積

右図のように三角形ＰＱＲと三角形ＰＳＴが１つの角を共有するとき，三角形ＰＳＴの面積は，

(三角形ＰＱＲの面積)$\times\frac{PS}{PQ}\times\frac{PT}{PR}$

で求められる。

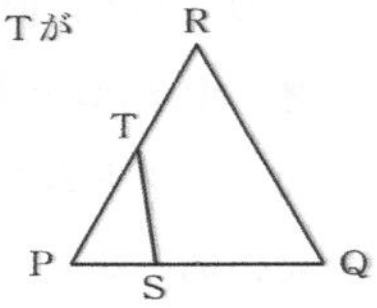

三角形ＢＥＤの面積は，$S\times\frac{BD}{BA}\times\frac{BE}{BC}=S\times\frac{2}{5}\times\frac{4}{7}=S\times\frac{8}{35}$だから，三角形ＡＢＣの面積の$\frac{8}{35}$倍である。

⑵　**【解き方】⑴をふまえて，三角形ＡＤＦ，三角形ＣＦＥについても，三角形ＡＢＣの面積の何倍かを調べる。**

三角形ＡＤＦの面積は，$S\times\frac{AD}{AB}\times\frac{AF}{AC}=S\times\frac{3}{5}\times\frac{1}{3}=S\times\frac{1}{5}$

三角形ＣＦＥの面積は，$S\times\frac{CF}{CA}\times\frac{CE}{CB}=S\times\frac{2}{3}\times\frac{3}{7}=S\times\frac{2}{7}$

よって，三角形ＤＥＦの面積は，$S-S\times\frac{8}{35}-S\times\frac{1}{5}-S\times\frac{2}{7}=S\times(1-\frac{8}{35}-\frac{1}{5}-\frac{2}{7})=S\times\frac{2}{7}$だから，

三角形ＡＢＣの面積の$\frac{2}{7}$倍である。

⑶　**【解き方】右のように作図する。三角形ＡＧＨと三角形ＥＧＩは同じ形だから，ＡＧ：ＥＧ＝ＡＨ：ＥＩとなる。三角形ＡＤＦと三角形ＤＥＦの底辺をともにＤＦとすると，高さがそれぞれＡＨとＥＩであり，この高さの比が面積比となる。よって，ＡＧ：ＧＥは，(三角形ＡＤＦの面積)：(三角形ＤＥＦの面積)に等しい。**

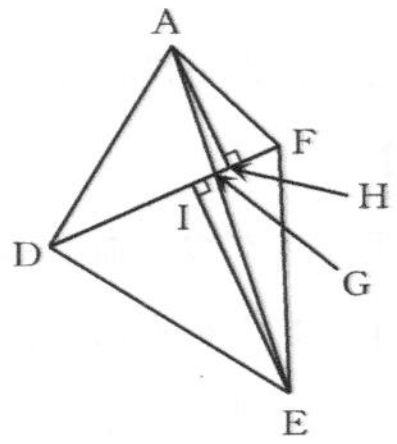

⑵をふまえると，三角形ＡＤＦの面積と三角形ＤＥＦの面積の比は，

$(S\times\frac{1}{5}):(S\times\frac{2}{7})=7:10$だから，ＡＧ：ＧＥも７：10である。

7　⑴　**【解き方】かげの長さは，右図のＰＣの長さにあたる。**

右図の三角形ＢＣＰと三角形ＡＣＯは同じ形の三角形で，ＣＰ：ＣＯ＝ＢＰ：ＡＯ＝10：15＝２：３である。

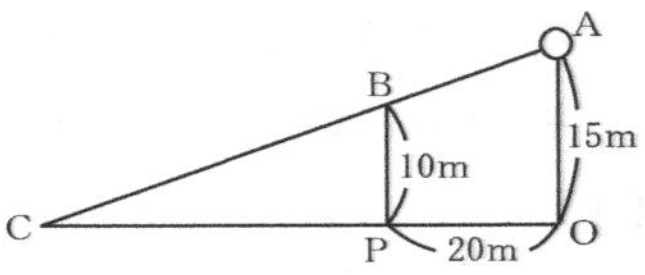

よって，ＣＰ：ＰＯ＝２：(３－２)＝２：１だから，電柱によってできるかげの長さは，20×２＝40(ｍ)

⑵　**【解き方】正方形の板によってできるかげは，右図の台形ＥＣＰＱになる。**

⑴より，ＡＢ：ＡＣ＝１：３である。

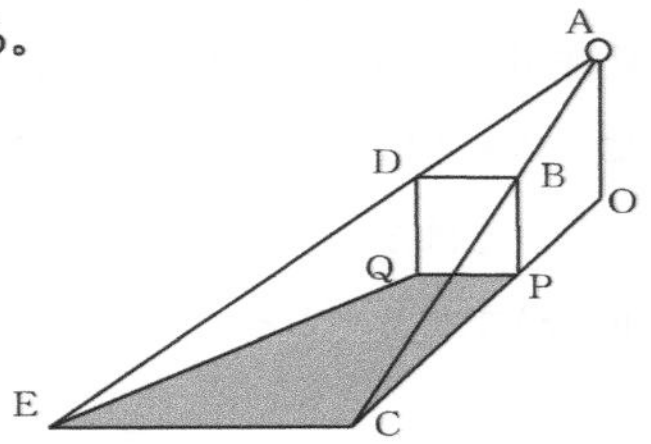

三角形ＡＤＢと三角形ＡＥＣは同じ形の三角形で，

ＤＢ：ＥＣ＝ＡＢ：ＡＣ＝１：３だから，ＥＣ＝ＤＢ×３＝10×３＝30(ｍ)

ＣＰ＝40mだから，台形ＥＣＰＱの面積は，(10＋30)×40÷２＝800(㎡)

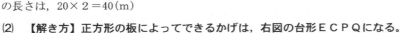

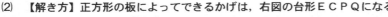

(3)　**【解き方】立方体によってできるかげは，右図１の色をつけた部分と斜線を引いた部分になる。**

色をつけた部分は，(2)で求めた800㎡である。

図１を真上から見た図が図２である。

台形ＧＥＱＲにおいて，上底と下底をＧＥ＝30m，ＲＱ＝10mとしたときの高さは20mだから，

台形ＧＥＱＲの面積は，(10＋30)×20÷２＝400(㎡)

よって，求める面積は，800＋400＝1200(㎡)

図１

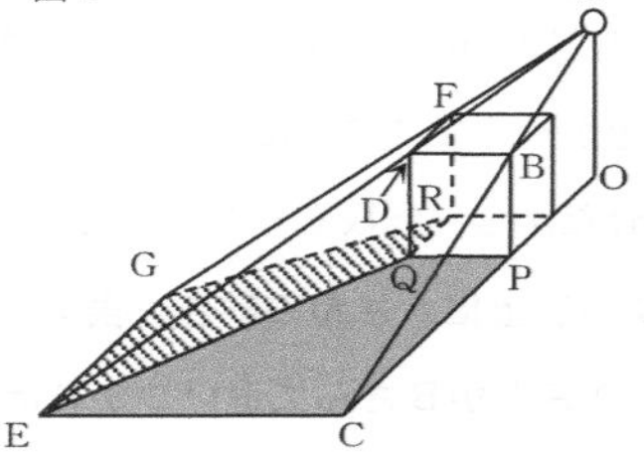

図２

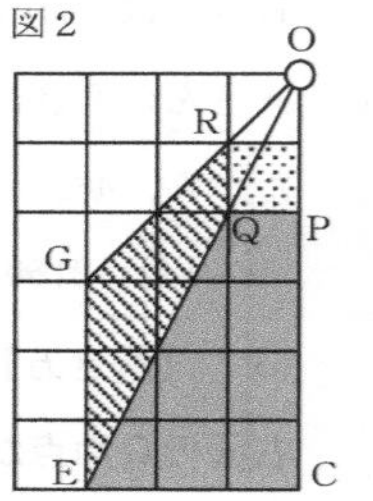

《2022　後期　理科　解説》

【１】

ア　アゲハはミカン科の木に卵を産む。なお，モンシロチョウはキャベツなどのアブラナ科の植物，ヤマトシジミはカタバミに卵を産む。

オ　セミは卵からふ化すると，土にもぐり，木の根から樹液(木のしる)をすって成長する。

カ　カブトムシなどのように，卵→幼虫→さなぎ→成虫の順に成長する昆虫を完全変態，セミやトンボなどのように，卵→幼虫→成虫の順に成長する昆虫を不完全変態という。

キ　４枚のはねは，胸についている。

【２】

イ　水がふっとうすると，水(液体)が水蒸気(気体)になり目に見えなくなるが，空気中で冷やされて小さな水のつぶ(湯気)になると目に見える。

エ　水蒸気として出ていった水の分，水面の位置は下がる。

オ　水がふっとうする温度は100℃で，体積によって変化しない。なお，水の量を少なくすると，ふっとうするまでにかかる時間は短くなる。

【３】

ア　メダカの血液は，えらで酸素を受け取り，二酸化炭素をわたしている。

イ　ヒトの血液は，全身→心臓→肺→心臓→全身の順に流れ，肺で酸素を受け取り，二酸化炭素をわたしているため，心臓から全身に送り出す血液には酸素が多くふくまれる。

オ　食べ物は，口→食道→胃→小腸→大腸→こう門の順に通る。

カ　ヒトの受精卵の大きさは約0.1㎜である。

キ　水温25℃のとき，約10日で卵からかえる。

【４】

ア　おもりが棒をかたむけるはたらき〔おもりの重さ(ｇ)×支点からの距離(㎝)〕が等しいとき，棒が水平になる。図ｉのようにおもりと棒に記号をつける。棒ｑでａとｄは支点からの距離が等しいから，重さも等しくなり，ａは10ｇとわかる。同じように，棒ｓではｂとｃは重さが等しいことがわかる。ｆが棒ｒを右にかたむけるはたらきは10×４＝40だから，ｂとｃの重さの和は40÷１＝40(ｇ)である。よって，ｂとｃの重さはそれぞれ40÷２＝20(ｇ)である。

図ｉ

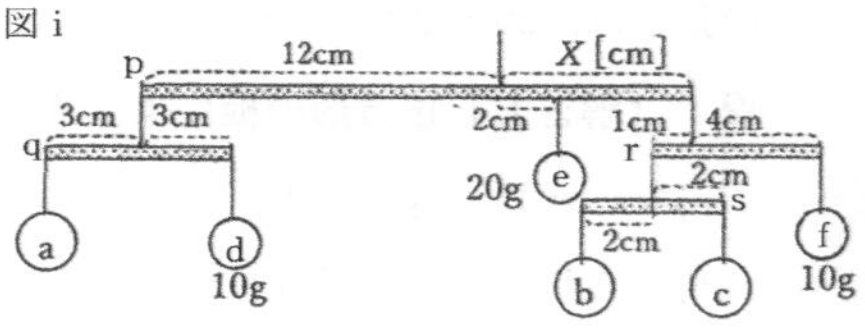

イ　棒pを左にかたむけるはたらきは$(\overset{\text{aの重さ}}{10}+\overset{\text{bの重さ}}{10})\times 12=240$だから，棒pを右にかたむけるはたらきも240となる。eが棒pを右にかたむけるはたらきは20×２＝40だから，bとcとfの重さの和(50ｇ)が棒pを右にかたむけるはたらきは240－40＝200となる。よって，Xの長さは200÷50＝４(㎝)である。

ウ　水平につり合っている棒において，おもりの重さの比は，支点からの距離の比の逆比に等しいから，ＡとＢの重さの比は４：２＝２：１，ＣとＤの重さの比は２：４＝１：２，ＣとＤの重さの和とＥの重さの比は４：４＝１：１となる。このとき，ＣとＤとＥの重さの比は１：２：(１＋２)＝１：２：３となり，３種類の重さがあるとわかる。したがって，ＡとＢの重さはＣ～Ｅのどれかと等しくなるから，ＡとＤの重さを２，ＢとＣの重さを１，Ｅの重さを３と表すことができる。

エ　ウ解説より，ＡとＢの重さの和は２＋１＝３，Ｃ～Ｅの重さの和は１＋２＋３＝６だから，一番上の棒において，支点より左側の棒の長さと右側の棒の長さの比は６：３＝２：１となる。よって，Ｙの長さは$10\times\frac{1}{2}=5$(㎝)である。

【５】

ア　２は上空の風向きや風速を測定しているものである。３は上空の気温，湿度，風向き，風速などを観測する機器である。４は気象衛星である。

イウ　雨が降っていなくて，雲の量が０～８のときを晴れ(０～１のときを特に快晴という)，９～10のときをくもりという。

オカ　積雲は晴天のときに発生しやすく，大きく発達して積乱雲になることもある。積乱雲は入道雲やかみなり雲とも呼ばれ，せまい範囲に強い雨を降らせる。

【６】

イ　がけＳにあるＣとＤの試料に，火山灰の層があり，上下の地層の並びから，これらはＰの火山灰の層と同じ層であるとわかる。したがって，Ｐの層は北にいくほど上にあるから，がけＳのシートをはがすと，地層は３のように見えると考えられる。

ウ　Ａの試料の火山灰の層も，上下の地層の並びからＰの火山灰の層と同じ層であるとわかる。ＡでＰの層がある深さは，ＣとＤの間のＰの層の深さと同じ(Ａを通る東西方向の直線はＣとＤの間を通っていた)だから，がけＳが北向きに水平に動いたと考えられる。

エ　イ解説より，３と４ではＰの層は見つからないとわかる。がけＲでも，イの３のような右上がりの地層が見られるから，２でＰの層が見つかると考えられる。

オ　地層のかたむきから，Ｑの地表に最も近い層は，Ｐの層か，その下の層と考えられる。よって，Ｑの試料は，Ａの試料の上から３番目～５番目の層が，上から１番目～３番目にある４と考えられる。

【７】

操作Ⅰによって，①と②がアルカリ性とわかったから，操作Ⅰは１～３のどれかを行い，水溶液を３つのグループに分けられたとわかる。１ではアルカリ性かそうでないか，２では酸性かそうでないか，３ではアルカリ性か中性か酸性かに分けられるので，操作Ⅰは３である。アルカリ性の①と②は，アンモニア水(Ｂ)と石灰水(Ｃ)のどちらかであり，加熱して水を蒸発させると石灰水は白い結晶ができるから，操作Ⅱは５であり，①は石灰水(Ｃ)，②はアンモニア水(Ｂ)とわかる。残りの食塩水(Ａ)，うすい塩酸(Ｄ)，炭酸水(Ｅ)のうち，食塩水は中性，うすい塩酸と炭酸水は酸性だから，③は食塩水(Ａ)，④と⑤はうすい塩酸(Ｄ)か炭酸水(Ｅ)とわかる。炭酸水は二酸化炭素の水溶液なので，石灰水を加えると白くにごるから，操作Ⅲは４であり，④は炭酸水(Ｅ)，⑤はうすい塩酸(Ｄ)とわかる。なお，アンモニア水とうすい塩酸と炭酸水はそれぞれ気体がとけた水溶液だから，加熱しても何も残らない。

【8】

ア　電池の＋極側の導線を電流計の＋たんしに，－極側の導線を－たんしにつなぐ。また，電流計の針が振りきれてしまうのをふせぐために，－極側の導線は最も大きな電流がはかれる－たんしにつなぐ。

イ　4×…大きな電流が流れ，電流計がこわれることがあるので，かん電池を電流計に直接つないではいけない。

ウ　－たんしは500mAにつないだから，電流計の最大のめもりは500mAを表す。したがって，1めもりは20mAだから，図の電流計は280mAをさしている。

エ　豆電球のフィラメントが切れると，回路に電流が流れなくなるので，すぐに0mAになる。

《2022　後期　社会　解説》

【1】

問1　バイデン大統領は，民主党系の第46代大統領である。

問2　炭素が正しい。脱炭素社会は，地球温暖化の原因となる温室効果ガスの排出量を実質ゼロにすることを目指す社会とその取り組みを意味する。

問3　(1)＝「け」　(2)＝「さ」　(3)＝「か」　(4)＝「う」　(1)　新疆ウィグル自治区は，中国北西部の内陸に位置する。　(2)　香港は，1840年に起きたアヘン戦争の南京条約によって，イギリスに永久割譲され，1997年に中国に返還された。　(3)　文中の「タリバン政権」からアフガニスタンを導く。　(4)　文中の「アウンサンスーチー氏」からミャンマーを導く。

問4　「え」が正しい。ロヒンギャは，ミャンマー西部に住むイスラム系少数民族である。

問5　(6)＝「い」　(7)＝「か」　(8)＝「く」　(6)　東北新幹線と上越・北陸新幹線は大宮駅，上越新幹線と北陸新幹線は高崎駅で分岐する。　(7)　新青森－新函館北斗駅間は2016年に開通し，2030年に札幌駅まで開通する予定である。　(8)　2011年3月11日に発生した東日本大震災で起きた福島第一原子力発電所の事故を受けて，全国の原子力発電所は稼働を停止し，その後厳しい審査に合格した原子力発電所だけが稼働を許されている。

問6　「え」が正しい。日本は，2008年頃から人口減少に転じている。北海道・新潟・福島などの地方などは，他県に転出する人も多く人口減少の割合は大きかった。逆に東京・大阪・愛知は，他県からの流入人口が多いため，社会増が大きくプラスであった。また，沖縄は，唯一出生数が多い自然増の県であった。

問7①　「え」が正しい。東シナ海は，台湾・フィリピンと日本の間の海，南シナ海は，台湾・フィリピンとインドシナ半島・インドネシアに囲まれた海である。マラッカ海峡は，マレー半島とインドネシアのスマトラ島の間に位置する。　②　「い」が正しい。能登半島は石川県のある半島である。男鹿半島は秋田県，房総半島は千葉県，大隅半島は鹿児島県にある。　③　「あ」は北海道が1位ではない。なすは，高知県・熊本県・群馬県あたりの生産量が多い。　④　「あ」の札幌が最も遠い。那覇－札幌間は約2400㎞，那覇－台北間は約630㎞，那覇－上海間は約820㎞，那覇－ソウル間は約1200㎞である。

【2】

問1　(1)＝「そ」　(2)＝「こ」　(3)＝「あ」　(4)＝「さ」　(5)＝「い」　(6)＝「く」　(7)＝「う」　(8)＝「き」

(1)　裁判官は，憲法および法律にのみ拘束される。　(2)　高等裁判所(8)・地方裁判所(50)・家庭裁判所(50)・簡易裁判所(438)を下級裁判所という(カッコ内の数は設置数・地方裁判所と家庭裁判所は本庁数)。　(3)(4)　民事裁判では，訴えた側が原告，訴えられた側が被告である。刑事裁判では，訴えた側が検察，訴えられた側が被告人となる。　(6)～(8)　裁判員裁判は，重大な刑事事件の第一審において，20歳以上の日本国民の中からくじで選ばれた６人の裁判員が，３人の裁判官とともに，被告人の有罪・無罪を審議し，有罪となった場合にはその量刑まで審議する。

問２①　「い」が正しい。立法権は国会，行政権は内閣がもち，３つの権利を合わせて三権と呼ぶ。

②　「い」が誤り。最高裁判所の裁判官は，国民審査または国会内での裁判官の弾劾以外で辞めさせられることはない。

【３】

問１　⑴＝「あ」　⑵＝「あ」　⑶＝「う」　⑷＝「う」　⑸＝「い」　⑹＝「え」　⑴　唐の都長安は，現在の西安あたりである。　⑵　チンギスハンの建国したモンゴル帝国は，最大で中国から東ヨーロッパあたりまでを支配していた。　⑶　北条時宗は，鎌倉幕府の第八代執権である。　⑷　豊臣秀吉が行った２度の朝鮮出兵を文禄・慶長の役という。２度目の出兵中に秀吉が死に，日本軍は退却した。　⑸　明治時代に中国と戦った戦争は，日清戦争である。講和条約の下関条約では，３億円以上の賠償金と，台湾・澎湖諸島・遼東半島を獲得した。その後のロシア・ドイツ・フランスによる三国干渉で，遼東半島は賠償金を追加することで清に返却された。

⑹　日中戦争は，北京郊外で関東軍が起こした盧溝橋事件から始まった。

問２　「あ」が正しい。中世以降の中国の王朝は，宋→元→明→清と続いた。

問３　「う」が正しい。東京大会では，一部の競技を除いて無観客で競技が行われた。

【４】

問１　⑴＝「あ」　⑵＝「き」　⑶＝「く」　⑷＝「え」　⑸＝「お」

⑴⑸　千円紙幣の肖像画は，聖徳太子→日本武尊→伊藤博文→夏目漱石→野口英世→北里柴三郎

⑵　五千円紙幣の肖像画は，聖徳太子→新渡戸稲造→樋口一葉→津田梅子

⑶⑷　一万円札の肖像画は，聖徳太子→福沢諭吉→渋沢栄一

問２①　「え」が正しい。３（ノルマントン号事件・1886 年)→４（日英通商航海条約・1894 年)→１（日英同盟・1902年)→２（日米通商航海条約・1911年)　**②**　「い」が正しい。市川房枝は，平塚らいてうとともに新婦人協会を設立した政治家・国会議員。田中正造は，足尾銅山鉱毒事件で活躍した国会議員。小村寿太郎は，関税自主権の回復に活躍した外務大臣。

同志社香里中学校【前期】

《国　語》

【一】　問一．４　問二．Ⅰ．３　Ⅱ．４　問三．一つ目…しっかり者　二つ目…いい子
問四．ア．５　イ．１　ウ．２　問五．ａ．言いつけを破って犬と外で遊び、車の前に飛び出した
ｂ．怒られる　問六．２　問七．十分後には　問八．Ｄ　問九．３

【二】　問一．３　問二．ア．４　イ．２　ウ．１　問三．Ａ．３　Ｂ．１　問四．光を奪い合う　問五．11
問六．４→５→１→３→２　問七．仲間と助け合うことで、環境の変化に対応することができた
問八．２，５　問九．13

【三】　Ａ．一／千　Ｂ．三／四　Ｃ．二／三　Ｄ．十／十

【四】　①じきでん　②ふなたび　③ぞうさ　④とうち　⑤たしょう

【五】　①規模　②要　③品格　④除　⑤登用　⑥果報　⑦主眼　⑧預

《算　数》

1　(1) $\frac{3}{13}$　(2) $\frac{5}{12}$　(3)17

2　(1)16　(2)43.96　(3)20

3　(1)12　(2)24　(3)3

4　(1)56　(2)30　(3)21

5　(1)395　(2)82　(3)93

6　(1)5：12　(2)5：6　(3)11：6

7　(1)56.52　(2)339.12　(3)19

《理　科》

【1】　ア．Ａ．３　Ｂ．１　Ｃ．２　イ．せっかい水　ウ．Ａ．青　Ｂ．黄　エ．３

【2】　ア．３　イ．２　ウ．①２　②１　エ．２　オ．２　カ．１　キ．２　ク．養分　ケ．２

【3】　ア．１　イ．４　ウ．2.8　エ．３　オ．１

【4】　ア．24　イ．5.6　ウ．70　エ．7.4

【5】　ア．Ｂ．１　Ｃ．４　イ．４　ウ．オリオン　エ．１　オ．明るさ　カ．２

【6】　ア．れき岩　イ．４　ウ．アンモナイト　エ．海の中　オ．４　カ．３

【7】　ア．10　イ．１，２，４　ウ．４　エ．４　オ．２

【8】　ａ．３　ｂ．４　ｃ．９　ｄ．１　ｅ．15　ｆ．６　ｇ．７　ｈ．12
Ｘ．消化　Ｙ．空気

《社　会》

【1】　問1．トラベル　問2．3　問3．松　問4．(1)た　(2)い　(3)そ　(4)う　(5)す　(6)け　(7)こ　(8)え
問5．a・b…え　c・d…い　問6．え　問7．う

【2】　問1．すが　問2．い　問3．①い　②え　③あ　④え　問4．(1)い　(2)う

【3】　問1．①あ　②い　③う　④う　⑤え　問2．い　問3．ライト

【4】　問1．あ　問2．(1)え　(2)い　(3)う　問3．え　問4．(1)お　(2)い　問5．(A)お　(B)い　(C)あ

2021 解答例 令和3年度

同志社香里中学校【後期】

《国　語》

【一】 問一．ア．5　イ．2　ウ．4　エ．1　　問二．3　　問三．1　　問四．4，5　　問五．2
問六．人と人とをつなぐコミュニケーションとして食事を利用する　　問七．D　　問八．3
問九．2，4

【二】 問一．ア．2　イ．3　ウ．5　エ．1　オ．4　　問二．3　　問三．2，5　　問四．目の見える私が無意識に見せるサインを犬が敏感に感じ取って反応していた　　問五．1　　問六．引っ張らなかったりした
問七．3，5　　問八．⑴4　⑵一連の　　問九．1，6

【三】 A．3　B．4　C．1　D．2

【四】 ①とうじ　②だいか　③さいもく　④きぐらい　⑤しら

【五】 ①綿毛　②宝刀　③居　④退　⑤竹馬　⑥序曲　⑦英才　⑧供

《算　数》

1 ⑴3　⑵$\frac{1}{3}$　⑶11

2 ⑴22　⑵35.58　⑶エ

3 ⑴400　⑵4，30　⑶1500

4 ⑴A．20　B．25　⑵11　⑶144

5 ⑴420　⑵1430　⑶13

6 ⑴30　⑵FH…2　GI…4　⑶$\frac{4}{65}$

7 ⑴168　⑵$2\frac{1}{3}$　⑶6.6

《理　科》

【1】 ア．①C　②B　③A　イ．①B　②A　③B　ウ．3

【2】 ア．2　イ．①2　②子葉　ウ．1　エ．①1　②3　オ．蒸散　カ．1　キ．受粉　ク．1

【3】 ア．a．力点　b．作用点　イ．3　ウ．①1，2，4　②1　エ．30　オ．150

【4】 ア．2　イ．しん食　ウ．1　エ．1　オ．1　カ．3　キ．3

【5】 ア．1，2　イ．2，4　ウ．3　エ．4　オ．気体

【6】 ア．3　イ．2　ウ．クレーター　エ．3　オ．2　カ．5　キ．2

【7】 ア．1　イ．a．2　b．1　ウ．0.5　エ．⑤

【8】 ア．a．2　b．5　c．9　イ．①2　②3　ウ．3　エ．①d．エラ　e．二酸化炭素　②2　③3

《社　会》

【1】 ①あ　②あ　③え　④う　⑤う　⑥い　⑦い　⑧う　⑨あ　⑩う

【2】 問1．⑴あ　⑵い　⑶う　⑷い　問2．あ　問3．う　問4．あ

【3】 問1．い　問2．え　問3．安倍　問4．①え　②う　③い　④⑴あ　⑵い

【4】 問1．①テレワーク　②え　③A．屋久　B．白神　④Ⅰ．え　Ⅱ．い

【5】 問1．⑴う　⑵い　⑶あ　問2．⑴①い　②え　⑵い　問3．い　問4．Ⅰ．う　Ⅱ．え

2021解説 令和3年度 同志社香里中学校【前期】

←解答例は前のページにありますので，そちらをご覧ください。

《2021　前期　国語　解説》

【一】

問一　最後の段落に「あおいも緊張《きんちょう》して、新たな母親と、新たな姉(＝「私」)に嫌《きら》われないように」とある。また、「私」は、家事に時間や手間をかけなくなった母の姿を「とても母らしかった」と感じている。「私」は母の本来の姿を知っているので、「私」と母は再婚《さいこん》前から親子である。すると、今の「私」の父は「新しい父親」であり、あおいは「新しい父親」の娘《むすめ》ということになる。よって、４が適する。

問三　――線①は、あおいが「母に思い切り怒《おこ》られて大泣き」する前の様子を表現したものである。あおいが「しっかり者であること」は、このできごとの前後で変わらない。しかし、このできごとを境に、あおいは「普通《ふつう》の子どもみたいなことを言うようになった」。これを見て、あおいは緊張して「いい子にしていなければいけないと」思っていたらしいと、「私」は考えている。

問四ア　母はあおいを病院へ連れていこうとして急いでいるので、早く用事をすませようと「足早に」向かったと考えられる。よって、５が適する。　**イ**　母が「リビングに戻《もど》ってきた」ときの様子から、「たぶん、たいして怒りはしないだろう」と「私」は想像している。また。あおいの様子がおかしい原因がわかったので、急いで病院に連れていく必要もなくなった。こうしたことから、母は静かに戻ってきたと考えられる。よって、１が適する。

ウ　「千切りとは言えない千切りキャベツにマヨネーズがかかったもの」は、「手抜き料理」である上に、母の「がさつさ」が強く出たものである。繊細《せんさい》な料理とは正反対のものなので、２の「豪快《ごうかい》に」が適する。

問五　インターホンが鳴ったことで、あおいは、「おじさん」が来たのだと確信したと思われる。「おじさん」は母に夕方のできごとを話すだろうと思ったので、泣き始めたのである。

問六　あおいが「普通の子どもみたいなことを言うようになった」のを見て、「私」は「私が抱《いだ》いていた違和感《いわかん》は、きっかけさえあればあっさり解消されることだったのだ」と感じている。つまり、――線③の前までは、「いい子」すぎるあおいに対して違和感を覚えていたのである。しかし、言いつけを破って遊んでいたという「これまでとは違《ちが》う一面」を知ったことで、「あおいにも子どもらしいところがあったのか」と少し身近に感じている。よって、２が適する。

問七　２段落に「理想の母親ぶっていても、こういうがさつさはなかなか抜《ぬ》けない」とあるので、この前に、本来の母らしい行動が書かれている。

問八　私は、「理想の母親を演じようと」する母と、「いい子」すぎるあおいの姿に違和感を覚えていた。そのため、無言の食卓に「これ以上ないくらい気まずい雰囲気《ふんいき》が漂《ただよ》」う状況《じょうきょう》を、「普通の家族なら、こういう日だってある。なければおかしい」と、好意的にとらえている。よって、ぬけている一文はＤに入る。

問九　同じ段落に「私が思うに、理想の母親を演じようという母の緊張が、あおいにも伝わっていたのではないか。だからあおいも緊張して、新たな母親と、新たな姉に嫌われないように、いい子にしていなければいけないと気を張っていたのではないか」とあり、「私」はこうした状況に違和感を抱いていた。しかし、二人とも徐々に本来の姿に戻っていき、「私」の抱いていた違和感もあっさり解消された。３はこうした変化をまとめていて、これが――線⑤の思いへとつながっている。よって、３が適する。

【二】

問一　a．1段落の「雑草は、どう見ても強そうに見えます」より、世間では「雑草は強い」というイメージがあることがわかる。　b・c．少し前に「ところが」とある。「ところが」の前と後では反対の内容が書かれている。「ところが」の前には、「雑草は強い」というイメージがあると書かれているので、後には、このイメージとは反対に、「植物学の教科書には」「雑草は強い」と書いていないどころか、「雑草は弱い」と説明されていると考えられる。　d．植物学の教科書で「雑草は弱い植物である」と説明されていることを受けて、「もし、弱い植物であるのなら」と、仮定の話をしている。

問四　前の行に「もし、この競争に敗れ去れば、他の植物の陰《かげ》で光を受けられずに枯《か》れてしまうことでしょう」とある。つまり、「この競争」とは光を受けるための競争である。

問五　11段落に「三つ目が変化を乗り越《こ》える力です～雑草はこの三つ目の強さに優れていると言われています」とある。

問六　4と5をもとに推測した内容が1に書かれている。また、5の最初に「一方」とあるので、5は4の次にくる。よって、4→5→1の順になる。さらに、3では1の内容を否定し、2は3の内容を言いかえている。よって、4→5→1→3→2となる。

問七　2～3行後に「ホモ・サピエンスは～『助け合う』という能力を発達させました。そして、足りない能力を互《たが》いに補い合いながら暮らしていったのです。そうしなければ、生きていけなかったのです」とある。この、「仲間と助け合う」という能力が、19段落にある「環境《かんきょう》の変化が起こったとき」に長所としてはたらき、生き残ることができたと考えられる。

問八　8～11段落で、「植物が成功するため」の「三つの強さ」が説明されている。これらから、植物はそれぞれの長所を生かして生き残っていることが読み取れる。よって、2は適する。14段落では、競争に不利な「小さい体」の強みを生かしている動物がいることが述べられている。よって、5も適する。

問九　12段落までは、植物、特に雑草について述べている。13段落からは動物について述べていて、13段落はその導入部分にあたる。

《2021　前期　算数　解説》

1 (1)　与式$=9\times\{4-\frac{5}{18}\div(\frac{5}{6}-\frac{3}{4})\}\times\frac{1}{26}=9\times\{4-\frac{5}{18}\div(\frac{10}{12}-\frac{9}{12})\}\times\frac{1}{26}=9\times\{4-\frac{5}{18}\times 12\}\times\frac{1}{26}=$
$9\times(\frac{12}{3}-\frac{10}{3})\times\frac{1}{26}=9\times\frac{2}{3}\times\frac{1}{26}=\frac{3}{13}$

(2)　与式より，$2-(\frac{5}{8}-\frac{1}{3})\div\frac{3}{4}+\square\times\frac{8}{15}=1\frac{5}{6}$　　$2-(\frac{15}{24}-\frac{8}{24})\times\frac{4}{3}+\square\times\frac{8}{15}=1\frac{5}{6}$
$2-\frac{7}{24}\times\frac{4}{3}+\square\times\frac{8}{15}=1\frac{5}{6}$　　$2-\frac{7}{18}+\square\times\frac{8}{15}=1\frac{5}{6}$　　$1\frac{11}{18}+\square\times\frac{8}{15}=1\frac{5}{6}$　　$\square\times\frac{8}{15}=1\frac{15}{18}-1\frac{11}{18}$
$\square=\frac{4}{18}\div\frac{8}{15}=\frac{2}{9}\times\frac{15}{8}=\frac{5}{12}$

(3)　1から34までの連続する整数の和の2倍は，右の筆算より，35×34となるから，
1から34までの連続する整数の和は，$\frac{35\times 34}{2}=595$

$$\begin{array}{rr} & 1+2+3+\cdots\cdots+34 \\ +) & 34+33+32+\cdots\cdots+1 \\ \hline & 35+35+35+\cdots\cdots+35 \end{array}$$

よって，$\frac{1}{35}+\frac{2}{35}+\cdots+\frac{34}{35}=\frac{1+2+\cdots+34}{35}=\frac{595}{35}=17$

2 (1)　**【解き方】三角形の1つの外角は，これととなりあわない2つの内角の和に等しいこと，二等辺三角形の2つの角は等しいことを利用する。**

ＲＢ＝ＲＱより，角ＲＢＱ＝角ＲＱＢ＝角㋐　　三角形ＢＱＲの外角の性質より，角ＱＲＰ＝角㋐＋角㋐＝角㋐×2

ＱＲ＝ＱＰより，角ＱＲＰ＝角ＱＰＲ＝角あ×２　三角形ＢＰＱの外角の性質より，角ＰＱＡ＝角あ＋角あ×２＝角あ×３　ＰＱ＝ＰＡより，角ＰＱＡ＝角ＰＡＱ＝角あ×３　三角形ＢＡＰの外角の性質より，角ＡＰＣ＝角あ＋角あ×３＝角あ×４　ＡＰ＝ＡＣより，角ＡＰＣ＝角ＡＣＰ＝角あ×４

よって，角あの４倍が角ＡＣＰ＝64°にあたるので，角あ＝64°÷４＝16°

⑵　**【解き方】右のように作図する。破線で囲まれた三角形はすべて，１辺の長さが３㎝の正三角形である。**

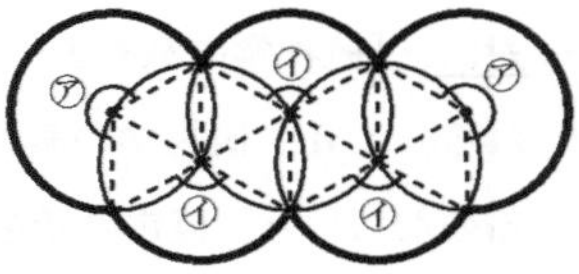

求める長さは，半径が３㎝，中心角が角㋐＝360°－60°×２＝240°のおうぎ形の曲線部分の長さの２倍と，半径が３㎝，中心角が角㋑＝360°－60°×４＝120°のおうぎ形の曲線部分の長さの３倍を足せばよいので，$3\times2\times3.14\times\frac{240°}{360°}\times2+3\times2\times3.14\times\frac{120°}{360°}\times3=$（８＋６）×3.14＝14×3.14＝43.96（㎝）

⑶　**【解き方】正方形（ひし形）の面積は（対角線の長さ）×（対角線の長さ）÷２で求められることから，小さい正方形の面積→ＡＢの長さの順に求める。**

小さい正方形の面積は，（２＋14）×（２＋14）－（２×14÷２）×４＝256－56＝200（㎠）

よって，小さい正方形の（対角線の長さ）×（対角線の長さ）の値は，200×２＝400となるので，

400＝20×20より，ＡＢ＝20㎝とわかる。

3　**【解き方】全体の仕事の量を，18と36の最小公倍数である36とすると，１分あたりの仕事の量は，Ａさん１人のときは36÷18＝２，Ｂさん１人のときは36÷36＝１となる。**

⑴　ＡさんとＢさんの２人のときは，１分あたりの仕事の量が２＋１＝３となるので，求める時間は，36÷３＝12（分）

⑵　ＢさんとＣさんの２人ですると，14分24秒＝$14\frac{24}{60}$分＝$\frac{72}{5}$分かかるから，１分あたりの仕事の量は，36÷$\frac{72}{5}$＝2.5となる。

よって，Ｃさん１人のときの１分あたりの仕事の量は2.5－１＝1.5だから，求める時間は，36÷1.5＝24（分）

⑶　**【解き方】つるかめ算を利用する。**

１分あたりの仕事の量は，ＡさんとＢさんの２人では３，３人では３＋1.5＝4.5となる。

９分すべて３人で仕事をした場合，仕事の量の合計が4.5×９＝40.5となり，実際より40.5－36＝4.5多い。

９分のうち，１分を３人からＡさんとＢさんの２人にすると，仕事の量の合計は4.5－３＝1.5だけ少なくなるから，ＡさんとＢさんの２人で仕事をした時間は，4.5÷1.5＝３（分）である。

4　**【解き方】ある頂点への行き方の数は，その頂点の左側の頂点までの行き方の数と，その頂点の下側の頂点までの行き方の数の和に等しくなる。**

⑴　それぞれの頂点への行き方の数は右図Ⅰのようになるから，Ｂへの行き方は56通りある。

図Ⅰ

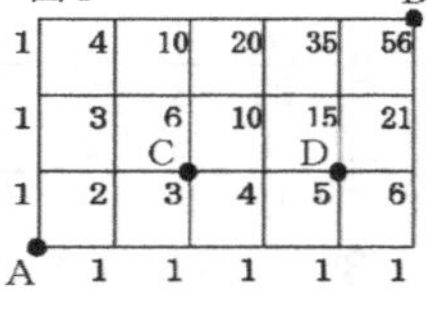

⑵　ＡからＣまでの行き方は，図Ⅰより３通り，ＣからＢまでの行き方は図Ⅱより10通りある。ＡからＣまでの行き方３通りに対して，ＣからＢまでの行き方10通りがあるから，全部で３×10＝30（通り）ある。

図Ⅱ

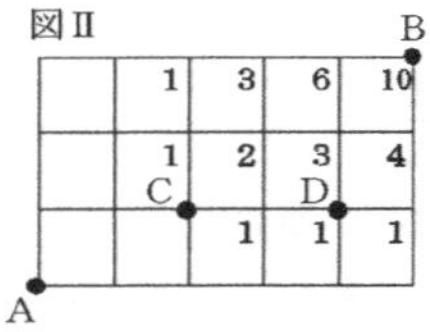

⑶　⑴，⑵をふまえる。ＡからＣまでの行き方は３通りあり，ＣからＤを通らずにＢへ行く行き方は，図Ⅲより７通りある（図Ⅲの×印の道は通らないことに気をつける）。

図Ⅲ

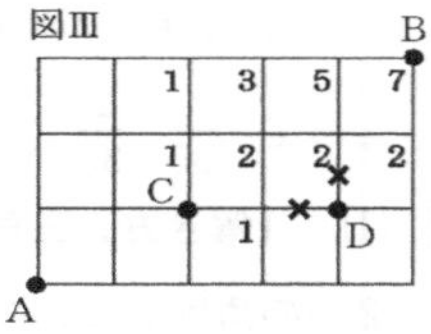

よって，全部で３×７＝21(通り)ある。

5 ⑴　英語と数学と社会の合計点は，86×３＝258(点)，国語と理科の合計点は，68.5×２＝137(点)なので，
５科目の合計点は，258＋137＝395(点)

⑵　**【解き方】(英語と数学と国語の合計点)＋(英語と理科と社会の合計点)－(５科目の合計点)で求める。**

英語と数学と国語の合計点は80×３＝240(点)，英語と理科と社会の合計点は79×３＝237(点)だから，
英語の得点は，240＋237－395＝82(点)

⑶　**【解き方】⑴，⑵をふまえ，社会の得点→数学の得点の順に求める。**

社会の得点が理科の得点より11点高いから，社会の得点の２倍は237－82＋11＝166(点)だから，社会の得点は166÷２＝83(点)である。よって，数学の得点は，258－82－83＝93(点)

6 ⑴　**【解き方】右のように作図すると，ＡＰ＝12㎝となる。ＥＦ＝ＥＤなので，ＢＥ：ＥＦ＝ＢＥ：ＥＤの比を考えればよい。**

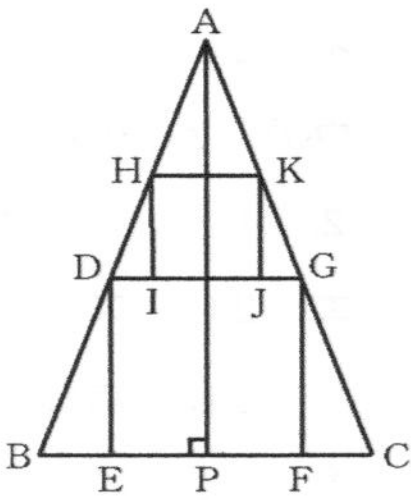

三角形ＡＰＢと三角形ＤＥＢは同じ形なので，三角形ＤＥＢの３辺の長さの比は，
ＢＰ：ＡＰ：ＡＢ＝(10÷２)：12：13＝５：12：13となる。
よって，ＢＥ：ＥＦ＝ＢＥ：ＥＤ＝５：12

⑵　**【解き方】⑴をふまえる。三角形ＡＰＢと三角形ＤＥＢが同じ形であることから，ＢＤ：ＤＡ＝ＢＥ：ＥＰであることがわかる。**

ＢＥ＝⑤とすると，ＤＥ＝ＥＦ＝⑫となる。ＰはＥＦの真ん中の点だから，ＥＰ＝⑫÷２＝⑥
よって，ＢＤ：ＤＡ＝ＢＥ：ＥＰ＝⑤：⑥＝５：６

⑶　**【解き方】⑵をふまえる。ＤＥ：ＨＩ＝ＥＦ：ＩＪ＝ＤＧ：ＩＪである。さらに，三角形ＡＢＣと四角形ＤＥＦＧを合わせた図形と，三角形ＡＤＧと四角形ＨＩＪＫを合わせた図形は同じ形であることから，ＤＧ：ＩＪ＝ＢＣ：ＥＦであるとわかる。よって，ＤＥ：ＨＩ＝ＢＣ：ＥＦとなる。**

ＣＦ＝ＢＥ＝⑤だから，ＢＣ＝ＢＥ＋ＥＦ＋ＣＦ＝⑤＋⑫＋⑤＝㉒となる。
よって，ＤＥ：ＨＩ＝ＢＣ：ＥＦ＝㉒：⑫＝11：６

7 ⑴　できる図形は，右図のように底面の半径が３㎝，高さが３×２＝６(㎝)の円すいだから，
体積は，３×３×3.14×６÷３＝18×3.14＝56.52(㎤)

⑵　**【解き方】できる立体は右図のように，ⓐ底面の半径が６㎝，高さが６×２＝12(㎝)の円すいから，⑴で求めた円すい２つ分を取り除いた立体となる。**

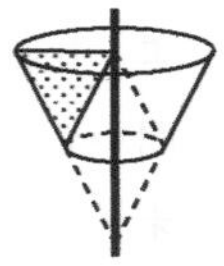

求める体積は，６×６×3.14×12÷３－18×3.14×２＝144×3.14－36×3.14＝(144－36)×3.14＝108×3.14＝339.12(㎤)

⑶　**【解き方】これまでの解説をふまえる。できる立体は右図のようになる。㋐と㋑の三角形を回転させてできる立体は，⑵で求めた立体の体積に等しい。**

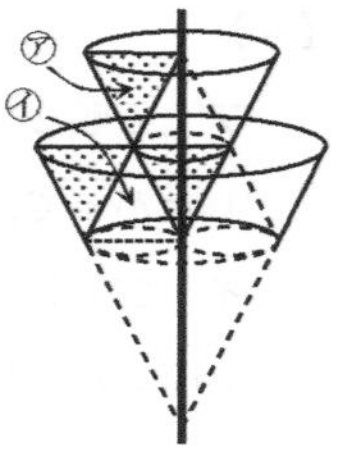

できる立体の体積は，⑵で求めた体積に，ⓑ底面の半径が９㎝，高さが９×２＝18(㎝)の円すいの体積を足し，さらに⑵で求めた体積とⓐの体積をひけばよい。つまり，ⓑの体積から，ⓐの体積をひけばよいので，９×９×3.14×18÷３－144×3.14＝(486－144)×3.14＝342×3.14(㎤)
となる。よって，$\frac{342\times3.14}{18\times3.14}$＝19(倍)である。

《2021　前期　理科　解説》

【１】

ア　つんとしたにおいがするAはアンモニア，ものを燃やすはたらきがあるCは酸素，残りのBは二酸化炭素である。

イ　二酸化炭素はせっかい水に通すと白くにごる。

ウ　ＢＴＢ液は酸性で黄色，中性で緑色，アルカリ性で青色に変化する。A(アンモニア)の水よう液はアルカリ性だから青色，B(二酸化炭素)の水よう液は酸性だから黄色である。

エ　３○…C(酸素)は水にとけにくいので，水上置換で集めることができる。

【２】

ア　３○…モンシロチョウの成虫は，キャベツ，アブラナなどの葉にたまごをうむ。

イ　２○…アゲハチョウのよう虫は，ミカンなど，かんきつ類の葉を食べる。

ウ①　２○…鳥が上から見たときに，鳥のフンに似ていることで，食べ物ではないと思わせることができる。

②　１○…ショウリョウバッタがすむ草むらと同じ色をしていることで，天敵に自分のすがたが発見されにくい。

エ　２○…アゲハチョウの白黒のよう虫が成長すると緑色のよう虫になり，緑色のよう虫がさらに成長すると，やがてさなぎになる。

オ　２○…アゲハチョウのからだは，よう虫，さなぎ，成虫のすべての段階において，モンシロチョウよりも大きい。

カ　１○…クマゼミは針のような口で樹液をすう。

キ　２○…ムカデやモグラは肉食である。

ケ　２○…カブトムシのよう虫は，くさった葉を食べて成長する。

【３】

ア　１○…ある条件が必要かどうかを調べるとき，その条件以外を同じにして結果を比べる実験を対照実験という。①と③では，おもりの数以外は同じだから，おもりの数による１往復の時間を調べることができ，おもりの数によって１往復の時間は変わらないことがわかる。

イ　４○…①と⑦では，２つの条件がことなるので，わかることはない。

ウ　③と⑦を比べると，ふりこの長さを４倍にすると１往復の時間は２倍になることがわかる。また，アより，おもりの数によって，１往復する時間は変わらないので，⑤と⑨を比べると，⑨のふりこの長さは⑤の４倍だから，１往復の時間は⑤の２倍の $1.4\times 2=2.8$(秒)である。

エ　３○…おもりが最も低いところを通るとき，速さが最も速くなる。おもりの速さが速いほど，おもりどうしの間かくが広くなる。

オ　１×…おもりの数を増やすとき，縦に長くなるようにつるしていくと，ふりこの長さも変わってしまう(条件が２つ変わってしまう)。

【４】

ア　手順２で，60℃ですべての結晶がなくなったことから，Xは水 100ｇに 15ｇの割合でとけていると考えられる。したがって，水 160ｇでは，$15\times\frac{160}{100}=24$(ｇ)となる。

イ　20℃にすると，水 100ｇにつきXが $15-8=7$(ｇ)出てくるので，a(水 $160\div 2=80$ｇ)では，$7\times\frac{80}{100}=5.6$(ｇ)の結晶が出てくる。なお，bで出てきた結晶も 5.6ｇである。

ウ　20℃では水100gにつきXが8gとけるので，5.6gをとかすには，$100\times\frac{5.6}{8}=70$(g)の水が必要である。

エ　水80＋70＝150(g)にXが24÷2＝12(g)とけているので，$\frac{12}{150+12}\times100=7.40\cdots\rightarrow7.4$%となる。

【5】

ア　冬の大三角は，A(プロキオン)，B(シリウス)，C(ベテルギウス)によってできる。

イ　4〇…シリウスは白く光る最も明るい星である。

ウ　オリオン座は2つの1等星(リゲル，ベテルギウス)をもつ星座である。

エ　1〇…オリオン座は東の地平線からのぼり，南の空を通って，西の地平線にしずむ。その間にかたむきも変化する。

オ　星は等級が小さいほど明るい。等級が1小さくなると，明るさが約2.5倍になる。

カ　星は24時間→1440分後に360度動いてほぼもとの位置に見えるので，90分後には，高度を高くしながら，$360\times\frac{90}{1440}=22.5$(度)東から西へ動いた位置に見える。

【6】

ア　れき(直径2㎜以上)，砂(直径0.06㎜～2㎜)，どろ(直径0.06㎜以下)はつぶの大きさで区別するので，つぶの直径が5㎜のBはれき岩である。

イ　4〇…れき岩をつくるつぶは，川を運ばれてくる間に川底や他の石とぶつかって，丸みをおびている。

エ　アンモナイトは海に生息した生物だから，Eは海でできたと考えられる。

オ　4〇…この地域には断層による地層のずれはないので，図1より，正面の地層は右側が下がるようにかたむいていると考えられる。また，左側のがけは水平に重なっているので，右側のがけも水平に重なっていると考えられる。

カ　3〇…化石がEで見つかったことから，Eとつながっている地層から同じ化石が見つかる可能性がある。図Iとオの4より，Eとつながっているのは3である。

【7】

ア　表より，水の温度が2℃上がると，水面のXからの高さは1㎝高くなることがわかるので，水の温度を20℃上げて40℃にすると，水面は$1\times\frac{20}{2}=10$(㎝)上がる。

イ　1×…水は押しちぢめられないので，体積は減らない。　2×…水に食塩をとかすと，少し体積がふえる。
3〇…容器全体を氷水で冷やすと，水の温度が下がって，体積が小さくなる。　4×…容器全体をさらにあたためると，水の体積はさらに大きくなる。

ウ　4〇…空気の温度を40℃まで上げると，水の温度を40℃まで上げたときよりも，体積の増え方が大きい。したがって，アよりも高く上がる。

エ　4〇…加熱された空気は軽くなって上にあがり，そこに新たな空気が流れこむことで，やがて全体があたたまっていく。このような熱の伝わり方を対流という。したがって，A→D→Cの順である。

オ　2〇…金属を加熱すると，熱は加熱部分から順に伝わっていき，やがてつながっている部分全体があたたまる(伝導という)ので，管に近い方から順にA→C→Bとなる。

【8】

じゅう毛では，細かいひだがあることで，表面積を大きくし，効率よく栄養分を吸収している。じゅう毛で吸収された栄養分はかん臓へ運ばれ，その一部がたくわえられる。じゅう毛と同じように肺ほうも表面積を大きくするつくりである。肺ほうでは，毛細血管がはりめぐらされており，酸素と二酸化炭素の交かんが効率よくおこなわれる。

《2021　前期　社会　解説》

【1】

問1　新型コロナウィルスの感染拡大による観光業への影響を考慮してスタートしたＧｏＴｏトラベルは，第3波の拡大によって，停止された。

問2・3　島根県松江市，愛媛県松山市，香川県高松市の３つある。

問4　１＝た，２＝い　３＝そ　４＝う　５＝す　６＝け　７＝こ　８＝え　である。１．養殖かき類は，広島県・宮城県に多い。２．厳島神社は安芸の宮島として知られる。平清盛が平家納経を行った場所でもある。

３・４．出雲大社から島根県を導く。島根県の宍道湖はしじみ漁がさかんである。５．阿波踊りから徳島県を導く。６．「すだち」は小型かんきつ類で，徳島県・佐賀県で生産が多い。７．最初に開通した本州四国連絡橋は，岡山県と香川県を結ぶ児島－坂出ルートで「瀬戸大橋」と呼ばれる。８．広島県と愛媛県を結ぶ尾道－今治ルートは，「瀬戸内しまなみ海道」と呼ばれる。

問5　ａ・ｂ　「え」が正しい。世界最長のつり橋は明石海峡大橋で，②にかかっている。本州四国連絡橋の長さは，児島－坂出ルート＜尾道－今治ルート＜神戸－鳴門ルートの順に長い。

ｃ・ｄ　「い」が正しい。ｄ．広島県のしまなみ海道から，山口県の西端の壇ノ浦は見えない。

問6　「え」が正しい。瀬戸内工業地域は，化学の割合が高いのがポイント。「あ」は京浜工業地帯，「い」は中京工業地帯，「う」は北九州工業地帯。

問7　「う」が正しい。岡山市は，１年を通して比較的温暖で降水量が少ない瀬戸内の気候である。「あ」は夏に雨が多い太平洋側の気候の高知市，「い」は冬に雨(雪)が多い日本海側の気候の鳥取市の雨温図である。

【2】

問1　「すが」が正しい。菅義偉首相は，持病を理由に辞任した安倍晋三氏の後任として内閣総理大臣に就任した。同じ「菅」の字を書いて「かん」と読む菅直人は，民主党出身の元首相である。

問2　「い」が正しい。大日本帝国憲法では衆議院と貴族院，日本国憲法では衆議院と参議院が成立したから，両方にあてはまる衆議院が正しい。

問3①　「い」が正しい。大正時代は 1912 年(大正元年)～1926 年(大正 15 年)まで続いた。　②　「え」が正しい。徳川家康は駿河国で死去したために，初めは久能山東照宮に祀られたが，１年後に栃木県の日光に日光東照宮がつくられ，祀られた。その後，日光東照宮は三代将軍徳川家光によって，大幅に改修された。

③　「あ」の菅原道真が正しい。藤原氏によって遣唐使に推された菅原道真は，唐の衰退と航海の危険を理由に遣唐使の派遣の停止を天皇に提案し聞き入れられたが，その後大宰府に左遷され，そこで一生を終えた。現在では学問の神様(天神様)として知られている。源義経は源平合戦に活躍した平安時代末期の武士，明智光秀は本能寺の変で織田信長を自害に追いこんだ武士，竹崎季長は元寇で恩賞がもらえなかったため，「蒙古襲来絵詞」をかかせて幕府に直談判し，恩賞をもらった鎌倉時代後半の御家人である。　④　「え」が正しい。同じころ成立した『古事記』『日本書紀』を合わせて「記紀」と呼ぶ。『土佐日記』は平安時代に紀貫之が書いた日記。『枕草子』は平安時代に清少納言が書いた随筆。『冥途の飛脚』は江戸時代に近松門左衛門が書いた人形浄瑠璃の演目である。

問4(1)　「い」が正しい。『国姓爺合戦』は近松門左衛門が書いた人形浄瑠璃の演目で，その後歌舞伎の演目となった。『源氏物語』は紫式部が書いた長編物語。『解体新書』は，杉田玄白・前野良沢らが，オランダ語で書かれた解剖書「ターヘルアナトミア」を翻訳したもの。　(2)　「う」が正しい。足利義満の保護を受けて，観阿弥・世阿弥親子によって能が大成された。葛飾北斎は，『富嶽三十六景』で知られる浮世絵師。千利休はわび茶を大成させた人物。本居宣長は『古事記伝』で知られる国学者。

【3】

問1①　「あ」が正しい。岡山県の旧国名は，備前・備中・美作であった。佐賀県は肥前，福井県は越後と若狭，大分県は豊前と豊後と呼ばれた。　②　「い」が正しい。薩摩藩島津氏の支配を受けながらも，琉球王国は中国との中継ぎ貿易を続け，明が滅んだあとの清に代わってもその関係は続いた。そのため，琉球王国は，清と薩摩藩の二重支配を受けていた。　③　「う」が正しい。1894 年，甲午農民戦争をきっかけに日清戦争は起きた。日露戦争は 1904 年，西南戦争は 1877 年，第一次世界大戦は 1914 年のことである。　④　「う」が正しい。国際連盟への加盟は 1920 年，日英同盟の締結は 1902 年，八幡製鉄所の開業は 1901 年のことである。　⑤　「え」が正しい。アメリカ同時多発テロは 2001 年，イラク戦争は 2003 年，東日本大震災は 2011 年のことである。

問2　「い」が誤り。参勤交代の制度は，17 世紀に江戸幕府の３代将軍である徳川家光が，初めて武家諸法度に追加した。

問3　ライト兄弟は，1903 年に有人動力飛行に成功した。

【4】

問1　「あ」が正しい。日本国憲法は 1946 年 11 月３日に公布され，1947 年５月３日から施行された。11 月３日は文化の日，５月３日は憲法記念日として国民の祝日となっている。

問3　「え」が誤り。内閣総理大臣の任命は，天皇の国事行為である。

問5　A＝お　B＝い　C＝あ　　「う」は参政権，「え」は言論の自由(表現の自由)に属する。Cは生存権と呼ばれる。

《2021　後期　国語　解説》

【一】

問二　直後の「いっしょに食べる相手によって～どのくらい食物に手を出せるかが変わるし、相手を選ばないと、食べたいものも食べられなくなってしまうからだ」に、「□」が重要になる理由が書かれている。よって「いっしょに食べる相手」と同じことを表す、3「だれと食べるのか」が入る。

問四　「サルや類人猿《るいじんえん》(ゴリラやチンパンジー)」「サルとは違《ちが》って、チンパンジーは」とあるように、筆者はサルと類人猿を区別しており、ここではサルの特徴《とくちょう》を問われていることに注意する。サルについて、【C】の直後の段落に「ニホンザルでは弱いサルが強いサルに遠慮《えんりょ》して手を出さないルールが徹底《てってい》している～そのため、弱いサルは場所を移動して別の食物を探すことになる」とあるので、4が適する。また、［エ］の直後の「人間の目には、サルや類人猿の目と違って白目がある。この白目のおかげで～心の状態を読みとることができるのだ」から、サルには白目がなく、相手の目から心の状態を読み取ることができないことがわかる。よって5も適する。

問五　ニホンザルの食生活について述べた、3～4段落に着目する。「日本の山へ出かけてサルを観察すると、彼らがいかにうまく四季の食材を食べ分けているかがわかる」「サルに近い～人間も、これらの四季の変化に同じように反応する」「人間の五感は食を通じて自然の変化を的確に感知するようにつくられてきたのだ」などから、サルも人間も、自然の変化(四季)に合わせて、食材を変えていることがわかる。よって2が適する。

問六　――線②をふくむ文に「人間はその特徴を受け継《つ》ぎ、さらに食物を用いて互《たが》いの関係を調整する社会技術を発達させたのだ」とあるが、「その特徴」とは、類人猿が社会的地位を保つために、おとなの間で食物を分配することである。この行動を、6～7段落で「食事を人と人とをつなぐコミュニケーションとして利用」する「共食の萌芽《ほうが》(はじまり)」と言っていることから、下線部が人間の発達させた社会技術である。

問七　Dの直前に書かれている、相手の目の動きを追いながら、同調し共感する間柄《あいだがら》をつくる能力は、「強い信頼《しんらい》関係を育《はぐく》み、高度で複雑な社会の資本となってきた」と言える。よって、Dが適する。Dの直前の「人間に特有な」と、ぬけている一文の「人間に独特な」が対応しているのもヒントになる。

問八　最後の段落に着目する。「日本家屋は開放的で、食事をする部屋は庭に向かって開いている。四季折々の自然の変化を仲間と感じ合いながら食べられるように設計されている」「外から気軽に参加できる仕組みが～組みこまれている」とあり、「自然と人、人と人とを豊かにつなぐ日本の和の伝統を思い返してほしい」と結んでいる。筆者は、自然を感じ、人とコミュニケーションとることが食事において大切なことだと考えているので、「季節ごとにとれる地元の野菜を～地域の方々と会食を楽しんで交流の輪を広げたい」とある、3が適する。

問九　最初の段落で和食がユネスコの無形文化遺産に登録されたことを紹介《しょうかい》し、「これを機に～自然と人間との関わりについて多くの人々が思いをめぐらすようになってほしい」と述べている。そして、最後の段落で「和食の遺産登録を機に、自然と人、人と人とを豊かにつなぐ日本の和の伝統を思い返してほしい」と述べている。最初と最後で伝えたいことをくり返しているので、2が適する。また、人間とサル、類人猿を比較《ひかく》して、共通点や異なる点について述べている。そして、食事における人と人、人と自然と関わりについて考えてほしいと問題を投げかけているので4も適する。

【二】

問三　「目の見えない人には管理不可能な事態を招く」犬の行動は、「段差に近づかないようにする」か「段差に来ると～走るように」なるというもの。前者からは５、後者からは２の事態を招くことになる。

問四　──線②の「それ」が指すのは、「犬が本当に理解してくれている」わけではないということ。このことを、直前の段落の内容をもとにくわしく説明する。

問五　Ⅰ．直後に「引き戻《もど》された」とあることから考える。人間が犬を引きもどす直前に犬がやったことは、「紐《ひも》(リード)を引っ張る」ことである。よって、ここには「引っ張ったら」が入る。　Ⅱ．前の段落に「胸を蹴《け》られた犬は、飛びついた自分に問題があった、飛びついてはいけなかったのだ、とは考えません」とある。このことから、紐を引っ張られた場合も同様に、犬は「自分に問題があった」「(紐を)引っ張ったのがいけなかった」のだとは思わないことがわかる。よって、１が適する。

問七　──線①の１～２行後に「初めて訓練犬を持たせてもらうようになった頃《ころ》の私も、何の疑問も持たずに～犬がやってはいけないことをすると叱《しか》りつけました」とある。よって、３が適する。また、──線②の前後に「以前の私はそれに気付かず、犬が本当に(訓練士が期待することを)理解してくれていると考えていました。心をこめて訓練すれば犬に通じると言われた言葉を自分でも本気で信じていました」とある。よって、５が適する。

問八(1)　この後で「紹介《しょうかい》、基礎《きそ》」「強化」「誘惑《ゆうわく》」「ネガティブサポート」の４段階を説明している。　**(2)**　最後の段落に「一連の訓練で『ＮＯ』を使うのは」とあるので、この部分をぬき出す。

問九　筆者が盲導《もうどう》犬を訓練するときは「『ＮＯ』を教える」方法をとる。その中の「強化」の過程で１に書かれている方法をとる。さらに、──線③の一文の内容と１にある内容が一致《いっち》する。また、──線③のある段落に「第一段階として、『させない』ようにします～一足飛びに犬に理解させるのは大変難しいのです～『そうできない』状態を作って犬に示すのです」とあり、これが６に書かれている内容と一致する。よって、１と６が適する。

─《2021　後期　算数　解説》─

1　(1)　与式$=\{\frac{1}{5}\times\frac{5}{3}+(\frac{36}{12}-\frac{11}{12})\times\frac{4}{5}\}\times\frac{3}{2}=(\frac{1}{3}+\frac{25}{12}\times\frac{4}{5})\times\frac{3}{2}=(\frac{1}{3}+\frac{5}{3})\times\frac{3}{2}=\frac{6}{3}\times\frac{3}{2}=3$

(2)　与式より，$(\frac{1}{2}-\square)\times\frac{3}{4}\div\frac{1}{4}=2\frac{4}{6}-2\frac{1}{6}$　$(\frac{1}{2}-\square)\times\frac{3}{4}\times 4=\frac{3}{6}$　$(\frac{1}{2}-\square)\times 3=\frac{1}{2}$

$\frac{1}{2}-\square=\frac{1}{2}\div 3$　$\square=\frac{1}{2}-\frac{1}{6}=\frac{3}{6}-\frac{1}{6}=\frac{2}{6}=\frac{1}{3}$

(3)　小数第２位を四捨五入する前は，6.95 以上 7.05 未満なので，ある整数は，6.95×111＝771.45 以上 7.05×111＝782.55 未満である。よって，全部で 782－772＋１＝11(個)ある。

2　(1)　右図のように，折り曲げる前のＢの位置をＥとする。折って重なる角だから，角ＡＤＥ＝角ＡＤＢ＝68° である。よって，角ＡＤＣ＝180° －68° ＝112° であり，三角形ＤＡＣはＤＡ＝ＤＣの二等辺三角形だから，角ＤＡＣ＝(180° －112°)÷２＝34° である。三角形ＤＡＢはＤＡ＝ＤＢの二等辺三角形だから，角ＤＡＢ＝(180° －68°)÷２＝56°

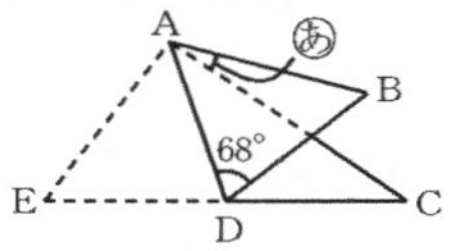

したがって，角㋐＝56° －34° ＝22°

(2)　**【解き方】右図のように記号をおく。三角形の内角の和は 180° なので，ＡとＢのおうぎ形の中心角の和は，180° －60° ＝120° である。**

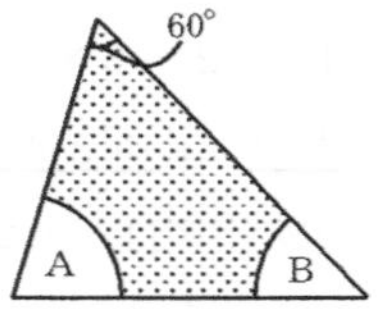

求める面積は，底辺が３＋４＋３＝10(cm)，高さが９cmの三角形の面積から，半径が３cm，中心角の和が 120° の２つのおうぎ形の面積の和をひけばよいので，

$10\times 9\div 2-3\times 3\times 3.14\times\frac{120°}{360°}=45-3\times 3.14=45-9.42=35.58$(cm²)

(3) **【解き方】図3の立方体の向きで，文字をかき入れると，右図のようになる（文字の向きは考えない）。**

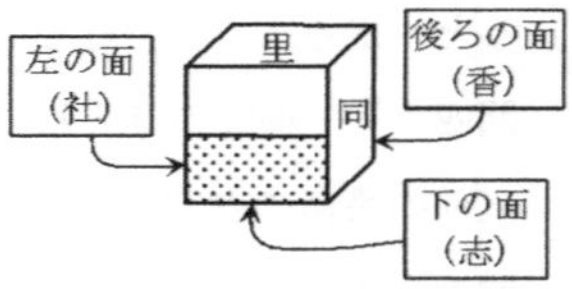

ＡからＢの位置まで転がすとき，マス目に接している面は，

「志」の面→「同」の面→かげをつけた部分がある面→「里」の面→「社」の面

となるから，Ｂのマス目に接している面は，エの「社」の面である。

3 (1) グラフより，駐車時間が２時間30分より長く，３時間以下であれば700円となる。よって，１時間をこえてからは，駐車時間が３時間－１時間＝２時間＝120分増えると駐車料金は700－300＝400(円)上がるので，30分ごとに $400\times\frac{30}{120}$＝100(円)上がるとわかる。よって，１時間30分駐車すると，料金は300＋100＝400(円)になる。なお，駐車時間が１時間30分をこえると，料金は400＋100＝500(円)になる（２時間まで）。

(2) 最初の１時間を除く延長料金が1000－300＝700(円)なので，最大で $30\times\frac{700}{100}$＝210(分)，つまり，３時間30分だけ長く駐車できる。よって，最長１時間＋３時間30分＝４時間30分駐車できる。

(3) 最初の１時間を除く延長時間が６時間45分－１時間＝５時間45分なので，延長料金は６時間＝360分の分だけはらう。よって，求める金額は，$300+100\times\frac{360}{30}$＝1500(円)

4 (1) Ａの速さは，毎時72㎞＝毎秒$\frac{72\times1000}{60\times60}$m＝毎秒20m，Ｂの速さは，毎時90㎞＝毎秒$\frac{90\times1000}{60\times60}$m＝毎秒25m

(2) **【解き方】ア Ａが電柱にさしかかる→イ ＡとＢが出会う→ウ Ｂが電柱にさしかかる→エ Ｂが電柱を通り過ぎるの順で起こる。**

アからイまでは４秒かかり，このときＡは20×４＝80(m)進んだ。

Ｂは，イからウまでで80m，ウからエまでで95m進んだから，イからエまでは(80＋95)÷25＝７(秒)かかる。

よって，求める時間は４＋７＝11(秒)である。

(3) **【解き方】(2)をふまえる。ウのときにＡが電柱を通りすぎるから，Ａはアからウまでの間に，Ａの長さだけ進んでいる。アからウまでに何秒かかるのかを考える。**

イからウまでに，Ｂは80m進んだから，イからウまでに80÷25＝3.2(秒)かかる。

よって，アからウまでに４＋3.2＝7.2(秒)かかるから，求める長さは，20×7.2＝144(m)

5 (1) 20×21＝420

(2) **【解き方】10の倍数であり，操作を行うと420になるから，求める数は，一の位の数が０で，十の位の数が０でない４けたの数であることがわかる。**

求める数の上２けたを□，十の位の数を△とすると，□×△×10＝420となるから，□×△＝420÷10＝42となる。

42＝２×３×７だから，42の約数は，１と42，２と21，３と14，６と７である。

よって，□×△＝42となる２けたの□と１けたの△のうち，□が最小になるのは□＝14，△＝３になるときである。したがって，求める数は，1430である。

(3) **【解き方】420の約数のペアから，上２けたと下２けたという組み合わせになるものがいくつあるか考える。**

420＝２×２×３×５×７より，420の約数は，㋐１と420，２と210，３と140，４と105，㋑５と84，６と70，７と60，㋒10と42，12と35，14と30，15と28，20と21である。

㋐のペアは，上２けたと下２けたという組み合わせにならない。㋑のペアは，２けたの約数のほうを上２けたとすれば条件に合う（５と84であれば8405）ので，条件に合う組み合わせは３個ある。㋒のペアは，どちらを上２けたにしてもよい(10 と 42 であれば 1042 と 4210)ので，条件に合う組み合わせは５×２＝10(個)ある。

よって，全部で３＋10＝13(個)ある。

6 ⑴ **【解き方】図２について，右のように作図すると，合同な 30°，60°，90°の直角三角形が６つできる。**

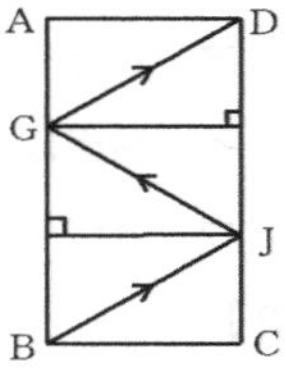

ＢＧ＝ＡＢ×$\frac{2}{3}$＝15×$\frac{2}{3}$＝10(cm)であり，三角形ＢＧＪは正三角形だから，ＢＪ＝ＢＧ＝10 cmである。よって，求める長さは，10×３＝30(cm)

⑵ **【解き方】⑴をふまえ，図３について，右のように作図する。三角形ＫＤＦと三角形ＫＨＦは合同であり，四角形ＩＢＪＨは平行四辺形である。**

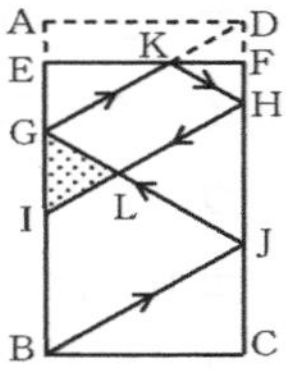

ＦＨ＝ＦＤ＝２cmである。ＩＢ＝ＨＪ＝ＣＤ－ＤＨ－ＣＪ＝15－２×２－５＝６(cm)なので，

ＧＩ＝ＢＧ－ＩＢ＝10－６＝４(cm)

⑶ **【解き方】⑵の図をふまえる。三角形ＩＧＬの面積を１として，長方形ＥＢＣＦの面積を求める。その際，辺の長さの比がａ：ｂである同じ形の三角形の面積の比は，(ａ×ａ)：(ｂ×ｂ)となることを利用する。**

三角形ＩＧＬと三角形ＢＧＪは同じ形であり，ＧＩ：ＧＢ＝４：10＝２：５なので，面積の比は(２×２)：(５×５)＝４：25 である。よって，三角形ＢＧＪの面積は１×$\frac{25}{4}$＝$\frac{25}{4}$である。

⑴より，長方形ＡＢＣＤの面積は，正三角形ＢＧＪを半分にしてできる直角三角形６つ分の面積だから，$\frac{25}{4}$÷２×６＝$\frac{75}{4}$である。

長方形ＡＢＣＤと長方形ＥＢＣＦは横の長さがＢＣで同じであり，たての長さの比がＡＢ：ＥＢ＝15：(15－２)＝15：13 なので，面積の比も 15：13 である。よって，長方形ＥＢＣＦの面積は，$\frac{75}{4}$×$\frac{13}{15}$＝$\frac{65}{4}$である。

したがって，かげをつけた部分(三角形ＩＧＬ)の面積は，長方形ＥＢＣＦの面積の１÷$\frac{65}{4}$＝$\frac{4}{65}$(倍)である。

7 ⑴ **【解き方】図１の面ＡＥＦＢについて，右のように作図する。水が入っている部分は，底面が台形ＰＥＦＱ，高さがＦＧ＝４cmの四角柱である。**

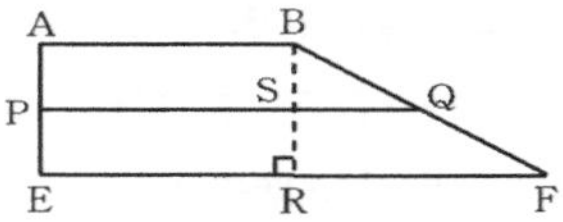

ＲＦ＝ＥＦ－ＥＲ＝ＥＦ－ＡＢ＝16－８＝８(cm)

三角形ＢＲＦと三角形ＢＳＱは同じ形であり，ＲＦ：ＳＱ＝ＢＲ：ＢＳ＝ＡＥ：ＡＰ＝６：(６－３)＝２：１なので，ＳＱ＝ＲＦ×$\frac{1}{2}$＝８×$\frac{1}{2}$＝４(cm)

よって，ＰＱ＝８＋４＝12(cm)なので台形ＰＥＦＱの面積は，(12＋16)×３÷２＝42(cm²)なので，水の量は，42×４＝168(cm³)

⑵ **【解き方】底面を台形ＡＥＦＢにしたときの四角柱の高さなので，(水の体積)÷(台形ＡＥＦＢの面積)で求めればよい。**

台形ＡＥＦＢの面積は(８＋16)×６÷２＝72(cm²)なので，求める高さは，168÷72＝$\frac{7}{3}$＝$2\frac{1}{3}$(cm)

⑶ **【解き方】図２について，右のように作図する。求める高さはＵＶであり，角ＴＷＵ＝角ＵＶＥ＝90°，角ＴＵＷ＝角ＵＥＶ(平行線の錯角)なので，三角形ＴＷＵと三角形ＵＶＥは同じ形である。**

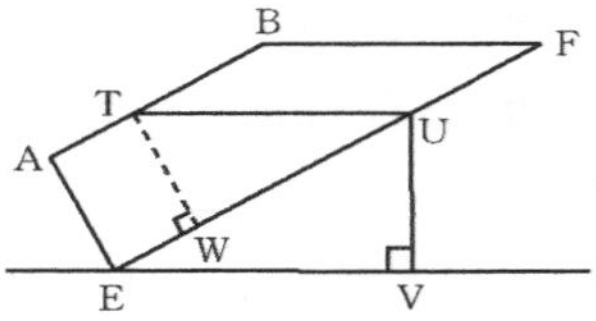

台形ＡＥＵＴの面積は，⑴で求めた台形ＰＥＦＱの面積の面積に等しく 42 cm²だから，平行四辺形ＢＴＵＦの面積は，(台形ＡＥＦＢの面積)－(台形ＡＥＵＴの面積)＝72－42＝30(cm²)

平行四辺形ＢＴＵＦについて，底辺をＵＦとすると，高さがＴＷ＝ＡＥ＝６cmとなるから，ＵＦ＝30÷６＝５(cm)

よって，ＵＥ＝ＥＦ－ＵＦ＝16－５＝11(cm)なので，三角形ＴＷＵと三角形ＵＶＥについて，

ＴＷ：ＵＶ＝ＴＵ：ＵＥ＝10：11 だから，求める高さは，ＵＶ＝ＴＷ×$\frac{11}{10}$＝６×$\frac{11}{10}$＝6.6(cm)

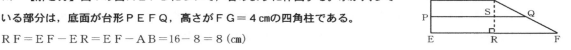

—《2021　後期　理科　解説》—

【1】

ア　ろうそくが燃えると酸素が使われて二酸化炭素が発生する。ちっ素の割合は変わらない。

イ　酸素はものが燃えるのを助けるはたらきをもつが，ちっ素や二酸化炭素はもたない。

ウ　3○…このとき，酸素の割合が50%になるので，酸素の割合が約21%の空気よりも激しく燃える。

【2】

ア　2○…種子の発芽に必要な条件は，水，空気，適当な温度である。

イ　インゲンマメは発芽に必要な養分(デンプン)を子葉にたくわえている。

ウ　1○…くきの水が通る管を道管という。

エ①　1○…根から吸い上げた水は葉の小さなあな(気こうという)から気体の水蒸気の形で出ていく。

②　3○…気こうは，こうへん細胞と呼ばれる1対の三日月形の細胞の間にあるすき間である。

ク　1○…アブラナの種子は黒色をしていて，実の中にたくさんできる。

【3】

イ　てこをかたむけるはたらき〔おもりの重さ(kg)×支点からの距離(cm)〕が左右で等しくなるときにつり合う。Bがてこを左にかたむけるはたらきは15×4＝60だから，Aがてこを右にかたむけるはたらきも60になるとき，Aに加える力は60÷20＝3(kg)である。

ウ①　1，2，4○…ピンセットは力点，せんぬきは作用点，ペンチは支点，空きかんつぶしは作用点が真ん中にあるてこである。　②　1○…ピンセットのような力点が真ん中にあるてこでは，力点で加える力よりも作用点ではたらく力の方が小さくなるので，細かい作業をするのに適している。

エ　輪じくでは，2つの輪が輪じくを回転させるはたらき〔ひもを引く力(g)×輪の半径(cm)〕が等しくなるときにつり合う。Xが棒を上向きに引く力の大きさを10g分増やすには，輪じくを左回りに回転させるはたらきを10×12＝120増やせばよいので，皿にのせるものを120÷4＝30(g)増やす。

オ　エで，Xが棒を上に引く力の大きさが10g増えた(皿にのせるものが30g増えた)とき，Xが棒を右にかたむけるはたらきは10×28＝280増える。このとき，20gのおもりを280÷20＝14(cm)左に動かすことでつり合うので，20gのおもりを最大の80－10＝70(cm)動かすとき，皿にのせるものは$30\times\frac{70}{14}=150$(g)となる。

【4】

ウ　1○…大雨で川の水量が多くなると，しん食や運ぱんのはたらきが強くなる。

エ　1○…川の曲がっているところでは，外側の方が内側よりも流れが速い。このため，外側はしん食されてがけになりやすい。

オ　1○…しん食のはたらきが強い方が，川底が深くなる。

カ　3○…川原の石は，上流では大きく角ばっているものが，下流に向かうにつれて小さく丸くなっていく。

キ　3○…川の上流では，かたむきが大きく流れが速いので，土砂をけずるはたらき(しん食)，運ぶはたらき(運ぱん)が大きく，川はばはせまい。

【5】

ア　1，2○…うすい塩酸とアンモニア水はつんとしたにおいのする水よう液である。

イ，ウ　酸性の水よう液は青色リトマス紙を赤色に変え，アルカリ性の水よう液は赤色リトマス紙を青色に変える。うすい塩酸と炭酸水は酸性，アンモニア水とせっかい水はアルカリ性である。

エ　4○…固体がとけている水よう液は，加熱して水を蒸発させると固体が残るが，液体や気体がとけている水よう液は，加熱して水を蒸発させると何も残らない。固体がとけているせっかい水を選ぶ。

オ　うすい塩酸(塩化水素)，アンモニア水(アンモニア)，炭酸水(二酸化炭素)は気体がとけた水よう液である。

【6】

ア，エ　満月は 18 時ごろ東の地平線からのぼり，夜中0時ごろに真南を通り，明け方6時ごろに西の地平線にしずむ。したがって，21 時には南東に見える。

オ，キ　新月→三日月(約3日後)→上げんの月(約7日後)→満月(約 15 日後)→下げんの月(約 22 日後)→新月(約 29 日後)の順に満ち欠けするので，満月の次に見られる半月(下げんの月)は7日後である。

カ　5○…下げんの月は夜中0時ごろに下側半分が光るようにして東の地平線からのぼり，明け方6時に南の空で左側半分が光って見える。したがって，その間の形に見えるのは夜中3時である。

【7】

ア　1○…電流の値が予想できないときは，最初に5Aのマイナスたんしにつなぎ，次に 500mA，50mA の順につなぎかえる。

イ　a．2○…電池の向きを入れかえると，電流の向きが反対になるので，電磁石のN極の向きは反対になる。

b．1○…鉄くぎをぬくと電磁石が弱くなるが，方位磁針の向きは変わらない。

ウ　①と②は，エナメル線の太さ，電池の数とつなぎ方が同じだから，電流の強さも同じ 0.5Aである。

エ　⑤○…電磁石が強いほど，多くのゼムクリップがつく。電磁石の強さは，コイルの巻き数と電流の強さに比例するので，コイルの巻き数が 200 回で電流の強さが 4.0Aの⑤である。

【8】

ア　c．9○…クジラはヒトと同じホニュウ類で，肺で呼吸する。

イ①　2○…メダカの卵がふ化する日数は，水温によって決まる。25℃くらいの水温のとき，最も短い日数でふ化する。　②　3○…AとCを比べても，ふ化までの日数は変わらなかったことから，ふ化までの日数は昼の長さによって変わらないことがわかる。

ウ　3○…ホニュウ類であるクジラの子は乳を飲んで育つので，エサを直接食べなくても育つことができる。

エ①　d．魚はエラで呼吸する。　e．心臓から送り出された二酸化炭素の多い血液は，エラを通るときに酸素を取り入れ，二酸化炭素を放出してから，全身へ流れていく。　②　2○…子クジラも親クジラ同様，肺で呼吸するので，空気中から酸素を取り入れる。　③　3○…ホニュウ類では，心臓から送り出された血液は，肺で酸素を取り入れてから再び心臓に戻り，心臓から全身に送り出される。

《2021　後期　社会　解説》

【1】

問1①　「あ」が地域政党ではない。自由民主党は，2021 年現在の与党第一党である。

②　「あ」が正しい。2021 年現在は，自由民主党と公明党が与党として連立政権を形成している。

③　「え」が正しい。市の首長を市長，都道府県の首長を知事と呼ぶ。

④　「う」が正しい。特別区には，市町村が行う事務と同じ事務を行う権限がある。

⑤　「う」が誤り。住民投票には法的な権限はないので，過半数が賛成しても実現しなくてもよい。国会が特定の地方自治体だけに適用される特別法を制定する場合だけ，住民投票による過半数の賛成を必要とする。

⑥　「い」が正しい。福祉費＞公債費＞こども青少年費＞経済戦略費の順に多い。

⑦　「い」が正しい。市長を決めることと市議会の議員を選ぶことは，市民の権限である。市で起こった事件の裁判を行うことは裁判所の権限である。

⑧　「う」が正しい。憲法を作ることは国民の権限。法律を作ることは国会の権限。地方裁判所の裁判官を任命することは内閣の権限である。

⑨　「あ」が正しい。普通選挙だから，年齢以外の制限はない。

⑩　「う」が正しい。大阪都構想に対する住民投票は今までに２度行われ，２回とも反対の票が多数を占めた。

【２】

問１⑴　「あ」が正しい。中国の歴史書『魏志倭人伝』に，邪馬台国の女王卑弥呼に関する記述がある。

⑵　「い」が正しい。保元の乱・平治の乱に連勝した平清盛は，後白河天皇(上皇)の保護を受け，武士として初めて太政大臣になった。自分の娘を天皇に嫁がせ，生まれた子を天皇に立て，外戚として権力を握る動きは，藤原氏と同じものであった。　⑶　「う」が正しい。安土は琵琶湖の東岸の地であった。　⑷　「い」が正しい。諸藩の蔵屋敷が立ち並び，全国から米をはじめとする食材が集まったことから，「天下の台所」と呼ばれた。

問２　「あ」が正しい。645年は乙巳の変(中大兄皇子と中臣鎌足が蘇我氏を滅ぼした変)が起きた年。1156年は保元の乱が起きた年である。

問３　「う」が正しい。平清盛は，日宋貿易に力を入れるために，大輪田泊を改修した。日明貿易は，正式な貿易船と倭寇を区別するために勘合と呼ばれる合い札を使ったために，勘合貿易とも呼ばれる。日本が明に朝貢する形式をとっていた。

問４　「あ」が正しい。太平洋側を南下し，房総半島を回って東京湾から江戸まで運ぶ東廻り航路，日本海側から瀬戸内海を通って大阪まで運ぶ西廻り航路は，河村瑞賢によって開拓された。

【３】

問１　「い」が正しい。第二次世界大戦は1945年に終結したから，1971－1945＝26(年)

問２　「え」が正しい。湯川秀樹は 1949 年にノーベル物理学賞を受賞した。川端康成は文学賞を受賞しているが，野口英世と北里柴三郎はノーベル賞を受賞していない。

問３　安倍晋三首相は，持病を理由に内閣総理大臣を辞任し，次期首相は自民党内での選挙によって，菅義偉氏が自民党総裁となり，与党第一党の党首として内閣総理大臣に就任した。

問４①　「え」が正しい。真珠湾攻撃(1941 年)→ミッドウェー海戦(1942 年)→沖縄戦(1945 年４～６月)→広島への原爆投下(1945 年８月６日)　②　「う」が正しい。校長先生が生まれたのは，1971－５＝1966(年)だから，これより前は，1951 年のサンフランシスコ平和条約の調印だけである。日中平和友好条約の調印は 1978 年，沖縄が日本に復帰したのは1972年，オイルショックが起きたのは1972年と1979年である。　③　「い」が正しい。アマゾン川は，南アメリカ大陸の赤道が通るあたりに河口がある。　④⑴　「あ」が正しい。1854 年に結ばれた日米和親条約では，下田と函館の２港が開かれた。　⑵　「い」が正しい。岩倉使節団は，安政の五か国条約で結ばれた不平等な内容の改正交渉を目的に出向した。津田梅子や中江兆民らの留学生も同行した。

【4】

問1① カタカナ5文字ならテレワーク，7文字ならリモートワークと答える。 ② 「え」が正しい。球磨川は熊本県を流れる急流で，最上川(山形県)・富士川(静岡県)と合わせて日本三大急流と呼ばれる。

③ A．屋久 B．白神 日本の世界自然遺産は，屋久島・白神山地と知床(北海道)，小笠原諸島(東京都)。

④ Ⅰ．え Ⅱ．い 日高山脈は北海道にある。木曽山脈は長野県にある。

【5】

問1 ⑴う ⑵い ⑶あ ＲＣＥＰは，今後も経済発展が見込まれるインドと中国を中心に話し合われたが，中国との主導権争いをさけたインドがＲＣＥＰから離脱した。トランプ大統領が就任したことで，アメリカはＴＰＰから離脱した。2021 年にバイデン大統領が就任したことによって，今後のアメリカの態度が変わる可能性もあるので，アメリカの動向に注目したい。

問2⑴ ①い ②え ＲＣＥＰは「アールセップ」と読む。 ⑵「い」が正しい。肉用牛や豚であれば鹿児島県や宮崎県が上位にくる。

問3 「い」が正しい。関税は輸入品にかかる税だから，関税がかかると輸入品の価格は高くなる。

問4 Ⅰ．う Ⅱ．え Ⅰ．2位に西アジアのカタールが入っていることから液化天然ガスと判断する。

Ⅱ．2位にブラジルが入っていることから鉄鉱石と判断する。原油であれば，サウジアラビア＞アラブ首長国連邦の順，石炭であれば，オーストラリア＞インドネシアの順になる。

受験番号		二〇二一年度　同志社香里中学校　前期入学試験問題　国語	六枚のうち　その一

（50分）

（番号で答えられるものは、すべて番号で答えなさい。また、字数制限のある問題は、かぎかっこなどの記号・句読点も一字とします。）

【一】

1　その翌日のことだった。学校から帰るとあおいが青ざめた顔でリビングのソファに座《すわ》っていた。具合でも悪いの、と聞くと、あおいは無言で首を横に振《ふ》った。犬がトトトとやってきて、いつものように足元をうろうろした。あおいは犬を見て変な顔をした。何か目くばせのようなものをした気がした。それにどういう意味があるのかはわからなかったが、やはり様子がおかしかった。【　A　】具合が悪いのを隠《かく》しているのではないかと思った。以前にもそういうことがあった。①あおいには、家族に心配をかけないようにするためなのか、ちょっとしたけがや不調を隠そうとするところがあった。まだ小一のくせに。

2　私は母に電話をかけた。「もしもし。あおいが具合悪そうなんだけど、医者でも連れてったほうがいいのかな」母は買い物に行っているところだった。二十分前に家を出るときはそんなことなかったんだけど、と母は言った。十分後には軽自動車のドアを閉める大きな音がした。理想の母親ぶっていても、こういうがさつさはなかなか抜《ぬ》けない。【　B　】「あおい大丈夫《だいじょうぶ》？　あおい」予想はされたけど、大袈裟《おおげさ》なほど母はあおいのことを心配して、引き出しからバタバタと保険証を取り出した。あおいは何も言わず、ただ青い顔で体をかたくしていた。さあ行きましょう。母がむりやりあおいの手を引っ張ったところでインターホンが鳴った。なによこんなときに。母は ア 玄関《げんかん》へ向かった。②あおいの目に絶望的な色が浮《う》かび、それから目のふちにみるみる涙《なみだ》がたまり、ポロリとこぼれた。

3　玄関から、「ええっ」という母の声が聞こえたので見に行くと、そこには近所でたまに見かける、人のよさそうな顔のおじさんがいた。何事かと思って話を聞いていると、次のようなことだった。夕方、車を運転していて、お宅の家の前の道路を通った。すると、いきなり女の子がボールを追って飛び出してきたので慌《あわ》ててハンドルを切り、避《よ》けた。その拍子《ひょうし》に道のわきの電柱に車をこすってしまった。そんなようなことをおじさんは言った。母は申し訳ありませんと頭を下げ、「すみません、弁償《べんしょう》を……」と言った。「いやいや、もともとボロだからそれはいいんだけど、いちおう家の人には言っとかないといけんかなと思って。娘《むすめ》さん、転んだりはしてなかったからけがはしてないと思うけど、大丈夫そうですか。飛び出しは危険だよと注意だけはさせてもらったんだけども。このへん、車けっこう通るから気をつけないと」それだけ言っておじさんは帰っていった。今後事故が起きないように、という親切心で来てくれたようだった。

4　母は イ リビングに戻《もど》ってきた。たぶん、たいして怒《おこ》りはしないだろう。今度から気をつけるのよ、と甘《あま》ったるい声で言って、また頭を優《やさ》しく撫《な》でて終わりだ。【　C　】母は音もなくあおいのもとまで歩いていき、私の目の前で彼女《かのじょ》の頭に握《にぎ》った拳《こぶし》をごちんと振り下ろした。「あぶないじゃない！」あおいは硬直《こうちょく》して、それから静かに体を震《ふる》わせ、最後にびえーと言った。「家の前は車が通るから気をつけてって言ってあったのに、何してたの！」あおいは、幼稚園児《ようちえんじ》でもここまで泣かないぞというくらい顔をしわくちゃにして、泣き止《や》まなかった。赤ん坊《ぼう》のようだった。でも母は手加減しなかった。泣いてないで答えなさい、と言った。「そ……とで……、キ、キ、キ……ティと……ボールで、あそ……んでた」ヒックヒックと声を裏返しながら、あおいは言った。怒られてびえびえ泣くあおいの口から自分の名前が出ても、犬はどこ吹《ふ》く風という様子でいつものようにリビングをうろうろしていた。「あおいは勝手にキティを外に出しちゃダメって言ったでしょ！」もしかして、いつもひとりのときを見計らって外でボールを使って犬と遊んでいたのか、と母はあおいに聞いた。あおいは泣きながら、「ご……めんな……さい」と故障したスピーカーを通したようなぐちゃぐちゃの声で、しゃっくりをしながら言った。またげんこつが落ちた。「なんで黙《だま》ってたのよ！」「お……こられる……とおもっ……て」私は、③あおいが母にこてんぱんに怒られるのを見ながら、あおいにも言いつけを破るような子どもらしいところがあったのか、と意外に思った。少し安心したような気もした。

5　この日の夕飯、母はあおいに対しての怒《いか》りを表明するためか、この家に移り住んで初めての手抜き料理をした。ご飯と、豆腐《とうふ》とねぎだけが浮かんだみそ汁《しる》と、千切りとは言えない千切りキャベツにマヨネーズがかかったものが ウ 食卓《しょくたく》の真ん中に置かれた。涙の跡《あと》が消えないあおいと、妻の本気の怒りを初めて見てⅠ神妙《しんみょう》な顔をする父親と、怒りで憤然《ふんぜん》とする母とともに、お通夜《つや》のような静けさの中で私たちは夕飯を食べた。無言の食卓にはこれ以上ないくらい気まずい雰囲気《ふんいき》が漂《ただよ》っていた。【　D　】普通《ふつう》の家族なら、こういう日だってある。なければおかしい。私はキャベツをおかずにご飯を二杯《にはい》食べた。犬はいつもと変わらない様子で、食卓の下にもぐりこんで四人の足を短い前脚《まえあし》でつついていた。

6　この日から母は徐々《じょじょ》に④私の知っている母に戻っていった。料理は凝《こ》ったものを作らなくなったし、台所に並んでいた数種類のスパイスは、「これちっとも使ってないわね」と言ってほとんど捨ててしまった。洗濯物《せんたくもの》のたたみかたもⅡおざなりになった。食後、たまに缶《かん》ビールを飲みながらテレビを見た。そんな姿は、とても母らしかった。無理がなく、リラックスして見えた。母は、本来の自分に戻るタイミングを待っていたのではないか、という気がした。【　E　】あおいにも徐々に変化が訪《おとず》れた。しっかり者であることには違《ちが》いなかったが、ある日いきなりピアノではなくて水泳をやりたいと言い出し、これが食べたいとか、あれがほしいとか、まるであおいではないような、普通の子どもみたいなことを言うようになった。私の感じていた不自然さは、こんなに簡単に解消されるものだったのか、と拍子抜けした。

私が思うに、理想の母親を演じようという母の緊張《きんちょう》が、あおいにも伝わっていたのではないか。だからあおいも緊張して、新たな母親と、新たな姉に嫌《きら》われないように、いい子にしていなければいけないと気を張っていたのではないか。あの日、母はあおいを思い切り怒って、あおいは母に思い切り怒られて大泣きしたことで、二人とも本来の姿に戻るきっかけをつかめたんじゃないか。私が抱《いだ》いていた違和感《いわかん》は、きっかけさえあればあっさり解消されることだったのだ。犬はだんだん私以外の相手にも本性《ほんしょう》を現し始め、あおいとしょっちゅうけんかをした。おねえちゃん、キティが～、とあおいが泣きついてくるのが日常茶飯事《にちじょうさはんじ》になった。それを見て、⑤私たちは普通の家族になれるんじゃないか、と不覚にも私は思ってしまった。

（小嶋陽太郎『放課後ひとり同盟』）

問一　この文章は、高校二年生の「私」の目線から書かれています。「私」とその家族の関係について説明したものを、次から選びなさい。

1　父とあおいの母が再婚《さいこん》し、「私」は新しく母と妹を加えた四人家族として暮らしている。
2　母が再婚したことで、「私」とあおいの姉妹は、新しい父親と四人で生活している。
3　父の再婚によって、「私」とあおいの姉妹には新しく母ができ、四人家族で生活している。
4　母が再婚し、「私」は新しい父親と、その娘であるあおいと四人で暮らしている。

問二　――線Ⅰ「神妙な」・Ⅱ「おざなりに」の意味を、それぞれ次から選びなさい。

Ⅰ「神妙な」
1　うろたえた　2　不思議そうな　3　かしこまった　4　心配そうな

Ⅱ「おざなりに」
1　ぎこちなく　2　手早く　3　乱暴に　4　いいかげんに

問三　――線①「あおいには、家族に心配をかけないようにするためなのか、ちょっとしたけがや不調を隠そうとするところがあった。まだ小一のくせに」とありますが、「私」はあおいのことをどのような子どもだと思っているのですか。6段落からそれぞれ五字以内で二つぬき出しなさい。

問四　□ア～ウにあてはまる言葉を、それぞれ次から選びなさい。（番号は一度しか選べない）

1　静かに　2　豪快《ごうかい》に　3　強引《ごういん》に　4　不意に　5　足早に

問五　――線②「あおいの目に絶望的な色が浮かび、それから目のふちにみるみる涙がたまり、ポロリとこぼれた」とありますが、どうしてですか。□a・bに言葉を入れ、説明を完成させなさい。aは二十五字以内で答え、bは文中から五字以内でぬき出しなさい。

［　a　］ことを母に知られ、［　b　］と思ったから。

問六　――線③「少し安心したような気もした」のは、どうしてですか。次から選びなさい。

1　自分のやりたいことを我慢《がまん》しているあおいをかわいそうに思っていたが、あおいが本音を言えるようになって、本来の明るさを取りもどしてくれると思ったから。
2　聞き分けのよすぎるあおいに対して落ち着かない気持ちをいだいていたが、あおいのこれまでとは違う一面を知ることができ、あおいを身近に感じたから。
3　あおいにばかり優しくする母に不満を持っていたが、あおいが泣いても許さず厳しくしかり続ける様子に、母の公平さを感じたから。
4　あおいに気をつかってばかりの母を心配していたが、感情をむきだしにしてあおいをしかる姿を見て、母は無理をすることをやめたのだと気づいたから。

問七　――線④「私の知っている母」らしい行動が書かれている一文を、1～3段落から探し、はじめの五字をぬき出しなさい。

問八　この文章には、次の一文がぬけています。入るところを本文中の【　】A～Eから選びなさい。

でもそんなに悪い感じはしなかった。

問九　――線⑤「私たちは普通の家族になれるんじゃないか、と不覚にも私は思ってしまった」とありますが、このときの「私」について説明したものを、次から選びなさい。

1　よそよそしい母とあおいの仲を取りもとうと気をつかってきたが、本気で怒ったり駄々《だだ》をこねたりできるようになった二人の様子から、家族の関係が変わっていくことを予感した。
2　良い母、良い妹としてふるまう母とあおいに合わせて自分も良い姉であろうとしてきたが、無理をしなくなった二人を見て、自分もありのままでよいと思えるようになった。
3　母とあおいが理想の親子を演じているように思えて居心地《いごこち》が悪かったが、お互《たが》いに自然体で接するようになった二人を見て、自分の心が少しほぐれるのを感じた。
4　家族に好かれようと努力している母とあおいにあきれていたが、姉である自分にもむじゃきに甘えてくるあおいの姿に、いとおしさを感じて思わず心を動かされた。

【二】

1　「雑草は[a]」皆《みな》さんには、そんなイメージがありませんか。ところが、植物学の教科書には、雑草は[b]とは書いてありません。それどころか、「雑草は[c]植物である」と説明されています。しかし、私たちの身の回りに生えている雑草は、どう見ても強そうに見えます。もし、[d]植物であるのなら、どうして私たちの身の回りにこんなにはびこっているのでしょうか。

2　弱い植物である雑草が、どうして、こんなにも強く振《ふ》る舞《ま》っているのか。どうやら、そこにこそ「強さとは何なのか？」を考えるヒントがありそうです。まずはその秘密を探《さぐ》ってみることにしましょう。

3　「雑草が弱い」というのは、「競争に弱い」ということです。自然界では、激しい生存競争が行われています。弱肉強食、適者生存が、自然界の厳しい掟《おきて》です。それは植物の世界もまったく同じです。植物は光を奪《うば》い合い、競い合って上へ上へと伸《の》びていきます。そして、枝葉を広げて、遮蔽《しゃへい》し合うのです。もし、この競争に敗れ去れば、他の植物の陰《かげ》で光を受けられずに枯《か》れてしまうことでしょう。

4　雑草と呼ばれる植物は、①この競争に弱いのです。野菜畑などでは、雑草は野菜よりも競争に強いように思えるかもしれません。確かに、人間が改良した植物である野菜は、人間の助けなしには育つことができません。そんな野菜よりは、抜《ぬ》いても抜いても生えてくる雑草の方が競争に強いかもしれません。

5　しかし実際のところ、自然界に生えている野生の植物たちは、そんなに弱くはありません。雑草の競争力などとてもA太刀打《たちう》ちできないのです。どこにでも生えるように見える雑草ですが、じつはたくさんの植物がBしのぎを削《けず》っている森の中には生えることができません。豊かな森の環境《かんきょう》は、植物が生存するのには適した場所です。しかし同時に、そこは激しい競争の場でもあります。そのため、競争に弱い雑草は深い森の中に生えることができないのです。

6　もしかすると、森の中で雑草を見たという人もいるかもしれません。おそらくそこは、手つかずの森の中ではなく、ハイキングコースやキャンプ場など、人間が森の中に作りだした環境です。そういう場所には、雑草は生えることができます。それは、②雑草がある強さを持っているからなのです。

7　強くなければ生きていけない自然界で、弱い植物である雑草ははびこっています。これはなぜでしょう。強さというのは、何も競争に強いだけを指しません。英国の生態学者であるジョン・フィリップ・グライムという人は、植物が成功するためには三つの強さがあると言いました。

8　一つは競争に強いということです。植物は、光を浴びて光合成をしなければ生きていくことができません。植物の競争は、まずは光の奪い合いです。成長が早くて、大きくなる植物は、光を独占《どくせん》することができます。[ア]、その植物の陰になれば、十分に光を浴びることはできません。植物にとって、光の争奪《そうだつ》に勝つことは、生きていく上でとても大切なことなのです。

9　しかし、この競争に強い植物が、必ずしも勝ち抜くとは限りません。競争に強い植物が強さを発揮できない場所もたくさんあるのです。それは、水がなかったり、寒かったりという過酷《かこく》な環境です。この環境にじっと耐《た》えるというのが二つ目の強さです。

10　たとえば、サボテンは水がない砂漠《さばく》でも枯れることはありません。高い雪山に生える高山植物は、じっと氷雪に耐え忍《しの》ぶことができます。厳しい環境に負けないでじっと我慢《がまん》することも、「強さ」なのです。

11　三つ目が変化を乗り越《こ》える力です。さまざまなピンチが訪《おとず》れても、次々にそれを乗り越えていく、これが三つ目の強さです。じつは、雑草はこの三つ目の強さに優《すぐ》れていると言われています。雑草の生える場所を思い浮《う》かべてみてください。草取りをされたり、草刈《くさか》りをされたり、踏《ふ》まれてみたり、土を耕されたり。雑草が生えている場所は、人間によってさまざまな環境の変化がもたらされます。そのピンチを次々に乗り越えていく、これが雑草の強さなのです。

12　実際には、地球上の植物が、この三つのいずれかに分類されるということではなく、[イ]、すべての植物が、この三つの強さを持っていて、そのバランスで自らの戦略を組み立てていると考えられています。植物にとって競争に勝つことだけが、強さの象徴《しょうちょう》ではありません。一口に「強さ」と言っても、本当にいろいろな強さがあるのです。

13　自然界は弱肉強食の世界です。しかし、競争や戦いに強いものが勝つとは限らないのが、自然界の面白《おもしろ》いところです。

14　競争や戦いをする上では、体が大きい方が有利です。しかし、実際には小さい方が有利ということもたくさんあります。大きな体は体自体を維持《いじ》しなければなりませんし、何しろ目立ちますから、常にライバルに狙《ねら》われて、戦い続けなければなりません。小さい体であれば、すばしこく逃《に》げたり、物陰に隠《かく》れたりすることができます。大きいことが強さであるのと同じように、小さいことも強さなのです。

15　他にも例はあります。動物の中でもっとも走るスピードが速いのがチーターです。

1　これでは、とてもチーターから逃げ切ることはできないように思えます。
2　つまり、ガゼルが、時速一〇〇キロメートルのチーターから逃げ切っているのです。
3　ところが、これだけ圧倒的《あっとうてき》なスピードの差があるにもかかわらず、チーターの狩《か》りは、半分くらいは失敗しているようです。
4　チーターの走る速度は、時速一〇〇キロメートルを上回ると言います。
5　一方、獲物《えもの》となるガゼルのスピードは、時速七〇キロメートルしかありません。

チーターに追われると、ガゼルは巧《たく》みなステップで飛び跳《は》ねながら、ジグザグに走って逃げます。そして、ときには、クイックターンをして方向転換《てんかん》をします。［ウ］、走り方を複雑にすると、ガゼルも、本来の最高速度を出すことはできません。しかし、まっすぐに走るだけではチーターのほうが速いに決まっています。チーターにはできない走り方をすることでガゼルがチーターに勝ってしまうのです。

16　自然界には、競争や戦いには弱くても、それ以外の強さを発揮して*ニッチを獲得《かくとく》している生き物がたくさんいます。じつは、人間もその一つです。人間は、学名をホモ・サピエンスという生物です。人類の祖先は森を失って草原地帯に追い出されたサルの仲間だったと考えられています。肉食獣《にくしょくじゅう》と戦える力を持っているわけではありません。シマウマのように速く走れるわけでもありません。弱い存在であった人類は、知能を発達させ、道具を作り、他の動物たちに対抗《たいこう》してきました。知能を発達させてきたことは、人間の強さの一つです。ですから、人間は考えることをやめてはいけないのです。

17　しかし、それだけではありません。じつは、知能を発達させてきたのは、私たちホモ・サピエンスだけではありません。人類の進化を遡《さかのぼ》ると、ホモ・サピエンス以外の人類も出現していました。ホモ・サピエンスのライバルとなったのがホモ・ネアンデルターレンシスの学名を持つネアンデルタール人です。ネアンデルタール人は、ホモ・サピエンスよりも大きくて、がっしりとした体を持っていました。さらに、ホモ・サピエンスよりも優れた知能を発達させていたと考えられています。ホモ・サピエンスは、ネアンデルタール人と比べると体も小さく力も弱い存在でした。脳の容量もネアンデルタール人よりも小さく、知能でも劣《おと》っていたのです。しかし今、生き残っているのは、ホモ・サピエンスです。③私たちホモ・サピエンスはどうして生き残ることができたのでしょうか。そして、どうしてネアンデルタール人は滅《ほろ》んでしまったのでしょうか。

18　ホモ・サピエンスは弱い存在でした。力が弱かったホモ・サピエンスは、先にも述べたように「助け合う」という能力を発達させました。そして、足りない能力を互いに補い合いながら暮らしていったのです。そうしなければ、生きていけなかったのです。現代を生きる私たちも、人の役に立つと何だか満たされたような気持ちになります。知らない人に道を教えたり、電車やバスの席を譲《ゆず》ったりして、ありがとうと言われると、なんだかくすぐったいようなうれしい気持ちになります。それが、ホモ・サピエンスが獲得し、生き抜くために発揮した能力なのです。

19　一方、優れた能力を持つネアンデルタール人は、集団生活をしなくても生きていくことができました。しかし、環境の変化が起こったとき、仲間と助け合うことのできなかったネアンデルタール人は、その困難を乗り越えることができなかったと考えられているのです。

（稲垣栄洋『はずれ者が進化をつくる―生き物をめぐる個性の秘密』ちくまプリマー新書）

＊ニッチ…生物が割りこんで住める場所。

問一　□　a～dにあてはまる組み合わせを、次から選びなさい。

1　（a　強い　b　弱い　c　強い　d　弱い）
2　（a　弱い　b　弱い　c　強い　d　強い）
3　（a　強い　b　強い　c　弱い　d　弱い）
4　（a　弱い　b　強い　c　強い　d　弱い）

問二　［　］ア～ウにあてはまる言葉を、それぞれ次から選びなさい。（番号は一度しか選べない）

1　もちろん　2　むしろ　3　まるで　4　もし

問三　＝＝線A「太刀打ちできない」・＝＝線B「しのぎを削っている」とありますが、「太刀打ちできない」・「しのぎを削る」の使い方が正しい文を、それぞれ次から選びなさい。

A「太刀打ちできない」

1　私が大失敗をしたせいで、現場は太刀打ちできない状況《じょうきょう》になってしまった。
2　久しぶりに会った彼《かれ》は、以前とは太刀打ちできないほど成長していた。
3　私は何をするにしても、十歳《さい》はなれている兄には太刀打ちできない。
4　彼と私は、会うといつも口論になってしまうくらい太刀打ちできない。

B「しのぎを削る」

1　全国大会出場を目指して、各チームがしのぎを削った。
2　父は家族を養うために、しのぎを削って働いた。
3　大けがをした私を、祖父はしのぎを削るほど心配した。
4　劇が成功するように、出演者みんなでしのぎを削った。

問四　――線①「この競争」とありますが、どのような内容をさしていますか。文中の言葉を使って、「こと」に続く形で七字以内で答えなさい。

問五　――線②「雑草がある強さを持っているからなのです」とありますが、雑草の持つ「ある強さ」を具体的に説明している段落を探し、段落番号を答えなさい。

問六　15段落内の1～5をならびかえて、意味の通る文章にしなさい。

問七　――線③「私たちホモ・サピエンスはどうして生き残ることができたのでしょうか」とありますが、その理由を解答らんに合うように、三十字以内で答えなさい。

問八　本文の内容に合うものを次から二つ選びなさい。

1　生存競争の激しい森の中で育つ植物は、どのような場所でも成長できる。
2　植物はそれぞれの持つ長所を生かして、生き残るための工夫をしている。
3　畑のように人間が作り出した環境の中では、雑草よりも野菜のほうがよく育つ。
4　さまざまな特性を持つ動物が共存することで、自然界のバランスが保たれている。
5　動物の中には、競争に不利と思われる体の特徴をうまく使って生きるものがいる。

問九　この文章は大きく二つに分けることができます。後半はどの段落から始まりますか。段落番号で答えなさい。

【三】　二つの□に漢数字を入れ、四字熟語を完成させなさい。

A　□日□秋　　B　□寒□温　　C　□束□文　　D　□人□色

【四】　――線の漢字の読みを答えなさい。

①　直伝のわざ。　②　船旅に出る。　③　なんの造作もなくできた。　④　国を統治する。　⑤　袖《そで》振《ふ》り合うも多生の縁《えん》。

【五】　――線のカタカナを漢字に直しなさい。

①　キボを大きくする。　②　チームのカナメとなる。　③　ヒンカクのある人。　④　不安をとりノゾく。
⑤　新人をトウヨウする。　⑥　カホウは寝《ね》て待て。　⑦　観察をシュガンにおいた授業。　⑧　荷物をアズける。

（注意）とちゅうの計算は余白を利用し，答えはすべて解答用紙に書きなさい。また，円周率は3.14として計算しなさい。

（50分）

1　次の□をうめなさい。

(1)　$9 \times \left\{4 - \frac{5}{18} \div \left(\frac{5}{6} - 0.75\right)\right\} \div 26 = \square$

(2)　$2 + \square \times \frac{8}{15} - \left(0.625 - \frac{1}{3}\right) \div 0.75 = 1\frac{5}{6}$

(3)　34個の分数 $\frac{1}{35}, \frac{2}{35}, \frac{3}{35}, \cdots\cdots, \frac{33}{35}, \frac{34}{35}$ の和は□です。

2　次の問いに答えなさい。

(1)　右の図において，CA = AP = PQ = QR = RBのとき，角㋐の大きさは何度ですか。

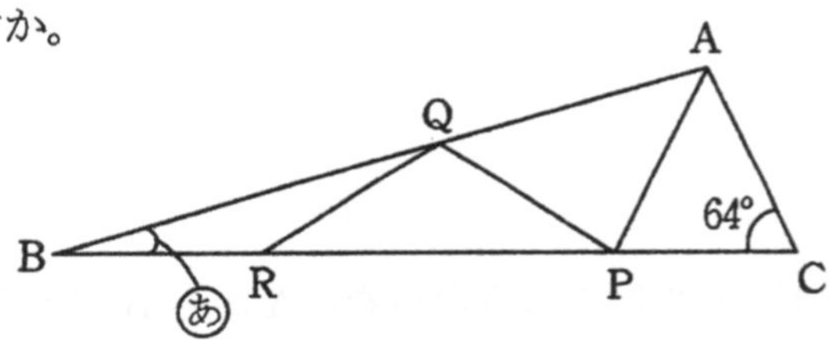

(2)　右の図は，半径3cmの円5個を組み合わせてできた図形です。この図形の周の長さは何cmですか。

(3)　右の図のように，大きい正方形の中に小さい正方形があります。ABの長さは何cmですか。

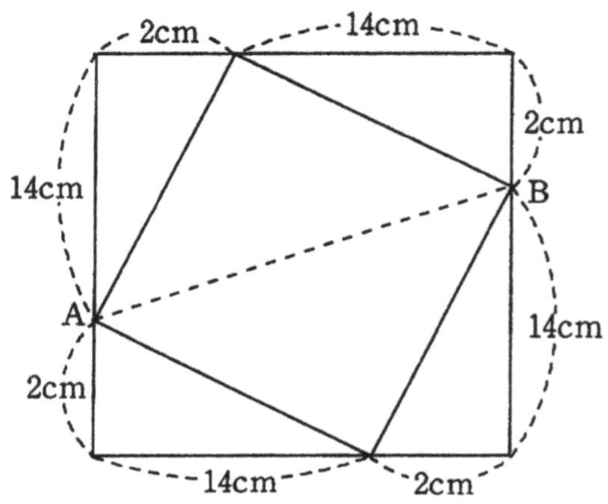

（注意）とちゅうの計算は余白を利用し，答えはすべて解答用紙に書きなさい。また，円周率は3.14として計算しなさい。

3　ある仕事を仕上げるのに，Aさんが1人ですると18分，Bさんが1人ですると36分，BさんとCさんの2人ですると14分24秒かかります。次の問いに答えなさい。

(1)　AさんとBさんの2人でこの仕事を仕上げるのに何分かかりますか。

(2)　Cさんが1人でこの仕事を仕上げるのに何分かかりますか。

(3)　この仕事を仕上げるのに，はじめにAさんとBさんの2人で仕事をし，とちゅうからAさんとBさんとCさんの3人で仕事をすると，合わせて9分かかりました。AさんとBさんの2人で仕事をした時間は何分ですか。

4　右の図のような道を，AからBまで遠回りをせずに行く方法について，次の問いに答えなさい。

(1)　全部で何通りありますか。

(2)　Cを通る方法は何通りありますか。

(3)　Cを通りDを通らない方法は何通りありますか。

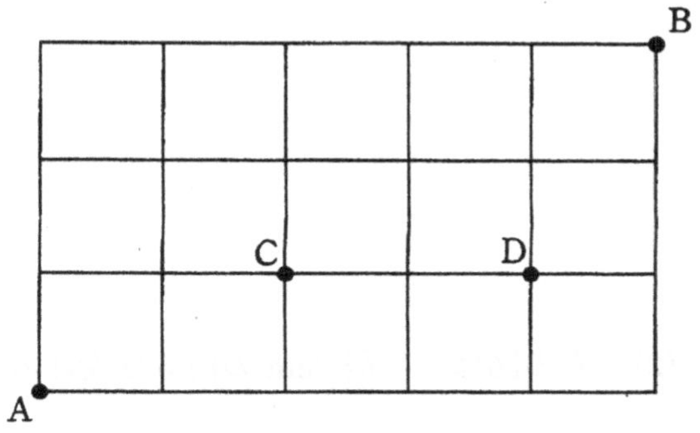

5　中学生のAさんが試験を受けました。右の表は，○印のついている科目の平均点を計算した結果です。次の問いに答えなさい。

(1)　5科目の合計点は何点ですか。

(2)　英語の得点は何点ですか。

(3)　社会の得点が理科の得点より11点高いとき，数学の得点は何点ですか。

英語	数学	国語	理科	社会	平均点
○	○			○	86
○	○	○			80
○			○	○	79
		○	○		68.5

（注意）とちゅうの計算は余白を利用し，答えはすべて解答用紙に書きなさい。また，円周率は3.14として計算しなさい。

6　右の図のように，AB = AC = 13cm，BC = 10cmの二等辺三角形ABCがあり，辺BCを底辺としたときの高さは12cmです。この三角形の中に正方形DEFG，HIJKが入っています。次の問いに答えなさい。

(1)　BE：EFを最も簡単な整数の比で答えなさい。

(2)　BD：DAを最も簡単な整数の比で答えなさい。

(3)　DE：HIを最も簡単な整数の比で答えなさい。

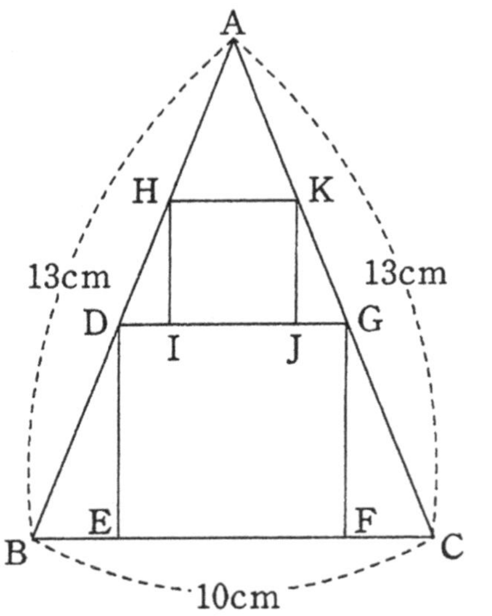

7　図1から図3の方眼は1目盛りが3cmです。次の問いに答えなさい。

(1)　図1において，かげをつけた部分を，直線ABを軸《じく》として1回転させたときにできる立体の体積は何cm^3ですか。

(2)　図2において，かげをつけた部分を，直線CDを軸として1回転させたときにできる立体の体積は何cm^3ですか。

(3)　図3において，かげをつけた部分を，直線EFを軸として1回転させたときにできる立体の体積は(1)の体積の何倍ですか。

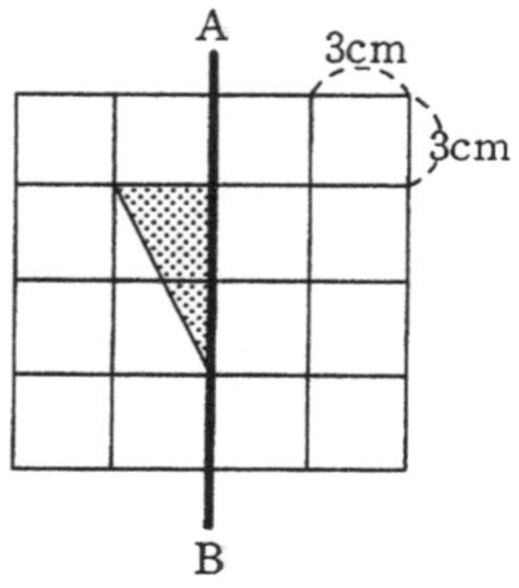

（図1）

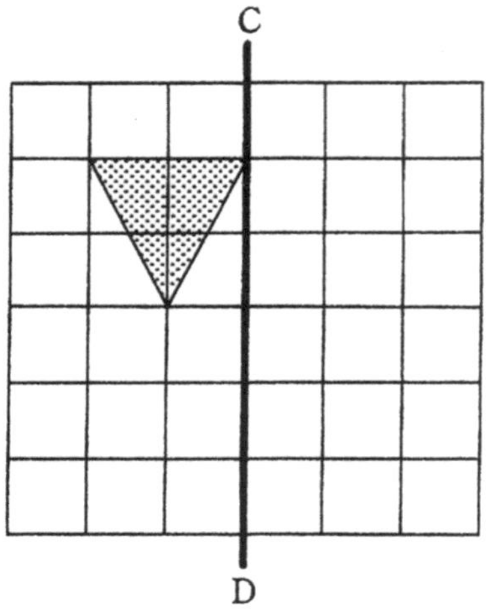

（図2）

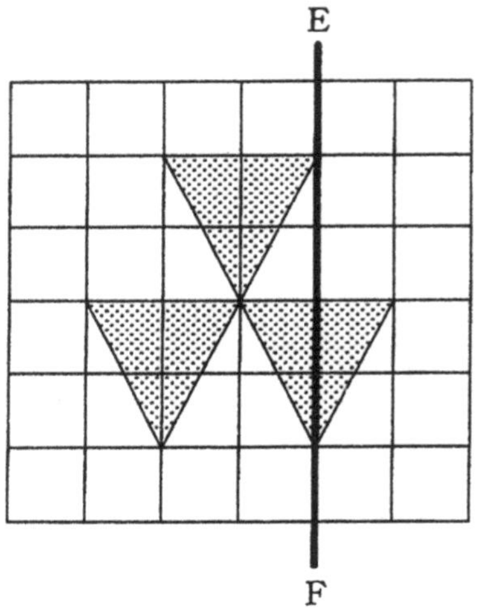

（図3）

受験 番号	2021年度同志社香里中学校 前期入学試験問題用紙　理科	5枚のうち その1

記号・番号で答えられるものはすべて記号・番号で答えなさい。

(40分)

【1】次の文は3種類の気体A～Cについて説明しています。A～C は二酸化炭素、酸素、アンモニアのどれかです。下の問いに答えなさい。

Aはつんとしたにおいがする。

Bを（　a　）にふきこむと白くにごる。

Cはものを燃やすはたらきがある。

(ア)　A～C は次のどれですか。

1．二酸化炭素　　2．酸素　　3．アンモニア

(イ)（a）にあてはまる水よう液の名前を答えなさい。

(ウ) AとBをそれぞれとかした水よう液に、BTB 液を加えると何色になりますか。

(エ) Cが入ったボンベから、Cを集気びんに集める方法として、最もふさわしいものを右から選びなさい。

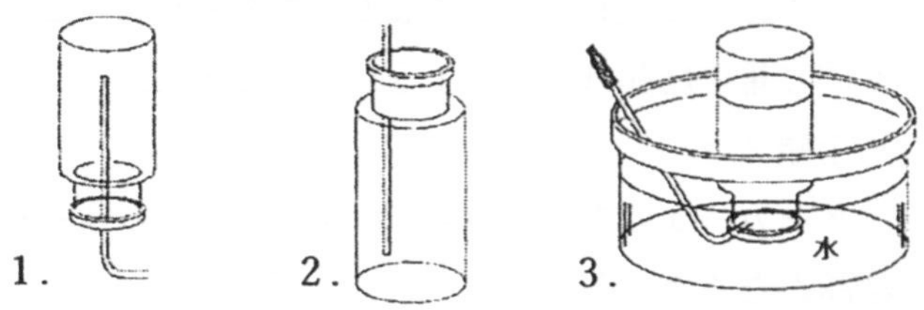

【2】5月ごろに散歩していると、A キャベツ畑ではモンシロチョウがとび回っていた。畑のはしに植えられていた(　a　)の葉をよく見ると、アゲハチョウのよう虫がついていた。B 見た目は、鳥のフンに似ており、色は白黒だった。また、(a) の葉には C 緑色のよう虫もついていた。どうやらこれもアゲハチョウのよう虫らしい。草むらの植物をよくみると、くきに小さな虫がたくさんついていた。D この虫をルーペでよく観察すると、くきに針のような口をさしこんでいた。

次に、近所の林で石をひっくり返すと、ミミズを見つけた。家に帰って図かんで調べてみると、E ミミズは落ち葉などを食べて生活していると書かれていた。落ち葉はミミズに食べられることで細かくなり、くさりやすくなって土に混ざるらしい。このようにしてできた土は水や空気をふくみやすく、植物にとって（　b　）となるものもふくんでいるので、草木が育つのによいそうだ。くさった葉は（　c　）のよう虫の食べ物にもなっている。自然には色々な生物がすんでいて、環境（かんきょう）や他の生物と関わりあっていることがよくわかった。

(ア) 下線部Aについて、モンシロチョウはなぜキャベツ畑をとび回っていたのですか。正しいものを選びなさい。

1．キャベツの葉を食べるため

2．キャベツの花を食べるため

3．キャベツの葉にたまごをうむため

4．キャベツについている虫を食べるため

(イ) 文中の（a）にあてはまる植物の名前を選びなさい。

1．ヒマワリ　　2．ミカン　　3．サクラ　　4．アサガオ

(ウ) 下線部Bについて、次の問いに答えなさい。

①アゲハチョウのよう虫は、なぜ鳥のフンに似ていると考えられますか。もっとも正しいものを次から選びなさい。

1．天敵に自分のすがたを発見されないようにするため

2．天敵に発見されたときに、自分は食べられないものだと知らせるため

3．天敵に発見されたときに、自分がおいしいことを知らせるため

4．天敵に発見されたときに、自分には毒があり危険であることを知らせるため

②緑色のショウリョウバッタは、なぜ緑色をしていると考えられますか。①の選たくしから選びなさい。

(エ) 下線部BとCについて、アゲハチョウの白黒のよう虫と緑色のよう虫のうち、皮をぬぐとさなぎになるのはどちらですか。

1．白黒のよう虫　　2．緑色のよう虫

(オ) モンシロチョウとアゲハチョウのさなぎのうち、大きいほうはどちらですか。

1．モンシロチョウ　　2．アゲハチョウ　　3．同じくらい

(カ) 下線部Dについて、この虫と同じような口の形をしているこん虫はどれですか。

1．クマゼミ　　2．テントウムシ　　3．カブトムシ　　4．ギンヤンマ

(キ) 下線部Eについて、ミミズと同じように落ち葉などを食べて生活しているのはどれですか。

1．ムカデ　　2．ダンゴムシ　　3．モグラ

(ク) 文中の（b）にあてはまる語を漢字2字で答えなさい。

(ケ) 文中の（c）にあてはまるこん虫を1つ選びなさい。

1．トノサマバッタ　　2．カブトムシ　　3．アキアカネ　　4．オオカマキリ

受験番号	2021年度同志社香里中学校 前期入学試験問題用紙　理科	5枚のうち その3

記号・番号で答えられるものはすべて記号・番号で答えなさい。

【5】右図は2021年1月15日18時30分に、大阪で南東の空をスケッチしたものです。A～Cは、冬の大三角を形づくる1等星です。

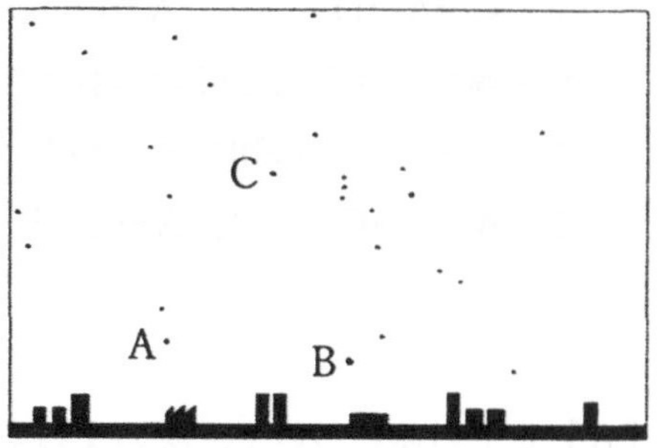

（ア）Aはプロキオンという星です。B、Cの星の名前をそれぞれ選びなさい。

1．シリウス　2．デネブ　3．ベガ　4．ベテルギウス　5．リゲル

（イ）Bの星は、何色に見えますか。最も近い色を次から選びなさい。

1．赤　2．黄　3．緑　4．白

（ウ）Cをふくむ星座の名前を答えなさい。

（エ）この後、時間がたつと、（ウ）の星座の見える位置と星座のかたむきはどうなりますか。

1．位置もかたむきも変わる。　2．位置は変わるが、かたむきは変わらない。

3．位置もかたむきも変わらない。　4．位置は変わらず、かたむきは変わる。

（オ）1等星、2等星…という分け方は、星の何のちがいを表していますか。

（カ）90分後の同じ方角の空をスケッチしたものとして、正しいものを選びなさい。

1．
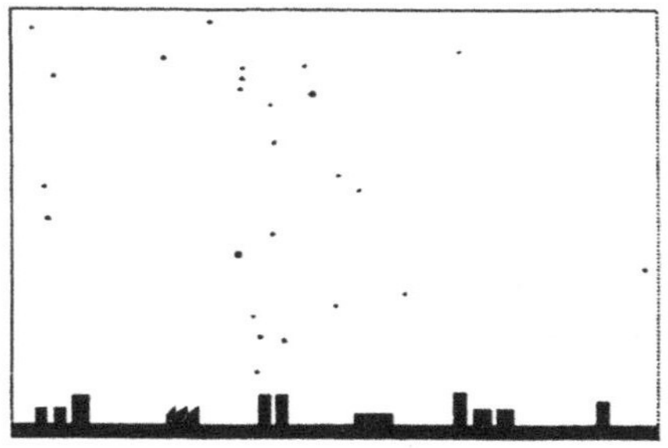

2．
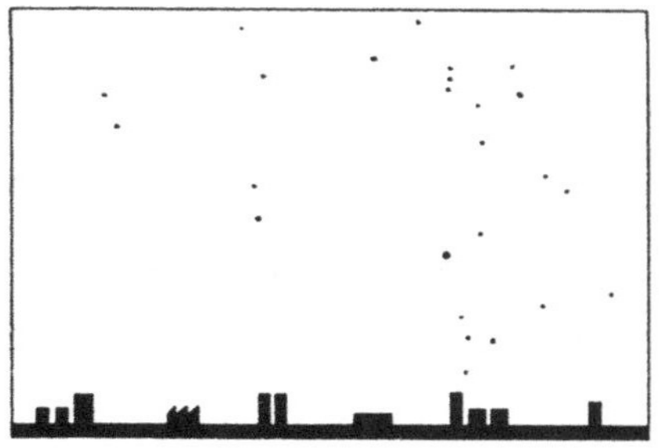

3．
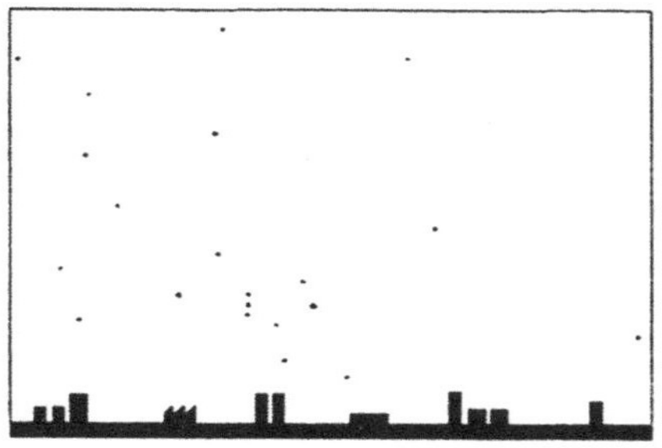

4．
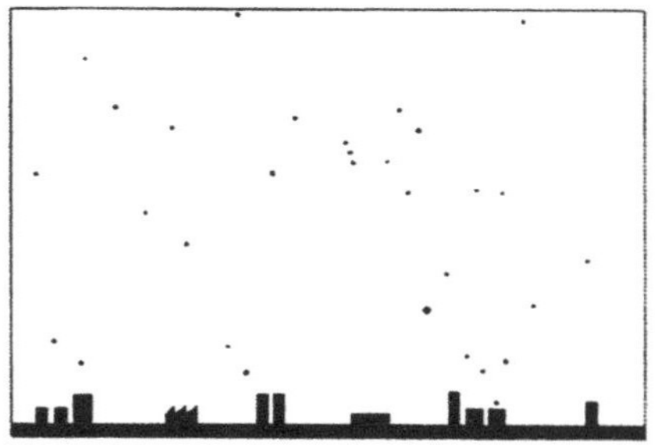

【6】あるがけ（図Ⅰ）に地層A～Eが見られました。この地域の地層はすべて、固まって岩石となっています。

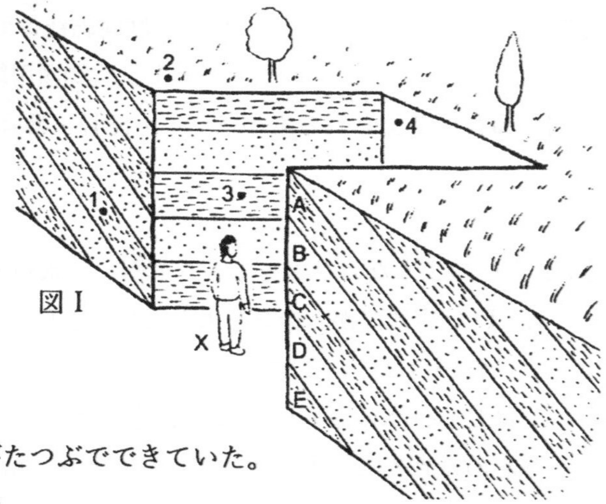

図Ⅰ

〔地層の観察記録〕

・Bは、直径5mmほどの丸みを帯びたつぶでできていた。

・Eには図Ⅱのような化石が見られた。

・この地域で化石が見られるのは、Eだけであった。

・この地域には、断層による地層のずれは見られなかった。

図Ⅱ

（ア）Bをつくる岩石の名前を答えなさい。

（イ）Bは何のはたらきでできたと考えられますか。

1．雨　2．火山　3．風　4．川

（ウ）図Ⅱは何の化石ですか。

（エ）図Ⅱの化石が見られることから、Eはどのような場所でできたと考えられますか。

（オ）Xの場所に立ってがけをながめると、地層はどのように見えますか。

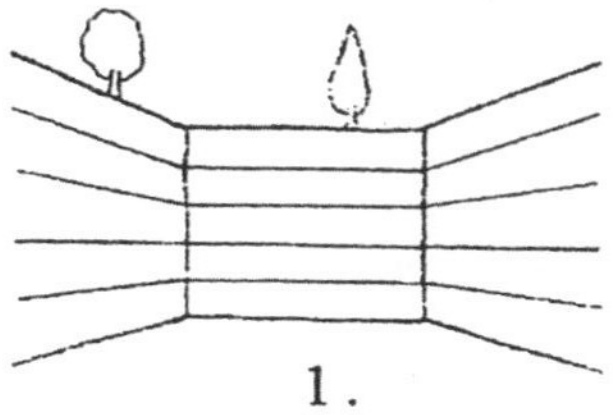

1．

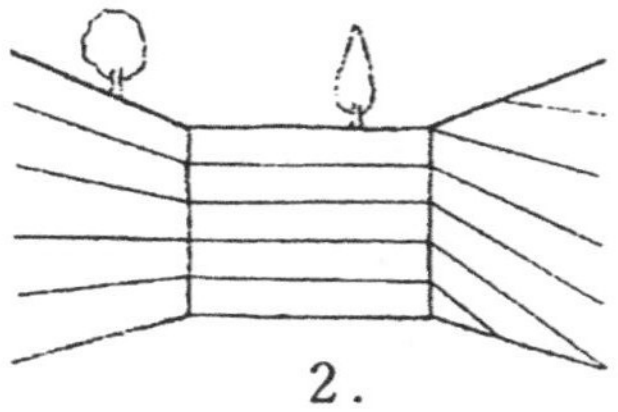

2．

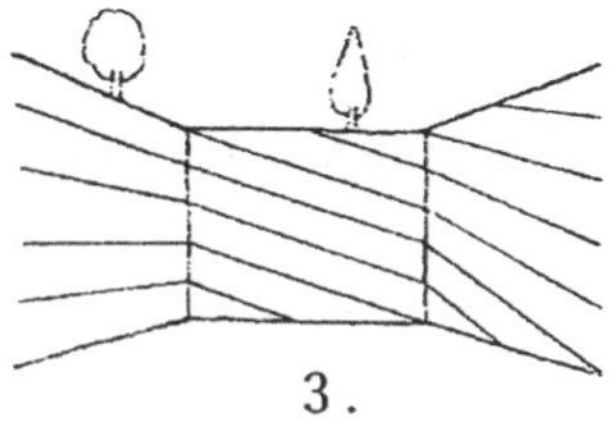

3．

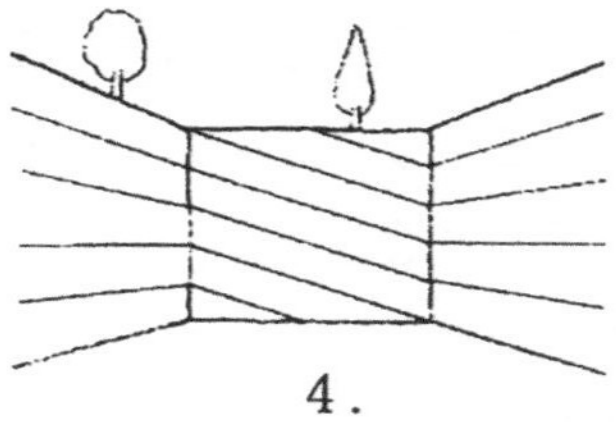

4．

（カ）図Ⅰ中の1～4のうち、図Ⅱのような化石が見つかる可能性がある場所を1つ選びなさい。

受験番号	2021年度 同志社香里中学校 前期入学試験 問題 社会	4枚のうち その1

※注意 特別な指示のある場合をのぞき、漢字で書ける解答はすべて漢字で書きなさい。
漢字で書ける解答をかなで書いた場合には減点します。

（40分）

【1】中国・四国地方について生徒がまとめた文を読み、あとの問いに答えなさい。

私は政府が各地の観光客を増やすために実施《じっし》している「ＧｏＴｏ【 Ａ 】」を利用して旅行するために、各県の魅力《みりょく》について調べました。

広島県は工業がさかんですが、レモンのほか、（ １ ）の水揚《みずあ》げも１位です。原爆ドームや（ ２ ）などの世界遺産を訪《おとず》れる観光客もたくさんいます。

（ ３ ）の水揚げ量が１位の（ ４ ）県には、出雲大社など、歴史的な見どころもたくさんあります。

阿波おどりで有名な（ ５ ）県では、（ ６ ）や発光ダイオードの生産がさかんです。

ぼくは本州四国連絡橋について調べました。最初に開通したのは岡山県と（ ７ ）県を結ぶ①児島－坂出ルートです。次に、②神戸－鳴門ルート、そして最後に広島県と（ ８ ）県を結ぶ③尾道－今治ルートが完成しました。④瀬戸内海周辺は工業がさかんですが、連絡橋ができたことにより観光客も増えています。

私は県庁所在地について調べました。中国・四国地方９県のうち、県名と県庁所在地名が異なる県は【 Ｂ 】つあります。それぞれの県庁所在地に共通する漢字は【 Ｃ 】です。⑤鳥取市、岡山市、高知市の経度はほぼ同じですが、気候は異なります。

問１ 文中の【Ａ】にあてはまる語をカタカナ４字で書きなさい。

問２ 文中の【Ｂ】にあてはまる数字を書きなさい。

問３ 文中の【Ｃ】にあてはまる語を漢字１字で書きなさい。

問４ 文中の（１）～（８）にあてはまる語や地名を下より選び、記号で答えなさい。

あ．高知　い．厳島神社　う．島根　え．愛媛
お．石見銀山　か．かに類　き．かつお　く．山口
け．すだち　こ．香川　さ．らっきょう　し．落花生
す．徳島　せ．鳥取　そ．しじみ　た．養殖《ようしょく》かき類

問５ 文中の＿＿①～③に関する次の各文ａ・ｂ、ｃ・ｄについて、正誤の組み合わせとして正しいものを、下より選び記号で答えなさい。

ａ）世界最長のつり橋がかかっているのは①である。
ｂ）道のりが最も短いルートは②である。

あ．ａ正 ｂ正　い．ａ正 ｂ誤　う．ａ誤 ｂ正　え．ａ誤 ｂ誤

ｃ）鉄道が通っているルートは①である。
ｄ）橋の上から「壇ノ浦」が見えるのは③である。

あ．ｃ正 ｄ正　い．ｃ正 ｄ誤　う．ｃ誤 ｄ正　え．ｃ誤 ｄ誤

問６ 文中の＿＿④について、瀬戸内工業地域のグラフを下より選び記号で答えなさい。なお、グラフは瀬戸内工業地域、中京工業地帯、京浜工業地帯（東京と神奈川）、北九州工業地帯のものである。（2017年、『日本国勢図会 2020/21』より）

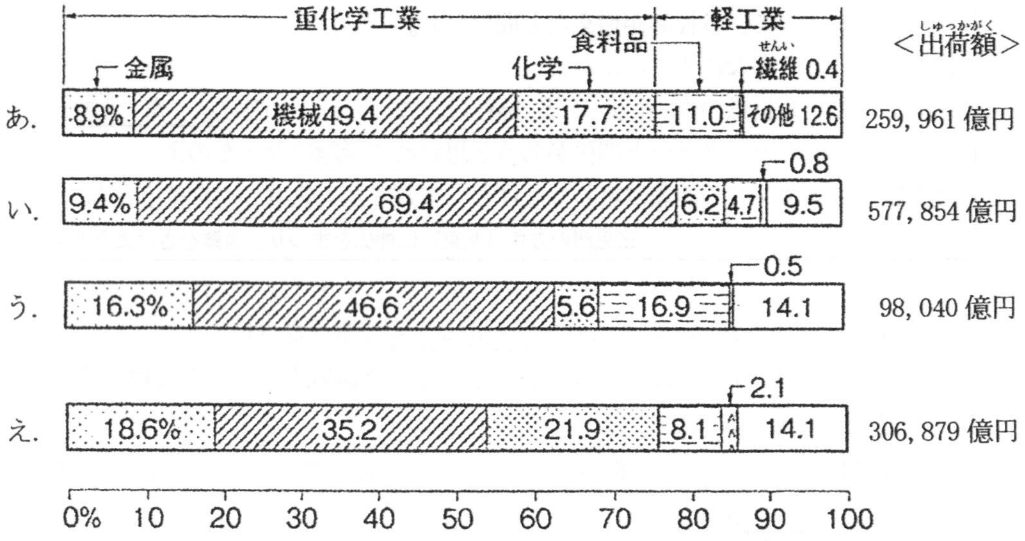

問７ 文中の＿＿⑤について、下表は鳥取市、岡山市、高知市の平均気温と降水量を示している。岡山市を下より選び、記号で答えなさい。

上段は平均気温（℃）、下段は降水量（㎜）

	1月	2月	3月	4月	5月	6月	7月	8月	9月	10月	11月	12月	年間
あ	6.3	7.5	10.8	15.6	19.7	22.9	26.7	27.5	24.7	19.3	13.8	8.5	17.0
	58.6	106.3	190.0	244.3	292.0	346.4	328.3	282.5	350.0	165.7	125.1	58.4	2547.5
い	4.0	4.4	7.5	13.0	17.7	21.7	25.7	27.0	22.6	16.7	11.6	6.8	14.9
	202.0	159.8	141.9	108.6	130.6	152.1	200.9	116.6	204.0	144.1	159.4	194.0	1914.0
う	4.9	5.5	8.8	14.5	19.3	23.3	27.2	28.3	24.4	18.1	12.3	7.3	16.2
	34.2	50.5	86.7	92.3	125.0	171.5	160.9	87.4	134.4	81.1	51.2	31.0	1105.9

（1981年～2010年の平均、『日本国勢図会 2020/21』より）

問２　文中の＿＿［A］・［B］の間に起こったできごととして、まちがっているものを下より選び、記号で答えなさい。

あ．伊能忠敬の日本地図が完成する　　い．参勤交代の制度が確立する

う．天保のききんがおこる　　え．学制が交付される

問３　文中の＜　１　＞に入る人名を、カタカナで書きなさい。

【４】次の会話文を読み、あとの問いに答えなさい。

先生：先週の宿題だった「日本国憲法を調べよう」の発表をしてもらいます。

A君：①憲法記念日がどんな日なのかを調べました。国民が日本国憲法の内容を知った日が文化の日で、憲法記念日は憲法が実際に使われ始めた日だと知りました。

B君：日本国憲法は、②前文と103の条文からできています。前文が憲法だと知らない大人もいるみたいです。

C君：日本国憲法には、③国民主権、平和主義、基本的人権の尊重という三つの原則があることがわかりました。これらは家の柱のようなもので、一つでもなくなれば、国はこわれてしまいます。

D君：④平和主義の原則は、外国との間に問題が起こっても、決して戦争をしないことを決めています。平和のモニュメントが数多くあることも知りました。

E君：⑤基本的人権の尊重というのは、すべての国民が、生まれながらにしてもっている権利であり、将来の国民にもあることを知りました。

先生：よく調べてきましたね。では次の時間から、もっとくわしく勉強しましょう。

問１　文中の＿＿①について、憲法記念日を下より選び、記号で答えなさい。

あ．５月３日　　い．５月５日　　う．11月３日　　え．11月23日

問２　文中の＿＿②について、下の文中の（　１　）～（　３　）に入る語を下の語群より選び、記号で答えなさい。

日本国民は、選挙によって選ばれた（　１　）を通じて話し合いを行った結果、私たちと私たちの子孫のために、いろいろな国の人たちと協力することによって得られた成果と、（　２　）を保障することでもたらされる恵《めぐ》みを国全体に行きわたらせ、政治によって再び恐《おそ》ろしい戦争が起きることのないようにすることを決意し、ここに自分たちの国のことを決める権利が国民にあることを宣言し、それを実現するためにこの憲法というルールを決めます。

そもそも国の政治というものは、国民の信頼《しんらい》がなければ成立しません。ですから、国が決定することや行うことの正しさは、国民が認めることで成り立ちます。その権力を使うのは国民の（1）ですが、それによって得られた利益や（　３　）は国民が受けるものです。　　・・・・・中略・・・・・

日本国民は、国家の名誉にかけ、全力をあげて、この難しいけれども大切な理想と目的を達成することを誓《ちか》います。

山崎 聡一郎　『こども六法』より　※作問のため一部改

あ．平等　　い．自由　　う．幸福　　え．代表者　　お．候補者

問３　文中の＿＿③について、国民主権の内容としてまちがっているものを下より選び、記号で答えなさい。

あ．国会議員や首長を選挙で選ぶ

い．最高裁判所の裁判官を審査《しんさ》する

う．国民投票によって憲法の改正を承認《しょうにん》する

え．内閣総理大臣を任命する

問４　文中の＿＿④について、下の文は、憲法第９条２項《こう》の条文である。条文中の（　１　）・（　２　）に入る語を語群より選び、記号で答えなさい。

前項の目的を達するために、陸海空軍その他の（　１　）は、これを保持しない。
国の（　２　）権は、これを認めない。

あ．武力　　い．交戦　　う．戦争　　え．威嚇《いかく》　　お．戦力

問５　文中の＿＿⑤について、（A）～（C）の権利に最もかかわりの深いことがらを下より選び、記号で答えなさい。

（A）信教の自由　（B）教育を受ける権利　（C）健康で文化的な生活を営む権利

あ．おじいちゃんは、介護《かいご》保険制度を利用してデイサービスに通っている。

い．おばあちゃんは、夜間中学校に通って勉強している。

う．お父さんは、市長を選ぶために投票に行った。

え．お母さんは、多くの人の前で政治について演説する。

お．わたしたちは、どの宗教を信じても罰《ばっ》せられない。

以上

二〇二一年度 同志社香里中学校 前期入学試験問題 国語 解答用紙

六枚のうち その六

（番号で答えられるものは、すべて番号で答えなさい。また、字数制限のある問題は、かぎかっこなどの記号・句読点も一字とします。）

【一】

問一

問二 Ⅰ Ⅱ

問三 一つ目 二つ目

問四 ア イ ウ

問五 a ことを母に知られ、 b と思ったから。

問六

問七

問八

問九

【二】

問一

問二 ア イ ウ

問三 A B

問四 こと

問五 段落

問六 ↓ ↓ ↓ ↓

問七 ホモ・サピエンスは から。

問八

問九 段落

【三】

A 日 秋

B 寒 温

C 束 文

D 人 色

【四】

① ② ③ ④ ⑤

【五】

① ② ③ ④ く

⑤ ⑥ ⑦ ⑧ ける

受験番号

このらんには記入しないこと

一 問一・二 8点	二 問四・五 8点
一 問三 6点	二 問六 4点
一 問四 6点	二 問七 6点
一 問五 11点	二 問八・九 12点
一 問六・七 8点	三 4点
一 問八・九 8点	四 5点
二 問一～三 18点	五 16点
小計 65点	小計 55点
合計 ※120点満点	

記号・番号で答えられるものはすべて記号・番号で答えなさい。

【3】ふりこが1往復する時間について、ぶら下げるおもりの数やふりこの長さ、ふれはばを変えながら実験を行いました。下の表はその結果をまとめたものです。

	①	②	③	④	⑤	⑥	⑦	⑧	⑨
おもりの数[個]	1	2	3	4	1	2	3	4	8
ふりこの長さ[cm]	25	50	25	100	50	100	100	25	200
ふれはば[°]	10	20	10	20	10	20	10	20	10
1往復の時間[秒]	1.0	1.4	1.0	2.0	1.4	2.0	2.0	1.0	【X】

（ア）①と③の2つの実験だけを比べてわかることは次のどれですか。あてはまるものがないときは、4と答えなさい。

1．おもりの数によって、1往復する時間が変わるかどうか
2．ふりこの長さによって、1往復する時間が変わるかどうか
3．ふれはばによって、1往復する時間が変わるかどうか

（イ）①と⑦の2つの実験だけを比べてわかることは次のどれですか。あてはまるものがないときは、4と答えなさい。

1．おもりの数によって、1往復する時間が変わるかどうか
2．ふりこの長さによって、1往復する時間が変わるかどうか
3．ふれはばによって、1往復する時間が変わるかどうか

（ウ）表の【X】にあてはまる数値はいくらですか。

（エ）ふりこがaからbまで進むときの様子を、一定時間ごとに表した図として正しいものはどれですか。

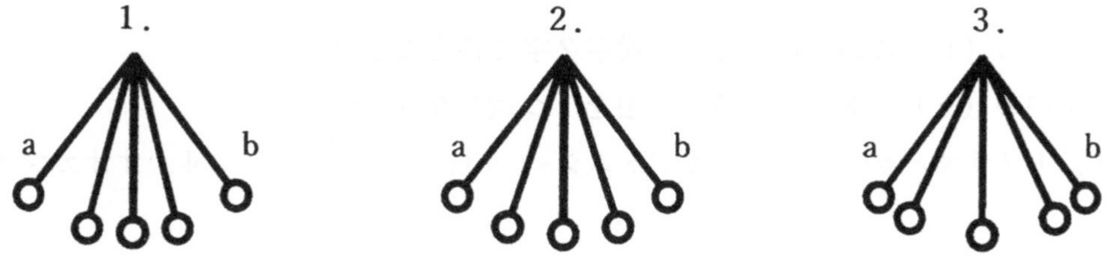

（オ）実験の方法として、誤っているものを1つ選びなさい。

1．おもりの数を増やすとき、縦に長くなるようにつるしていく
2．ふりこをふるとき、おもりから手をゆっくりとはなす
3．ふりこの1往復の時間をはかるとき、10往復する時間を10で割る

【4】水100gに薬品Xは、20℃のとき8g、60℃のとき15gとけます。この薬品Xを使って次の実験を行いました。ただし手順の中で水は蒸発しないものとします。答えが割り切れない場合は、小数第2位を四捨五入して小数第1位まで求めなさい。

＜手順1＞
水160gに、ある量の薬品Xを入れてかき混ぜながら加熱し、すべてとかして水よう液にした。この水よう液をあたためられた状態のまま、すぐに2つのビーカー（a、b）に二等分して入れ、20℃になるまでそのままにしておいたところ、どちらのビーカーにも同じ量の結晶（けっしょう）が出てきた。

＜手順2＞
ビーカーaの中のものを、かき混ぜながらゆっくり加熱したところ、60℃ですべての結晶がなくなった。

＜手順3＞
ビーカーbの中のものを、20℃のままかき混ぜながら少しずつ水を加えていったところ、ある量ですべての結晶がなくなった。

（ア）手順1で水に加えた薬品Xの量は何gですか。
（イ）手順1でビーカーaに出てきた結晶は何gですか。
（ウ）手順3で加えた水は何gですか。
（エ）手順3ですべての結晶がとけたとき、水よう液のこさは何%ですか。

受験 番号	2021年度同志社香里中学校 前期入学試験問題用紙　理科	5枚のうち その4

記号・番号で答えられるものはすべて記号・番号で答えなさい。

【7】右図のようなガラスでできた容器に、水が入っています。A〜Dは容器のかどをあらわしていて、Dのところからは上に管がのびています。

はじめ、水の温度は20℃で、水面はXの位置にありました。水をあたためて温度を上げていったとき、温度と、水面のXからの高さの関係は下表のようになりました。ただし、水の蒸発はないものとします。

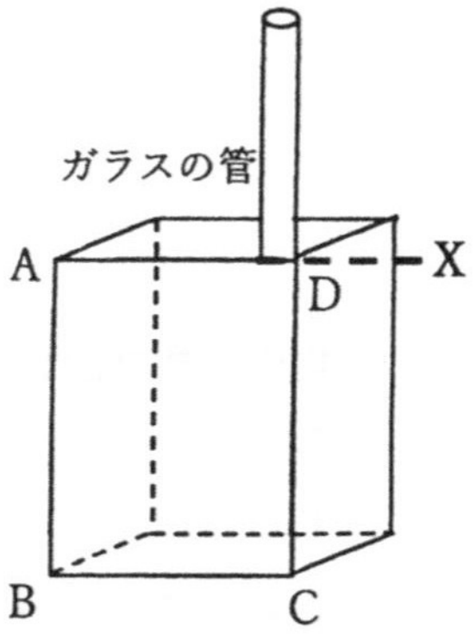

水の温度	23℃	25℃	27℃
水面のXからの高さ	1.5cm	2.5cm	3.5cm

（ア）水の温度を40℃にすると、水面の高さはXから何cmになりますか。

（イ）（ア）で上しょうした水面をXの高さにもどすことができない方法は、次のうちどれですか。すべて選びなさい。

1．ガラスの棒で水面をおす。
2．管の口から食塩を入れ、容器内の水に食塩をとかす。
3．容器全体を氷水で冷やす。
4．容器全体をさらにあたためる。

（ウ）この容器から完全に水をぬき、管に少量のゼリーをつめて、20℃のときゼリーがXの高さにくるようにしました。容器内の空気の温度を40℃まで上げると、ゼリーの高さはどうなりますか。

1．まったく上がらない。
2．上がるが、（ア）よりも低い。
3．（ア）と同じ高さまで上がる。
4．（ア）よりも高く上がる。

（エ）容器内の空気をあたためるのに、容器のB付近を熱しました。容器内のA、C、D付近の場所はどのような順にあたたまりますか。ただし、ABの長さの方がBCよりも長いとします。

1．C→A→D　　2．A→C→D　　3．C→D→A　　4．A→D→C

（オ）金属でできた同じ形の容器があります。A、B、Cにろうをぬり、この容器の管を加熱すると、どの順にろうがとけますか。

1．A→B→C　　2．A→C→B　　3．C→B→A　　4．C→A→B

【8】ヒトの体について、次の文の空らん（a）〜（h）にあてはまる語を選たくしから選びなさい。また、【X】、【Y】にあてはまる語を答えなさい。

小腸の表面にはじゅう毛とよばれる細かい（　a　）があり、その中には（　b　）が通っている。口と肺をつなぐ（　c　）の先は細く枝分かれし、その先には肺ほうとよばれる小さな（　d　）があり、このまわりを（b）が取り巻いている。小腸はじゅう毛があることで、胃や腸で【　X　】されたものとふれる（　e　）が大きくなり、肺は肺ほうがあることで、吸いこんだ【　Y　】とふれる（e）が大きくなる。

小腸で（b）に取りこまれたものは、（　f　）によって（　g　）に運ばれ、その一部は（g）にたくわえられたり、害のあるものがこわされたりする。その後、この（f）は心臓に運ばれ、そこから肺ほうを取り巻く（b）に流れこみ、（f）にふくまれている（　h　）が（c）を通って体外に出されていく。

［選たくし］

1．ふくろ　　2．うぶ毛　　3．ひだ　　4．毛細血管　　5．太い血管
6．血液　　7．かん臓　　8．じん臓　　9．気管　　10．食道　　11．酸素
12．二酸化炭素　　13．水　　14．体積　　15．面積　　16．長さ

【2】次の会話文を読み、あとの問いに答えなさい。

村田君　：『鬼滅《きめつ》の刃《やいば》』がものすごい人気だね。

シノブさん：今の（　１　）首相までもが、去年11月の（　２　）予算委員会で「“全集中の呼吸”で答弁させていただく」とセリフを引用してたわ。

村田君　：去年は流行語大賞のトップテンにも選ばれたんだよね。

シノブさん：ＪＲ九州は①大正時代製造の蒸気機関車を『ＳＬ鬼滅の刃』として運行して、作品の時代やふんいきを再現したってニュースで言ってたわ。

村田君　：へえ、乗ってみたいな。

シノブさん：②古い神社にも注目が集まってるのよ。福岡県の宝満宮竈門《ほうまんぐうかまど》神社は、古くは③大宰府の鬼門除《きもんよ》け※として建てられたらしいけど、神社名やここの［A］鬼《おに》にまつわる伝説が主人公の名前や作品の世界に似ていると言われて、参拝客が増えたと聞いたわ。

村田君　：そんなにすごいんだ。

シノブさん：奈良県の葛木坐火雷《かつらきにいますほのいかづち》神社は、まつられている④火雷大神《ほのいかづちのおおかみ》が人気キャラクターと関係があると思われて話題になったのよ。

村田君　：マンガの連載《れんさい》は終わったけど、まだまだ人気はつづきそうだね。

※鬼門の方角（北東）に神仏をまつり、災難をさけようとすること。

問１　文中の（1）にあてはまる姓《せい》をひらがな２字で書きなさい。

問２　文中の（2）には大日本帝国憲法で制定された議院が入る。あてはまる語を下より選び、記号で答えなさい。

あ．参議院　　い．衆議院　　う．枢密院《すうみついん》　　え．貴族院

問３　文中の＿＿①～④について、あとの問いに答えなさい。

①　大正元年は西暦《せいれき》何年にあたるか下より選び、記号で答えなさい。

あ．1868年　　い．1912年　　う．1926年　　え．1945年

②　徳川家康をまつった神社を下より選び、記号で答えなさい。

あ．鶴岡八幡宮　　い．明治神宮　　う．八坂神社　　え．日光東照宮

③　平安時代に藤原氏に敗れ大宰府に送られた人物を下より選び、記号で答えなさい。

あ．菅原道真　　い．源義経　　う．明智光秀　　え．竹崎季長

④　火雷大神は日本古来の神様である。このような神話をはじめとして日本の国の成り立ちを記した書物を下より選び、記号で答えなさい。

あ．土佐日記　　い．枕草子　　う．冥途《めいど》の飛脚《ひきゃく》　　え．古事記

問４　文中の＿＿［A］について、あとの問いに答えなさい。

（1）一寸法師の鬼退治など、室町時代に作られた物語を下より選び、記号で答えなさい。

あ．国性爺合戦《こくせんやかっせん》　　い．御伽草子《おとぎぞうし》　　う．源氏物語　　え．解体新書

（2）鬼は「般若《はんにゃ》」などの能面で表現される。能を大成した人物を下より選び、記号で答えなさい。

あ．葛飾北斎　　い．千利休　　う．世阿弥　　え．本居宣長

【3】次の文を読み、あとの問いに答えなさい。

翼《つばさ》で初めて空を飛んだ人間は、①備前国の浮田幸吉《うきたこうきち》である。［A］1785年、表具屋※であった幸吉は、竹の骨組みに和紙を貼《は》り付けたグライダーで飛んだ。しかし、世間を騒《さわ》がせたという理由で追放された。それ以前に②琉球で空を飛んだ「飛び安里《あさと》」と呼ばれた男がいたとも言われているが、どちらが世界初の飛行なのかよくわかっていない。

伊予国八幡浜《いよのくにやわたはま》に生まれた二宮忠八《にのみやちゅうはち》は、［B］1891年にゴム動力付き模型飛行機で日本初のプロペラ飛行実験を成功させた。さらに人力でプロペラを回す「玉虫型飛行器」を構想し、1894年に忠八は陸軍に実験を申請《しんせい》するが、③「戦時中である」という理由で却下《きゃっか》された。忠八は製薬会社で働いて資金を貯《た》め、動力飛行機の実験を始めようとした。しかし、すでに＜　1　＞兄弟が飛行に成功していたことを1908年の新聞報道で知り、飛行機開発を中止した。日本で最初に動力飛行機で空を飛んだのは、陸軍の日野熊蔵大尉《ひのくまぞうたいい》である。彼《かれ》は④1910年、外国製の飛行機で飛行した。

さて「表具屋幸吉」だが、⑤1997年に故郷で「追放」を取り消す式典が開かれた。旧藩主池田家の当主が、幸吉の「科学的発展に対する先見の明」をたたえたことで、212年後に彼の名誉《めいよ》が回復されたのである。

※表具とは、巻物・掛《か》け軸《じく》・屏風《びょうぶ》や襖《ふすま》などのこと。

問１　文中の＿＿①～⑤について、あとの問いに答えなさい。

①　備前国とはどこの県にあたるか下より選び、記号で答えなさい。

あ．岡山　　い．佐賀　　う．福井　　え．大分

②　江戸時代に琉球を支配していた藩はどこか下より選び、記号で答えなさい。

あ．熊本　　い．薩摩　　う．福岡　　え．土佐

③　「戦時中である」とはどの戦争の最中のことか下より選び、記号で答えなさい。

あ．日露戦争　　い．西南戦争　　う．日清戦争　　え．第一次世界大戦

④　この年に起こったできごととして正しいものを下より選び、記号で答えなさい。

あ．国際連盟に加盟　　い．日英同盟を結ぶ　　う．韓国の併合　　え．八幡製鉄所の開業

⑤　この年以前に起こったできごとを下より選び、記号で答えなさい。

あ．アメリカ同時多発テロが起こる　　い．イラク戦争が起こる

う．東日本大震災が起こる　　え．ベルリンの壁《かべ》が崩壊《ほうかい》する

受験番号	2021年度　同志社香里中学校 前期入学試験解答用紙　算数	4枚のうち その4

※120点満点

（注意）答えはすべてこの用紙に書きなさい。

1	(1)		(2)		(3)		15点
2	(1)	度	(2)	cm	(3)	cm	15点
3	(1)	分	(2)	分	(3)	分	18点
4	(1)	通り	(2)	通り	(3)	通り	18点
5	(1)	点	(2)	点	(3)	点	18点
6	(1)	：	(2)	：	(3)	：	18点
7	(1)	cm^3	(2)	cm^3	(3)	倍	18点

受験番号	2021年度同志社香里中学校 前期入学試験解答用紙　理科	5枚のうち その5

（記号・番号で答えられるものはすべて記号・番号で答えなさい）

【1】

ア	A		B		C		イ	
ウ	A	色	B	色	エ			

【2】

ア		イ		ウ	①		②		エ	
オ		カ		キ		ク			ケ	

【3】

ア		イ		ウ		エ		オ	

【4】

ア	g	イ	g	ウ	g	エ	%

【5】

ア	B		C		イ		ウ	座
エ		オ		カ				

【6】

ア		イ		ウ	
エ		オ		カ	

【7】

ア	cm	イ		ウ		エ		オ	

【8】

a		b		c		d		e		f	
g		h		X		Y					

採点欄
ここには何も
書かないこと

採点欄	
【1】	8点
【2】	10点
【3】	10点
【4】	12点
【5】	10点
【6】	10点
【7】	10点
【8】	10点
合計	

※80点満点

【1】

問1〔カタカナ4字〕

問2〔数字〕

問3〔漢字1字〕

問4

(1)

(2)

(3)

(4)

(5)

(6)

(7)

(8)

問5

a・b

c・d

問6

問7

【2】

問1〔ひらがな2字〕

問2

問3

①

②

③

④

問4

(1)

(2)

【3】

問1

①

②

③

④

⑤

問2

問3〔カタカナ〕

兄弟

【4】

問1

問2

(1)

(2)

(3)

問3

問4

(1)

(2)

問5

(A)

(B)

(C)

以上

以下の欄には
何も記入しないで下さい

【1】

30点

【2】

16点

【3】

14点

【4】

20点

※80点満点

（番号で答えられるものは、すべて番号で答えなさい。また、字数制限のある問題は、かぎかっこなどの記号・句読点も一字とします。）

(50分)

【一】

二〇一三年に、和食がユネスコの無形文化遺産に登録された。登録にいたったのは、自然を尊重する日本人の基本精神に①のっとり、地域の自然特性に見合った食の慣習や行事を通じて家族や地域コミュニティーの結びつきを強める重要な文化だからというのが主な理由だ。大変いいことだと思う。これを機に、和食と日本人の暮らしについて過去の歴史をふり返り、食の文化を育《はぐく》んできた日本列島の自然と人間との関わりについて多くの人々が思いをめぐらすようになってほしい。【A】

私の専門分野である霊長類学《れいちょうるいがく》は、人間に近い動物の生き方から人間の進化や文化を考える学問である。人間以外のサルや類人猿《るいじんえん》（ゴリラやチンパンジー）を野生の生息地で追っていると、「生きることは食べることだ」と思い知らされる。彼《かれ》らの主な食べ物は自然のあちこちに散らばり、季節によってその姿を変える植物だ。いつ、どこで、何を、どのように食べるかが、一日の大きな関心事である。群れをつくって暮らすサルたちにとっては、それに加えて「［　　］」が重要となる。いっしょに食べる相手によって、自分がどのように、どのくらい食物に手を出せるかが変わるし、相手を選ばないと、食べたいものも食べられなくなってしまうからだ。

日本列島には四十三万～六十三万年前からニホンザルがすみついてきた。人間が大陸から渡《わた》ってきたのは［ア］二万数千年前だから、彼らのほうがずっと先輩《せんぱい》である。日本の山へ出かけてサルを観察すると、彼らがいかにうまく四季の食材を食べ分けているかがわかる。新緑の春には若葉、灼熱《しゃくねつ》の夏は果実と昆虫《こんちゅう》、実りの秋は熟した色とりどりの果実、そして冷たい冬は落ちたドングリや樹皮をかじって過ごす。

サルに近い身体をもった人間も、これらの四季の変化に同じように反応する。もえいずる春には山菜が欲《ほ》しくなるし、秋には真っ赤に熟《う》れた柿《かき》やリンゴに目がほころぶ。サルと同じように人間も長い時間をかけて植物と共進化をとげてきた証《あか》しである。人間の五感は食を通じて自然の変化を的確に感知するようにつくられてきたのだ。【B】

人間にはサルと違《ちが》うところが二つある。まず、人間は食材を調理して食べるという点だ。植物は虫や動物に食べられないように、硬《かた》い繊《せん》維《い》や二次代謝物で防御《ぼうぎょ》している。それを水にさらしたり、火を加えたりして食べやすくする方法を人間は発達させた。さらに人間は川や海にすむ貝や魚を食材に加え、野生の動植物を飼養したり栽培《さいばい》したりすることによって得やすく、食べやすく、美味にする技術を手にした。人間は文化的雑食者であるともいわれる。日本人もその独特な文化によって、ニホンザルに比べると圧倒的《あっとうてき》に多様な食材を手に入れることができたのである。【C】

もう一つの違いは、人間が食事を人と人とをつなぐコミュニケーションとして利用してきたことだ。サルにとって食べることは、仲間との＊あつれきを引き起こす原因になる。自然の食物の量は限られているから、複数の仲間で同じ食物に手を出せばけんかになる。それを防ぐために、ニホンザルでは弱いサルが強いサルに遠慮《えんりょ》して手を出さないルールが徹底《てってい》している。強いサルは食物を独占《どくせん》し、決して仲間に分けたりはしない。そのため、弱いサルは場所を移動して別の食物を探すことになる。ところが、人間はできるだけ食物を仲間といっしょに食べようとする。ひとりでも食べられるのに、わざわざ食物を仲間の元へもち寄って共食するのだ。

共食の＊萌芽《ほうが》はすでにゴリラやチンパンジーに見られる。チンパンジーは時折狩猟《しゅりょう》をする。力の強いオスがサルやムササビなどを捕《つか》まえてその肉を食べるのだ。そんなとき、獲物《えもの》を捕《と》らえたオスの周りには他のオスやメスたちが群がってくる。［イ］得られない肉の分配にあずかろうとしてやってくるのだ。肉をもったオスは力が強いので、その肉を独占して食べようとすればできないことはない。しかし、他のチンパンジーの要求は執拗《しつよう》で、なかなか拒《こば》むことができず、［ウ］引きちぎってとるのを許してしまう。チンパンジーの世界では、どんなに体の大きなオスでも力だけでは社会的地位を保てず、仲間の支持が必要である。肉の分配はその支持を得るために使われているようなのだ。だから、サルとは違って、チンパンジーはもっぱら弱い個体が強い個体に食物の分配を要求し、いっしょに食べるのである。

最近私たちは、チンパンジーと同じようにゴリラも、オスが大きなフルーツをメスや子どもたちに分配しているのを観察した。オランウータンにも食物の分配行動があることが知られているから、ヒト科の類人猿はすべて、おとなの間で食物が分配されるという、霊長類にはまれな特徴《とくちょう》をもっていることがわかる。人間はその特徴を受け継《つ》ぎ、さらに②食物を用いて互《たが》いの関係を調整する社会技術を発達させたのだ。

食事は、人間どうしが無理なく対面できる貴重な機会である。人間の顔、［エ］目は、対面コミュニケーションに都合よくつくられている。人間の目には、サルや類人猿の目と違って白目がある。この白目のおかげで、一～二メートル離《はな》れて対面すると、相手の目の動きから心の状態を読みとることができるのだ。顔の表情や目の動きをモニターしながら相手の心の動きを知る能力は、人間が生まれつきもっているもので習得する必要がない。しかも、目の色は違っていても、すべての人間に白目がある。ということは、白目は人間にとって古い特徴でありながら、チンパンジーとの共通祖先と分かれてから獲得《かくとく》した特徴だということだ。対面して相手の目の動きを追いながら同調し、共感する間柄《あいだがら》をつくることができるのが、人間に特有な能力なのだ。【D】

実は、日本人の暮らしも、食物を仲間といっしょにどう食べるかという工夫《くふう》のもとにつくられている。日本家屋は開放的で、食事をする

部屋は庭に向かって開いている。四季折々の自然の変化を仲間と感じ合いながら食べられるように設計されているのだ。鳥や虫の声が響《ひび》き、多彩《たさい》な食卓《しょくたく》の料理が人々を＊饒舌《じょうぜつ》にする。その様子をだれもが見たり聞いたりでき、外から気軽に参加できる仕組みが、日本家屋の造りや和食の作法に組みこまれている。だが、昨今の日本の暮らしはプライバシーと効率を重んじるあまり、食事のもつコミュニケーションの役割を忘れているように思う。和食の遺産登録を機に、自然と人、人と人とを豊かにつなぐ日本の和の伝統を思い返してほしい。

（山極寿一『ゴリラからの警告「人間社会、ここがおかしい」』）

＊あつれき…不和。仲たがい。　＊萌芽…きざし。はじまり。　＊饒舌…よくしゃべること。

問一　□ア～エにあてはまる言葉を、それぞれ次から選びなさい。（番号は一度しか選べない）

1　とりわけ　2　めったに　3　もはや　4　ついには　5　たかだか

問二　□にあてはまる言葉を、次から選びなさい。

1　何から食べるか　2　なぜ食べるのか　3　だれと食べるのか
4　どうやって食べるか　5　どれぐらい食べるか

問三　――線①「のっとり」の意味を、次から選びなさい。

1　従って　2　気をつかって　3　立ち返って　4　心を動かされて

問四　サルの特徴として本文から読み取れるものを、次から二つ選びなさい。

1　弱い個体が体も大きく強い個体に対して、食物を分配するように要求する場面がよく見られる。
2　捕らえた獲物の肉を、おとなのサルどうしで分け合って食べる習慣がある。
3　植物を水にさらすなどして食べやすくする方法を身につけ、多様な食材を手に入れた。
4　弱い個体が強い個体の食物には決して手を出さず、別の場所に移動して新たな食物を探そうとする。
5　白目がないので、対面した相手の目の動きから心の状態を読みとることができない。

問五　本文から読み取れる人間とサルの共通点を、次から選びなさい。

1　食物をたくさん得られる個体の周りには、分け前を求めて多くの個体が寄ってくる。
2　自然の変化を敏感《びんかん》に察知して、季節ごとの食材をうまく食べ分けている。
3　体の大きさだけでは社会的地位を保てず、食物を分配して仲間の支持を得ようとする。
4　川や海にすむ貝や魚に加え、野生の動植物を調理することで、豊かな食材にありつける。

問六　――線②「食物を用いて互いの関係を調整する社会技術」とはどのようなことですか。三十字以内で書きなさい。

問七　この文章には、次の一文がぬけています。入るところを本文中の【　】A～Dから選びなさい。

それが人間に独特な強い信頼《しんらい》関係を育み、高度で複雑な社会の資本となってきたと考えることができる。

問八　次のうち、筆者の考えに共感して新しく家を購入《こうにゅう》する人がいるとしたら、どの人だと推測されますか。次から選びなさい。

1　私は都会から田舎《いなか》のほうに引っこしを考えています。外観は洋風にしたいのですが、室内には和室をつくるなど日本家屋の要素も取り入れて、お客さんが訪ねてきたら「おもてなし」の心を持って温かく迎《むか》えたいと思っています。
2　私は田舎のほうで落ち着いた感じの家を探しています。昔ながらの日本家屋の造りを大切にしながら、家族と食卓を囲む時間は楽しみたいので、プライバシーはしっかり守れるような家が良いのですが。広い庭もあれば最高です。
3　私は町の中心部に近くても自然が豊かなところを希望しています。食事をしているときも庭がよく見える伝統的な日本家屋とか素敵《すてき》ですよね。季節ごとにとれる地元の野菜を料理しては地域の方々と会食を楽しんで交流の輪を広げたいです。
4　私が家を買うならやはり外観にはこだわりたいです。日本家屋の良い部分を意識しながら人目を引くような感じにすれば、それを見た人も思わず中をのぞいてみたくなりますよね。家を見に来た人に声をかければ話も弾《はず》みそうだと思いませんか。

問九　この文章についてあてはまるものを、次から二つ選びなさい。

1　人間と類人猿を比較《ひかく》しながら、人間の良くない点を批判的に説明している。
2　文章全体を通じて筆者が伝えたいことを、最初と最後でくり返し述べている。
3　サルと類人猿を見比べると、サルのほうが劣《おと》っていることをわかりやすく説明している。
4　人間と人間に近い動物との比較を通して、食物に関わる日本の文化に問題を投げかけている。
5　専門的な内容を説明するとき、たとえを多く用いることで話の内容を想像しやすくしている。
6　サルや類人猿を研究している筆者だが、専門外である人間の文化についても説明しようとしている。

【二】

筆者は、盲導犬《もうどうけん》の訓練士である。盲導犬は常にハーネス（盲導犬用の胴輪《どうわ》）を付けて、訓練を受けている。

もうかなり前のことですが、あるテレビ番組で盲導犬の訓練法を紹介《しょうかい》していました。紹介していたのは盲導犬の「段差の存在を知らせる」役割についてでした。盲導犬は階段に近づいたとき、階段の一段目に足をかけて止まります。視覚障碍《しょうがい》者は、ハーネスの角度が階段一段分上がる手応《てごた》えでそれを知ります。

さて番組中、まだ訓練されていない犬が階段に近づくと、当然そのまま上ろうとして歩き続けました。すると訓練士は、犬が階段から転げ落ちるくらい思いっきり*チョークして止まらせ、覆《おお》いかぶさるようにして手で犬を叩《たた》いていました。この訓練士は犬に何を教えたつもりなのでしょうか。おそらく、「お前が止まらないと私がつまずくし、お前も痛い目に遭《あ》う。だから段差では止まりなさい」と教えたつもりなのでしょう。しかし、犬が実際に学習したのは次の二点だと私は思います。①この人は怖《こわ》い。②段差は怖い。

①の「この人は怖い」を学習した結果、犬は常にハンドラー（ハーネスを持っている人）の顔色を窺《うかが》い、叱《しか》られない行動は何かを探《さぐ》るようになります。このような落ち着きのない行動は、盲導犬にとってはもちろん好ましくありません。②の「段差は怖い」を学んでしまうと、犬は段差に近づかないようにするか、段差に来ると素早《すばや》く通り抜《ぬ》けるために走るようになります。たとえ犬がどちらの行動をとっても、目の見える訓練士なら対処できます。しかし、①目の見えない人には管理不可能な事態を招くでしょう。

初めて訓練犬を持たせてもらうようになった頃《ころ》の私も、何の疑問も持たずに角々で犬をチョークして停《と》めていました。犬がやってはいけないことをすると叱りつけました。盲導犬がやってはいけないこと、それは、角で停まらずに通り過ぎる、段差や障害物を知らせずに通り過ぎる、またはよそ見、匂《にお》い嗅《か》ぎなどです。

こうした訓練でも続けているうちに、犬が角に来れば停まるようになり、よそ見や匂い嗅ぎをしなくなる場合もあります。［ア］、あるとき私が目隠《かく》しして歩いてみたところ、犬の態度が一変し、普段《ふだん》なら見せないような行動を取り始めました。それは、目が見える私が段差や角で無意識に見せる何らかのサイン――たとえばタイミングの良いハーネスからの刺激《しげき》や言葉がけなどを、犬が敏感《びんかん》に感じ取って反応していたためで、目隠しをしてサインを送れなくなった私には反応しなかっただけなのです。

以前の私は②それに気付かず、犬が本当に理解してくれていると考えていました。心をこめて訓練すれば犬に通じると言われた言葉を自分でも本気で信じていました。今なら犬の言葉を察することが出来るので、犬が何に反応しているかを知り、こちらが犬に何をさせたいか伝えることもできます。しかし、当時は犬の都合など考える必要はないと教えられ、その通りに考えていたのです。ただ単に犬を叱る方法は、1プラス1は2であることを教えず、永遠に3ではない4ではない5ではないと言い続け、そのたびに罰《ばつ》を与《あた》えるのに似ています。私は、このやり方を「NO《ノー》で教える」と呼んでいます。

NOで教える方法の最大の欠点は、何がYES《イエス》であるのかを犬に伝えないところです。段差で停まらなかった犬を叩いたからといって、犬は次回から段差で停まるようになるでしょうか？　叩かれた犬が、「自分は段差で停まるべきだったのだ」と気付く可能性はほとんどありません。この方法で犬にこちらが期待する行動を取らせるには、偶然《ぐうぜん》に期待するしかないのです。

［イ］、飛びついて困る犬をどうしたらよいでしょうか。飛びついたら足を踏《ふ》め、とか膝《ひざ》で胸を蹴《け》れ、と書いてある本があります。しかし、この方法では飛びつくのを止められません。叱ることと訓練することはまったく別です。叱っても、飛びつかずにどうすれば良いのかが犬にはわからないからです。飛びついて足を踏まれたり、胸を蹴られた犬は、飛びついた自分に問題があった、飛びついてはいけなかったのだ、とは考えません。犬は、次にはどうすれば踏まれたり蹴られたりせずに飛びつけるかと考えます。その結果、足を踏んだり胸を蹴る準備が出来ていない人に飛びついたり、背後から飛びついたりするのです。

ここで犬が経験したのは、「飛びついたら足を踏まれた、胸を蹴られた」という事実だけで、「飛びついてはいけない」と教えたい人間の希望とは大きな隔《へだ》たりがあります。散歩のときに紐《ひも》（リード）を引っ張る犬を躾《しつ》ける場合も同じです。引っ張ったら思い切り紐を引っ張り返して犬の首にショックを与えろ、と書かれた本があります。これも、犬は「［Ⅰ］引き戻《もど》された」という経験をしただけで、「［Ⅱ］引き戻されたのだ」とは思いません。

犬の重要な特性がここに表れています。「犬は後悔《こうかい》しない」のです。人間と違《ちが》って、NOと言われた犬は「こうした自分が悪かった」とは思いません。自分がすでにしたこと、済んでしまった行為《こうい》を振《ふ》り返って評価するのは人間の高度な知的活動のひとつなのです。「当たり前だ！」と思われましたか？　でも、実際には多くの人が、犬に「後悔」や「反省」を求める*躾《しつ》けを行っています。考えてみれば、昔の盲導犬訓練は犬に多くを求めすぎていました。盲導犬としての使命感、過《あやま》ちは即座《そくざ》に正す道義心、常に忘れない思いやり――それも何の見返りもなしで、です。人間にだって、こんな立派な人物はなかなか見当たらないというのに、ただ叱りつけるだけでこんな素晴らしい人格者（犬？）が育つはずはありません。

【ウ】、飛びつく犬、引っ張る犬をどう躾けたら良いでしょうか。しない方が良い結果に結びつく、とわかるように教えるのです。第一段階として、「させない」ようにします。飛びついてはいけない、引っ張ってはいけない、と一足飛びに犬に理解させるのは大変難しいのです。【エ】、飛びつけない、引っ張れない状態にします。「そうしない」ことを学ばせる前に、「そうできない」状態を作って犬に示すのです。飛びつく犬には飛びつこうとしたときに、「お座《すわ》り」とか「伏《ふ》せ」など、その犬が知っている他の行為を命じます。それが出来ない犬の場合は、飛びつこうとする前に足で紐を踏むなどして「できない」状態を作ります。一番大事なことは、「そうできなかった」結果に過ぎなくても、③飛びつかなかったり引っ張らなかったご褒美《ほうび》に犬をよく褒《ほ》めてあげることです。これ以外に犬の引き癖《ぐせ》を直す方法として、犬が紐を引こうと考えたときに後ろを向いて歩き出したり、どんどん紐を長くして犬を不安にさせたりする方法もあります。

今申し上げた話の中で、「よく褒めてあげること」と、「飛びつこうとしたときに」【オ】「紐を引こうと考えたときに」という言葉が大事なポイントになりますので、覚えておいてくださると良いでしょう。また、訓練の具体的な方法などについても後の項《こう》で少し詳《くわ》しく説明します。いずれにしても、一回で魔法《まほう》のように悪いクセが直るとは思わないでください。何度も繰《く》り返して教える根気が必要です。

盲導犬を訓練するとき、私は徹底《てってい》して人が何を望んでいるかを犬に示します。犬がそれを理解し、納得《なっとく》し、結果に満足するまで繰り返します。この方法を私は、「ＮＯで教える」に対して「④ＮＯを教える」と呼んでいますが、一般には「ＹＥＳを教える」と言った方がわかりやすいかもしれません。実際の訓練を例に挙げてみましょう。犬に段差で停まることを教えます。最初、訓練されていない犬は段差に来ても当たり前に通り過ぎます。そのときに訓練士はまず、「段差」というものを犬に意識させます。訓練では段差を「カーブ」という言葉で表現しますが、「カーブ」と言いながら足で段差を叩いて音をたて、犬に意識させます。私たちはこの過程を、「紹介、基礎《きそ》」と呼んでいます。犬が「カーブ」という言葉に慣れてきたら、今度は犬が段差に来たら通過できないように紐を引いて停めてやります。「しない」の前に「できない」状態をつくるわけです。犬が停まったら、グッドグッドと言いながらよく褒めてやります。訓練でこの過程を、「強化」と呼びます。ここで犬は、人間の力で停められたにもかかわらず褒められるという経験をします。これを何回も繰り返しながら、訓練士が犬を停める力を徐々《じょじょ》に弱めていき、やがて自発的に停まるようにさせます。

犬がほとんどの場合に自分から段差で停まれるようになったら、訓練士が段差で一歩前へ出て、停まった犬を誘《さそ》います。一緒《いっしょ》に出てこようとしたら、「ＮＯ」という言葉で否定し、「カーブ」の言葉とともに段差に戻して停止させます。この過程を、「誘惑《ゆうわく》」と呼びます。犬が誘惑にも耐《た》えられるようになったら、次は段差で停まろうとした犬に「ＧＯ《ゴー》」の命令を掛《か》け、それでも犬には停止を続けさせます。この段階を「ネガティブサポート」と呼びます。「ＧＯ」と命令を掛けても停止が出来るようになったら、訓練は一段落です。

一連の訓練で「ＮＯ」を使うのは、間違ったことをしたときに犬の注意を喚起《かんき》するためで、その後即座に何をすべきかを示さなければなりません。これが大事なポイントです。なぜ「ＮＯ」なのか、何が「ＹＥＳ」なのか、を犬に理解させようとしてはいけません。犬にとっての「ＹＥＳ」「ＮＯ」は快・不快でしかなく、それは人間が求める善悪の基準とはまったく異なるのですから。

（多和田悟『犬と話をつけるには』文春新書刊）

＊チョーク…首に刺激を与える。　＊道義心…人間として守らなければならない、当たり前のことを大切にする心。

問一　【　】ア～オにあてはまる言葉を、それぞれ次から選びなさい。（番号は一度しか選べない）

1　ですから　2　しかし　3　例えば　4　あるいは　5　では

問二　══線「たとえ」はどこにかかりますか。次から選びなさい。

1　犬が　2　どちらの行動を　3　とっても　4　目の見える訓練士なら　5　対処できます

問三　──線①「目の見えない人には管理不可能な事態を招く」とありますが、本文の内容を踏まえると、どのようなことが考えられますか。次から二つ選びなさい。

1　犬が誘導せず寄り道をしてしまうから、目の見えない人は自分がどこにいるか分からなくなる。
2　犬が段差を素早く通り抜けようとするので、目の見えない人は段差に気づかず転んでしまう。
3　犬が人間に恐れをいだいて誘導できなくなるので、目の見えない人はその場から動くことができない。
4　犬が段差に気づかず先へ進んでしまうため、目の見えない人は犬と一緒につまずいてしまう。
5　犬が段差に近づこうとしないために、目の見えない人はわざわざ遠回りして歩かなければならない。

問四　──線②「それ」は何を指していますか。解答らんに合うように、文中の言葉を用いて三十五字以内で答えなさい。

犬が段差や角で停まるようになったのは、（　　　　）だけであること。

問五　□Ⅰ・Ⅱにあてはまる組み合わせを、次から選びなさい。

1　Ⅰ　引っ張ったら　Ⅱ　引っ張ったのがいけなかったから
2　Ⅰ　引っ張らなかったら　Ⅱ　引っ張ったのがいけなかったから
3　Ⅰ　引っ張ったら　Ⅱ　引っ張ったのがよかったから
4　Ⅰ　引っ張らなかったら　Ⅱ　引っ張ったのがよかったから

問六　―線③「飛びつかなかったり引っ張らなかった」が正確な表現になるように、後半の「引っ張らなかった」を書き直しなさい。

問七　筆者が盲導犬を訓練し始めたころは、犬の訓練についてどのように考えられていましたか。次から二つ選びなさい。

1　自分の行動を振り返らないという犬の欠点は、厳しい訓練によって改めることができる。
2　思いやりのある犬を育てるには、何度も褒めて正しい行動を覚えさせることが必要である。
3　犬が誤った行動を取るときは、その場で厳しく叱り、過ちに気づかせることが大切である。
4　犬は理解力が弱く一度では覚えられないから、根気よく繰り返して教えなければならない。
5　心をこめて訓練を続ければ、犬はやがて訓練士の期待する行動を取ることができるようになる。

問八　―線④「NOを教える」とありますが、

（1）この方法を用いると、犬に段差で停まることを教える過程や段階は、いくつありますか。ここより後から探し、算用数字で答えなさい。

（2）筆者はどのような場面で「NO」を使うのがよいと考えていますか。ここより後から探し、そのことが書かれた一文のはじめの三字をぬき出しなさい。

問九　本文の内容に合うものを次から二つ選びなさい。

1　犬が意識して取った行動でなくても、結果として良い行動になるならば、よく褒めるようにする。
2　初めは犬に優しく接するようにするが、訓練が進むと厳しい罰を与えて、正しい行動を教えこむ。
3　理想の訓練は、犬の特性に合わせて何が「YES」なのか、なぜ「NO」なのかを教えることである。
4　犬は経験を積むことで応用力が身につき、人間の期待する行動をその場で判断できるようになる。
5　初めは犬に「NO」を教えこみ、慣れて良い行動を判断できるようになったら、できるだけ褒める。
6　何が良くないのかを犬に理解させることは難しいから、まず良くない行動がとれない状態で訓練する。

【三】　A～Dの―線と同じ意味で漢字が使われている熟語を、それぞれ次から選びなさい。

A　暗唱　（1　暗示　2　暗号　3　暗記　4　暗幕）
B　統計　（1　設計　2　時計　3　計画　4　合計）
C　愛好　（1　好意　2　好調　3　絶好　4　好評）
D　告白　（1　空白　2　白状　3　白色　4　潔白）

【四】　―線の漢字の読みを答えなさい。

①　冬至の日。　②　大きな代価をはらう。　③　細目をさだめる。　④　気位の高い人。　⑤　犯人が白を切る。

【五】　―線のカタカナを漢字に直しなさい。

①　たんぽぽのワタゲ。　②　伝家のホウトウ。　③　キョを構える。　④　一歩シリゾく。
⑤　チクバの友。　⑥　オペラのジョキョク。　⑦　エイサイ教育。　⑧　おソナえの月見団子。

（注意）とちゅうの計算は余白を利用し，答えはすべて解答用紙に書きなさい。また，円周率は3.14として計算しなさい。
（50分）

1　次の□をうめなさい。

(1)　$\left\{0.2 \div \frac{3}{5} + \left(3 - \frac{11}{12}\right) \times 0.8\right\} \div \frac{2}{3} = \square$

(2)　$\left(0.5 - \square\right) \times \frac{3}{4} \div 0.25 + 2\frac{1}{6} = 2\frac{2}{3}$

(3)　ある整数を111で割り，小数第2位を四捨五入すると7.0になりました。考えられる整数は全部で□個です。

2　次の問いに答えなさい。

(1)　右の図は，三角形ABCをADで折り曲げたものです。AD = BD = CDのとき，角㋐の大きさは何度ですか。

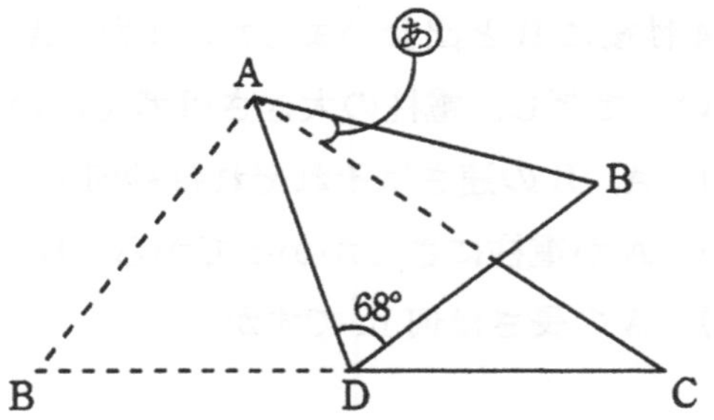

(2)　右の図のかげをつけた部分の面積は何 cm^2 ですか。

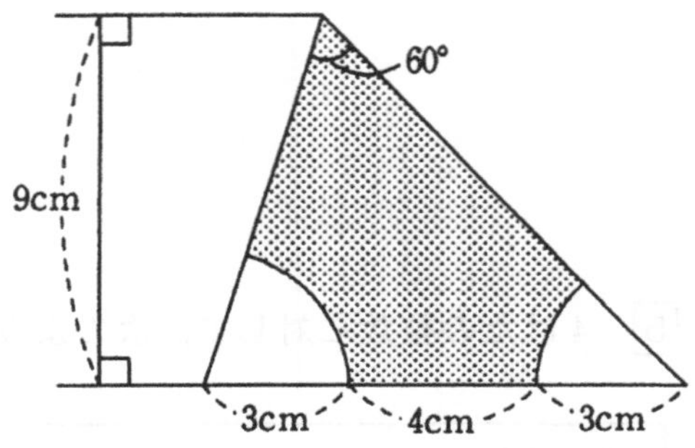

(3)　図1は立方体の展開図です。これを，かげをつけた部分が外側になるように組み立て，図2のマス目のAの位置に，図3の状態で置きます。図2のように矢印の方向にBの位置まですべることなく転がすとき，Bのマス目に接している面はア～カのどれですか。記号で答えなさい。ただし，文字の向きは考えないものとします。

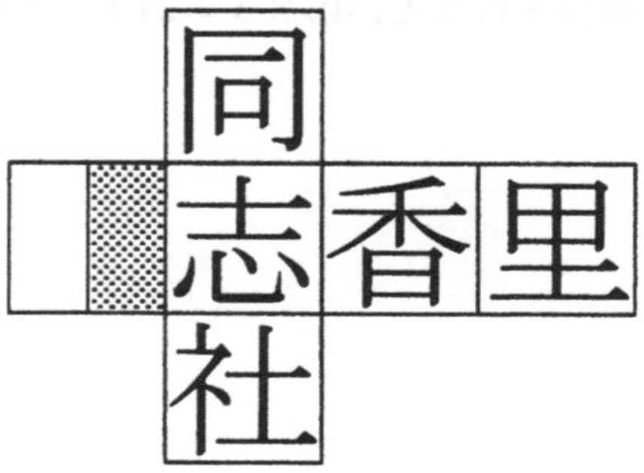

(図1)

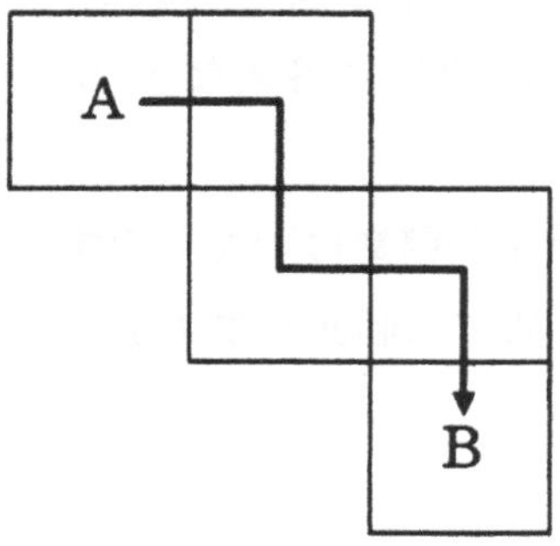

(図2)

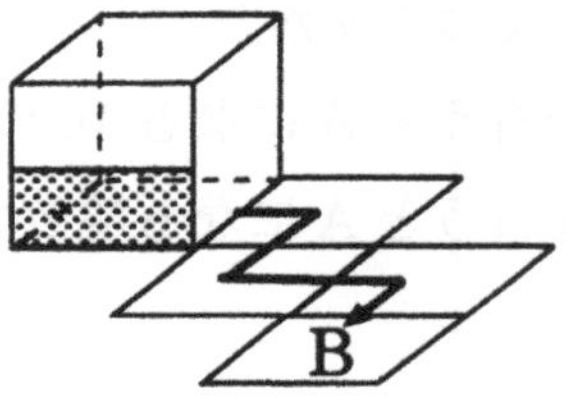

(図3)

ア　イ　ウ　エ　オ　カ

受験 番号	2021年度　同志社香里中学校 後期入学試験問題　算数	4枚のうち その2

（注意）とちゅうの計算は余白を利用し，答えはすべて解答用紙に書きなさい。また，円周率は3.14として計算しなさい。

3　右のグラフは，ある駐《ちゅう》車場の駐車時間と料金の関係を表したものです。1時間をこえると，30分ごとに一定の金額ずつ料金が上がっていきます。次の問いに答えなさい。

(1)　1時間30分駐車すると料金はいくらですか。

(2)　1000円で最長何時間何分駐車できますか。

(3)　6時間45分駐車すると料金はいくらですか。

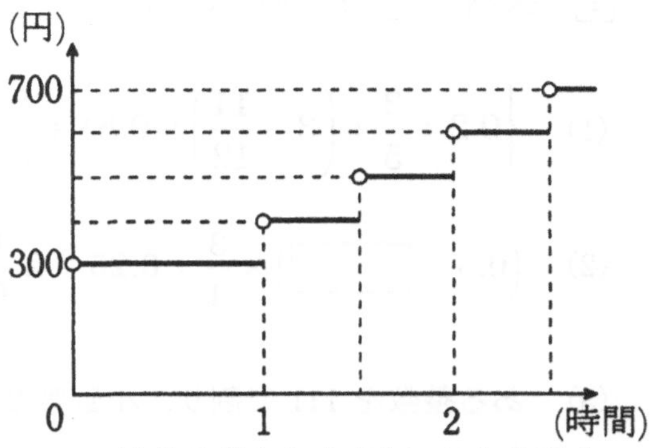

○はその点をふくまないことを表す

4　毎時72kmで走る上り列車Aと，毎時90kmで走る下り列車Bがあり，Bの長さは95mです。Aは電柱にさしかかってから4秒後にBと出会いました。また，Aがこの電柱を通り過ぎると同時に，Bがこの電柱にさしかかりました。次の問いに答えなさい。ただし，電柱の大きさは考えないものとします。

(1)　A，Bの速さはそれぞれ毎秒何mですか。

(2)　Aが電柱にさしかかってから，Bがこの電柱を通り過ぎるまでに何秒かかりますか。

(3)　Aの長さは何mですか。

5　4けたの整数に対して，次のような操作を行います。

【操作】
4けたの整数を上2けたと下2けたに分けて，その積を求める。
ただし，十の位の数が0のときは，上2けたと一の位の数の積を求める。

例えば，1234に対してこの操作を行うと，$12 \times 34 = 408$となり，4205に対してこの操作を行うと，$42 \times 5 = 210$となります。2021に対してこの操作を行うとAになりました。次の問いに答えなさい。

(1)　Aの値はいくつですか。

(2)　この操作を行うとAになる10の倍数のうち，最小の整数はいくつですか。

(3)　この操作を行うとAになる整数は，2021をふくめて何個ありますか。

（注意）とちゅうの計算は余白を利用し，答えはすべて解答用紙に書きなさい。また，円周率は3.14として計算しなさい。

6　光が反射するときには，図1のように角㋐と角㋑の大きさが等しくなります。図2は，長方形ABCDの頂点Bから光を発射させ，辺上で2回反射して頂点Dに到達《とうたつ》した様子を表しています。図3は長方形ABCDの縦の長さを2cm短くしてできた長方形EBCFにおいて，頂点Bから光を発射させ，辺上で4回反射して点Iに到達した様子を表しています。次の問いに答えなさい。

(1)　図2において，光が頂点Bから頂点Dに到達するまでに進んだ距離《きょり》は何cmですか。

(2)　図3において，FHとGIの長さは，それぞれ何cmですか。

(3)　図3において，かげをつけた部分の面積は，長方形EBCFの面積の何倍ですか。

（図1）

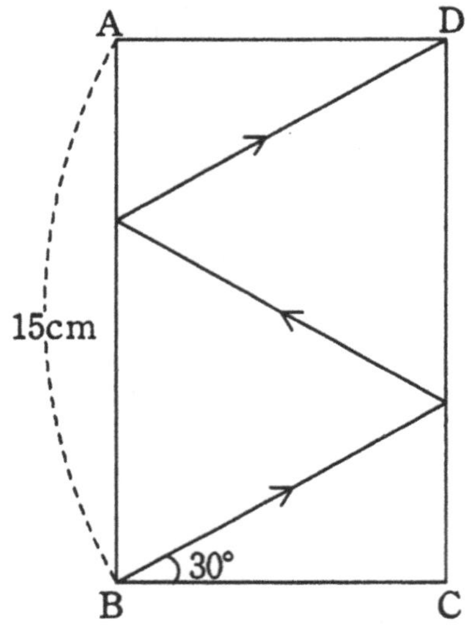

（図2）

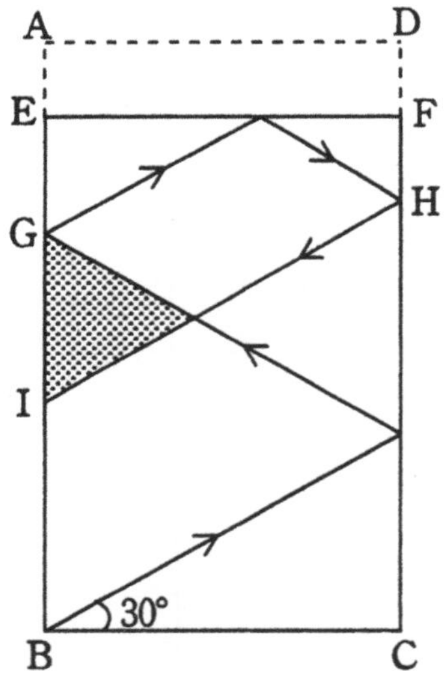

（図3）

7　図1のような密閉された容器の中に，深さ3cmのところまで水が入っています。四角形AEFBと四角形DHGCは形も大きさも同じ台形で，他の面はすべて長方形です。次の問いに答えなさい。

(1)　水の量は何cm^3ですか。

(2)　容器を倒《たお》して，底面を台形AEFBにしたとき，底面から水面までの高さは何cmですか。

(3)　容器を図2のように，辺EHを床《ゆか》につけたまま，長方形BFGCと床が平行になるようにかたむけました。

このとき，床から水面までの高さは何cmですか。

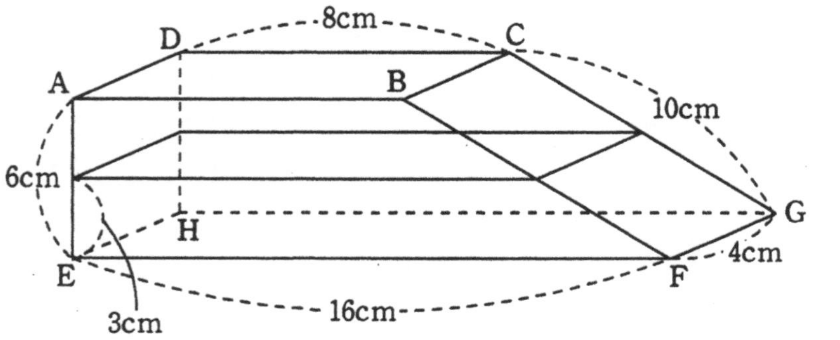

（図1）

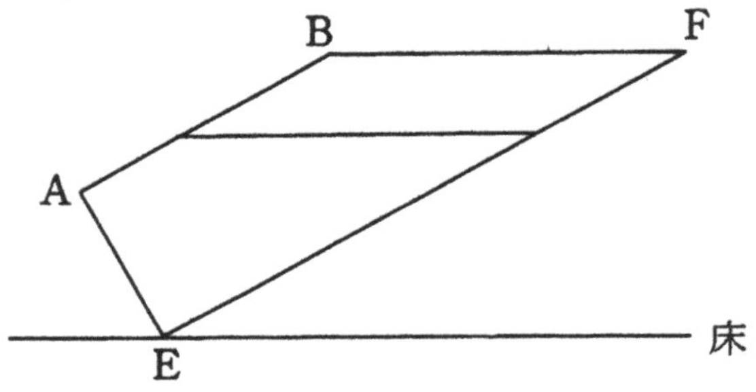

（図2）

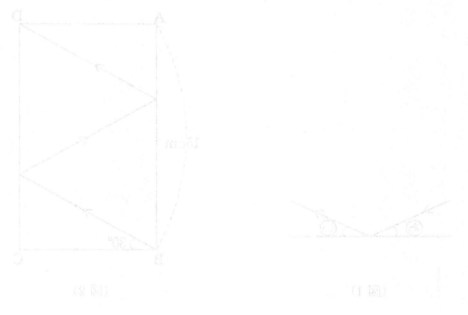

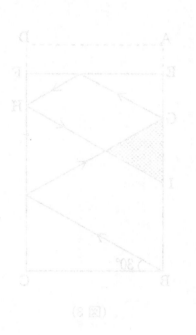

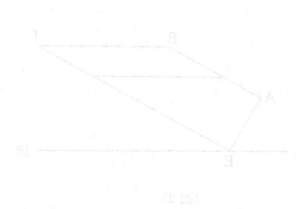

受験 番号	2021年度同志社香里中学校 後期入学試験問題用紙　理科	5枚のうち その1

記号・番号で答えられるものはすべて記号・番号で答えなさい。

(40分)

【1】空気の入ったびんの中に火のついたろうそくを入れてふたをすると、しばらく燃えたあと、火が消えました。

(ア) ろうそくを燃やす前のびんの中の空気と燃やした後の空気を比べたとき、割合が増えた気体にはA、減った気体にはB、変わらなかった気体にはCと答えなさい。

① ちっ素　② 酸素　③ 二酸化炭素

(イ) ものを燃やすはたらきがあるものにはA、ないものにはBと答えなさい。

① ちっ素　② 酸素　③ 二酸化炭素

(ウ) びんの中に、酸素とちっ素を半分ずつ入れました。この中に火のついたろうそくを入れてふたをするとどうなりますか。

1．火はすぐに消える。

2．空気の入ったびんの中で燃やしたときと同じようにしばらく燃えたあと、火が消える。

3．空気の入ったびんの中で燃やしたときよりも激しく燃えて、火が消える。

【2】次のⅠ、Ⅱの文を読み、下の問いに答えなさい。

Ⅰ．$_A$植物の種子は、肥料をあたえなくても発芽する。なぜなら、$_B$発芽に必要な養分は種子の中にふくまれているからだ。発芽した種子は地上に芽を、土の中に根を出す。植物の根は水を取り入れるはたらきがある。水は$_C$くきを通って葉に運ばれる。葉には小さなあながあり、$_D$水はこのあなから出ていく。このはたらきを(a)という。

(ア) 下線部Aについて、種子が発芽するために必要な条件は、水と適当な温度と何ですか。

1．日光　2．空気　3．土

(イ) 下線部Bについて、次の問いに答えなさい。

① インゲンマメの種子の場合、発芽に必要な養分がふくまれている場所を ▒▒ で正しくぬっているものを選びなさい。

1．　2．　3．

② ①で選んだ養分がふくまれている場所の名前を答えなさい。

(ウ) 下線部Cについて、水はくきのどこを通っているのかを確かめるため、ホウセンカに切り花用の赤い染色（せんしょく）液を根から吸わせました。くきを縦に切ったとき、赤く染まっている場所を ▒▒ で正しくぬっているものを選びなさい。

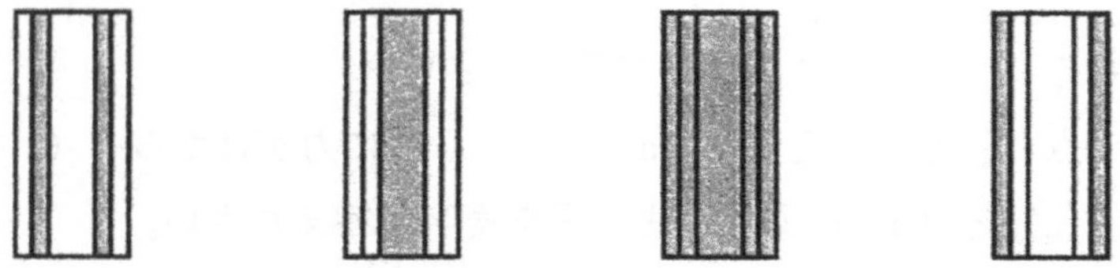

1．　2．　3．　4．

(エ) 下線部Dについて、次の問いに答えなさい。

① 小さなあなから水が出ていくときのすがたはどれですか。

1．気体　2．液体　3．固体

② 右図はツユクサの葉の表面をけんび鏡で観察したものです。水が出ていくあなはどれですか。

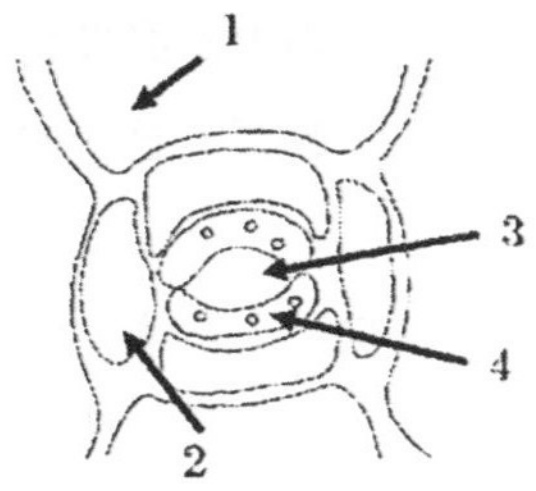

(オ) 文中の（a）にあてはまる語を答えなさい。

Ⅱ．春先にアブラナがさいていたので、よく観察すると、つぼみや実が見られ、花の中のめしべの先に花粉がついていた。花粉がめしべの先につくことを(b)といい、(b)が起きてしばらくすると、実ができる。熟した実を割ってみると中から【 X 】出てきた。

(カ) 春のアブラナを観察したときのスケッチとして正しいものを選びなさい。

1．　2．　3．

(キ) 文中の（b）にあてはまる語を答えなさい。

(ク) 文中の【X】にあてはまる文として正しいものを選びなさい。

1．黒色の種子がたくさん　2．黒色の種子が1つだけ

3．緑色の種子がたくさん　4．緑色の種子が1つだけ

受験 番号	2021年度同志社香里中学校 後期入学試験問題用紙　理科	5枚のうち その2

記号・番号で答えられるものはすべて記号・番号で答えなさい。

【3】てこのはたらきについて、下の問いに答えなさい。

（ア）てこには、支点と、力を加える（　a　）と、ものに力がはたらく（　b　）の3点があります。(a) と (b) にあてはまる語を漢字で答えなさい。

（イ）てこのしくみを利用した道具の一つに、くぎぬきがあります。右図において、Bのところでくぎをぬくために 15kg 分の力が必要だとすると、Aで少なくともどれだけの力を加えればくぎがぬけますか。

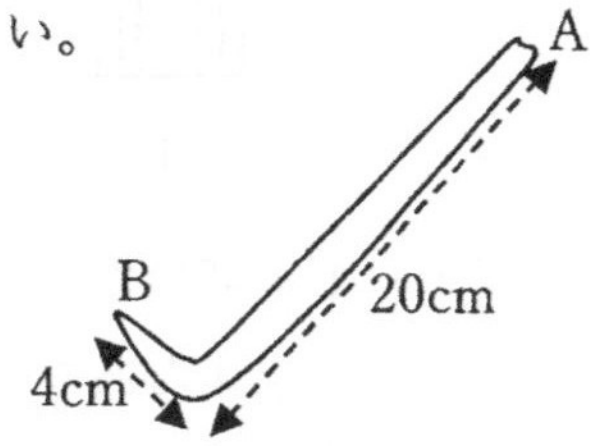

（ウ）1～4の道具は、てこのしくみを利用しているものです。下の①、②にあてはまる道具をすべて選びなさい。

1．ピンセット　　2．せんぬき　　3．ペンチ　　4．空きかんつぶし

①（ア）の (a)、(b)、支点の3点のうち、支点が真ん中ではなく、はしにある道具。

② (a) で加える力よりも、(b) ではたらく力の方が小さくなる道具。

棒と皿、20gのおもり、輪じくを組みあわせて、下図のようなはかりをつくります。支点から糸Xまでの長さは 28cm、支点から棒のはしまでの長さは 80cm です。皿に重さをはかりたいものをのせ、おもりの位置を移動させてつりあわせます。おもりは棒のはしまで動かすことができます。皿に何ものせないときは、おもりを支点から 10cm のところにつるすと棒がつりあいました。

（エ）糸Xが棒を上に引く力の大きさを 10g 分増やすには、皿にのせるものを何g増やせばよいですか。

（オ）このはかりでは、最大で何gまではかることができますか。

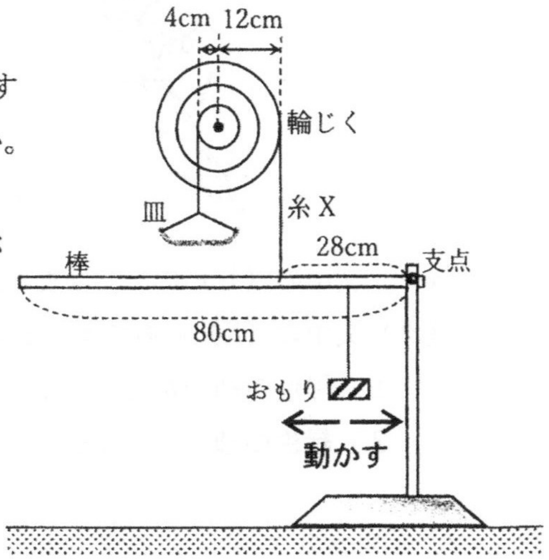

【4】下図は、ある川をスケッチしたものです。

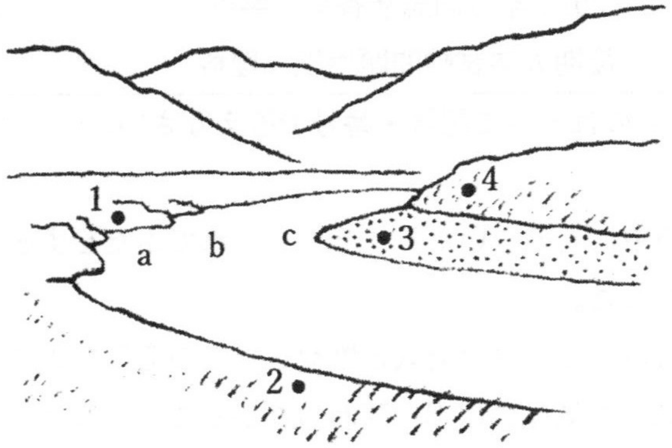

（ア）図のスケッチは、川がどのあたりを流れているときのものですか。

1．山の中の深い谷　　2．山から流れ出たあたりの平地　　3．海岸近くの平地

（イ）川が土地をけずるはたらきを何といいますか。

（ウ）（イ）のはたらきが強くなるのは、どのようなときですか。

1．大雨　　2．満月　　3．強風　　4．大雪

（エ）図中の1～4のうち、（イ）が最も強くはたらいている場所はどこですか。

（オ）図中のa～cの地点における、流れの速さと川底の深さについて、正しいものを1つ選びなさい。

1．aが最も速く、最も深い。　　2．bが最も速く、最も深い。
3．cが最も速く、最も深い。　　4．aが最も速く、cが最も深い。
5．aが最も速く、bが最も深い。　　6．cが最も速く、bが最も深い。
7．cが最も速く、aが最も深い。　　8．どこも同じ速さで、bが最も深い。

（カ）図の場所よりも上流へ向かうにつれて、川原の石の大きさと形はどうなっていきますか。

1．より大きく、丸くなっていく。　　2．より小さく、丸くなっていく。
3．より大きく、角ばっていく。　　4．より小さく、角ばっていく。

（キ）図の場所よりも上流へ向かうにつれて、川のはばと土地のかたむきはどうなっていきますか。

1．はばは広く、かたむきは大きくなっていく。
2．はばは広く、かたむきは小さくなっていく。
3．はばはせまく、かたむきは大きくなっていく。
4．はばはせまく、かたむきは小さくなっていく。

受験 番号	2021年度同志社香里中学校 後期入学試験問題用紙　理科	5枚のうち その3

記号・番号で答えられるものはすべて記号・番号で答えなさい。

【5】4つの水よう液（うすい塩酸、アンモニア水、炭酸水、せっかい水）の性質について、下の問いに答えなさい。

（ア）つんとしたにおいのする水よう液はどれですか。すべて答えなさい。

1．うすい塩酸　2．アンモニア水　3．炭酸水　4．せっかい水

（イ）赤色リトマス紙を青色に変化させる水よう液はどれですか。（ア）の選たくしからすべて答えなさい。

（ウ）（イ）の水よう液は何性ですか。

1．酸性　2．中性　3．アルカリ性

（エ）スライドガラスに1てき取って蒸発させたとき、白い固体が残る水よう液はどれですか。（ア）の選たくしからすべて答えなさい。

（オ）次の文の【X】にあてはまる語を漢字2字で答えなさい。

スライドガラスに1てき取って蒸発させても、何も残らない水よう液には【　X　】がとけている。

【6】9月のある日、大阪で21時に満月が見られました。満月を望遠鏡で観察すると、明るい部分と暗い部分が見られました。さらに、表面には円形のくぼみが数多く見られました。

（ア）21時に満月はどちらの方角に見えましたか。

1．北東　2．北西　3．南東　4．南西

（イ）満月の表面のようすとして、正しいものを選びなさい。

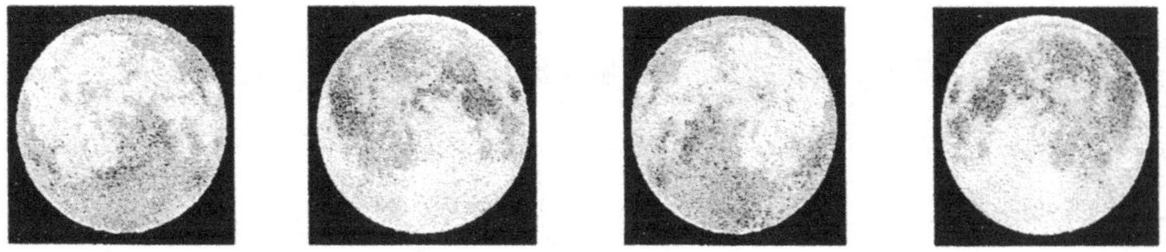

1．　2．　3．　4．

（ウ）文中の下線部の円形のくぼみを何といいますか。

（エ）この後、満月は何時ごろにしずみますか。

1．夜中0時　2．夜中3時　3．明け方6時　4．朝9時

（オ）次に半月が見られるのは、この日から数えておよそ何日後ですか。

1．3日後　2．7日後　3．10日後　4．15日後　5．22日後

（カ）（オ）の半月が、右のような向きに見えるのは、何時ごろですか。

1．9時　2．15時　3．21時　4．夜中0時　5．夜中3時

（キ）（オ）の半月は何と呼ばれていますか。

1．上げんの月　2．下げんの月　3．秋の長月　4．中秋の名月

【7】長さ5.0mのエナメル線の一部と鉄くぎを使って電磁石を作り、その性質を調べる実験を行いました。また、コイルの巻き数や電池の数、エナメル線の太さなどを変えながら、電流計を用いて電流の強さについても調べました。表は実験結果をまとめたものです。ただし、エナメル線は切らずに使っています。

実験番号	①	②	③	④	⑤	⑥
エナメル線の太さ[mm]	0.2	0.2	0.2	0.4	0.4	0.4
電池の数とつなぎ方	1個	1個	2個 直列	1個	2個 直列	2個 並列
コイルの巻き数[回]	100	200	200	100	200	100
電流の強さ[A]	0.5	【X】	1.0	2.0	4.0	2.0

（ア）電流計を使って電流の強さをはかるとき、はじめに導線をどのマイナスたんしにつなぎますか。

1．5Aのたんし　2．500mAのたんし　3．50mAのたんし

4．どれでもよい

（イ）電磁石に方位磁針を近づけると、図のようになりました。次の操作a、bをそれぞれ行ったとき、方位磁針はどうなりますか。1～4より選びなさい。

a．電池の向きを入れかえたとき　b．鉄くぎをぬいたとき

1．N極が電磁石の方をさす

2．S極が電磁石の方をさす

3．くるくる回ったまま止まらない

4．N極が北の方角をさす

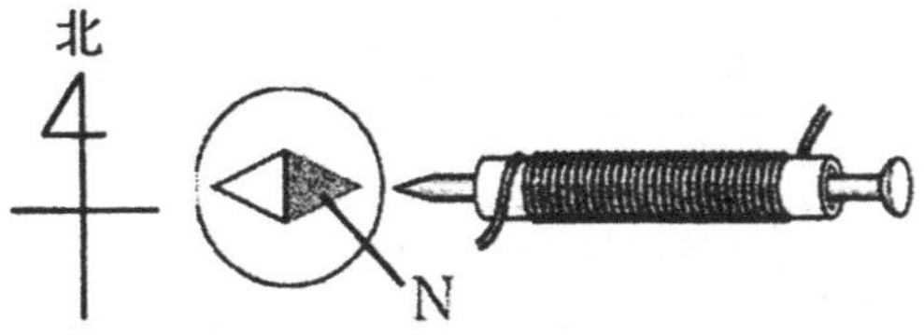

（ウ）表中の【X】にあてはまる数値はいくらですか。

（エ）実験番号①～⑥のうち、最も多くのゼムクリップがつく電磁石はどれですか。

記号・番号で答えられるものはすべて記号・番号で答えなさい。

【8】次の文を読み、下の問いに答えなさい。

川で暮らすメダカは、水草に卵を産み付ける。5月に産み付けられた卵は、約（ a ）でふ化する。ふ化したばかりの子メダカは、しばらくの間、腹にある（ b ）を使って成長するため、エサを食べない。屋外に置いたスイレンばちに水草を入れてメダカを飼育していると、5月中ごろに産み付けられた卵より、6月中ごろに産み付けられた卵の方が、短い日数でふ化した。

一方、海で暮らすクジラはヒトと同じ仲間であり、（ c ）で呼吸する。クジラは寒い北極の海でエサとなる生物をたくさん食べて十分に太る。その後、エサは多くないが暖かい沖縄の海にやってきて出産や子育てを行う。

（ア） (a) ～ (c) にあてはまる語を選びなさい。

1．1週間　2．2週間　3．4週間　4．水分　5．養分　6．塩分
7．えら　8．皮ふ　9．肺

（イ）メダカの卵が5月より6月の方が短い日数でふ化した理由として、昼の長さが長くなったことと、水温が高くなったことが考えられます。6月の方が短い日数でふ化した理由を確かめるために、4つの水そうA～Dを用意し、昼の長さと水温について、下の表のようにしました。また、下の[日数の比かく]は、卵のふ化までにかかった日数を比かくし、それをまとめたものです。

水そう	A	B	C	D
昼の長さ	5月	5月	6月	6月
水温	5月	6月	5月	6月

[日数の比かく]

・AとBを比べると、Bの方が短い日数でふ化した。
・AとCを比べても、ふ化までの日数は変わらなかった。
・AとDを比べると、Dの方が短い日数でふ化した。

①メダカの卵が5月より6月の方が短い日数でふ化する理由として、正しいものはどれですか。

1．昼の長さが長いから　2．水温が高いから
3．昼の長さも水温もふ化までの日数にはえいきょうしない

②BとDを比かくしたとき、ふ化までにかかった日数はどうなりましたか。

1．Bの方が短かった　2．Dの方が短かった
3．日数は変わらなかった

（ウ）エサが多くない沖縄の海で、クジラが出産や子育てを行う理由としてふさわしいものを選びなさい。

1．生まれてすぐの子クジラは、体内にある脂肪（しぼう）でしばらく育つことができるから
2．海が暖かいと、生まれてすぐの子クジラは栄養をとらなくても、早く育つことができるから
3．生まれてすぐの子クジラは乳を飲んで育つので、エサを直接食べなくても育つことができるから

（エ）海で泳ぎながら呼吸をしている魚では、口から入った海水にふくまれる酸素を（ d ）で取り入れる。この海水はそのまま体外に出ていく。魚の体では、心臓から送り出された（ e ）の多い血液は、(d) を通って、全身に流れていく。

① (d)、(e) にあてはまる語を答えなさい。

②親といっしょに泳いでいる子クジラは何から酸素を取り入れますか。

1．海水　2．空気　3．親クジラ

③子クジラの体では、心臓から送り出された血液は酸素を取り入れた後、次にどこへ流れていきますか。

1．全身に流れていく　2．脳に流れていく　3．心臓にもどる

受験番号	2021年度 同志社香里中学校 後期入学試験 問題 社会	4枚のうち その1

※注意　特別な指示のある場合をのぞき、漢字で書ける解答はすべて漢字で書きなさい。
漢字で書ける解答をかなで書いた場合には減点します。

(40分)

【1】次の新聞記事を読み、あとの問いに答えなさい。

大阪都構想　再び住民投票へ

維新《いしん》と公明が合意　来年にも

①大阪維新の会と②公明党大阪府本部は25日、③大阪市をなくして④東京23区のような特別区に再編する大阪都構想を進めるかどうかを問う２度目の⑤住民投票を行うことを決めました。１年をめどに都構想案をまとめ、来年秋から冬に住民投票を行う考えです。

構想では、道路建設などは府が、⑥□や教育など身近な行政は特別区が行います。2015年５月に行われた１回目の住民投票では、反対が賛成を少し上回り、都構想案は否決されました。

『朝日小学生新聞』2019年５月28日付ネット版より　＊作問のため一部改

大阪都構想案、市議会で可決

11月に住民投票へ

大阪市をなくして四つの特別区に組みかえる「大阪都構想」の案について、⑦大阪市議会は３日、賛成多数で可決しました。⑧大阪府議会でも８月28日に議決ずみ。⑨大阪市の有権者を対象に、11月１日に住民投票を行うことが固まりました。

⑩住民投票が行われるのは、約１万票の差で否決された前回2015年５月に続いて２度目です。

『朝日小学生新聞』2020年９月５日付ネット版より　＊作問のため一部改

問１　文中の＿＿＿①～⑩について、あとの問いに答えなさい。

①は大阪府を活動範囲《はんい》とする地域政党である。地域政党ではないものを下より選び、記号で答えなさい。

あ．自由民主党　　い．減税日本　　う．チームしが　　え．都民ファーストの会

②は国政において政府を支える立場の政党である。このような政党を何と呼ぶか下より選び、記号で答えなさい。

あ．与党　　い．野党　　う．新党　　え．公党

③のような地方公共団体の長を下より選び、記号で答えなさい。

あ．長官　　い．元首　　う．党首　　え．首長

④のような特別区が独自にできることは何か下より選び、記号で答えなさい。

あ．警察をおくこと　　い．裁判所を設置すること
う．議会をおくこと　　え．法律を定めること

⑤に関連して、住民の意見を政治に反映させる方法として、まちがっているものを下より選び、記号で答えなさい。

あ．住民は、議会に請願《せいがん》したり、傍聴《ぼうちょう》したりすることができる。
い．住民は、知事や市町村長を辞《や》めさせる請求をすることができる。
う．どのような住民投票でも過半数の賛成があれば、必ずその政策を実現しなければならない。
え．地方公共団体は、アンケートやパブリックコメントで住民の意見を募《つの》ることがある。

⑥文中の□には、大阪市の令和２年度の目的別予算のうち、最も割合の大きいものが入る。あてはまる語を下より選び、記号で答えなさい。

あ．警察　　い．福祉《ふくし》　　う．防衛　　え．消防

⑦の役割として正しいものを下より選び、記号で答えなさい。

あ．市長を決めること　　い．市の予算を決めること
う．市議会の議員を選ぶこと　　え．市で起こった事件の裁判を行うこと

⑧の役割として正しいものを下より選び、記号で答えなさい。

あ．憲法を作ること　　い．法律を作ること
う．条例を作ること　　え．地方裁判所の裁判官を任命すること

⑨にあてはまる人として最もふさわしいものを下より選び、記号で答えなさい。

あ．18歳《さい》以上の男女　　い．学生ではない18歳以上の男女
う．20歳以上の男女　　え．20歳以上の市税納税者

⑩に関連して、次のうち内容が正しいものを下より選び、記号で答えなさい。

あ．市議会と府議会が賛成したため、住民投票は実施《じっし》されなかった。
い．全国の多くの都市と同様、大阪市の人口増加が最近著《いちじる》しいため、２度目の投票が計画された。
う．2020年11月の住民投票では、大阪都構想に反対の投票が多数を占《し》めた。
え．前回住民投票で都構想が否決されたのは、65歳以上の人口と割合がともに年々減ってきていることと関係している。

受験 番号	2021年度 同志社香里中学校 後期入学試験　問題　社会	4枚のうち その2

【2】次の文を読み、あとの問いに答えなさい。

中国の歴史書には、紀元前後から倭が中国の都に使者を派遣《はけん》していた記述がある。３世紀ごろにも、倭の中で勢力のあった国の王（　１　）が使者を送っており、このころには朝鮮半島沿岸を北上して中国に達する航路が開けていたと考えられる。

飛鳥時代の607年には、隋と国交が開かれた。【　Ａ　】年からは遣唐使を何度も派遣したが、当時の航海は危険性が高く、難破したり目的地以外に漂着《ひょうちゃく》したりした。遣唐使は【　Ｂ　】年に取りやめになったとされている。平安末期に武士で初めて太政大臣になった（　２　）は、【　Ｃ　】との貿易に力を入れ、瀬戸内海航路の整備や大規模な港の修築などを行った。

室町時代に入ると、３代将軍足利義満が貿易の利益を独占《どくせん》するため、【　Ｄ　】と貿易をおこなった。織田信長が（　３　）に城を築き天下統一の根拠《こんきょ》地にしたのは、京都に近く琵琶湖の水運を利用する目的があったためである。

江戸時代には、全国をつなぐ定期航路が発達した。太平洋岸を通って江戸と「天下の（　４　）」と呼ばれた大阪を結んだ南海路、東北諸藩の産物を江戸まで運ぶための定期航路である【　Ｅ　】まわり航路、北海道や日本海側の物産を積んだ北前船が瀬戸内海を経由して大阪に向かう【　Ｆ　】まわり航路などが、江戸時代の物流を支えた。

問１　文中の（１）～（４）にあてはまる語をそれぞれ下より選び、記号で答えなさい。

（１）　あ．卑弥呼　　い．聖徳太子　　う．小野妹子　　え．中臣鎌足

（２）　あ．藤原道長　　い．平清盛　　う．源頼朝　　え．北条時宗

（３）　あ．大津　　い．岐阜　　う．安土　　え．堺

（４）　あ．米所　　い．台所　　う．蔵屋敷　　え．酒所

問２【A】【B】にあてまはる西暦《せいれき》の組み合わせとして正しいものを下より選び、記号で答えなさい。

あ. A 630　B 894　　い. A 645　B 894　　う. A 630　B 1156　　え. A 645　B 1156

問３【C】【D】にあてはまる語の組み合わせとして正しいものを下より選び、記号で答えなさい。

あ. C 宋　D 元　　い. C 元　D 宋　　う. C 宋　D 明　　え. C 元　D 明

問４【E】【F】にあてはまる語の組み合わせとして正しいものを下より選び、記号で答えなさい。

あ. E 東　F 西　　い. E 西　F 東　　う. E 南　F 北　　え. E 北　F 南

【3】次の会話を読み、あとの問いに答えなさい。

たけし君：おじさん、今年で『仮面ライダー』が放送50周年らしいよ。

おじさん：放送開始は1971年だったからね。当時は①第二次世界大戦が終わって（　１　）年がたって、生活が豊かになってきたころだったんだよ。

たけし君：そういえば、昨日②校長先生が５歳のときに放送が始まって、スナック菓子《がし》のおまけについていたカードを集めるのが流行《はや》ったって話をされていたよ。

おじさん：調べると50年間にはいろんな主人公がいて、「③アマゾンの奥地《おくち》で育てられた」仮面ライダーや、「天才物理学者」の仮面ライダーもいたらしいよ。

たけし君：天才物理学者って、日本人で初めてノーベル賞をとった（　２　）みたいなのかな？　おじさんが子どものころはどんなのが放送されていたの？

おじさん：2000年に放送していた『仮面ライダークウガ』かな？　主役のオダギリジョーさんはのちにＮＨＫのドラマで④新島襄《じょう》の役を演じていたよ。

たけし君：新島襄は知ってるけど、それは見たことないなあ。お兄さんは？

お兄さん：2007年に放送していた『仮面ライダー電王』かな。昨年辞任した＜　Ａ　＞首相だけど、この年にも総理大臣を辞めているんだよ。

たけし君：50年間変わらないのは、ライダーに「変身」することなんだね。

※　参考　仮面ライダーWEB【公式】

問１　文中の（１）にあてはまる数字を下より選び、記号で答えなさい。

あ．18　　い．26　　う．35　　え．42

問２　文中の（２）にあてはまる人物名を下より選び、記号で答えなさい。

あ．川端康成　　い．野口英世　　う．北里柴三郎　　え．湯川秀樹

問３　文中の＜Ａ＞にあてはまる姓《せい》を漢字２字で書きなさい。

問４　文中の＿＿＿①～④について、あとの問いに答えなさい。

①第二次世界大戦中のできごとを起こった順にならべたとき、［　ア　］にあてはまるものを下より選び、記号で答えなさい。

古い　［　　］→［　　］→［　ア　］→［　　］　新しい

あ．ミッドウェー海戦　　い．広島への原爆投下　　う．真珠湾攻撃　　え．沖縄戦

②について、校長先生が生まれる前に起こったできごとを下より選び、記号で答えなさい。

あ．日中平和友好条約の調印　　い．沖縄が日本に復帰

う．サンフランシスコ平和条約の調印　　え．オイルショックが起こる

③について、アマゾン川が流れる大陸を下より選び、記号で答えなさい。

あ．北アメリカ　　い．南アメリカ　　う．ユーラシア　　え．アフリカ

④について、新島襄は同志社の創立者である。あとの問いに答えなさい。

（１）新島は1864年に函館から出国した。函館が外国に向けて開かれることになった条約を下より選び、記号で答えなさい。

あ．日米和親条約　　い．ポーツマス条約　　う．下関条約　　え．日米安全保障条約

（２）新島は1871年に日本から派遣された使節団の通訳をつとめた。この使節団の大使を下より選び、記号で答えなさい。

あ．西郷隆盛　　い．岩倉具視　　う．徳川慶喜　　え．勝海舟

受験 番号	2021年度 同志社香里中学校 後期入学試験 問題 社会	4枚のうち その3

【4】次の文を読み、あとの問いに答えなさい。

2020 年は、新型コロナウイルスの感染《かんせん》拡大による影響《えいきょう》で、社会に大きな変化が見られた。長期間にわたる学校の一斉《いっせい》休校や、①会社に行くことを控《ひか》えて家で仕事をすることが増えた。外食をする人が減った一方で、通販《つうはん》を利用する人や、②山や川で遊ぶ人が増えたことなど、密を避《さ》けるための変化は、数えるときりがないほどである。外国との人の往来も強く制限され、外国人観光客でにぎわっていた③世界遺産などの観光地は大打撃《だげき》を受けている。日本から海外への旅行も難しい状況《じょうきょう》が続いており、④都道府県境を越《こ》えないような近場での旅行を楽しむなど、人々の休日の過ごし方も大きく変わった。

問１　文中の＿＿＿①～④について、あとの問いに答えなさい。

①職場以外の場所でオンラインで仕事をすることを何というかカタカナ５字で答えなさい。

②日本三大急流に数えられ、2020 年には台風の影響で洪水被害《こうずいひがい》を出した河川の名称を下より選び、記号で答えなさい。

あ．石狩川　　い．利根川　　う．信濃川　　え．球磨川

③下の表中<Ａ>・<Ｂ>にあてはまる語をそれぞれ漢字２字で書きなさい。

所在地	鹿児島県	青森県、秋田県
世界自然遺産登録地	＜　Ａ　＞島	＜　Ｂ　＞山地

④各都道府県の境界線は、山脈や川などの自然地形に沿ったものが多い。次のⅠ・Ⅱの境界となっている山脈を下よりそれぞれ選び、記号で答えなさい。

Ⅰ　富山県と長野県の県境	Ⅱ　香川県と徳島県の県境

あ．日高山脈　　い．讃岐山脈　　う．木曽山脈　　え．飛彈山脈

【5】次の文を読み、あとの問いに答えなさい。

2020 年 11 月 15 日、①地域的な包括《ほうかつ》的経済連携《れんけい》協定が 15 か国によって署名された。この 15 か国は、東南アジア諸国連合加盟の 10 か国と、すでにこれらの国々と個別に[A]自由貿易協定を結んでいた５か国である。この中には、日本との輸出入総額が１位の（　１　）と３位の（　２　）がふくまれている。当初は（　３　）も交渉《こうしょう》に加わっていたが、途中《とちゅう》で離脱《りだつ》した。日本は 2016 年にも②環《かん》太平洋パートナーシップ協定に署名しており、[B]日本の東西それぞれに広がる地域の国々と貿易に関する協定を結ぶことになり、今後も世界とのつながりが様々な面で強まっていくことが予想される。

問１　文中の（１）～（３）に入る国名を下よりそれぞれ選び、記号で答えなさい。

あ．インド　　い．韓国　　う．中国　　え．アメリカ

問２　文中の＿＿＿①・②について、あとの問いに答えなさい。

（１）①・②の略称《りゃくしょう》を下よりそれぞれ選び、記号で答えなさい。

あ．ＡＳＥＡＮ　　い．ＲＣＥＰ　　う．ＷＴＯ　　え．ＴＰＰ

（２）①・②の合意において農産品重要５項目《こうもく》が定められ、その中には「牛・豚肉」「乳製品」がふくまれている。右の表は、ある畜産《ちくさん》物の飼育数の上位５県（2019 年、『日本国勢図会 2020/21』より）を示している。この畜産物を下より選び、記号で答えなさい。

道県名	飼育数（万頭）	全国中の割合(%)
北海道	80.1	60.1
栃木	5.2	3.9
熊本	4.4	3.3
岩手	4.2	3.2
群馬	3.4	2.6

あ．肉用牛　　い．乳用牛　　う．豚

問３　文中の～～～[A]について、これは関税をなくすなどの方法によって貿易の自由化を進める協定である。次の文ａ・ｂの正誤の組み合わせとして正しいものを下より選び記号で答えなさい。

a）生産者が輸出する場合、関税がない方が有利である。

b）消費者が輸入品を買う場合、関税がある方が買いやすくなる。

あ．ａ正　ｂ正　　い．ａ正　ｂ誤　　う．ａ誤　ｂ正　　え．ａ誤　ｂ誤

問４　文中の～～～[B]について、日本は資源を多く輸入している。次の表Ⅰ・Ⅱは、ある資源の輸入先の上位５か国（2019 年、『日本国勢図会 2020/21』より）を示している。その資源を下よりそれぞれ選び、記号で答えなさい。

Ⅰ

国名	%
オーストラリア	40.4
カタール	11.7
マレーシア	11.3
ロシア	7.8
ブルネイ	5.7

Ⅱ

国名	%
オーストラリア	51.6
ブラジル	28.2
カナダ	7.7
南アフリカ共和国	3.2
アメリカ	2.2

あ．原油　　い．石炭　　う．液化天然ガス　　え．鉄鉱石

以上

二〇二一年度 同志社香里中学校 後期入学試験問題 国語 解答用紙

六枚のうち その六

（番号で答えられるものは、すべて番号で答えなさい。また、字数制限のある問題は、かぎかっこなどの記号・句読点も一字とします。）

【一】

問一 ア　イ　ウ　エ

問二

問三

問四

問五

問六 こと。

問七

問八

問九

【二】

問一 ア　イ　ウ　エ　オ

問二

問三

問四 犬が段差や角で停まるようになったのは、　だけであること。

問五

問六 飛びつかなかったり　ご褒美

問七

問八 (1)　っ　(2)

問九

【三】

A　B　C　D

【四】

①　②　③　④　⑤

【五】

①　②　③　④　く

⑤　⑥　⑦　⑧　お　え

受験番号

このらんには記入しないこと

二 問四 6点	一 問一～三 12点
二 問五・六 6点	一 問四・五 10点
二 問七・八 12点	一 問六 6点
二 問九 8点	一 問七・八 8点
三 4点	一 問九 8点
四 5点	二 問一 10点
五 16点	二 問二・三 9点
小計 57点	小計 63点
合計	※120点満点

受験番号	2021年度　同志社香里中学校 後期入学試験解答用紙　算数	4枚のうち その4

※120点満点

（注意）答えはすべてこの用紙に書きなさい。

1

(1)		(2)		(3)	個	15点

2

(1)	度	(2)	cm^2	(3)		15点

3

(1)	円	(2)	時間　分	(3)	円	16点

4

(1)	A 毎秒　m	B 毎秒　m	(2)	秒	(3)	m	18点

5

(1)		(2)		(3)	個	18点

6

(1)	cm	(2)	FH　cm	GI　cm	(3)	倍	20点

7

(1)	cm^3	(2)	cm	(3)	cm	18点

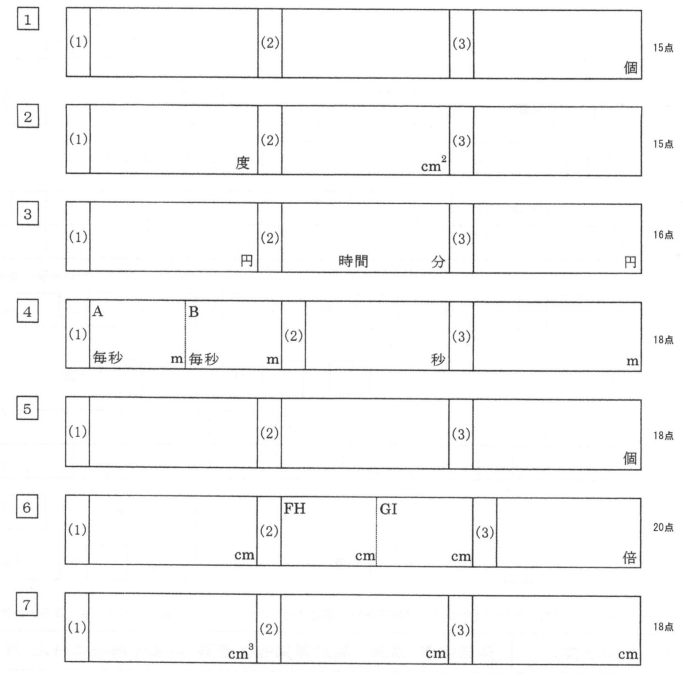

受験番号	2021年度同志社香里中学校 後期入学試験解答用紙　理科	5枚のうち その5

（記号・番号で答えられるものはすべて記号・番号で答えなさい）

【1】

ア	①		②		③			
イ	①		②		③		ウ	

【2】

ア		イ	①		②		ウ		エ	①		②	
オ		カ		キ		ク							

【3】

ア	a		b		イ	kg分		
ウ	①		②		エ	g	オ	g

【4】

ア		イ		ウ		エ	
オ		カ		キ			

【5】

ア		イ		ウ	
エ		オ			

【6】

ア		イ		ウ		エ	
オ		カ		キ			

【7】

ア		イ	a		b		ウ		エ	

【8】

ア	a		b		c		イ	①		②		ウ	
エ	①	d		e		②		③				

採点欄
ここには何も書かないこと

【1】 8点

【2】 10点

【3】 10点

【4】 10点

【5】 10点

【6】 10点

【7】 10点

【8】 12点

合計

※80点満点

受験番号	2021年度 同志社香里中学校 後期入学試験 解答用紙 社会	4枚のうち その4

【1】

問1

①

②

③

④

⑤

⑥

⑦

⑧

⑨

⑩

【2】

問1

(1)

(2)

(3)

(4)

問2

問3

問4

【3】

問1

問2

問3〔漢字2字〕

問4

①

②

③

④(1)

④(2)

【4】

問1〔カタカナ5字〕

①

②

③〔漢字2字〕

A

B

④

Ⅰ

Ⅱ

【5】

問1

(1)

(2)

(3)

問2（1）

①

②

問2（2）

問3

問4

Ⅰ

Ⅱ

以上

以下の欄には
何も記入しないで下さい

【1】 20点

【2】 14点

【3】 16点

【4】 12点

【5】 18点

※80点満点

（50分）

受験番号

二〇二二年度　同志社香里中学校　前期入学試験問題　国語

六枚のうち　その一

（番号で答えられるものは、すべて番号で答えなさい。また、字数制限のある問題は、かぎかっこなどの記号・句読点も一字とします。）

【一】　――線の漢字の読みを答えなさい。

①　出窓から外を見る。　②　行いを自重する。　③　昔の宿場。　④　利益を折半する。　⑤　口上を述べる。

【二】　――線のカタカナを漢字に直しなさい。

①　意見をコトにする。　②　校長先生のクンジ。　③　イサみ足。　④　ダイダンエンをむかえる。

⑤　メイアンを分ける。　⑥　ナイセイ的な性格。　⑦　タイヘイの世。　⑧　部屋のサイコウを良くする。

【三】　次の①～④の説明にあてはまる二字熟語を、語群１～６からそれぞれ一つずつ選びなさい。（番号は一度しか選べない）

①「日照」のように、上の漢字が主語で下の漢字が述語になっているもの　②「急増」のように、上の漢字が下の漢字を説明しているもの

③「森林」のように、似た意味を持つ漢字を重ねたもの　④「強弱」のように、反対の意味を持つ漢字を組み合わせたもの

語群（　１　着席　２　往復　３　帰国　４　予告　５　尊敬　６　県立　）

【四】

次の文章は、ツバメの「渡《わた》り」について説明したものです。ツバメは渡り鳥で、春になると繁殖地《はんしょくち》へ移動し、秋になると越冬地《えっとうち》へ移動します。この移動のことを「渡り」と呼びます。

1　渡りをするからにはどこかのタイミングで渡りを開始する必要がありますが、彼《かれ》らはそもそもいつ、どうやって渡りの決断をしているのでしょうか。普段《ふだん》日常に追われて生活していると、気づいた時には当たり前のようにツバメが現れているものですが、もちろん「いつ行くか、今でしょ」という感じで思い思いのタイミングで渡っているわけではありません。「玄鳥至（つばめきたる）」や＊「玄鳥去（つばめさる）」のように、ツバメが季節の訪《おとず》れの目安となっていることからも、ツバメの渡りが精細な季節性をもつことは明らかです。

2　では、この季節性がどうやって生じているのか、というのは案外難しい問題で、単純に気温に基《もと》づいているのか、それとも日の長さなのか、全く違《ちが》う要因なのか、気になっている方も多いと思います。関連して、こうした季節性がツバメの体内であらかじめ遺伝的に決まっているのか、それとも置かれた環境《かんきょう》に応じて柔軟《じゅうなん》に変えられるものなのか、という疑問も湧《わ》いてきます。結論から言えば、これらのどれか一つの要因のみによってツバメの渡りの時期が完全に決まってくるというよりかは、いろいろな要因が絡《から》まって＊包括的《ほうかつてき》に決定されている、というのが正しいようです。少なくとも、これまでにいろいろな要因が調べられていて、その多くは渡りのタイミングと何かしらの関係が見つかっています。

3　たとえば、気温については、越冬地の気温が渡り始める時期と関係していることが知られています。極寒《ごっかん》のなか渡るのはさすがにまずい気がするので、暖かくなるほど渡りをしやすくなるのは直感的にも納得《なっとく》できます。関東などでは、ツバメは朝の気温が十度ぐらいになると現れる、という話もあるようです。実際にツバメにとってこうした基準値が意味をもつかどうかはともかく、気温が高くないと餌《えさ》の虫も飛んでくれないので、気温を判断材料に渡ってくるというのは①理にかなっています。

4　一方で、越冬地と繁殖地が何千㎞も離《はな》れていると、その場の気温で判断する、という仕組みはあまり優《すぐ》れていない気もしてしまいます。私たちも海外旅行に行く時は入念に準備して出かけますが、予想に反して現地が暑過ぎたり寒過ぎたりして困ってしまうことがあります。ツバメも予想が外れて困ってしまわないか、心配される方もいると思いますが、実際のところはそこまで問題ないようです。最近ヨーロッパで行われた研究によれば、ツバメたちは実は繁殖地と気温が連動している場所で越冬することで、越冬地に居ながらにして繁殖地の気温をある程度予測できている、という話も出てきています。どうやってそんな芸当が可能になるのかは分かりませんが、結果的に［Ⅲ］の気温に応じて行動できていることになります。［Ⅰ］が暖かくなってきたタイミングを［Ⅱ］で感じ取れるのなら、現地入りしてから「思ったより寒い」と苦労することもありません。

5　渡りの時期を決める上で、日の長さが重要という話もあります。春夏秋冬を味わう日本人的には日の長さが季節によって変わり、冬至で最も夜が長くなり、夏至《げし》に最も昼が長くなることは知識としても経験としてもよくご存じだと思います。春分の日にもなれば、「夕方六時過ぎなのにまだ明るい」など、日の長さに春の訪れを感じたことがある方も多いことと思います。日の長さに季節変化があるのなら、当然ツバメもこれをあてにしてよいはずと考える方もいるでしょう。前述した気温の変化だけでは、季節外れの②「小春《こはる》」日和《びより》と本当の春の訪れを勘違《かんちが》いしてしまうかもしれません。気温だけでなく、季節と密接に関係している他の基準も取り入れたいところです。

6　ただ、よく考えると、こうした論理は四季のある日本に暮らす人の論理となっていることに注意が必要です。日本では確かに季節によって日の長さが分かりやすく変わるのですが、世界中どこでも同じようなパターンが見られるわけではありません。たとえば、赤道近くで越冬していれば、日の長さは一年を通してそこまで変わりません。ツバメ自身が（たとえばインドネシアなど）赤道近くで越冬している場合には日の長さから明確な季節変化を読み取れないので、「日が長くなってきたからそろそろ渡りをしようか」というわけにはいかないことになります。

7　このため、日の長さは越冬地から移動する春の渡りより繁殖地から戻《もど》る秋の渡りで特に重要になっているのではないか、という話もあります。百人一首にも③「ながながし夜をひとりかも寝《ね》む」などと歌われるように、（日本の）秋の夜長は体感しやすいものですので、繁殖地から戻る時にはわりと容易に季節を読み取れます。あるいは、その場その場で日の長さを感じて具体的な渡りのタイミングを決めているというよりも、後述する体内時計や体内カレンダーの補正に使っている、と考えた方がしっくりくるかもしれません。電波時計のように毎日正確に時間を修正

する仕組みがなくとも、定期的に補正さえしておけば腕《うで》時計（と付属のカレンダー機能）が勝手に正確な時を刻んでくれるのと同じです。

8 ちなみに、秋の渡りに関しては天気が直接的に影響《えいきょう》しているのではないかという話もあります。ヨーロッパで二年間ツバメにセンサーをつけていつ渡っているか調べたところ、ちょうど豪雨《ごうう》の時に渡っていくことが分かったためです。この二年間でたまたまそういうパターンになったという可能性もありますが、悪天候の繁殖地にとどまっても仕方ないので、こうしたきっかけをもとに移動を開始するのももっともなことかもしれません（ちなみに春に繁殖地に渡ってきても、天気が悪いとツバメが一時的にみんないなくなることがあります）。気象条件が直接的に餌量に直結するツバメたちが能天気なはずはありません。

9 ミドリツバメというアメリカで繁殖するツバメにセンサーをつけて調べたところ、秋の渡りはどうやら繁殖と密接に関わっていることも分かってきました。卵を産んで繁殖がいったん始まったら、抱卵《ほうらん》、*育雛《いくすう》、巣立ち、巣立ちビナの世話とドミノ倒《だお》しのように順番にこなしていくことになりますが、その延長として、渡りというイベントがある、とする見方です。いろいろな場所で繁殖するミドリツバメを調べた結果、どこの地域で繁殖していても、各イベントの開始は前のイベントのタイミングによってだいたい決まっていたそうです。繁殖も渡りも、流れ作業でこなしていると考えると何か切ない気もしますが、そもそも北に渡ってくる目的が繁殖なので、繁殖を基準に年間スケジュールが決まってくるというのはありそうなことです。

10 こうした事情は、日帰りでお出かけする時、［　　　　］のに似ているかもしれません。もちろん使える時間が十分にあればいつ用事が終わっても余裕《よゆう》をもって行動することでそれぞれ別個にこなしていけますが、スケジュールがキツキツだと必然的に時間に押《お》されてドミノ倒しのように前後のイベントが連鎖《れんさ》してくることになります。わざわざ休日のお出かけを例に出さなくとも、映画『プラダを着た悪魔《あくま》』に登場する鬼《おに》編集長のように分刻みで忙《いそが》しい毎日を送っている方は、今さら言われるまでもないことかもしれません。

11 実際、先のミドリツバメの場合も、ドミノ倒しのようなイベントの連鎖は越冬地に腰《こし》を落ち着けてからは見られなくなるようで、翌年の春には越冬地に到着《とうちゃく》したタイミングと関係なく渡りを開始できるそうです。ミドリツバメの話がどこまで普通のツバメに当てはまるかは分かりませんが、優雅《ゆうが》で自由に暮らしているように見える彼らも渡りをするがゆえに、かなり仕事に追われるかたちで暮らしているようです。

（長谷川克『ツバメのせかい』）

＊「玄鳥至」や「玄鳥去」…ともに、日本で古くから用いられている季節の変化を表現する言葉。「玄鳥至」は四月四日から八日頃《ごろ》を指し、「玄鳥去」は九月十八日から二十二日頃を指す。

＊育雛…卵からかえしたヒナを育てること。

＊包括的…すべての要素を含《ふく》めて一つにまとめること。

問一 ――線①「理にかなっています」の「理にかなう」の意味を次から選びなさい。

1 広く知られている　2 筋道が通っている　3 望ましい状態である　4 利点がたくさんある

問二 ［　　］Ⅰ～Ⅲにあてはまる組み合わせを次から選びなさい。

1（Ⅰ 繁殖地　Ⅱ 越冬地　Ⅲ 繁殖地）　2（Ⅰ 繁殖地　Ⅱ 越冬地　Ⅲ 越冬地）

3（Ⅰ 越冬地　Ⅱ 繁殖地　Ⅲ 越冬地）　4（Ⅰ 越冬地　Ⅱ 繁殖地　Ⅲ 繁殖地）

問三 ――線②『小春』日和」とありますが、次の（　）A・Bに「春夏秋冬」のいずれかを漢字一字で入れて、「小春日和」の説明を完成させなさい。

（　A　）の初めごろに、（　B　）のように感じられる天気のこと。

問四（1）～～線「越冬地」・「繁殖地」について、ここでは具体的にどの地域を指して説明していますか。それぞれ次から選びなさい。

1 日本　2 アメリカ　3 ヨーロッパ　4 赤道近く

（2）5～7段落の内容をふまえて、「繁殖地」について次のようにまとめました。解答らんに合うように、文中の言葉を用いて十五字程度で答えなさい。

繁殖地は越冬地に比べて、（　　　　　　　　）場所である。

問五 ――線③「ながながし夜をひとりかも寝む」は、「あしびきの山鳥の尾《お》のしだり尾のながながし夜をひとりかも寝む《ん》」という和歌の一部です。この和歌と同じ季節の情景を詠《よ》んでいる和歌を次から選びなさい。

1 人はいさ心も知らずふるさとは花ぞ昔の香《か》ににほ《お》ひ《い》ける

2 朝ぼらけありあけの月と見るまでに吉野《よしの》の里にふれる白雪

3 ほととぎす鳴きつる方をながむればただありあけの月ぞ残れる

4 あらし吹《ふ》く三室《みむろ》の山のもみぢ《じ》葉は竜田《たった》の川の錦《にしき》なりけり

問六 ［　　］にあてはまるものを次から選びなさい。

1 用事を一つ一つ終わらせることに気を取られていると、帰る時間を忘れてしまう

2 予定している帰りの時間に遅《おく》れないように用事を一つ一つ地道にこなしていく

3 用事を一つ一つ終わらせていくと結局帰りの時間が用事の都合に左右されてしまう

4 帰りの時間から考えて用事を一つ一つ片づけていくが、用事が残れば次の日に回す

問七 この文章で筆者はさまざまなツバメの例を挙げながら、春や秋の渡りについて説明しています。3段落目以降で渡りを決める要因をいくつ説明していますか。算用数字で答えなさい。

問八　この文章の内容に合うものを次から二つ選びなさい。

1　秋に越冬地へ早く渡ったミドリツバメは、翌年の春に繁殖地へ早く出発することになる。
2　天気が悪くなると餌の量に影響するので、ツバメは餌を求めて渡りを開始している可能性がある。
3　ミドリツバメの繁殖や渡りの時期は決まっており、地域による差はほとんど見られない。
4　体内時計を日常的に正しく合わせて、ツバメは渡りを開始する時期を間違えないようにしている。
5　渡りをするツバメは、日本において昔から季節の変化を知らせる鳥と考えられてきた。

問九　この文章の特徴《とくちょう》について説明しているものを次から二つ選びなさい。

1　ツバメの様子を人間になぞらえて紹介《しょうかい》し、内容を想像しやすくしている。
2　最初に示した結論を最後にもう一度述べ、読者に伝わりやすくしている。
3　読者がどのように考えるかを想定して説明することで、理解しやすくなっている。
4　段落ごとに問いと答えをそれぞれ置くことで、筆者の主張が明らかになっている。
5　ツバメを調査して得られたデータから具体的な数字を引用し、説得力を高めている。

【五】

大店《おおだな》井筒屋《いづつや》の頭取《とうどり》番頭（使用人の中で一番上の役職）である長兵衛《ちょうべえ》は、店の主人に引退を勧《すす》められ、気が進まないままに受け入れることにした。その後、小さな魚屋である木村屋の主人伝兵衛《でんべえ》に誘《さそ》われて、木村屋の売り上げを見て帳面づけをする仕事についた。木村屋では店で魚を売るほかに、棒手振《ぼてふり》と呼ばれる人たちが毎日町へ魚を売りに出歩いていた。長兵衛は毎朝五ツ（午前八時）に、棒手振たちを集めて寄合《よりあい》を行い、商《あきな》いをより良くしようと売り上げについて厳しい小言を言ったが、かえって棒手振たちの反感を買ってしまった。

1　「もうちょいと、棒手振たちにやさしい話しかけをしてやってくれやせんか」木村屋の二階で長兵衛と差し向かいに座《すわ》った伝兵衛が、ことさらゆっくりした調子で話しかけた。二階の障子が大きく開け放たれており、長兵衛のうしろには雨にかすんだ永代橋《えいたいばし》が見えた。「やさしくとはどういうことだ」長兵衛の［A］。この日の朝五ツの寄合を、自分に無断で伝兵衛が取りやめたからだ。「連中には、朝はでえじな用が控《ひか》えてるんでさ。商いがどうだったかは、毎日やらなくてもいいでしょう」「なんだ伝兵衛さん、帳面づけをしっかりやってくれと言ったのはあんたじゃないか」「ですがねえ、帳面づけと商いの数字を言うのとは、かかわりがねえと思いやすがね」「あんたがそんなだからだめなんだ」長兵衛の［B］。「数字は舵《かじ》取りの基本だ。なにが無駄《むだ》か、なにが足りないかをはっきり教えてくれる。それをかかわりがないなどと軽くいうから、半月以上も無駄な鰹《かつお》を買い続けたりするんだ」「分かりもしねえで、半端《はんぱ》な口をつっこまねえでくれ」伝兵衛も相手に負けない大声で切り返した。「なにが半端だ。あたしはこのやり方で、うちの舵取りをしっかりやってきた」①「それだよ、長兵衛さん」伝兵衛が相手の胸元《むなもと》めがけて、人差し指を突《つ》き出した。「いつまであんたは、暇《ひま》を出された先のことをうちと呼ぶんだよ」言われた長兵衛が、うっ……と言葉を呑《の》み込《こ》んだ。が、［C］。「そんな目で睨《にら》みつけるのは、お門違《かどちが》いというもんだ。あたしもうちの棒手振たちも、長兵衛さんにきてもらえて鼻がたけえんだよ」

2　話を自分で区切った伝兵衛は、階下におりると手になにかをさげて戻《もど》ってきた。長兵衛の膝元《ひざもと》に置いたものは、一枚のスルメだった。「長兵衛さんはもはやイカじゃねえ、スルメなんだよ」いきなりの喩《たと》えが呑み込めず、怒《いか》りに燃えていた長兵衛の［D］。「大店の頭取番頭だったあんたは、いってみれば海で泳いでたイカだ。ところがそこから暇を出されてうちにきた」暇を出されたと言われて、長兵衛の［E］。伝兵衛は取り合わずに話を続けた。「元はおんなじイカだろうが、ここにきたからには、もうイカのつもりでいてもらっちゃあ困るんだよ。木村屋という魚屋に勤める、②スルメに変わってくんねえな。そうでなくちゃあ、どんだけいいことを言ってくれても、だれも耳は貸さねえさ」これだけ言ったあと、スルメを残して伝兵衛は二階からおりた。

3　昨日、今日と続けて長兵衛は勤めを休んだ。断わりなく休んだのではない。二十四日の帰り際《ぎわ》、伝兵衛にそのことを伝えた。「お互《たが》いに気持ちをすっきりさせるには、二日の休みはちょうどかも知れやせん」伝兵衛は先刻の話し合いのしこりは残っていないという顔で、休みたいという長兵衛の願いを受け入れた。休んだ二日とも雨である。次第《しだい》に雨脚《あまあし》が強まっており、物思いを閉じたら、*半鐘《はんしょう》が二連打に変わっているのに気づいた。井筒屋では、得意先の町がどうなっているかを案じ始めていることだろう。*清四郎はきちんと指図をしているのか……。また井筒屋のことを考えていると知って、小さな舌打ちをおのれにくれた。伝兵衛はうまい喩えを示してくれた……。思い返した長兵衛は、思わず唇《くちびる》の端《はし》をゆるめてしまった。ゆるめてしまえるこころのゆとりができていた。たしかにあたしは、井筒屋の頭取だったことにしがみついていた。*女房《にょうぼう》から離縁《りえん》を切り出され、しかもそこから追い出されたのに、未練たらしく、相手がまだ女房であるかのように思っている。長兵衛はいっぽん桜を見た。植え替《か》えられてすでに七年である。桜は枯《か》れもせず、新しい場所にしっかりと根を張っている。それがあかしに、咲《さ》いたり咲かなかったりと、いままで通りのいとなみを繰《く》り返している。それにくらべてあたしは……。植え替えられる前の土を懐《なつ》かしんで、いまの土に馴染《なじ》もうとしていない。③長兵衛はおのれの振舞《ふるま》いを深く恥《は》じた。そのとき。半鐘が擂半《すりばん》を打ち始めた。

4　仙台堀《せんだいぼり》から溢《あふ》れ出た水が、冬木町のなかを暴れ回っていた。深川冬木町から大和《やまと》町にかけては、地べたがゆるい傾斜《けいしゃ》になっている。

歩いてでは分からない程度の下がり方だが、水は知っていた。仙台堀は大川につながる堀である。大川の土手は高く、それを乗り越《こ》えるほどには水かさは増していない。しかし仙台堀は大川に比べて低かった。そして冬木町、大和町はさらに低くなっている。冬木の町に溢れ出た川水は、仙台堀のものだけではなく、大川から流れ込んできた洪水《こうずい》も一緒《いっしょ》だった。「おとうさん」*おまきが怯《おび》えた声を出した。「落ち着きなさい。ここは二階だ、水があがってくることはない」「でも、凄《すご》い音がしているわよ」たしかに暴れ水は音を立てていたし、ありとあらゆる物を流れに巻《ま》き込んでいた。長屋の路地に置かれていた芥箱《ごみばこ》。水に浸《つ》かった下駄《げた》屋がしまいそこねた、仕掛《しか》かり途中《とちゅう》の下駄。木場に運ぶいかだからはぐれた丸太。無数のゴミ。肥溜《こえだ》めから流れ出した糞尿《ふんにょう》。井戸端《いどばた》に置きっぱなしにされていた、たらいに洗濯《せんたく》板。防水桶《おけ》。小売屋の看板……。これらを巻き込んで流れる水は、低くて唸《うな》るような音を発している。ものが家にぶつかると、別の音を立てた。それらの音におおいかぶさるような、半鐘の擂半。おせきもおまきも、水よりも音に怯えた。今朝早く、三連打が鳴り始めたときに、長兵衛は一階の大事な物は二階に運び上げていた。残したのは、水に流されても仕方がないと肚《はら》をくくったものばかりだ。「やることは全部やった。おまえたちは、水の様子をしっかり見守っていろ」「はい」長兵衛がうろたえていないことが、女房と娘《むすめ》を落ち着かせた。雨脚は一向に弱まってはいないが、昼前のことで外には明かりがある。この明るさが心強かった。木村屋は大丈夫《だいじょうぶ》だろうか……。凄《すさ》まじい速さで流されてゆく芥箱を見つつ、長兵衛は木村屋の安否を気遣《きづか》った。もう井筒屋のことは思いのなかから消えていた。

[5]「おとうさん、ちょっときて」大和町の方角を見ている娘が、差し迫《せま》った声で父親を呼んだ。「どうした」長兵衛は娘の部屋に駆《か》け寄《よ》った。部屋の柱が不気味な音を立てていた。固めたものを無理に動かそうとするときの、きしみに似た音だ。ギイッ……ギイッ……。間延《まの》びした音がいやらしい。ゆっくりした動きだが、柱が左右に揺《ゆ》れていた。娘が柱に耳をくっつけた。「なにかがぶつかっているみたい。おとうさんも聞いてみて」すぐさま長兵衛が耳をあてた。「流れてきた丸太かなにかが、床《ゆか》の下の土台に当たっている……」長兵衛の顔色が変わっていた。借家なので、家の基礎《きそ》がどうなっているかは分からない。しかしもし丸太が当たり続けて、床の下の土台柱が一本でも外れたりすれば、家が一気に崩《くず》れてしまう。長兵衛のほかに男手はなかった。「あたしが確かめてくる間、おまえたちは家の外に出ていなさい」「おとうさんひとりで大丈夫なの」おまきの声が怯えていた。「あなた……」おせきが長兵衛の袖《そで》をひいた。女房は大和町を指差している。その指の先をたどった長兵衛が目を見開いた。

[6] おとなの膝《ひざ》の半ばまでの水が、冬木町から大和町に向けて音を立てて流れている。その流れに逆らって、七人の男が冬木町に向かって歩いてきた。蓑笠《みのかさ》は身につけておらず、股引半纏《ももひきばんてん》姿である。その姿を遠目に見た刹那《せつな》、長兵衛には七人がだれだか分かった気がした。近づくにつれて、確信に変わった。七人が軒下《のきした》まできた。「長兵衛さん……でえじょうぶですかい」木村屋の棒手振たちだった。「ありがとう。すぐにおりる」「がってんだ」水は上がり框《かまち》のすぐ下まできていたが、まだ座敷《ざしき》にまでは浸水《しんすい》していない。男たちは玄関《げんかん》の土間に集まっていた。口を開けば、やれだらしないだの、そんなやり方では駄目だのと、いやな小言ばかりをぶつけてきた棒手振たちである。七人の男が、長兵衛をこころよく思っていないのは充分《じゅうぶん》にわきまえていた。それなのに、みなは安否を気遣って水のなかを出向いてきてくれた。大店の奉公《ほうこう》では気づかなかった、正味のひとの情けとはこのことか……。込み上げる思いで、長兵衛は言葉が詰《つ》まった。④そのさまを、棒手振たちは取り違えた。「そんなにいけねえんですかい?」年若いのが、長兵衛の顔をのぞき込んだ。大きく息を吸い込み、長兵衛は背筋を張った。「家の土台に丸太がぶつかっている」「そいつあ大ごとだ」七人がすぐに四方に散った。「こっちだ、こっちだ」なかのひとりが大声で仲間を呼んだ。ぶつかっていたのは、*差し渡《わた》し八寸はありそうな杉《すぎ》の丸太だった。なにかのはずみで床の下にもぐりこんでしまい、出るに出られなくなって土台にぶつかっていたのだ。床の下でも水の流れはきつい。棒手振が七人がかりでなんとか引き出し、水に浮《う》かせたまま玄関まで運び込んだ。八寸径の丸太をそのまま流したりしたら、どこに災難を持ち込むか知れたものでないからだ。「邪魔《じゃま》でしょうが、水がひくまで、ここに置いたままでいいですかい」「遠慮《えんりょ》などいるか」乱暴な言い方だったが、感謝に充《み》ちている。棒手振七人が長兵衛に笑いかけた。⑤「佐賀町の様子は?」「でえじょうぶでさ」七人の中でもっとも年長の棒手振が、きっぱりと答えた。「ここにくる道々に見てきた空の端が、明るくなってきてやした。雨も昼過ぎには上がりやすぜ」笑いかけた棒手振の髷《まげ》から、ぼたぼたとしずくが垂れ落ちた。

[7] 雨は棒手振の見当よりも長引いたが、夕刻には上がった。翌朝は、嵐《あらし》が過ぎ去ったあとのような晴天となった。暴れ水がゴミの山を庭に残している。五ツ（午前八時）の鐘《かね》のあと、片付けの身支度《みじたく》をしたおせきとおまきが庭掃除《そうじ》を始めた。長兵衛は二階から桜を見ていた。あの雨と水に襲《おそ》い掛かられたのに、びくとも揺らいでいない。朝日を浴びた葉は、明るい緑色に輝《かがや》いていた。この日の通いが片づけで遅《おそ》くなることは、昨日の棒手振たちに伝えておいた。どれほどひどい爪《つめ》あとになるかを案じていたが、見たところ女房と娘だけで手が足りそうだ。おまきの*許婚《いいなずけ》も、あとで手伝いにくるに違いない。男と面倒《めんどう》くさいやり取りをするよりは、早く木村屋に顔を出したかった。手早く身支度を整えた長兵衛は、おせきが用意してくれた握《にぎ》り飯をひとつ頬張《ほおば》っただけで、家を出た。通いなれた道が、すさまじく汚《よご》れていた。臭《にお》いもひどい。しかし長兵衛は、棒手振たちが来てくれた道を歩くのが心地よかった。佐賀町に向かう歩みには、I張りがある。富岡八幡宮《とみおかはちまんぐう》に無事の礼をしたあと、また足を急がせた。仲町の辻《つじ》まで出たところで、井筒屋の*手代と行き会った。「あっ……頭取じゃないですか」「おはよう」長兵衛はこだわりなくあいさつをした。「昨日の暴れ水は冬木のほうだったと聞きましたが、頭取のおたくはご無事でしたか」手

代は長兵衛にⅡおもねるかのように、頭取に力をこめた。長兵衛は深い息を吸い込んで、そしてゆっくりと吐《は》き出した。背筋が張っている。

「うちの若い衆が助けにきてくれてね」⑥それだけ言うと、あとも見ずに歩き始めた。

（山本一力『いっぽん桜』新潮文庫刊）

＊半鐘…火事や洪水などを知らせるために打つ鐘《かね》。二連打、三連打、擂半は打ち方を示し、特に擂半は続けざまに打って、急を知らせた。

＊清四郎…引退した長兵衛に代わり、井筒屋の頭取番頭についた。

＊いっぽん桜…長兵衛が家の庭で花見ができるようにと買って植えた桜の木。安値だった代わりに、花が咲く年と咲かない年がある。

＊おまき…長兵衛のむすめ。後に出てくる「おせき」は長兵衛の女房（妻のこと）。　＊差し渡し八寸…直径が約二十四センチメートル。「八寸径」も同じ。

＊許婚…婚約《こんやく》者。　＊手代…番頭の下で働く使用人。

問一　線Ⅰ「張りがある」・Ⅱ「おもねる」の意味を、それぞれ次から選びなさい。

Ⅰ　1　力強くて、元気があふれている。　2　楽しくて、心がおどっている。
　　3　安心して、自信がみなぎっている。　4　緊張《きんちょう》して、気持ちが高ぶっている。

Ⅱ　1　堂々とした相手の態度に、恐《おそ》れをなしている。　2　調子のいい言葉で、相手に期待を持たせる。
　　3　相手に同情して、かわいそうだと思っている。　4　相手の機嫌《きげん》をとって、気に入られようとする。

問二　□　A～Eにあてはまる言葉を、それぞれ次から選びなさい。（番号は一度しか選べない）

1　目に戸惑《とまど》いが浮《う》かんだ　2　語勢が一気に弱まった　3　語気が荒《あら》くなった
4　語調が尖《とが》っている　5　目は怒りに燃えていた　6　目がまたいきり立った

問三　線①「それだよ、長兵衛さん」とありますが、ここで伝兵衛が注意したのは、長兵衛のどのようなところですか。「～ところ。」に続く形で、文中から十五字程度でぬき出しなさい。

問四　線②「スルメに変わってくんねえな」とありますが、長兵衛にどうなってほしいという意味ですか。次から選びなさい。

1　井筒屋の方法をまねて、木村屋の商いを大きく変えてほしい。
2　井筒屋での経験をいかしつつ、木村屋の一員として働いてほしい。
3　井筒屋で働いていたことは忘れて、木村屋のことだけを考えてほしい。
4　井筒屋と張り合えるぐらいの大店になるよう、木村屋を導いてほしい。

問五　線③「長兵衛はおのれの振舞いを深く恥じた」とありますが、長兵衛はどのようなことを恥じたのですか。三十五字以内で説明しなさい。

問六　線④「そのさまを、棒手振たちは取り違えた」について説明したものを次から選びなさい。

1　長兵衛は、棒手振たちに嫌《きら》われていると思い込んでいて、どう言葉をかけていいのか分からなかったのだが、棒手振たちは、長兵衛が家に迫っている危険に対しておびえているのだと取り違えた。
2　長兵衛は、棒手振たちが危険を冒《おか》して自分を助けに来てくれたことに感動したのだが、棒手振たちは、長兵衛が厳しく叱《しか》りつけたことに遠慮して、素直《すなお》に助けを求められないのだと取り違えた。
3　長兵衛は、棒手振たちが自分を心配して来てくれたことで胸がいっぱいになっていたのだが、棒手振たちは、長兵衛が今にも浸水しそうな家を心配するあまり言葉を失っているのだと取り違えた。
4　長兵衛は、自分と仲の悪い棒手振たちがやって来た理由が分からず、驚《おどろ》いて何も言えなかったのだが、棒手振たちは、長兵衛が家を守るために気を張りつめた結果、疲《つか》れ切っているのだと取り違えた。

問七　線⑤「佐賀町の様子は？」とありますが、長兵衛は何を気にしているのですか。[3]～[6]段落から六字でぬき出しなさい。

問八　線⑥「それだけ言うと、あとも見ずに歩き始めた」とありますが、このときの長兵衛について説明したものを次から選びなさい。

1　井筒屋の手代が長兵衛を頭取と呼んだことに心が揺らいだが、今の自分はもう木村屋の人間なのだと思い、あえてそっけない返事をして、井筒屋への未練を断《た》ち切ろうとしている。
2　いつまでも井筒屋にこだわる長兵衛に反発しながらも親身になってくれた木村屋の人々の思いやりに触《ふ》れて、心が晴れ晴れとし、木村屋こそが自分の新しい居場所なのだと実感している。
3　無事を喜んでくれた手代を見て、自分が井筒屋にとっても大切な存在であったことを知り、かえって井筒屋への心残りがなくなって、新しい勤め先の木村屋でも頑張《がんば》ろうと決意を新たにしている。
4　暴れ水が収まってから取りつくろうように心配したふりをする井筒屋よりも、困っているときにすぐ駆《か》けつけてくれた木村屋のほうが頼りになると思い、これからは木村屋のために力をつくそうと決意している。

問九　段落の内容を正しく説明したものを次から二つ選びなさい。

1　[1]・[2]段落の伝兵衛は、初めから終わりまで長兵衛の勢いに負けることなく、むしろ優位な立場で発言している。
2　[1]・[2]段落の伝兵衛は、初めは様子を見ながら控えめだったが、要所では迫力《はくりょく》を持って長兵衛を説得しようとしている。
3　[1]・[2]段落の伝兵衛とのやりとりを経て、[3]段落では長兵衛が今までの考えを改め、気持ちを整理し終えている。
4　[3]段落で長兵衛は自分の思いを振り返り、[4]段落で浸水が進んだころには、気持ちがすっかり切り替わっている。
5　[4]段落のおせきとおまきは暴れ水に不安を感じ、長兵衛が頼《たよ》りにならないことから、恐れる気持ちがより強くなっている。

（注意）とちゅうの計算は余白を利用し，答えはすべて解答用紙に書きなさい。また，円周率は3.14として計算しなさい。

（50分）

1 次の$\square$をうめなさい。

(1) $\left\{\frac{7}{13}\times\left(\frac{3}{4}+\frac{1}{3}\right)-0.25\right\}\div\frac{1}{9}=\square$

(2) $\left(2\frac{2}{5}-0.6\right)\div\left(0.24+\square\times1.8\right)=1\frac{1}{4}$

(3) 349265秒は$\square$日$\square$時間$\square$分$\square$秒です。

2 次の問いに答えなさい。

(1) 右の図のように，正方形の中に正三角形を作りました。角あの大きさは何度ですか。

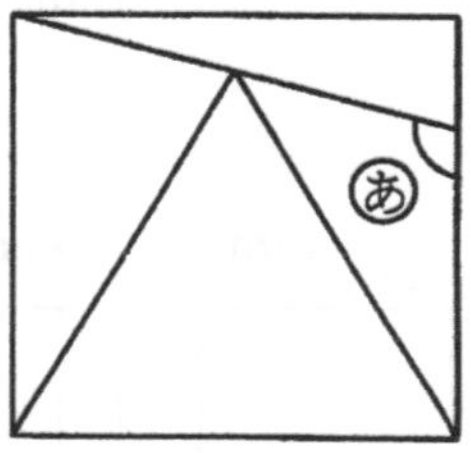

(2) 図1の正方形の紙を図2まで折り，各辺の真ん中の点を結んだ線でかげをつけた部分を切り取りました。残った紙を完全に広げたとき，紙の面積は何cm^2ですか。

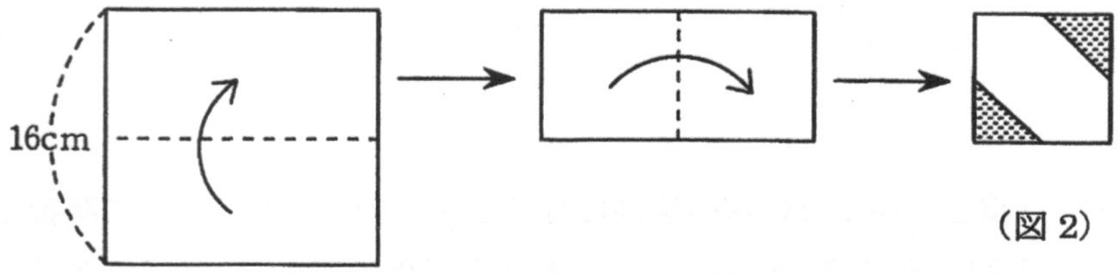

（図1）　（図2）

(3) 右の図において，かげをつけた部分の面積が等しいとき，DE：ECを最も簡単な整数の比で答えなさい。

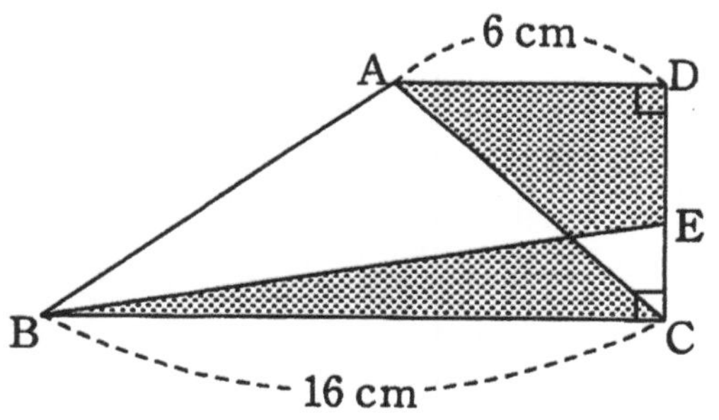

受験番号	2022年度　同志社香里中学校 前期入学試験問題　算数	4枚のうち その2

（注意）とちゅうの計算は余白を利用し，答えはすべて解答用紙に書きなさい。また，円周率は3.14として計算しなさい。

3　図1のように，のりしろを1cmずつ取って，長さ5cmの短い白テープを貼《は》り合わせて，長い白テープを作ります。また，図2のように，のりしろを1cmずつ取って，長さ4cmの短い赤テープを貼り合わせて，長い赤テープを作ります。次の問いに答えなさい。

(1)　短い白テープを7枚貼り合わせると，長い白テープは何cmになりますか。

(2)　長さ6m25cmの長い赤テープを作るには，短い赤テープは何枚必要ですか。

(3)　長さがともに6m25cmの長い白テープ1本と長い赤テープ1本を作りました。長い赤テープの上に長い白テープをぴったり重ね合わせました。このとき，のりしろどうしがぴったり重なるのは何か所ありますか。

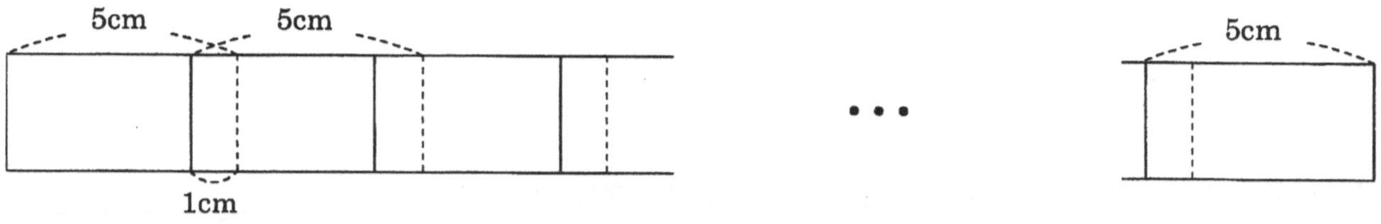

（図1）

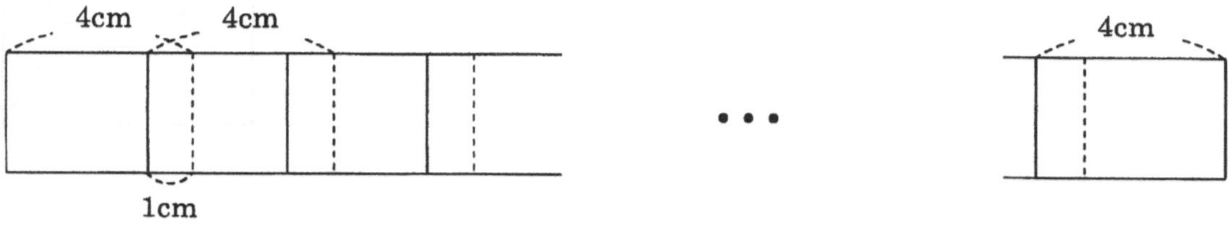

（図2）

4　八重《やえ》さんが祖母の家へ遊びに行くとき，停留所A，B，Cの順番で停車するバスを利用します。BとCの間の距離《きょり》は1120mで，その間に祖母の家があります。Aから祖母の家までにかかる時間はBで降りて歩いても，Cで降りて引き返しても同じです。ある日，八重さんはAから午後1時発のバスに乗り，祖母の家に午後1時12分に着きました。バスの速さは分速560m，八重さんの歩く速さは分速80mでそれぞれ一定です。次の問いに答えなさい。ただし，バスは停留所でしか降りられないものとし，バスの停車時間は考えないものとします。

(1)　停留所Bから停留所Cまで歩くと何分かかりますか。

(2)　停留所Bから祖母の家まで歩くと何分かかりますか。

(3)　停留所Aから祖母の家までの距離は何mですか。

（注意）とちゅうの計算は余白を利用し，答えはすべて解答用紙に書きなさい。また，円周率は3.14として計算しなさい。

5　図1のように，9マスの三角形のいくつかを塗《ぬ》りつぶして，整数を表していきます。次の問いに答えなさい。

(1)　図2が表す整数はいくつですか。

(2)　164を表すにはどのように塗りつぶしますか。解答用紙の図にかきなさい。

(3)　表すことができる整数のうち，最も大きいものはいくつですか。

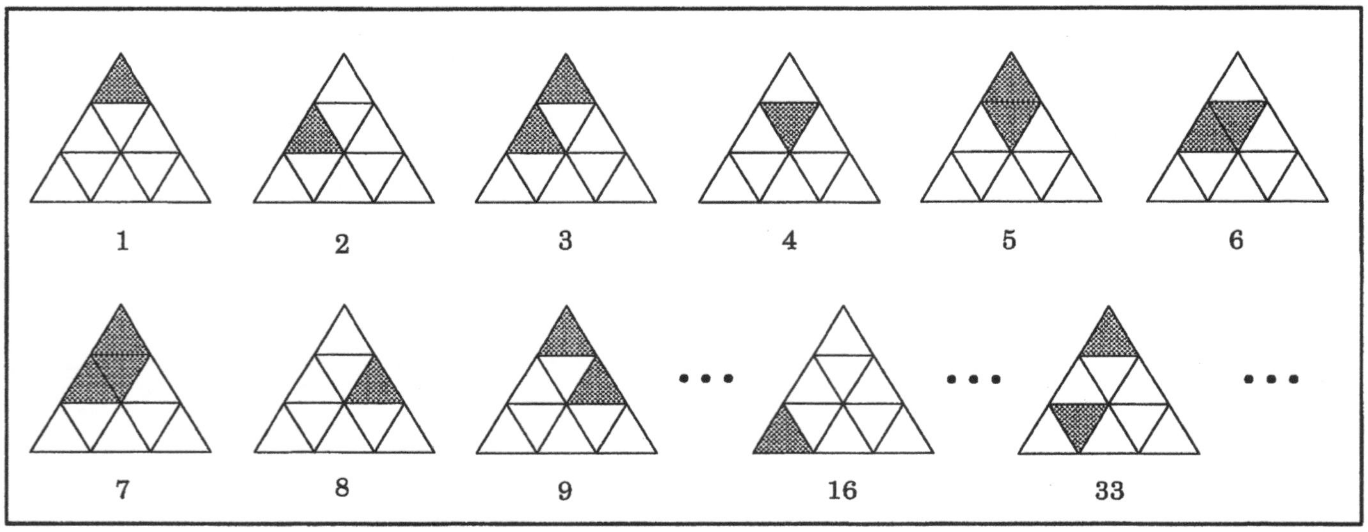

（図1）

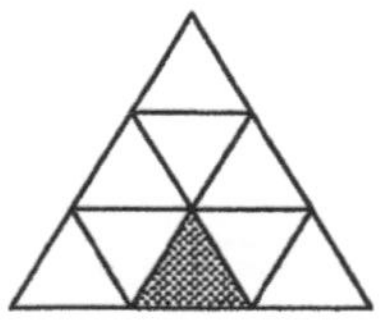

（図2）

6　図2は，図1の直角三角形ABCを，点Cを中心として三角形EDCの位置まで時計回りに回転させたものです。辺ACと辺DEが平行であるとき，次の問いに答えなさい。

(1)　角㋐の大きさは何度ですか。

(2)　点Aが動いてできる曲線の長さは何cmですか。

(3)　かげをつけた部分の面積は何cm^2ですか。

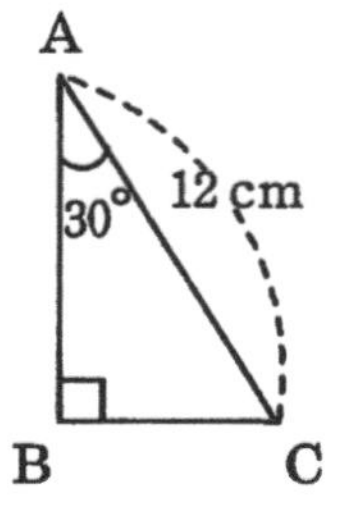

（図1）

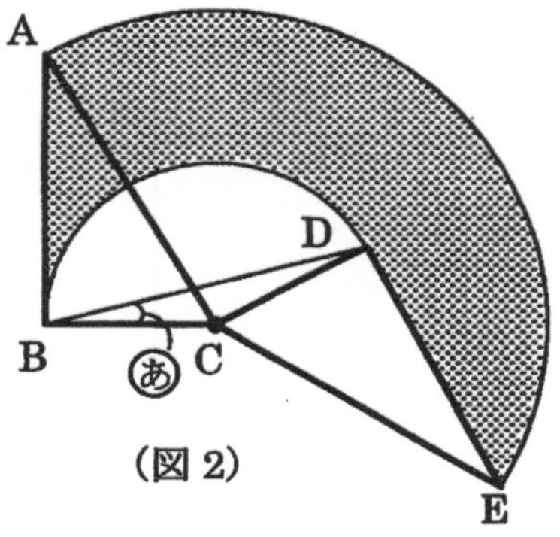

（図2）

7　右の図は，1辺が6cmの立方体の8個のかどを，各辺の真ん中の点を通るように切り取ってできた立体です。次の問いに答えなさい。

(1)　この立体の頂点の数，辺の数はそれぞれいくつですか。

(2)　この立体の体積は何cm^3ですか。

(3)　この立体を3点A，B，Cを通る平面で切ったときにできる切り口の面積は，三角形ABCの面積の何倍ですか。

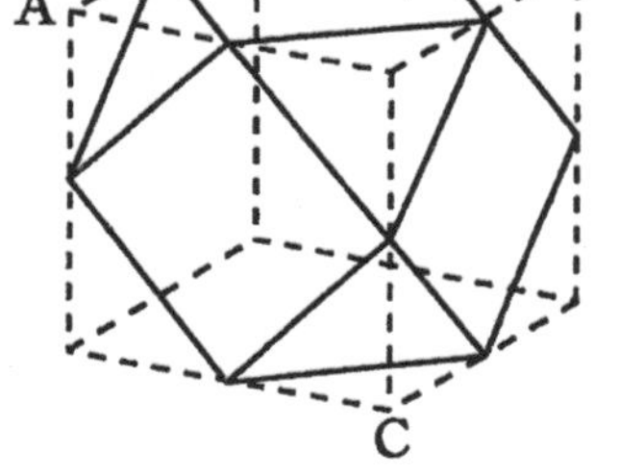

受験 番号	2022年度同志社香里中学校 前期入学試験問題用紙　理科	5枚のうち その1

記号・番号で答えられるものはすべて記号・番号で答えなさい。

(40分)

【1】金属を熱したときの様子について、下の問いに答えなさい。

(ア) 正方形の金属の板に切りこみを入れ、コの字型にしました。A点をガスバーナーで熱したときのあたたまり方として、正しいものはどれですか。

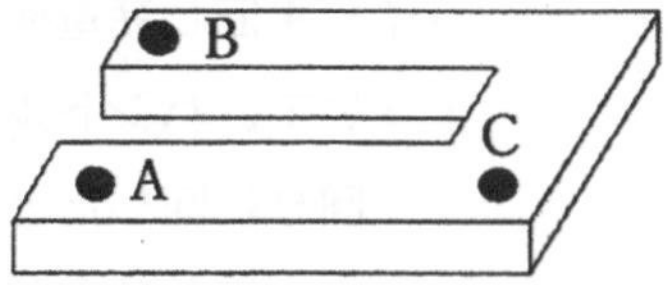

1．B点が先にあたたまり、次にC点があたたまる。

2．C点が先にあたたまり、次にB点があたたまる。

3．B点とC点は同時にあたたまる。

(イ) ガスバーナーの火の先たんで、金属の棒の左はし一点を熱したとき、最も早く右はしまであたたまるのはどの角度ですか。図の1～3から選びなさい。ただし、どの角度とも同じ場合は4と答えなさい。

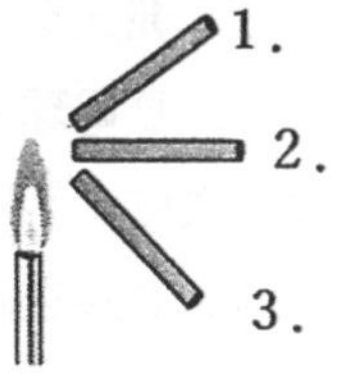

(ウ) 金属はあたたまることで長さが変化します。この変化の割合が異なる2種類の金属の板をはり合わせたものをバイメタルといいます。変化の割合がより大きな金属を内側にして、右図のようにバイメタルを巻きます。このように巻いたバイメタルを熱するとどうなりますか。

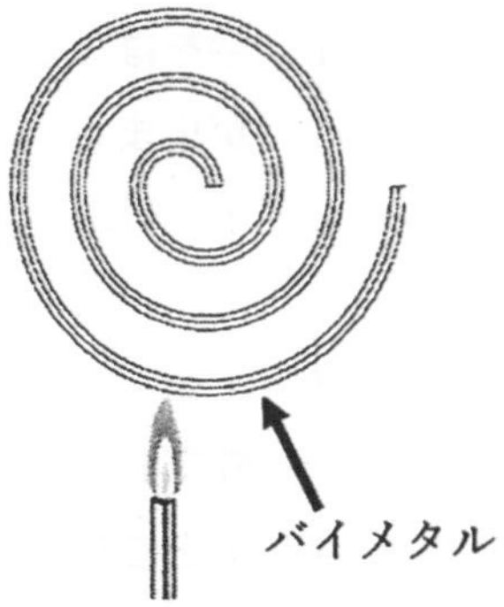

1．さらに巻きついていく

2．ほどけるようにのびていく

3．変わらない

(エ) 図のように、金属の板をよう接してつつ状にしました。これを熱したとき、つつの空どうはどうなりますか。ただし、金属の板を熱したとき、図中のa、b、cの長さは同じ割合で変化します。

1．空どうの直径は大きくなる

2．空どうの直径は小さくなる

3．空どうの直径は変わらない

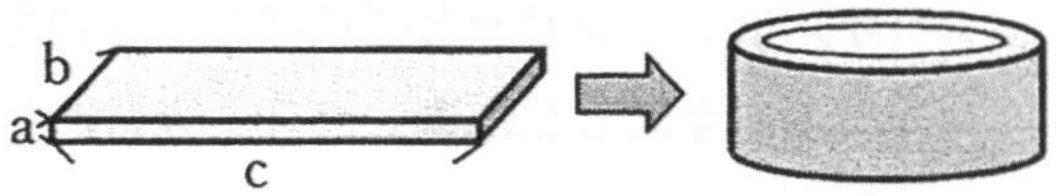

上から見た図

(オ) 図のように、金属でできた球がぎりぎり通る金属の輪があります。この金属の球をガスバーナーで熱すると、輪を通らなくなりました。もう一度、金属の球が輪を通るようにするには、どうすればよいですか。ふさわしい操作を2つ選びなさい。

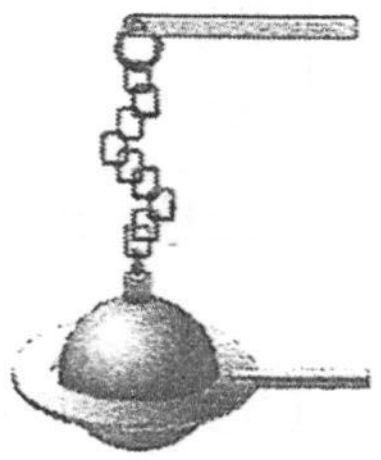

1．金属の球をさらに熱する　　2．金属の球を氷水で冷やす

3．金属の輪を熱する　　4．金属の輪を氷水で冷やす

【2】塩酸の性質について説明した次の文を読んで、下の問いに答えなさい。

塩酸は（　X　）性の水溶液（すいようえき）であるため、（　A　）色リトマス紙を（　B　）色に変化させ、BTB液を（　C　）色に変化させる。塩酸を蒸発皿にうつし、加熱すると【　I　】。塩酸にスチールウール（鉄）を加えると、あわをさかんに出して、スチールウールはほとんど見えなくなった。この水溶液を蒸発皿にうつし、加熱すると（　D　）色の固体が残った。この固体は磁石に【　II　】、うすい塩酸に加えると【　III　】。

(ア)（　X　）にあてはまる語を答えなさい。

(イ)（　A　）～（　D　）にあてはまる色を選びなさい。(同じ番号を何度使ってもよい)

1．赤　　2．青　　3．黄　　4．緑　　5．白　　6．黒

(ウ)【　I　】にあてはまる文を選びなさい。

1．白い固体が残った

2．黒い固体が残った

3．つんとしたにおいがしたが、何も残らなかった

4．においはなく、何も残らなかった

(エ)【　II　】、【　III　】にあてはまる正しい組み合わせを選びなさい。

	【 II 】	【 III 】
1．	つき	あわを出してとけた
2．	つき	あわを出さずにとけた
3．	つき	まったくとけなかった
4．	つかず	あわを出してとけた
5．	つかず	あわを出さずにとけた
6．	つかず	まったくとけなかった

受験番号	2022年度同志社香里中学校 前期入学試験問題用紙　理科	5枚のうち その2

記号・番号で答えられるものはすべて記号・番号で答えなさい。

【3】ヒトのたん生について、下の問いに答えなさい。

男性の体内でつくられた（　a　）と女性の体内でつくられた（　b　）が結びつくことを受精という。①受精卵は（　c　）の中でだんだんとヒトの姿に育っていく。受精からおよそ20週たつと、赤ちゃんは（c）の中で活発に動き始める。赤ちゃんは私たちと同じように、骨と骨のつなぎ目にある（　d　）で手足をのばしたり曲げたりしている。この時、骨の周りについている（　e　）が縮んだりゆるんだりしている。（c）の中は（　f　）で満たされており、赤ちゃんはしょうげきから守られている。②赤ちゃんが生まれるころになると、（f）のほとんどは赤ちゃんの尿（にょう）になっている。私たちの体は、不要なものを（　g　）でこし出し、尿として捨てている。一方、生まれる前の赤ちゃんは、不要なものを（　h　）というところで母親にわたし、捨ててもらっている。

（ア）文中の空らんにあてはまる語を選びなさい。

1．卵　2．精子　3．子宮　4．たいばん　5．へそのお
6．羊水　7．関節　8．きん肉　9．血管　10．血液
11．心臓　12．じん臓　13．かん臓　14．小腸

（イ）下線①の大きさはどれくらいですか。

1．0.01mm　2．0.1mm　3．1mm　4．10mm

（ウ）下線②について、受精からおよそ38週たって生まれてくる赤ちゃんの身長はどれくらいですか。

1．約30cm　2．約50cm　3．約70cm　4．約90cm

【4】発電に関する実験について、下の問いに答えなさい。

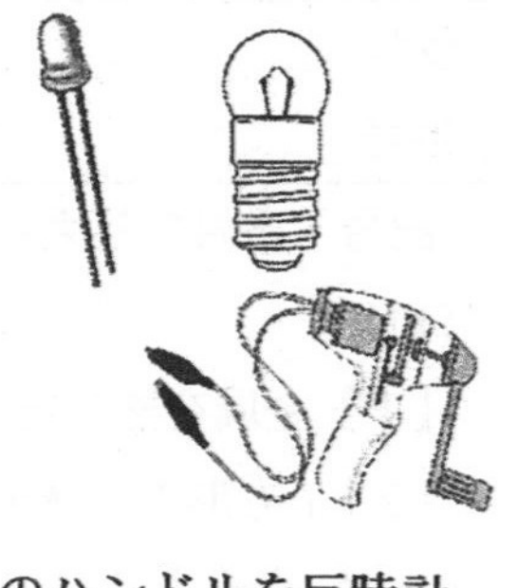

（ア）右図のような手回し発電機を、豆電球と発光ダイオードにそれぞれつないで光らせたとき、手回し発電機を回す手ごたえはどちらが軽いですか。

1．豆電球　2．発光ダイオード　3．どちらも同じ

（イ）手回し発電機をそれぞれ豆電球と発光ダイオードにつないで、ハンドルを時計回りに回すとどちらも光りました。このハンドルを反時計回りに回したとき、光り方について正しいものを選びなさい。

1．豆電球も発光ダイオードもどちらも光る。
2．豆電球は光るが、発光ダイオードは光らない。
3．発光ダイオードは光るが、豆電球は光らない。
4．豆電球も発光ダイオードもどちらも光らない。

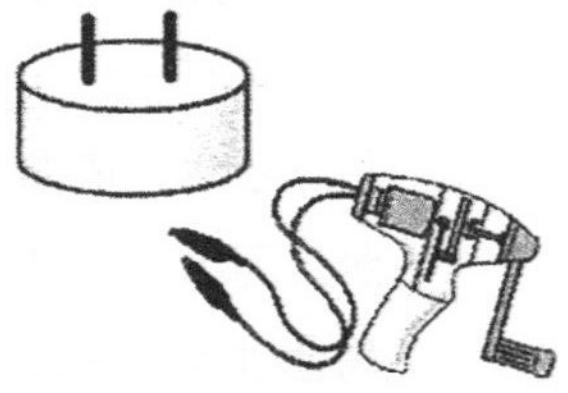

（ウ）次に、手回し発電機をコンデンサーにつないで、20回ハンドルを回しました。手回し発電機とコンデンサーをつないだまま、ハンドルから手をはなすとどうなりますか。

1．手をはなしてすぐに発電機のハンドルが回り、しばらくするとハンドルの回転が止まる。
2．手をはなしてすぐに発電機のハンドルが回り、しばらくすると止まるが、やがてハンドルが回り始めて、また止まるということをくり返す。
3．手をはなしてすぐに発電機のハンドルが回り、手回し発電機とコンデンサーを外すまで回り続ける。
4．手をはなしてもハンドルは回らない。

（エ）手回し発電機をコンデンサーにつなぎ、ハンドルを同じ速さで同じ回数だけ回しました。このコンデンサーに、豆電球と発光ダイオードをそれぞれつないで、光った時間を調べました。光った時間が長いのはどちらですか。

1．豆電球　2．発光ダイオード　3．どちらも同じ

（オ）コンデンサーと同じはたらきのものを、すべて選びなさい。

1．手回し発電機　2．光電池　3．じゅう電池　4．モーター

受験	2022年度同志社香里中学校	5枚のうち
番号	前期入学試験問題用紙　理科	その3

記号・番号で答えられるものはすべて記号・番号で答えなさい。

【5】自然による災害とめぐみについて、下の問いに答えなさい。

(ア) 右の写真は、2021年7月3日に静岡県熱海市で発生した災害の様子です。このとき、まちや建物がどのような被害(ひがい)を受けましたか。あてはまるものを1つ選びなさい。

1．ゆれでこわれた　　2．強風でこわれた
3．土砂(どしゃ)で流された　　4．海水で流された
5．灰でうまった　　6．よう岩でうまった

(イ)(ア)の災害の原因となった自然現象は何ですか。

1．火山のふん火　　2．地震(じしん)
3．大雨　　4．台風　　5．津波(つなみ)

(ウ) 下図は世界の火山とおもな地震の起こった場所を表しています。この図からわかることとして、正しいものを2つ選びなさい。

1．世界の中でも日本は火山の多い国である。
2．地震は陸地だけで起こっている。
3．火山やおもな地震がほとんどない国もある。
4．火山が多い地域では、地震はほとんど起こっていない。

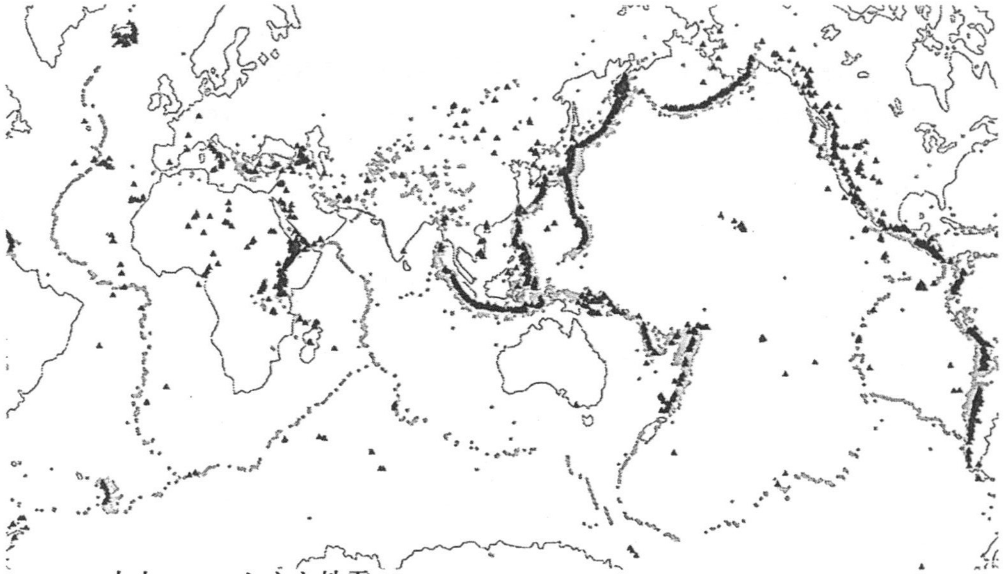

▲火山　●おもな地震

(エ) 日本にやってくる台風の特ちょうとして、あてはまるものを1つ選びなさい。

1．台風の目では、最も強い風がふく。
2．日本へ近づいた後、台風は北や東のほうへ動くことが多い。
3．台風が進む向きの左側で、風が特に強くなる。
4．台風が通りすぎた後も、しばらく雨が続くことが多い。

(オ) 津波はどのようにして発生しますか。

1．満月の日に地震が起こることで発生する。
2．陸地で起こった地震のゆれが海水に伝わることで発生する。
3．強い風によって波が高くなることで発生する。
4．海底の地面にずれができることで発生する。

(カ) 火山のめぐみに関する次の文の空らんにあてはまる語を答えなさい。

火山は災害をもたらす一方で、美しい景色をつくったり、地下から(a)がわき出たりして、観光地となることがある。また、火山からふき出された(b)が混ざった土は、水はけが良いなど、野菜を育てるのに役立っている。さらに、火山の(c)を利用して電気をつくることもできる。

(キ) 過去の自然災害の例などから、その地域の被害を予想して地図に表したものを(d)マップといいます。(d)に入る語をカタカナ4字で答えなさい。

【6】次の実験について、下の問いに答えなさい。ただし、答えが割り切れない場合は、小数第1位を四捨五入して、整数で答えなさい。

ビーカーに水100gとA白い粉Xを入れ、加熱するとXはすべてとけました。そのまま加熱を続け、水を半分ほど蒸発させた後、そのまま20℃まで冷やすとB白い結晶(けっしょう)が出てきました。この結晶の重さは26gでした。この結晶を取り除いたC水溶液の重さは48gでした。次に、この水溶液の入ったビーカーをはかりにのせて、20℃のまま1週間ほどおいておくと、重さが12g軽くなり、白い結晶ができていました。この結晶の重さは4gでした。

(ア) 下線Bで出てきた白い結晶を取り除く操作を何といいますか。
(イ) 下線Cの水溶液中にXは何gとけていますか。
(ウ) 下線AのXは何gありましたか。

受験番号	2022年度同志社香里中学校 前期入学試験問題用紙　理科	5枚のうち その4

記号・番号で答えられるものはすべて記号・番号で答えなさい。

【7】アサガオについての文を読み、下の問いに答えなさい。

アサガオの種子を土にまいて水をやっていると、①芽を出し成長を始める。ある程度大きくなると、葉のつけねのくきに（　a　）ができ、やがて花がさく。さいた花のうち、（　b　）したものはめしべのもとがふくらみ、やがて（　c　）となる。

植物には、アサガオのように花びらの中にめしべと、たくさんの（　d　）をつけたおしべを持つものが多い。一方、ヘチマのように②花びらの中にめしべだけがある花と、花びらの中にたくさんの(d)をつけたおしべだけがある花の2種類を作るものもある。

（ア）文中の空らんにあてはまる語を答えなさい。

（イ）下線①で、アサガオの芽が出たときのようすについて答えなさい。

ⅰ．最初にひろがる緑色のものを何といいますか。

ⅱ．アサガオの芽が出たときの図として、ふさわしいものはどれですか。

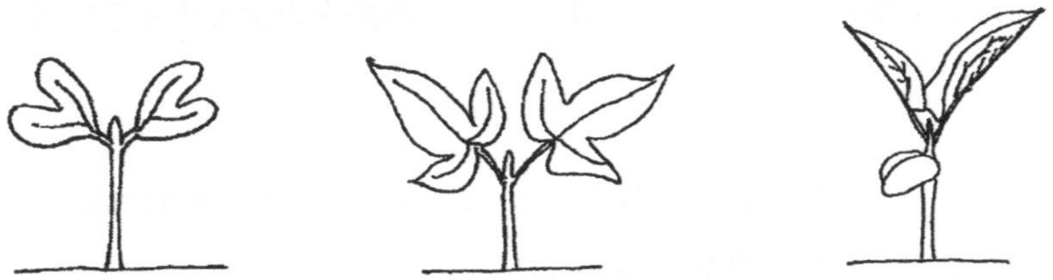

1.　　2.　　3.

（ウ）種子から根が出るのはいつですか。

1．芽が出る前　　2．芽が出るのと同時　　3．芽が出た後

（エ）アサガオのたねまきで使うたねは種子ですが、たねまきに実を使う植物もあります。たねまきで使うたねが実であるものを2つ選びなさい。

1．ヘチマのたね　　2．ヒマワリのたね

3．イネのたね　　4．ホウセンカのたね

（オ）下線②で、種子ができる花はどれですか。

1．めしべだけの花にできる　　2．おしべだけの花にできる

3．どちらにもできる　　4．どちらにもできない

【8】3月のある日、大阪の自宅で夜中の3時にふと目が覚めて外を見ると、ちょうど窓の正面に、月が右図のように見えました。

（ア）この窓は、どちらの方角に面していますか。

1．北　　2．南　　3．東　　4．西

（イ）この月をしばらく見ていると、窓から見える月の位置はどうなりますか。

1．右に動く　　2．左に動く　　3．真上に動く　　4．真下に動く

（ウ）この月がしずむのは何時ごろですか。

1．6時　　2．9時　　3．12時　　4．15時　　5．18時

（エ）この日から5日後の夜中の3時にも、同じ窓から月が見えました。

a．窓から見える月の位置は、5日前と比べてどうなっていますか。

1．正面に見える　　2．右のほうに見える

3．左のほうに見える　　4．正面の高い位置に見える

b．月の形と向きはどのように見えますか。

1.　　2.　　3.　　4.　　5.　　6.　　7.

（オ）(エ)よりさらに13日が過ぎました。

a．この日の月を何と呼びますか。

1．新月　　2．満月　　3．三日月

4．上弦（じょうげん）の月　　5．下弦（かげん）の月

b．この日の月が、同じ窓の正面に見えるのは何時ごろですか。

1．夜中の0時　　2．6時　　3．12時　　4．18時

受験番号	2022年度 同志社香里中学校 前期入学試験　問題　社会	4枚のうち その1

※注意　特別な指示のある場合をのぞき、漢字で書ける解答はすべて漢字で書きなさい。
漢字で書ける解答をかなで書いた場合には減点します。

(40分)

【1】次の会話文を読み、あとの問いに答えなさい。

子：父さん、①都道府県しりとりをしよう！
母：ご飯がはじまるから食後にしましょうね。
子：②このキャンプ場はテントの中から富士山をながめることができるから最高だね。
母：富士山は世界遺産に登録されているからね。
父：家族旅行で行った（　1　）も2021年7月に世界自然遺産に登録されたね。
子：わぁ、大好きな③さんまだ。漁かく量が減って値上がりしたんだよね。地球温暖化が原因の可能性があるって学校で習ったよ。どういうことなの？
父：このさんまは太平洋でとれたんだよ。太平洋側のさんまは（　2　）周辺の海で生まれて北上し、初夏にエサのプランクトンが増加して最も豊富になる（　3　）周辺に移動して回遊するそうだよ。海水温の変化でさんまの通り道が日本から離《はな》れてしまっているのかもしれないね。
子：温暖化を防ぐにはどうしたらいいのかなぁ？
父：温室効果ガスを減らすことが大切だね。
子：じゃあうちのキャンピングカーもダメなの？
父：④ガソリンエンジンだけでなく、電気モーターも組み合わせて走ることができる自動車だから、ガソリンの使用量は少なくてすむから少しは対策になっているね。
母：⑤ガソリン代も以前とくらべると高くなって大変よ。
父：⑥OPEC プラスが増産してくれないと価格は下がらないだろう。コロナ禍《か》で原油が売れるかどうかわからないから悩《なや》んでいるんだね。生産しすぎると価格は下がるからね。
子：キャンプに行けなくなっちゃうよー。
母：（　4　）のグラスゴーでCOP26が開かれていたわね。
父：これまでほとんど対策がとられていなかった（　5　）発電を今後減らしていくよう、すべての国で努力していこうと決まったようだね。
子：最近よく聞く「（　6　）」っていう言葉はどういう意味なの？
母：温室効果ガスを出す量と吸収する量を同じにするっていう意味よ。
父：たとえばそのコップは、バクテリアによって自然にかえる（　7　）な資源の竹でできているんだ。竹は植生時の光合成で二酸化炭素を吸収していたから、コップを燃やして二酸化炭素を出しても最終的には増えていないことになるよね。

問1　文中（1）にあてはまる地名を下より選び、記号で答えなさい。
あ.択捉島　い.奄美大島　う.淡路島　え.屋久島

問2　文中（2）・（3）にあてはまる海流を下よりそれぞれ選び、記号で答えなさい。
あ.リマン海流　い.対馬海流　う.親潮　え.黒潮

問3　文中（4）にあてはまる国名を下より選び、記号で答えなさい。
あ.アメリカ　い.イギリス　う.ドイツ　え.オーストラリア

問4　文中（5）にあてはまる語を下より選び、記号で答えなさい。
あ.水力　い.原子力　う.石油火力　え.石炭火力

問5　文中（6）にあてはまる語を下より選び、記号で答えなさい。
あ.カーボンクレジット　い.カーボンオフセット
う.カーボンニュートラル　え.カーボンネガティブ

問6　文中（7）には「持続可能」という意味の語が入る。あてはまる語を下より選び、記号で答えなさい。
あ.アジェンダ　い.ダイバーシティ
う.サステナブル　え.コンプライアンス

問7　文中＿＿①〜⑥について、あとの問いに答えなさい。

① 解答用紙の□に以下のルールを守って都道府県名を入れ、しりとりを完成させなさい。

ルール
1.ひらがなで書く
2.都・府・県は使わない（大阪府なら「おおさか」北海道なら「ほっかいどう」）
3.だく点「゛」はそのままで続ける（「さが」→「かごしま」は×）
4.同じ都道府県名は1度しか使えない

② このキャンプ場の近くにある地形を下より選び、記号で答えなさい。
あ.本栖湖　い.最上川　う.秋吉台　え.阿蘇山

③ さんまの漁かく量の全国1位（※）を下より選び、記号で答えなさい。
※2019年『県勢2022』より
あ.鳥取県　い.北海道　う.静岡県　え.千葉県

④ このような自動車を何と呼ぶか下より選び、記号で答えなさい。
あ.電気自動車　い.天然ガス自動車
う.ハイブリッド車　え.燃料電池自動車

⑤ 2021年12月1日公表資料（※）における1リットルあたりのレギュラーガソリン価格として最も適するものを下より選び、記号で答えなさい。
※資源エネルギー庁の石油製品価格調査（全国平均）より
あ.18円　い.68円　う.118円　え.168円

⑥ OPECに非加盟でOPECプラスに参加している国を下より選び、記号で答えなさい。
あ.サウジアラビア　い.ロシア　う.イラン　え.イラク

【２】次の新聞記事を読み、あとの問いに答えなさい。

①第 49 回衆議院議員選挙（衆院選）は 10 月 31 日、投票と開票が行われました。定数 465 のうち、（　1　）が 261 議席を取りました。選挙前から 15 議席を減らしたものの、単独で過半数（【　A　】議席以上）を占《し》め、議会の運営を有利に運べる「絶対安定多数」(261 議席）を確保しました。（1）と連立政権を組む与党の（　2　）は 32 議席で、３議席を増やしました。（1）総裁の岸田文雄総理大臣は「信任をいただいた」と語りました。11 月上旬《じょうじゅん》にも開かれる②国会で、第２次岸田内閣が発足します。

野党の（　3　）は 14 議席を減らし、96 議席に落ち込《こ》みました。（　4　）は選挙前の４倍近い 41 議席を取り、（1）、（3）に次ぐ第３党になりました。

毎日新聞のまとめでは、今回の衆院選の投票率は１日午前９時の推計で 55.93%（小選挙区）でした。前回 2017 年の 53.68%を上回りそうですが、③戦後３番目に低い投票率となる見通しです。

毎日小学生新聞 2021 年 11 月２日付　(作問のため一部改)

問１　文中（1）～（4）にあてはまる政党名を下よりそれぞれ選び、記号で答えなさい。

あ. 日本共産党　　い. 立憲民主党　　う. れいわ新選組　　え. 自由民主党

お. 国民民主党　　か. 社会民主党　　き. 公明党　　く. 日本維新の会

問２　文中【A】にあてはまる数字を書きなさい。

問３　文中＿＿＿①～③について、あとの問いに答えなさい。

①　衆院選のしくみについて述べた文ａ・ｂについて、正誤の組み合わせとして正しいものを下より選び、記号で答えなさい。

ａ）候補者の個人名を投票するしくみと、政党名を投票するしくみを組み合わせている。

ｂ）被《ひ》選挙権は満 20歳《さい》以上の日本国民に与《あた》えられる。

あ.ａ 正　ｂ 正　　い.ａ 正　ｂ 誤　　う.ａ 誤　ｂ 正　　え.ａ 誤　ｂ 誤

②　国会の役割を説明した文として正しいものを下より選び、記号で答えなさい。

あ. 外国と条約を結ぶ　　い. 法律が憲法に違反《いはん》していないかを調べる

う. 内閣総理大臣を任命する　　え. 憲法改正を発議する

③　以下に示したのは平成に入ってから 2017 年までの衆院選の有権者数と各年代の投票率の推移をまとめたグラフである。これを見て、あとの問いに答えなさい。

衆議院議員総選挙における年代別投票率の推移

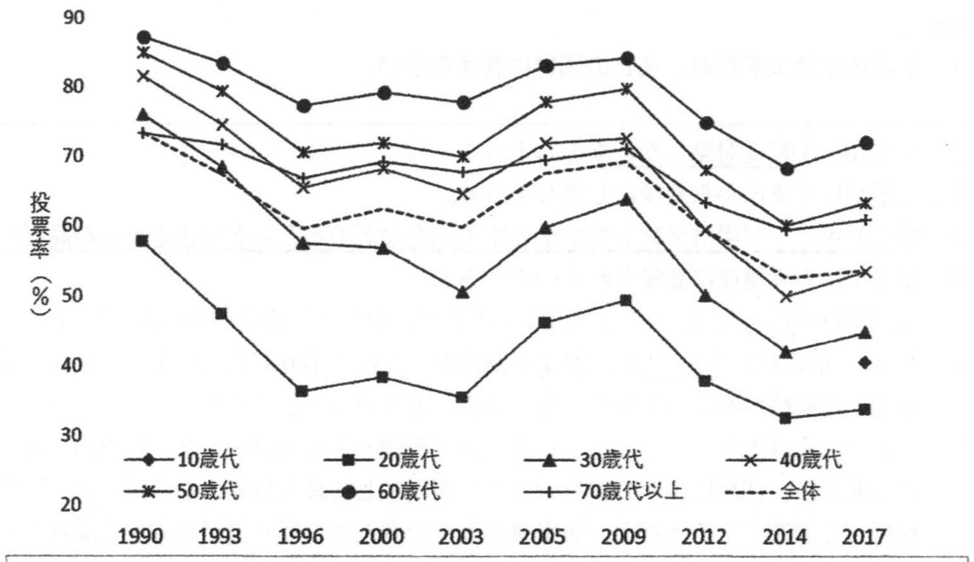

	1990	1993	1996	2000	2003	2005	2009	2012	2014	2017	
有権者数	9032	9448	9768	10043	10223	10298	10395	10396	10396	10609	(万人)

※総務省発表資料より

［１］2017 年に有権者の数がおよそ 200 万人増加している理由として最もふさわしいものを下より選び、記号で答えなさい。

あ. 選挙権年齢《ねんれい》が 18 歳以上に引き下げられたから。

い. 海外に居住している日本国民も投票できるようになったから。

う. 日本に居住している外国人も投票できるようになったから。

え. 少子高齢化に伴《ともな》い、未成年の子を持つ親には、子の数だけ投票権が追加されたから。

［２］グラフについて述べた文ａ・ｂについて、正誤の組み合わせとして正しいものを下より選び、記号で答えなさい。

ａ）2017 年に 60 歳代であった人々は、若いころから最も投票率が高い年代であった。

ｂ）20 歳代の投票率が、全体の投票率を上回ったことはない。

あ. ａ 正　ｂ 正　　い.ａ 正　ｂ 誤　　う.ａ 誤　ｂ 正　　え.ａ 誤　ｂ 誤

［３］投票率を向上させるために、選挙の方法はさまざまな改善が行われてきた。その方法としてまちがっているものを下より選び、記号で答えなさい。

あ. 障害のある人は、郵便で投票することができる。

い. 仕事での滞在《たいざい》先や入院中の病院などで投票することができる。

う. スマートフォンやタブレットを使ってオンラインで投票することができる。

え. 選挙当日に仕事や用事があり、選挙に行けない場合は事前に投票することができる。

【3】次の文を読み、あとの問いに答えなさい。

平氏の次に力を持ったのは源氏だった。（　1　）は平氏に不満を持つ関東の武士たちと協力して①平氏を攻《せ》め滅《ほろ》ぼすことに成功し、②鎌倉で武士による政治のしくみを整えていった。しかし源氏の将軍は長く続かず、その後は北条氏が幕府政治の中心となった。

鎌倉幕府滅亡《めつぼう》後、次に開かれたのは足利氏による室町幕府である。３代将軍（　2　）は太政大臣となって強い力を持った。室町幕府の時代は、幕府政治の中心を京都においたことで③武士文化と貴族文化があわさった新たな文化が成立した。しかし、応仁の乱などによって幕府は次第《しだい》に力を弱め、世の中は戦国時代へと突入《とつにゅう》していった。

最後の武家政権は徳川氏による江戸幕府である。３代将軍（　3　）のときには諸大名に参勤交代を義務づけるなど幕府による支配体制は安定した。そして江戸幕府は15代将軍（　4　）の時に政権を朝廷に返上するまでその支配を続けた。

問１　文中（1）～（4）にあてはまる人名を下よりそれぞれ選び、記号で答えなさい。

あ. 秀忠　　い. 慶喜　　う. 義満　　え. 義政

お. 尊氏　　か. 家光　　き. 道長　　く. 頼朝

問２　文中＿＿＿①～③について、あとの問いに答えなさい。

①　最後の戦いがあった壇ノ浦がふくまれる県を下より選び、記号で答えなさい。

あ 
い 
う 
え 

②　鎌倉がふくまれる県を下より選び、記号で答えなさい。

あ 
い 
う 
え 

③　この時代の文化の説明としてまちがっているものを下より選び、記号で答えなさい。

あ. 慈照寺にある銀閣や東求堂には現在の和室のもととなる書院造が見られる。

い. 近松門左衛門は歌舞伎や人形浄瑠璃で多くの作品を残した。

う. 猿楽や田楽が能へと発展し、観阿弥・世阿弥父子によって大成された。

え. 雪舟は各地をめぐり、自然を題材に多くのすぐれた水墨画を描《えが》いた。

問３（1）が征夷大将軍となってから（4）が政権を返上するまでの期間として最も近いものを下より選び、記号で答えなさい。

あ. ２６５年　　い. ５００年　　う. ６７５年　　え. ８５０年

【4】次の会話文を読み、あとの問いに答えなさい。

ふみお君：先生、あけましておめでとうございます。

先　　生：おめでとう。平成から令和にかわってもう４年目だね。そういえば①平成４年[1992年]は今からちょうど30年前なんだよ。

ふみお君：おじさんから、そのころ急に景気が悪くなったと聞いたことがあります。

先　　生：当時は「複合不況《ふきょう》」という言葉が流行語大賞で選ばれたくらいだからね。ぐう然だけど昭和４年[1929年]には（　1　）から不景気が始まって、この影響《えいきょう》を受けた日本は1931年に（　2　）をおこしたんだ。②このあと1945年の敗戦まで軍人の発言力が強くなったんだよ。

ふみお君：もしかして、大正４年[1915年]も景気が悪くなったんですか？

先　　生：このときは（　3　）のまっただ中で、③日本では好景気が始まったころだったんだよ。また明治４年[1871年]だけど、このころは景気よりもまずは近代化を学ぶことが優先で（　4　）を中心とする使節団が出発した年だよ。

ふみお君：明治の前の年号は何と言うんですか？

先　　生：「慶応」だよ。慶応４年［1868年］に明治にあらたまって新しい政府の方針として（　5　）が出されたんだよ。

ふみお君：それぞれの年号の「４年」は大変だったんですね。ぼくは令和４年を乗り切れるかな。

問１　文中（1）～（5）にあてはまる語を下よりそれぞれ選び、記号で答えなさい。

（1）	あ. ソビエト連邦	い. イギリス	う. ドイツ	え. アメリカ
（2）	あ. 日露戦争	い. 太平洋戦争	う. 日清戦争	え. 満州事変
（3）	あ. 殖産興業	い. 第一次世界大戦	う. 高度経済成長	え. 西南戦争
（4）	あ. 岩倉具視	い. 大隈重信	う. 西郷隆盛	え. 板垣退助
（5）	あ. 五か条の御誓文	い. 廃藩置県	う. 徴兵令	え. 大日本帝国憲法

問２　文中＿＿＿①～③について、あとの問いに答えなさい。

①　平成４年からの10年間で日本での普及《ふきゅう》率が急増したものを下より選び、記号で答えなさい。

あ. パソコン　　い. カラーテレビ　　う. 電気せんたく機　　え. スマートフォン

②　昭和４年から敗戦までのできごととして、まちがっているものを下より選び、記号で答えなさい。

あ. 五・一五事件　　い. 韓国併合　　う. 二・二六事件　　え. 沖縄戦

③　大正４年からの４年間の様子を説明した文を下より選び、記号で答えなさい。

あ. 自動車などの重化学工業が発達し、日本はGNPがアメリカに次ぐ２位となった。

い. 省エネルギー化の努力などによって、日本は世界一の貿易黒字国になった。

う. ヨーロッパの国々の生産力が低下する中で、日本は輸出額を大きくのばした。

え. すべての国民が健康で文化的な生活を送れるように、日本は社会保障制度を整えた。

以上

二〇二二年度 同志社香里中学校 前期入学試験問題 国語 解答用紙

六枚のうち その六

(番号で答えられるものは、すべて番号で答えなさい。また、字数制限のある問題は、かぎかっこなどの記号・句読点も一字とします。)

【一】

① ② ③ ④ ⑤

【二】

① ② ③ み ④

⑤ ⑥ 的 ⑦ ⑧

【三】

① ② ③ ④

【四】

問一

問二

問三 A B

問四 (1) 越冬地 繁殖地

(2) 繁殖地は越冬地に比べて、

場所である。

問五

問六

問七 つ

問八

問九

【五】

問一 Ⅰ Ⅱ

問二 A B C D E

問三

ところ。

問四

問五

こと。

問六

問七

問八

問九

受験番号

氏名

このらんには記入しないこと

一 5点	四 問五・六 6点
二 16点	四 問七〜九 20点
三 4点	五 問一・二 14点
四 問一・二 6点	五 問三・四 7点
四 問三 4点	五 問五 8点
四 問四 1 6点	五 問六〜八 12点
四 問四 2 6点	五 問九 6点
小計 47点	小計 73点
合計 ※120点満点	

受験番号					2022年度　同志社香里中学校 前期入学試験解答用紙　算数	4枚のうち その4
氏名						

(注意) 答えはすべてこの用紙に書きなさい。

※120点満点

1

(1)		(2)		(3)	日　時間　分　秒	15点

2

(1)	度	(2)	cm^2	(3)	:	15点

3

(1)	cm	(2)	枚	(3)	か所	18点

4

(1)	分	(2)	分	(3)	m	18点

5

(1)		(2)	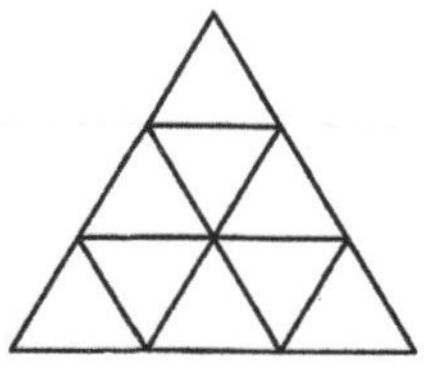	(3)		18点

6

(1)	度	(2)	cm	(3)	cm^2	18点

7

(1)	頂点	辺	(2)	cm^3	(3)	倍	18点

受験番号		2022年度　同志社香里中学校 前期入学試験解答用紙　理科	5枚のうち その5
氏名			

（記号・番号で答えられるものはすべて記号・番号で答えなさい。）

【1】

ア		イ		ウ		エ		オ		

【2】

ア	性	イ	A	B	C	D
ウ		エ				

【3】

	a	b	c	d	e	f	g	h
ア								
イ		ウ						

【4】

ア		イ		ウ		エ		オ	

【5】

ア		イ		ウ			エ		オ	
カ	a	b	c	キ						

【6】

ア		イ	g	ウ	g

【7】

ア	a	b	c	d				
イ	i	ii	ウ		エ			オ

【8】

ア		イ		ウ		エ	a	b	オ	a	b

採点欄 ここには何も 書かないこと
【1】 10点
【2】 9点
【3】 10点
【4】 10点
【5】 10点
【6】 9点
【7】 10点
【8】 12点
合計

※80点満点

受験番号				
氏名				

2022年度 同志社香里中学校
前期入学試験 解答用紙 社会

【1】

問1

問2
(2)
(3)

問3

問4

問5

問6

問7
①いばらき
↓
↓
↓ 以上２つで完答
ぎふ
↓
↓
↓ 以上２つで完答
わかやま

問7
②
③
④
⑤
⑥

【2】

問1
(1)
(2)
(3)
(4)

問2〔数字〕

問3
①
②
③
[1]
[2]
[3]

【3】

問1
(1)
(2)
(3)
(4)

問2
①
②
③

問3

【4】

問1
(1)
(2)
(3)
(4)
(5)

問2
①
②
③

以上

以下の欄には
何も記入しないで下さい

【1】 28点

【2】 20点

【3】 16点

【4】 16点

※80点満点

(50分)

（番号で答えられるものは、すべて番号で答えなさい。また、字数制限のある問題は、かぎかっこなどの記号・句読点も一字とします。）

【一】

小学五年生の「私」（律《りつ》）は、同じクラスの瀬里奈《せりな》と関わるようになる。瀬里奈は人と話すのが苦手で、いつも一人でいた。ある日「私」が『くるみ割り人形』の本を読み聞かせたのをきっかけに、瀬里奈はその主人公マリーになりきって生活するようになり、自信を持って人と話せるようになった。瀬里奈が一気にクラスの中心的な存在になったことで、女の子たちの人間関係に変化が起きている。

1　麗《れい》ちゃんは、久美《くみ》ちゃんがやたらに瀬里奈になついた一件を根に持っていて、今度は私に、久美ちゃんには教えない内緒《ないしょ》の話を耳打ちしたり、何かといえば手をつないでトイレに連れて行ったりするようになっていた。トイレで髪《かみ》の毛を整えながら、麗ちゃんは私に耳打ちした。「久美ちゃんって、悪い子じゃないんだけど、ちょっと八方美人だよねえ。ね、バレンタインの計画のこと、久美ちゃんにはまだ内緒ね。だって、口が軽そうなんだもん」麗ちゃんは、今からバレンタイン目指して、ダイエットしながら、手作りチョコレートの練習をするんだと張り切っていた。私は麗ちゃんの好きな男の子のクラスにわざわざ偵察《ていさつ》に行って、席替《せきが》えで今度はどこの席になったとか、同じ男の子が好きらしい女の子がクリスマスに何かしかけるつもりではないかさりげなく調べたりだとか、麗ちゃんの指示に従っていろいろと行動しなくてはならなかった。「ねえ、どのチョコがいいかな、アーモンド、好きかなあ。トリュフかなあ」「別に、気持ちがこもっていればいいんじゃない」「えー、律ちゃん、真面目に考えてよね。もういいよ、協力してくれないなら、一人でやるから」麗ちゃんはうっかりするとすぐにそうして機嫌《きげん》を損《そこ》ねてしまうので、私はなるべく麗ちゃんを刺激《しげき》しないような言葉を選ばなくてはならなかった。人との会話はワークブックに似ている、と私は思った。相手の性格や状況《じょうきょう》などを考えてできるだけ素早《すばや》くどんな返事が求められているか把握《はあく》し、的確な返答を考え出すのだ。そう思うと、前ほど難しいことではないような気がした。私は［　A　］、答えを埋《う》めていった。

2　冬休みが終わり、五年生もだんだん終わりにさしかかるころには、私はその単調な作業に随分《ずいぶん》慣れていた。バレンタインデーの日、私は麗ちゃんに連れられて彼女《かのじょ》の好きな男の子のマンションの下で、彼《かれ》が来るのをずっと待っていた。麗ちゃんは、いざとなると、「やっぱり、無理！」と言って、私の手をつかんで逃《に》げ出した。結局、私達《わたしたち》は麗ちゃんの手作りのトリュフをいっしょに食べながら帰った。麗ちゃんが言った。「律ちゃんって、ほんとにいい子だよね。私、律ちゃんと友達でよかった」「え、私が？」麗ちゃんにそう言われることが意外で聞き返すと、麗ちゃんは私の手を握《にぎ》りながら、「うん。私、お友達の中で律ちゃんが一番好き。優《やさ》しいし、嫌《いや》なこと絶対に言わないし、口も堅《かた》いし。これからも仲良くしてね」と言った。①私は麗ちゃんの作った甘《あま》ったるいチョコレートを口の中で溶《と》かしながら頷《うなず》いた。

3　家に帰ると、母が玄関《げんかん》に出てきて言った。「律、この前の塾《じゅく》のテスト、すごくよかったじゃない」「そうかなあ」「とくに社会は、苦手だったのに本当に偉《えら》かったわね。今日は、律の好きなもの、何でもつくってあげるわよ」「いいよ、お母さんも疲《つか》れてるんだから、たまには休みなよ。私、今日は宿題ないんだ。晩御飯《ばんごはん》、つくってあげるね」そう言って部屋に鞄《かばん》を置き、台所に立ってお米をとぎ始めた私に、母が［　B　］した様子で言った。「律は、本当にしっかりした、いい子に育ったわね」「別に、そんなことないと思うけど。いいから、テレビでも見てれば」「ありがとうね、律」冷蔵庫から野菜を出しながら、ふと母の方を見ると、［　　　　］ようだった。

4　②私は、自分がいつのまにか、ワークブックでとてもいい点数をとっていたことを知った。それで、私はワークブックの最後のまとめテストで満点をとったような、おかしな爽快感《そうかいかん》を得た。ごほうびに、何かしたいことをしてもいいんじゃないか、と私は思った。私は、窓の外の灰色の光景を眺《なが》めながら、遠くへ行きたいと思った。見覚えのない景色の中を、少しだけでいいから歩きたい。私は引き出しの中から小さな路線図を取り出した。複雑に絡《から》まった色とりどりの路線の中から、一本、水色の綺麗《きれい》な直線が延びていっている。その水色の線は、路線図の紙からはみ出して、さらに遠くへと延びていっているようだった。私は青空を思わせるその水色の路線を人差し指でたどった。これに乗って、どこか遠くへ行きたい。少しだけ、一日だけでいい。両親には心配をかけないように、朝からどこかへ出かけると言えばいい。そう思うと胸が高鳴った。嘘《うそ》をついて遠くへ出かけることなど、クラスの進んだ女の子たちは皆《みな》やっていることかもしれない。でも両親に嘘をついたことなどなかった私の胸は、想像しただけでアとても速く鼓動《こどう》し始めた。やっぱり私は「マウス」だなあ。そんなことをちょっと思い、左手に路線図をしっかりと握り締《し》めながら、私は本棚《ほんだな》から英語の辞書を取り出した。それは英語塾に通い始めた私のために、父が買ってくれたものだった。けれどそれは大きな大人用の辞書で、なかなかうまく使いこなすことができずに本棚に入れっぱなしになっていた。（m……m……）私はゆっくりとスペルを思い出しながら、分厚い辞書をめくっていった。時間をかけてやっと、「マウス」の欄《らん》を見つけることができた。（ｍｏｕｓｅ。ハツカネズミ、小ネズミ……臆病者《おくびょうもの》。内気な女の子……）叔父《おじ》さんの言ったとおりの意味が、そこにも［　C　］書かれていた。私は辞書の文字を目で追いながら、左手の路線図を、もう一度強く握り締めた。

5　次の日曜日、私は暗いうちから部屋で身支度《みじたく》をし、お正月にもらったお年玉を全て財布《さいふ》に入れた。母には前もって、朝から遠くの図書館へ行くと言ってあった。日曜日に家族が起きてくるのは八時過ぎくらいなので大丈夫《だいじょうぶ》だろうとは思ったが、念のため、机の上に、「市立図書館へ行ってきます」というメモを残した。鞄には、黒板を見るときだけ、たまにかけるようになっていたケースに入った眼鏡と、ハ

ンカチと、カイロを入れた。手袋《てぶくろ》とマフラーをつけ、帽子《ぼうし》をかぶり、歩きやすいようにいつも登校に使っている紺色《こんいろ》のスニーカーを履《は》いた。外に出ると空気が冷たくて、自分の輪郭《りんかく》がいつもよりはっきりしている気がした。私は、なんとなくいつもと道を変えて、少し遠回りしながら駅へと向かっていた。瀬里奈の家の前で、私は一瞬《いっしゅん》立ち止まった。時計を見ると、まだ朝の五時半だった。（学校がある間はいつも、暗いうちに起きてた）瀬里奈の言葉が蘇《よみがえ》って窓を見上げたが、今日は日曜だから、きっと無理だろうと、あきらめて歩き出した。そのとき、突然《とつぜん》、上から低い声がした。「律」見上げると、二階の部屋から瀬里奈が顔をのぞかせていた。「瀬里奈。どうしたの、早起きだね」「ちょっと待ってて」瀬里奈はそういうと顔をひっこめ、しばらくするとドアが開く音がした。瀬里奈が自分の側《そば》へと駆《か》けてくることが、私にはとても不思議に感じられた。教室での瀬里奈はいつも遠かった。早野さんたちのグループで、一際《ひときわ》高い身長で［D］振舞《ふるま》っている瀬里奈は、私とはすでに女の子としての種類がまったく違《ちが》ってしまったように見えていた。けれど、瀬里奈は以前と同じ様子で、昨日も一緒に帰ったばかりであるかのように、こちらを真《ま》っ直《す》ぐ見て話しかけてきた。「律、どこかに行くの？」「うん、そうだよ」「どこ？」「わからない」そういうと、瀬里奈は、「そう、じゃ、私も一緒に行く」といい、そのままドアを閉めてついてきた。「鍵《かぎ》閉めなくていいの？」「おばあさん、もう起きているから」「電車に乗るから、お金いるよ。それに、その格好《かっこう》じゃ寒いよ」「そう？」瀬里奈はそういい、それでも取りにもどる気配はなく、ゆらゆらと私の後をついて歩き出した。

6　私は一〇二〇円という切符《きっぷ》を二枚買って、一枚を瀬里奈に渡《わた》した。値段に特に意味はなく、四桁《けた》の値段の切符というのを見たことがなかったからだ。いつもの切符と重みがぜんぜん違う気がして、どこまでも行けそうな気がした。瀬里奈はお礼も言わず切符を受け取り、私より先に改札へ入っていった。「どの電車に乗るの？」「その、青いやつ」私は青いボックス席の電車を指差した。あの水色の路線の電車は本当に遠くへつながっているらしく、電車の名前のついた旅行案内のポスターが駅にも沢山《たくさん》貼《は》り付けてあった。それを見るとまた鼓動が速くなった。私たちは車両に乗り込《こ》み、並んで座《すわ》った。外は少しずつ明るくなってきていた。「ね、それ、マスカラ？」「うん。昨日、早野につけられたの。水で洗っても、取れないんだ」「ふうん」「変？」「うん。瀬里奈はそんなのつけないほうが綺麗だよ」何だかドラマの中の男の人のような台詞《せりふ》を吐《は》いてしまいながら、私は身体を半回転させて窓を見上げた。瀬里奈と喋《しゃべ》るのは随分《ずいぶん》久しぶりだったが、なんとなくそんな気がしなかった。車両の中には私たちのほかに、朝帰りのような風情《ふぜい》の疲れた顔の女の人が一人と、日曜なのに仕事があるらしいネクタイを締めた中年の男の人が一人、座っているだけだった。「早野さん、いい人だったでしょ？」「さあ」「瀬里奈が一緒にいて、嫌じゃないならいい人でしょ」「そう？」瀬里奈は少し首をかしげながら、「でも、それだと、皆、いい人だけど」「うん、じゃあ、いい人ばっかりなんだよ」「そう」瀬里奈は頷くと、私の真似《まね》をして身体をひねって外を見つめながら言った。「早野は、将来モデルになりたいんだって。身長が一七〇センチ以上必要だから、私がうらやましいんだって」「へえ」「ねえ、早野さんにはマリーの話、した？」「しないよ」「何で？」「だって、必要ないから」「今でも、毎日読んでるの？」「読んでる。学校で、トイレの個室に持っていって、中で読んでることもある」「そっか」三学期に入り、旧校舎は立ち入り禁止になってしまっていた。それでも、瀬里奈がそんなことをしていることが、なんだか可笑《おか》しかった。

7　「おなかがすいた」そう瀬里奈が言い、私達は電車を降りた。切符を入れてそのまま外に出られたので、一〇二〇円よりも近いところで降りたようだった。そこは大きなマンションが立ち並ぶ住宅街だった。駅前には大きなスーパーがあり、その脇《わき》から舗装《ほそう》された遊歩道が延びている。スーパーの袋《ふくろ》を提《さ》げた親子連れや、散歩をしているおばあさんなど、住民風の人ばかりが歩いていて、生活の匂《にお》いが感じられた。自分の家を遠く離《はな》れた場所のそれは、すごく新鮮《しんせん》に思えた。私達は何も言わずにその遊歩道を進んでいった。スーパーで買い物をする客が行きかっていた駅前より、どんどん周りは静かになっていった。私達が住む街と違い、並んでいる家はずいぶん新しくて、どれも似たような形をしていた。古い家の多い自分の家のそばとは、ずいぶん違っていて、私は熱心にその光景を眺めた。「ね、おなかへった」瀬里奈がそう呟《つぶや》き、私はそのためにここで降りたのだということを思い出した。「そうだったね。あ、あそこ」私達はそばの小さなコンビニエンスストアに入り、おにぎりを買った。そばにあったマンションの前にある小さな花壇《かだん》に座って、二人でそれをほおばった。「瀬里奈、寒くないの？」瀬里奈はパーカーにミニスカートを穿《は》いていた。スカートは瀬里奈の太ももの途中《とちゅう》で止まっていた。「平気」「これ、つけてていいよ」私は自分がしていたマフラーを瀬里奈に巻いた。「食べたら、どこか風が当たらない場所、探そう」「うん」瀬里奈はおにぎりをほおばりながら頷いた。「瀬里奈、本、持ってきてないんじゃない？　大丈夫？」不意にそうたずねると、瀬里奈は、「ううん、ここにあるよ」といい、パーカーのフードから、子供向けの文庫本を取り出した。「そんなところに入れておいたら、落ちちゃうよ」「重さでわかるから、大丈夫。それにもしなくしても、律がまた聞かせてくれるでしょ」「もう、細かいところまで覚えてないよ。でも、暗くなるまでには帰るから」「どうして？」「今は、息抜《いきぬ》きに来てるだけだから。③息抜きって、そんなに長くすることじゃないでしょ」私は、あの日、こつぜんといなくなったように見えた瀬里奈のことを、思い出していた。私はあんなふうにいなくなることはできないと思った。雪が降ってきていた。「ねえ、これが積もって、景色が変わるまで、ここにいていいかな」そういうと、瀬里奈は素直《すなお》に頷いた。「うん」雪は乾《かわ》いた地面を少しずつ白く染め上げていった。

（村田沙耶香『マウス』）

問一 □ A～Dにあてはまる言葉を、それぞれ次から選びなさい。（番号は一度しか選べない）

1 堂々と　2 こっそりと　3 はっきりと　4 淡々《たんたん》と　5 しんみりと

問二 [1]段落から読み取れる麗ちゃんの様子について、あてはまらないものを次から選びなさい。

1 久美ちゃんを遠ざけて「私」と親しくしたいと思っている。　2 久美ちゃんが瀬里奈と仲良くしていたことに腹を立てている。

3 久美ちゃんに自分の秘密をもらされたと勘違《かんちが》いしている。　4 久美ちゃんのことを誰《だれ》にでも良い顔をする子だと思っている。

問三 ――線①「私は麗ちゃんの作った～溶かしながら頷いた」とありますが、このときの「私」の気持ちを次から選びなさい。

1 麗ちゃんに遠慮《えんりょ》して、はっきりと意見を言えない自分自身に嫌気《いやけ》がさしている。

2 思っていたより落ち込んでいない麗ちゃんの様子を見て、ほっとしている。

3 麗ちゃんに信頼《しんらい》されていることを知り、とまどいながらも嬉《うれ》しく感じている。

4 自分勝手な行動を繰《く》り返し、平気で人を振《ふ》り回す麗ちゃんにうんざりしている。

問四 □ にあてはまる言葉を次から選びなさい。

1 胸を撫《な》でおろしている　2 浮《う》き足立っている　3 目頭《めがしら》を押《お》さえている　4 心を躍《おど》らせている

問五 ――線②「私は、自分がいつのまにか～ことを知った」とありますが、どういうことですか。あてはまるものを次から選びなさい。

1 麗ちゃんの機嫌をとるためによい返事を考え続けていたら、自然と誰にでも喜んでもらえる言動をするようになった。

2 麗ちゃんに好かれるために彼女の気持ちを思いやった返答をしていたら、母親にほめられるほど優しい性格になった。

3 麗ちゃんに嫌《きら》われないために彼女のいいなりになっていたら、本心を隠《かく》して誰にでも愛想《あいそ》よく振舞えるようになった。

4 麗ちゃんの機嫌をよくするために調子のいいことばかり言っていたら、母親もだませるほど嘘が上手になった。

問六 線ア「とても速く鼓動し始めた」・イ「また鼓動が速くなった」での「私」の気持ちについて、正しい組み合わせを次から選びなさい。

1 ア 勇気を出して、一人で出かけてみよう。もしかしたら臆病な自分を変えられるかもしれないな。
　イ 高い切符も買っちゃったし、もう引き返せない。このまま電車に乗って帰れなくなったらどうしよう。

2 ア お父さんやお母さんに嘘をついてまで何かをしたいと思ったことなんてなかった。こんなことして大丈夫かな。
　イ このまま電車に乗ったらどんなところにたどり着くんだろう。ちょっと怖《こわ》いけど、わくわくする。

3 ア 親に嘘をついて出かけるなんて大人になった気分。クラスのかっこいい女の子たちみたいになれるかな。
　イ この電車に乗ったら本当にずっと遠くに行けるんだ。どんな場所に行けるのかすごく楽しみ。

4 ア お父さんやお母さんは、私が嘘をつくなんて思ってもいないよね。心配かけたら申し訳ないな。
　イ ここまで来ちゃったらもう後戻《あともど》りできない。瀬里奈と一緒に行けるところまで行ってみよう。

問七 この文章には次の二文がぬけています。入る箇所《かしょ》を[5]段落以降から探し、この二文に続く文の最初の五字をぬき出しなさい。（かぎかっこなどの記号・句読点も一字とする）

私には、わざわざさらに多くの買い手の目にさらされて商品になろうという気持ちはわからなかったが、素直で前向きな早野さんらしいなと思った。軋《きし》んだり、歪《ゆが》んだりせず、なめらかに回転しつづける歯車が、きっと早野さんの中では機能しているのだろうなあと思った。

問八 ――線③「息抜きって、そんなに長くすることじゃないでしょ」とありますが、「私」は息抜きとしてどのようなことがしたかったのですか。十五字以内で答えなさい。

問九 この文章の表現について、あてはまるものを次から二つ選びなさい。

1 物語の後半に瀬里奈が自由気ままに振舞う様子を描《えが》くことで、「私」の慎重《しんちょう》な性格が強調されている。

2 「私」だけでなく瀬里奈や麗ちゃんの視点からも物語を描き、それぞれの気持ちに共感しやすくしている。

3 女の子同士の短い会話文がテンポよく続くことで、二人の間にある緊張感《きんちょうかん》が伝わりやすくなっている。

4 最後の場面で雪が降り積もる様子を描き、麗ちゃんや瀬里奈に対してたまっていく「私」の不満を表現している。

5 「窓の外の灰色の光景」や「水色の綺麗な直線」などの色の表現で、「私」の気持ちを暗示している。

【二】 次の①・②の説明にあてはまる熟語を、語群1～6からそれぞれ二つずつ選びなさい。（番号は一度しか選べない）

① 「無傷」のように、上の漢字を音読みで、下の漢字を訓読みで読むもの

② 「手配」のように、上の漢字を訓読みで、下の漢字を音読みで読むもの

語群（1 丸太　2 番組　3 作曲　4 大勢　5 雨雲　6 新芽）

受験番号		二〇二二年度　同志社香里中学校　後期入学試験問題　国語	六枚のうち　その四

【三】　――線の漢字の読みを答えなさい。

①　王様の玉座。　②　角笛をふく。　③　節をつけて歌う。　④　学校の沿革。　⑤　一方ならぬ世話になる。

【四】　――線のカタカナを漢字に直しなさい。

①　ドヒョウに上がる。　②　ガンライ正直な人。　③　ヒョウガ時代。　④　平和をキキュウする。

⑤　カキュウの用事。　⑥　ショウジをはる。　⑦　自転車ホケン。　⑧　周りの意見をカミする。

【五】

[1]　長寿《ちょうじゅ》が多い樹木に対して、多くの草花の葉っぱの寿命《じゅみょう》は、一～二年以内に枯《か》れてしまいます。そのため、草花の葉っぱの寿命は、一～二年以内であることはよくわかります。[ア]、春に出てきた葉っぱが冬になると落葉する、落葉樹とよばれる樹木の葉っぱの寿命も、わかりやすく、一年以内です。それに対し、一年中緑の葉っぱをつけている常緑樹とよばれる樹木の葉っぱの寿命は長いと思われがちです。しかし、個々の葉っぱの寿命は、何百年、何千年という樹木としての寿命に比べると、そんなに長くはありません。短いものでは数ヵ月、長いものでも数十年です。もっとも長いものとしてよく例にあげられるのは、長寿の木として前項《ぜんこう》で紹介《しょうかい》されたブリッスルコーン・パインの葉っぱの寿命で、三三年とか四四年とかいう数値です。

[2]　身近な常緑樹であり、樹齢《じゅれい》何百年とか何千年といわれるクスノキでは、五月から六月にかけて、多くの葉っぱが枯れ落ちます。このとき、「ほとんどすべての葉っぱが落葉し、新しい葉っぱと入れ替《か》わる」といわれることがあります。それに対し、「約半分の葉っぱが落葉し、約半分の葉っぱは緑のまま生き残る」ともいわれます。ほとんど全部が入れ替わるのと、約半分が入れ替わるのとでは、クスノキの葉っぱの寿命は大きく異なることになります。ほとんど全部なら、葉っぱの寿命は約一年です。約半分が入れ替わるのなら、葉っぱの寿命は二年以上です。

[3]　たしかに、同じ種類の樹木の葉っぱであっても、寿命の違《ちが》いは見られます。この原因は、その樹木の育つ環境《かんきょう》が異なるからです。葉っぱの寿命は、主に、温度や、光の当たり具合、湿度《しつど》などに影響《えいきょう》されます。暖かく日当たりの良い場所で、多くの光合成を行うクスノキの葉っぱは、五～六月に、[A]入れ替わります。それに対し、温度が低かったり、日当たりが良くなかったりして、葉っぱがあまり多くの光合成を行うことができないような場所で育つクスノキでは、葉っぱの[B]、五～六月に[C]。

[4]　一般《いっぱん》に、葉っぱの寿命が尽《つ》きる落葉という現象では、その葉がどれだけ光合成を行ったかで決まることが多いと考えられます。よく光合成をした葉っぱの寿命は短く、光合成量が少ないものの寿命は長くなります。その葉っぱが生涯《しょうがい》にできる光合成量は、決まっているかのような現象です。ということは、葉っぱには、「はたらきすぎると寿命が短くなり、あまりはたらかないと寿命が長くなる」という性質があるようです。

[5]　この傾向《けいこう》は、イネの葉っぱの老化で、実験的に確認《かくにん》することができます。①葉っぱの老化の進行は、葉っぱに含《ふく》まれる緑の色素であるクロロフィルが減少し、葉っぱが黄色くなることでわかります。イネの芽生えを栽培《さいばい》すると、一枚ずつ葉っぱが出てきます。出てきた順に、第一葉、第二葉、第三葉と名前をつけていきます。番号が大きくなるほど、あとから出てきた若い葉っぱです。若い葉っぱが出てくると、芽生えの成長を担《にな》う光合成は、古い葉っぱから若い葉っぱへ移行します。そこで、第三葉を残して、あとから出てくる若い葉っぱを抜《ぬ》き取る場合と、抜き取らない場合で、第三葉の老化の具合を調べます。第四葉以上を抜き取ると、第三葉はいつまでも光合成をしなければなりません。そのため、老化が早まるはずです。逆に、第四葉以上を抜き取らないと、第五葉、第六葉という若い葉が出てきて光合成をするので、第三葉の負担が減り、第三葉の老化は抑《おさ》えられることが期待されます。実際に実験をしてみると、予想通りの結果になります。

[6]　落葉樹の葉っぱは、春からはたらき続け、秋遅《おそ》くになると枯れ落ちます。このとき、枯れた葉っぱは、風に吹《ふ》かれて、舞《ま》い落ちるように見えます。[イ]、葉っぱは、いのちが尽きて、枯れたあとに、風で吹き落とされるのではありません。葉っぱは自分で準備をして、自ら舞い落ちるのです。葉っぱは、冬の寒さの訪《おとず》れが近づくと、「冬の寒さの中で、自分はまもなく役に立たなくなる」と感じ、引き際《ぎわ》を悟《さと》ります。春からはたらいてきた葉っぱの最後の仕事は、枯れ落ちるための支度《したく》です。「葉っぱは、ほんとうに自分で枯れ落ちる支度をするのだろうか」と、疑問に思われるかもしれません。しかし、そのように考えられる根拠《こんきょ》は、いくつかあります。

[7]　一つ目は、葉っぱが、緑色のときにもっていたデンプンやタンパク質などの栄養物を、枯れ落ちる前に樹木の本体に戻《もど》すことです。自分の引き際を悟って、自分のもっていた栄養を本体に戻すのです。そのため、落ち葉には、栄養物がほとんど含《ふく》まれておらず、繊維《せんい》質ばかりが目立ちます。樹木の本体に戻された栄養分は、樹木が生きていくために大切なものです。ですから、すぐに使われる場合もあるし、冬の間、種子や実の形で貯蔵される場合もあります。春に芽吹く芽や地中の根に蓄《たくわ》えられるものもあります。

[8]　二つ目は、枯れ落ちる部分の形成は、葉っぱからの指令で行われることです。葉っぱは、「葉身」と「葉柄《ようへい》」という、二つの部分から成り立ちます。葉身は、葉っぱの緑色の平たく広がった部分、葉柄は、葉身を枝や幹につないでいる柄《え》のような部分です。葉っぱは、落

葉に先だって、枝から切り離《はな》れるための箇所《かしょ》を、葉柄のつけ根の付近につくります。この箇所は、「離層《りそう》」といわれ、ここで、葉っぱは枝から離れ落ちるのです。離層は、そのためにわざわざつくられるのです。ですから、同じ種類の植物の落ち葉を並べて葉柄の先端《せんたん》を見ると、まったく同じ形をしています。また、落ちたばかりの葉っぱの葉柄の先端を観察すると、その部分だけはまだ新鮮《しんせん》な色をしています。「枯れ葉」といわれますが、葉柄が枯れて落ちるのではないのです。ともすると「枝や幹が、役に立たなくなった葉っぱを切り捨てるために、離層をつくる」という印象をもたれるかもしれませんが、そうではありません。離層は、枝や幹からではなく、葉っぱからの働きかけで形成されるのです。そのことを示唆《しさ》する実験があります。

[9] 枝についている緑の葉っぱの葉身を葉柄との接点で切り取り、葉柄だけを残します。[ウ]、葉身を切り取らない場合と比べてずっと早くに、葉柄はつけ根から落ちます。葉身を切り取ると、離層が早くにつくられるからです。葉身を切り取っても、切り口から葉柄に＊オーキシンという物質を送り続けると、葉柄は落ちません。オーキシンは、緑の葉っぱの葉身でつくられ、離層の形成を抑えるのです。これらの現象は、「はたらいている葉っぱでは、葉身がオーキシンをつくって、葉柄に送り続けており、送られてくるオーキシンが、離層の形成を抑えている」ことを示しています。葉っぱは、オーキシンという物質を送ることをやめ、自分で離層の形成を促《うなが》して枯れ落ちます。その姿は、「引き際がきれいで、潔《いさぎよ》い」と思われる場合もあります。

[10] たしかに、春からはたらき続けてきた葉っぱが、自分のいのちが尽きるのを悟って、冬が近づいてくると、自分から枯れ落ちていく姿は、②「引き際がきれいで、潔い」といわれるのにふさわしいかもしれません。動物のいのちが尽きるときは、私たち人間の涙《なみだ》を誘《さそ》うことが多いのですが、植物たちの葉っぱがいのち尽きるときの姿に涙する人はほとんどいません。でも、多くの葉っぱが落葉する秋に、何となくもの悲しさが漂《ただよ》うのは、その涙に代わるものかもしれません。

（田中修『植物のいのち』）

＊オーキシン…葉や茎《くき》などの成長を促す植物ホルモン。

問一　[　]ア～ウにあてはまる言葉を、それぞれ次から選びなさい。（番号は一度しか選べない）

1　そこで　2　すると　3　なぜなら　4　また　5　しかし

問二　[　]A～Cにあてはまる言葉を、それぞれ次から選びなさい。

A　1　弱ったものだけが　2　約半分が　3　ほとんどすべてが　4　古いものから順に

B　1　成長が止まり　2　寿命が短くなり　3　成長にばらつきが見られ　4　寿命が長くなり

C　1　入れ替わる葉っぱの量が少なくなります　2　枯れ落ちる葉っぱの量が多くなります　3　始まった落葉がしばらくの間つづきます　4　多くの葉っぱが緑のまま入れ替わります

問三　――線①「葉っぱの老化の進行」について、[5]段落に書かれている内容を次のようにまとめました。（　）a・bにあてはまるように、文中の言葉を使って説明を完成させなさい。aは十字以内、bは五字程度で答えなさい。

葉っぱは（　a　）ほど、（　b　）ということ。

問四　～～線「ともすると」は、どこにかかりますか。次から選びなさい。

1　枝や幹が　2　役に立たなくなった葉っぱを　3　切り捨てるために　4　離層をつくるという印象を　5　もたれるかもしれませんが　6　そうではありません

問五　――線②「引き際がきれいで、潔い」と同じような意味になる表現を次から選びなさい。

1　あとは野となれ山となれ　2　立つ鳥跡《あと》を濁《にご》さず　3　花道を飾《かざ》る　4　終わり良ければすべて良し　5　有終の美

問六　[6]～[9]段落の内容にあてはまるものを次から二つ選びなさい。

1　落葉樹の枝には、葉っぱが枝の働きかけを受けて作った離層のあとが、新鮮な色のまま残っている。

2　葉っぱは地面に落ちたあと、養分を失って繊維質だけになり、しばらくすると土にかえっていく。

3　種類が異なる樹木の落ち葉を観察すると、枝についていた部分の先端は、どれも同じ形をしている。

4　葉っぱは冬の寒さを合図にしてオーキシンを送るのをやめ、やがて枝から離れ、散っていく。

5　冬が近づくと葉っぱは葉身から枯れていき、枝につながる葉柄まで枯れると、ようやく散り始める。

6　葉っぱが樹木に残した栄養物は、冬を越《こ》すために使われたり、春に備えて蓄えられたりする。

問七　段落の説明について、正しいものには○、まちがっているものには×を書きなさい。

1　[2]段落で一見反対に見える二つの事柄《ことがら》を紹介し、[3]段落と[4]段落でそれらが同時に成り立つ理由を説明している。

2　[5]段落では[4]段落で予想した事柄を確かめる実験を紹介し、[6]段落では[4]段落の内容を別の角度から説明し直している。

3　[6]段落で意外性のある事実を紹介し、[7]段落から[9]段落でそのくわしい仕組みを説明している。

受験番号	2022年度　同志社香里中学校 後期入学試験問題　算数	4枚のうち その1

（注意）とちゅうの計算は余白を利用し，答えはすべて解答用紙に書きなさい。また，円周率は3.14として計算しなさい。（50分）

1 次の□をうめなさい。

(1) $\frac{5}{16} \div \left\{ \frac{3}{8} \times \left(0.75 - \frac{1}{6} \right) \right\} + \frac{2}{7} = \square$

(2) $2 + \left\{ \frac{26}{3} - \left(\frac{2}{3} + \frac{5}{6} \right) \times \square \right\} = 10$

(3) $9 \times 8 \times 7 \times 6 - 8 \times 7 \times 6 \times 5 - 7 \times 6 \times 5 \times 4 - 6 \times 5 \times 4 \times 3 - 5 \times 4 \times 3 \times 2 - 4 \times 3 \times 2 \times 1 = \square$

2 次の問いに答えなさい。

(1) 右の図は，正方形の紙を折り曲げたものです。角㋐の大きさは何度ですか。

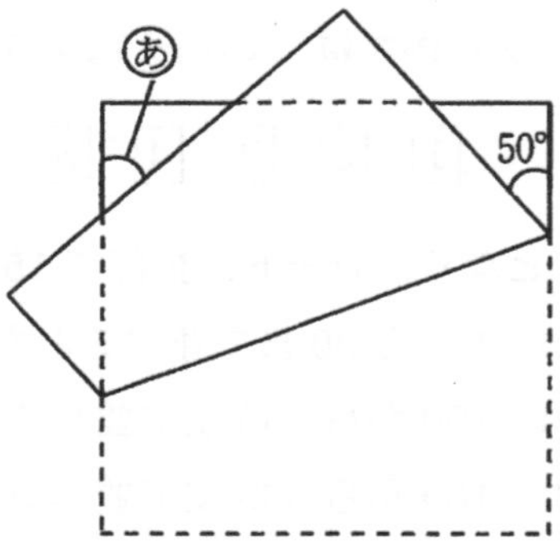

(2) 右の図のように，半径が3cmの半円と1辺が6cmの正三角形が重なっています。かげをつけた部分の面積の和は何cm²ですか。

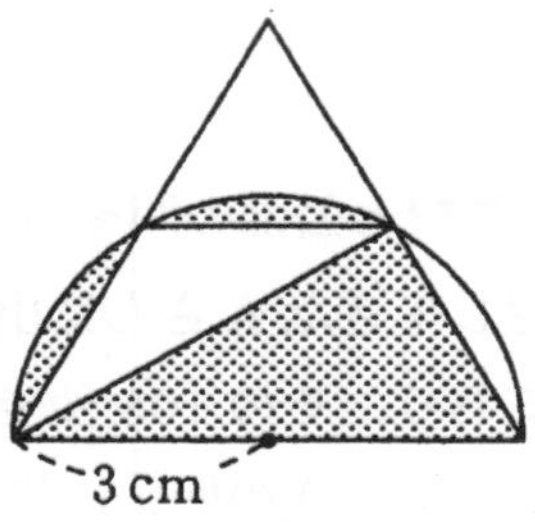

(3) 右の図のような正六角形があり，点Dは正六角形の1辺の真ん中の点です。AE : EBを最も簡単な整数の比で答えなさい。

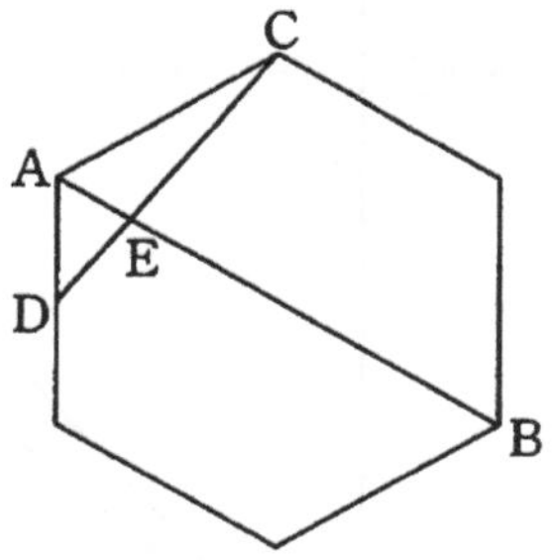

（注意）とちゅうの計算は余白を利用し，答えはすべて解答用紙に書きなさい。また，円周率は3.14として計算しなさい。

[3] ホールの長いすに，生徒が1脚《きゃく》につき6人ずつ座《すわ》ると，20人が座れなくなります。また，1脚につき7人ずつ座ると，最後の長いすにはちょうど7人座ることができ，長いすは10脚余りました。次の問いに答えなさい。

(1) 長いすは何脚ありますか。また，生徒の人数は何人ですか。

(2) 男子と女子の人数比は15：13です。長いす1脚につき男子4人と女子3人の7人を1つの組として順に座ります。組が作れなくなった後，残りの生徒は1脚につき6人ずつ座ります。誰《だれ》も座っていない長いすは何脚ありますか。

[4] 0から9までの数字が1つずつ書かれたカードがたくさんあります。このカードを使って整数を作り，小さい順に左から並べます。例えば，1から12まで並べるとき，

[1] [2] [3] [4] [5] [6] [7] [8] [9] [1][0] [1][1] [1][2]

となり，カードは全部で15枚使います。次の問いに答えなさい。

(1) 1から30まで並べるとき，カードは全部で何枚使いますか。

(2) 100から999まで並べるとき，左から77枚目のカードに書かれている数はいくつですか。

(3) 100から999まで並べるとき，[2]のカードは全部で何枚使いますか。

[5] 学校と公園の間をAさんとBさんが往復しました。学校を同時に出発し，Bさんは公園から120mのところで，公園から折り返してきたAさんに出会いました。また，Aさんが学校に着いたとき，Bさんは学校から432mのところを学校に向かって走っており，その108秒後にBさんは学校に着きました。2人の速さはそれぞれ一定で，下のグラフは，そのときの様子を表したものです。次の問いに答えなさい。

(1) Bさんの速さは秒速何mですか。また，Aさんが公園に着いてから何秒後にBさんは公園に着きましたか。

(2) 学校から公園までの距離《きょり》は何mですか。

(3) Aさんが公園から走る速さを変えると，Bさんより18秒遅《おそ》く学校に着きました。Aさんは学校から何mのところでBさんに追いつかれますか。ただし，公園から学校へ向かう速さも一定です。

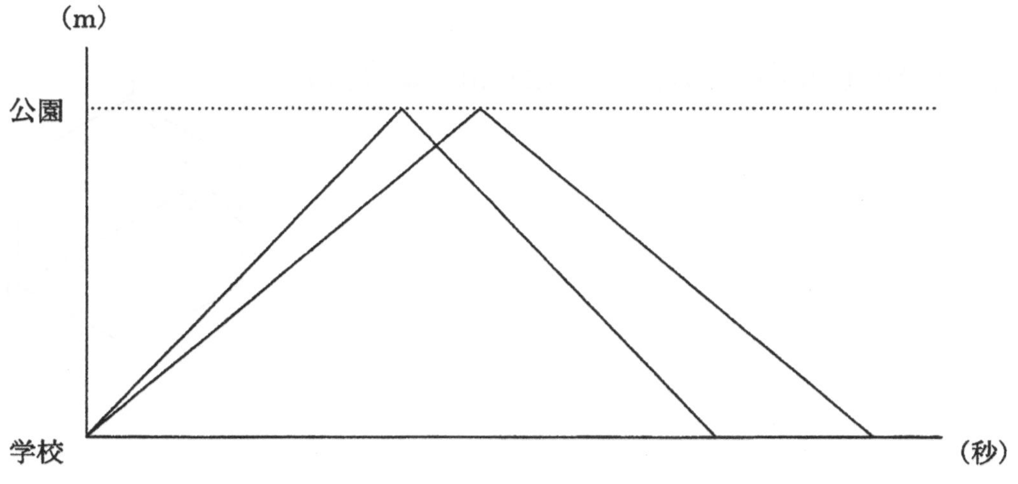

（注意）とちゅうの計算は余白を利用し，答えはすべて解答用紙に書きなさい。また，円周率は3.14として計算しなさい。

6　右の図について，次の問いに答えなさい。

(1)　三角形BEDの面積は三角形ABCの面積の何倍ですか。

(2)　三角形DEFの面積は三角形ABCの面積の何倍ですか。

(3)　AG：GEを最も簡単な整数の比で答えなさい。

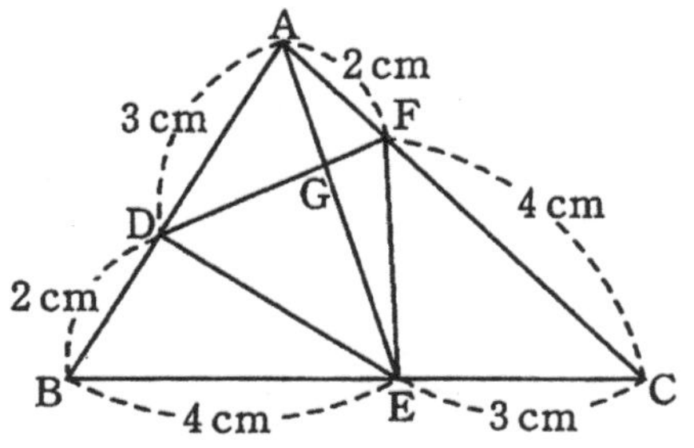

7　地面の点Oに，地面と垂直に高さ15mの柱が立ててあり，その上に電球がついています。また，地面には10mおきに点線が引いてあります。次の問いに答えなさい。ただし，電球の大きさは考えないものとします。

(1)　図1のように，点Pの位置に地面と垂直に高さ10mの電柱が立っています。電柱によって，地面にできるかげの長さは何mですか。ただし，電柱の太さは考えないものとします。

(2)　図2のように，PQを1辺とする正方形の板が地面と垂直に立っています。正方形の板によって，地面にできるかげの面積は何m²ですか。ただし，板の厚さは考えないものとします。

(3)　図3のように，PQを1辺とする立方体を地面に置きました。立方体によって，地面にできるかげの面積は何m²ですか。ただし，立方体の底はかげに含《ふく》めないものとします。

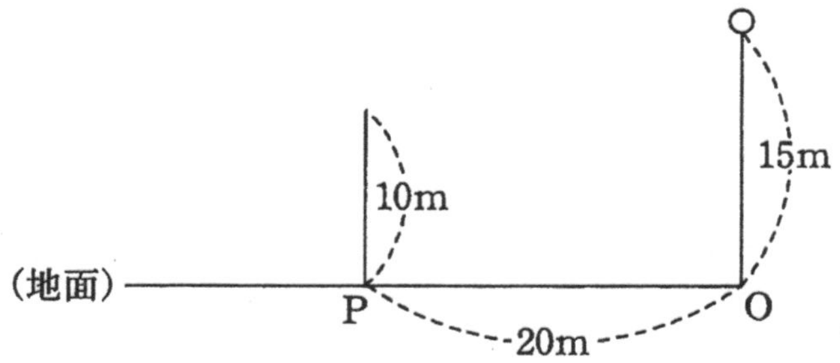

（図1）

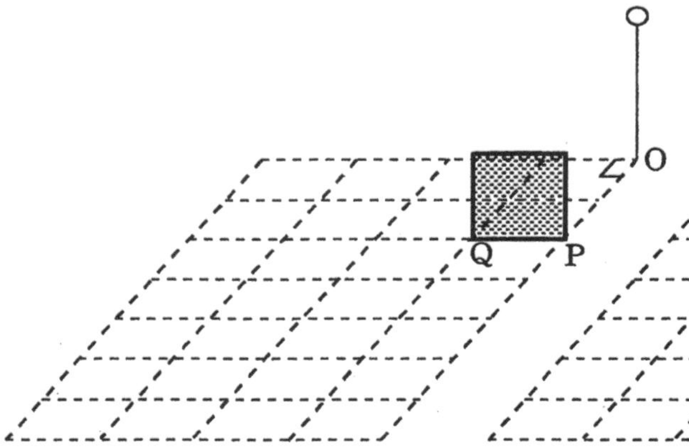

（図2）

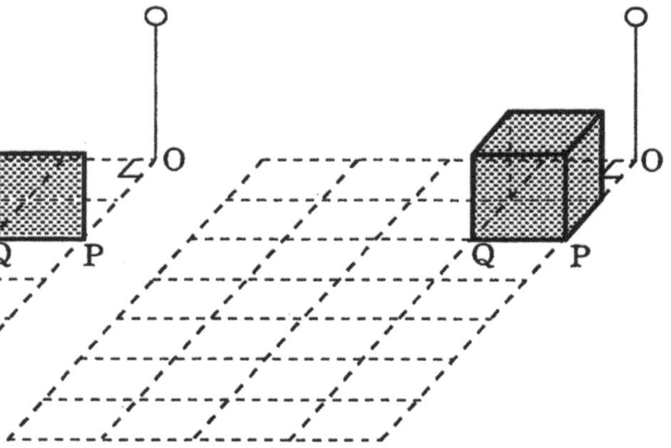

（図3）

受験番号	2022年度同志社香里中学校 後期入学試験問題用紙　理科	5枚のうち その1

記号・番号で答えられるものはすべて記号・番号で答えなさい。

(40分)

【1】季節の生き物についての文を読み、下の問いに答えなさい。

春に畑で花がさくと、チョウやハチがやってきて、さかんに花のみつを吸っていた。花のさいていないミカンの木にやってきたaチョウは卵を産んでいた。冬の間には姿の見えなかったbツバメが、畑の上空をさかんに飛んで、虫を食べている様子も見られた。このツバメも巣作りを始め、卵を産むようになる。

(ア) 下線aは何という種類のチョウですか。

1．モンシロチョウ　　2．アゲハ　　3．ヤマトシジミ

(イ) 春に産卵する（ア）のチョウは、冬をどのような状態で過ごしていましたか。

1．卵　　2．幼虫　　3．さなぎ　　4．成虫

(ウ) 下線bのツバメについて答えなさい。

① 日本が冬の間、ツバメはどこにいましたか。

1．あたたかい南の方　　2．より寒い北の方　　3．雪の積もる高い山

② ツバメの巣の説明として、ふさわしいものを選びなさい。

1．木の幹に穴をあけ、その中にやわらかい羽をしいた巣をつくる。
2．細い枝やクモの糸などを編んでおわん型の巣をつくる。
3．どろやわらなどを使っておわん型の巣をつくる。

夏に山道を歩いていると、森の木の幹にカブトムシやセミがとまっているのが見られた。セミもカブトムシも木の（　c　）をエサにしているので、木のある場所で生活している。森の中にはいろいろな虫がいるので、それを食べるオニヤンマなどのトンボも見られた。これらの虫は夏に産卵するが、カブトムシは土の中に、セミは木の枝や幹に、トンボは水の中にそれぞれ産卵する。

(エ)（　c　）にあてはまる語を選びなさい。

1．葉　　2．実　　3．しる　　4．根

(オ) 幼虫が産卵場所以外で育つものをすべて選びなさい。

1．カブトムシ　　2．セミ　　3．トンボ

(カ) さなぎになってから成虫になるものを、（オ）の選たくしからすべて選びなさい。

(キ) トンボの腹に、はねは何枚ついていますか。

秋に草原に出かけると、トノサマバッタやオオカマキリ、エンマコオロギがそれぞれ産卵する様子を見ることができた。

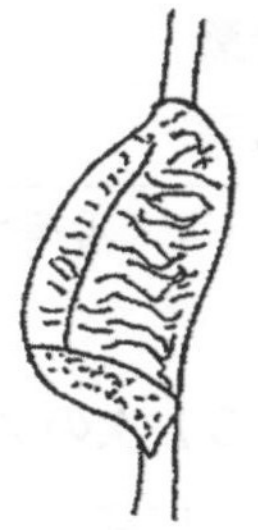

(ク) 右図は何が産卵してできたものですか。

1．トノサマバッタ　　2．オオカマキリ　　3．エンマコオロギ

(ケ) オオカマキリは冬をどのような状態で過ごしていますか。

1．卵　　2．幼虫　　3．さなぎ　　4．成虫

【2】丸底フラスコ（300 mL用）に水140 mLとふっとう石を入れ、図のように装置を組み立てました。水面の位置にしるしをつけ、水を熱してふっとうさせました。

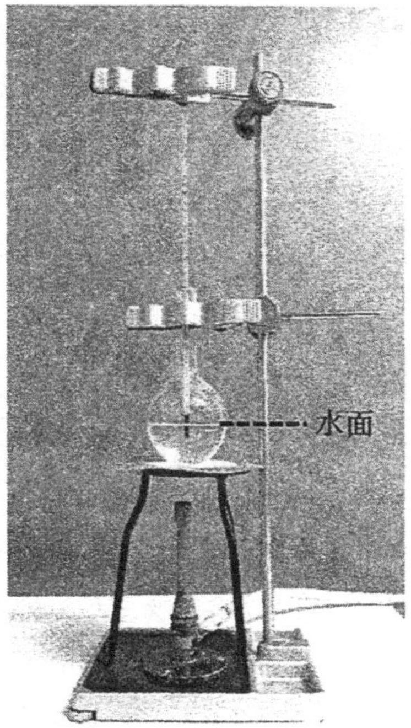

(ア) ふっとう石を入れるのはなぜですか。

1．ふっとうするまでの時間を長くするため。
2．ふっとうするまでの時間を短くするため。
3．急に湯がわき立つのを防ぐため。
4．急に温度が上がるのを防ぐため。

(イ) 水がふっとうすると、丸底フラスコの口から湯気が出てきました。この湯気について正しく説明しているものはどれですか。

1．あたためられた空気である。
2．空気が冷やされてできたつぶである。
3．水がふっとうして出てきた水蒸気である。
4．水蒸気が冷やされてできた小さな水のつぶである。

(ウ) 水がふっとうしたとき、水の中からさかんに出てくるあわの正体は何ですか。

1．空気　　2．酸素　　3．水蒸気　　4．二酸化炭素

(エ) しばらくふっとうさせた後、熱するのをやめ、熱する前の温度まで冷ましました。水面の位置は熱する前と比べてどうなりましたか。

1．上がる　　2．下がる　　3．変わらない

(オ) 丸底フラスコに入れる水の量を 70mL にしました。水がふっとうする温度は、水140mLのときと比べてどうなりますか。

1．高くなる　　2．低くなる　　3．変わらない

受験番号	2022年度同志社香里中学校 後期入学試験問題用紙　理科	5枚のうち その2

記号・番号で答えられるものはすべて記号・番号で答えなさい。

【3】次の文は金魚ばちのメダカを観察しているジョウ君とお父さんの会話です。

ジョウ君：メダカのおしりにヒモのようなものがついているよ。これは何かな。

お父さん：これはメダカのフン（便）だよ。メダカもヒトと同じで、①食べ物を細かくして吸収したあとの残りかすがフンとして出てくるんだ。

ジョウ君：じゃあこのフンは、もとは昨日あげた②メダカのエサで、おしりのフンが出ているところはメダカの（　a　）なんだね。

お父さん：そうだね。メダカも③口から（a）まで食べ物の通り道がつながっているよ。

ジョウ君：ヒトと同じだね。養分もヒトと同じように吸収されるの？

お父さん：そうだね。吸収された養分は血液の中に入るよ。

ジョウ君：メダカにも血液が流れているの？

お父さん：そうだよ。水の中に④メダカの卵があるから、けんび鏡で見てみようか。⑤卵の中で赤色のピクピク動くものがあるだろう。これが（　b　）だよ。

ジョウ君：（b）からのびている赤い線が（　c　）で、この中を血液が流れているんだ。卵がかえる前から（b）は動いているんだね。（b）が全身に向けて送り出す血液は、ヒトと同じで【　X　】が多いの？

お父さん：卵からかえったメダカでは、（b）が全身に向けて送り出す血液には【X】が少ないんだ。だから、（b）から送り出された血液は全身に向かう前に、（　d　）を通って【X】を受け取るんだよ。

ジョウ君：メダカとヒトは、同じところもあればちがうところもあるんだね。

（ア）文中の（　a　）～（　d　）にあてはまる語を答えなさい。

（イ）文中の【　X　】に入る語はどれですか。

1．酸素　　2．二酸化炭素　　3．ちっ素

（ウ）下線①について、食べ物を細かくして、吸収しやすい養分に変えるはたらきを何といいますか。

（エ）下線②について、自然界のメダカが食べているものとして、ふさわしいものを選びなさい。

1．水草　　2．イネ　　3．ヤゴ　　4．ミジンコ

（オ）下線③について、口から（a）までの食べ物の通り道を何といいますか。

（カ）下線④について、メダカの卵の大きさについて説明した文として、正しいものを選びなさい。

1．大きさは約1mmで、ヒトの受精卵より小さい。

2．大きさは約1mmで、ヒトの受精卵より大きい。

3．大きさは約0.1mmで、ヒトの受精卵より小さい。

4．大きさは約0.1mmで、ヒトの受精卵より大きい。

（キ）下線⑤のような様子を観察できるのは、産みつけられてから約何日後ですか。ただし、水温25℃の場合とします。

1．約1日後　　2．約7日後　　3．約14日後　　4．約28日後

【4】図Ⅰ、図Ⅱのモビールでは、すべての棒が水平になっています。図中の○はおもりを表し、棒と糸はすべて重さが無視できるものとします。ただし、図は必ずしも正確ではありません。

（図Ⅰ）

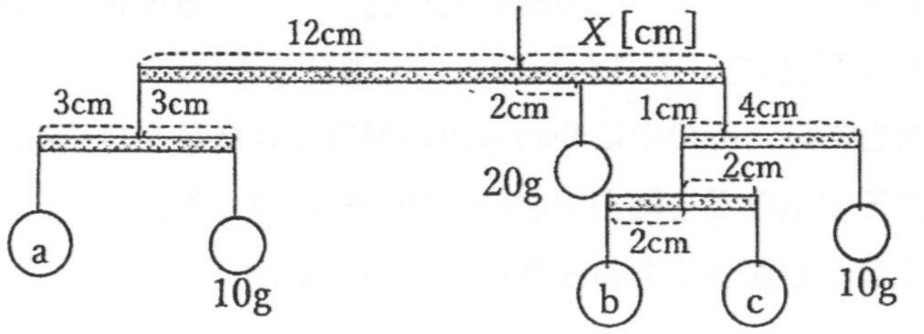

（図Ⅱ）

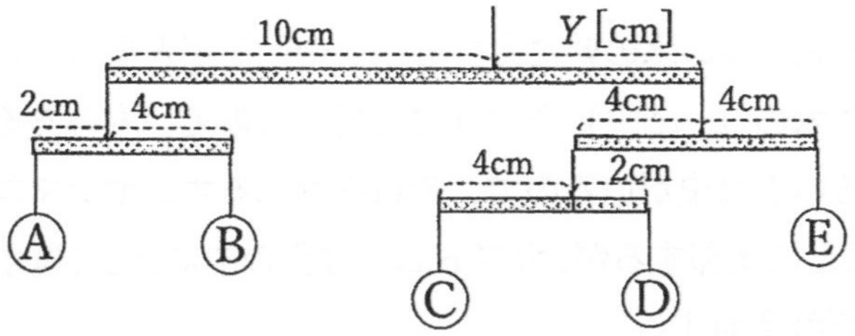

（ア）図Ⅰのおもりa～cはそれぞれ何gですか。

（イ）図ⅠのXの長さは何cmですか。

（ウ）図Ⅱの5つのおもりA～Eは、右のように3種類の重さに分けられます。A～Eのうち最も重いおもりをすべて選びなさい。

（エ）図ⅡのYの長さは何cmですか。

記号・番号で答えられるものはすべて記号・番号で答えなさい。

【5】8月のある日、朝から自宅で空や雲などのようすを観察しています。下の表はそれぞれの時こくにおける観察記録です。テレビで見た降水量に関する情報によると、朝7時の時点では全国的に目立った雨は降っていないようでした。また、観察を始めた8時から16時までの間に、自宅付近で雨は降りませんでした。

時こく	雲の量	空や雲などのようす
8時	1	きれいな青空に、白くてわたのような雲が点々とうかんでいる
12時	3	遠くのほうに、とても大きくて背の高い雲がいくつか見える
15時	8	とても蒸し暑いが、灰色の雲が広がってきた
16時	10	黒っぽい雲におおわれ、ゴロゴロと音が聞こえだした

(ア) 日本各地で降水量などを観測・集計するしくみを何といいますか。

1．アメダス　2．ウィンドプロファイラ　3．ラジオゾンデ　4．ひまわり

(イ) 天気を決めるときの「雲の量」とは、何を意味していますか。

1．真上を見上げたときに見える雲の個数

2．見上げた方角の空の面積を10としたときの、雲が広がっている割合

3．空の青い部分の広さを1としたときの、雲が広がっている部分の広さ

4．空全体の広さを10としたときの、雲がおおっている空の広さ

(ウ) 12時と15時の天気をそれぞれ答えなさい。

(エ) 8時の白い雲にくらべて、16時の雲の色が黒っぽく見えるのはなぜですか。

1．雲が厚いため　2．気温が高いため　3．雲がちりを多くふくむため

4．雲が水蒸気を多くふくむため　5．雲が高いところにあるため

(オ) 8時と12時に見られた雲の名前をそれぞれ選びなさい。

1．巻雲　2．積雲　3．巻積雲　4．高層雲　5．乱層雲　6．積乱雲

(カ) 16時以降、天気はどのように変化していくと考えられますか。

1．まもなく弱い雨が降り始め、翌朝までしとしとと降り続きそうだ。

2．まもなくどしゃ降りの大雨となるが、夜までには止みそうだ。

3．まもなく強い風がふき、雲が流されて消えていきそうだ。

4．まもなくこい霧（きり）につつまれるが、夜中には星空が見えそうだ。

【6】図Ⅰは、あるがけに見られる地層のスケッチです。Pは火山灰の層です。がけRとSはシートでおおわれています。また、がけRの面を境に、断層による地層のずれが見られました。図Ⅱは、図ⅠのA～Dの地点で、がけ下の地面の深さまで地層をほり取った試料です。

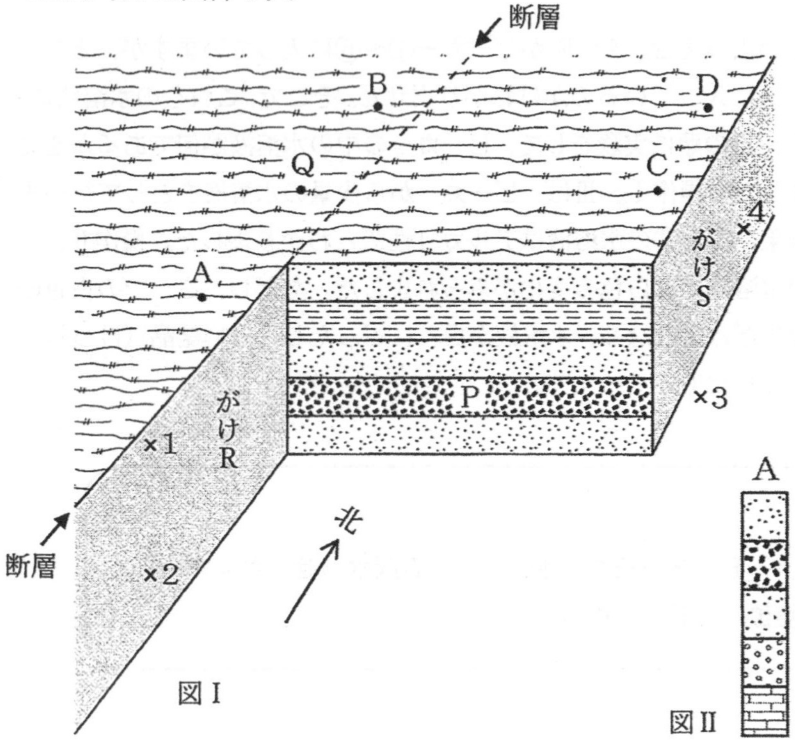

図Ⅰ

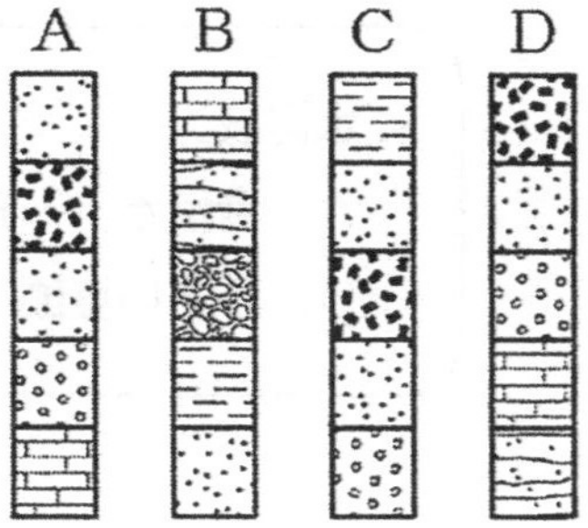

図Ⅱ

(ア) 図Ⅱのように、地層をほり取った試料を何と言いますか。

(イ) がけSのシートをはがすと、地層はどのように見えますか。

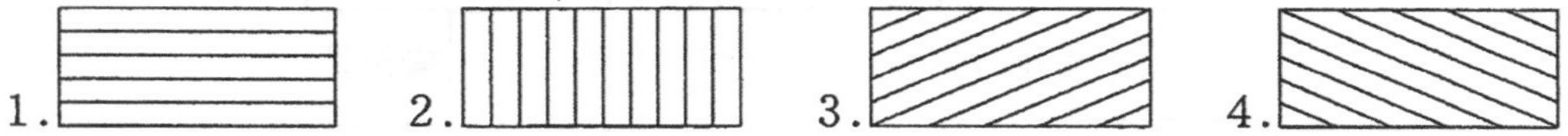

(ウ) がけSをふくむ土地は、断層を境にどの向きに動いたと考えられますか。

1．北向きに水平に動いた　2．南向きに水平に動いた

3．東向きに水平に動いた　4．西向きに水平に動いた

(エ) 図Ⅰ中の1～4の×印のうち、Pの火山灰が見つかる場所を1つ選びなさい。

(オ) 図ⅠのQの地点をほり取った試料は右のどれですか。

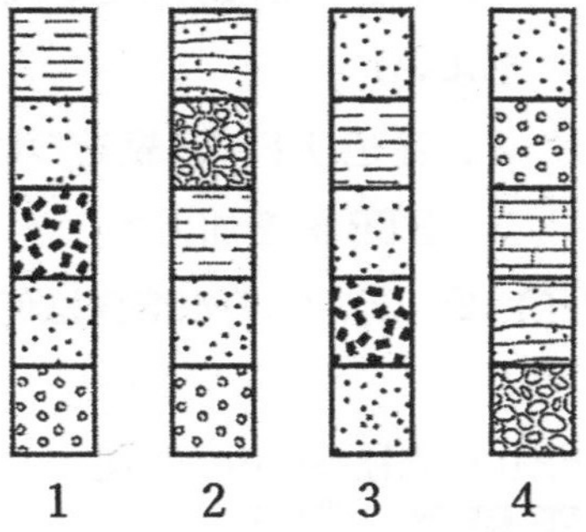

受験 番号	2022年度同志社香里中学校 後期入学試験問題用紙　理科	5枚のうち その4

記号・番号で答えられるものはすべて記号・番号で答えなさい。

【7】下の水溶液（すいようえき）A～Eがビーカー①～⑤に入っていますが、どの水溶液がどのビーカーに入っているのかはわかりません。そこで、これらの水溶液に、図のように操作Ⅰ～Ⅲの順に実験をして、ビーカーの中の水溶液が何であるかを見分けることにしました。操作Ⅰ～Ⅲは、ビーカーから少量の水溶液をとって行いました。操作Ⅰの結果、①と②の水溶液はアルカリ性だとわかりました。操作Ⅱ、Ⅲの結果、①と④の水溶液では白色の変化がみられました。ただし、ここでの白色の変化とは、色の変化だけではなく、水溶液が白くにごったり、白い結晶（けっしょう）ができたりする変化もふくめます。

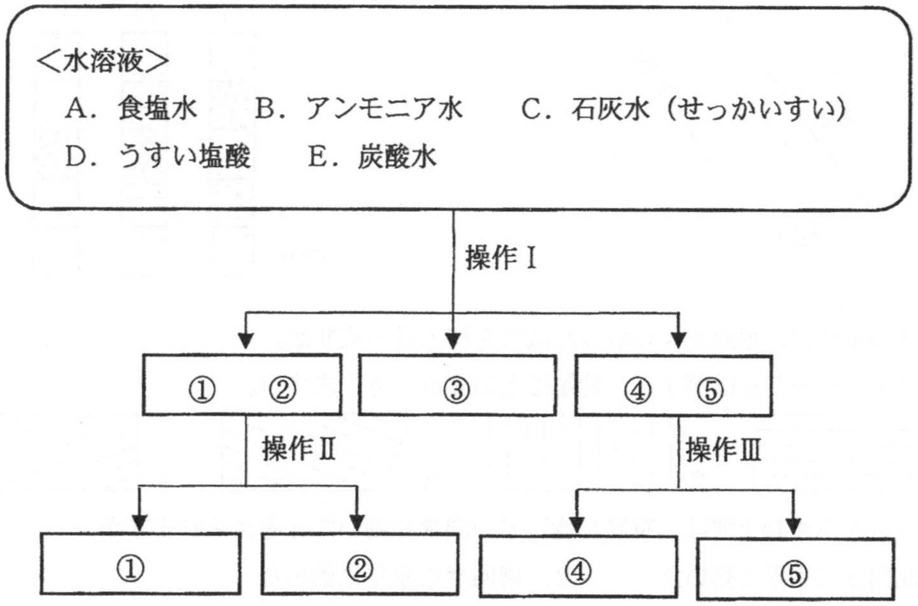

（ア）操作Ⅰ～Ⅲは次のどれですか。それぞれ1つ選びなさい。（同じ番号を何度使ってもよい）

1．赤色リトマス紙をつけた　　2．青色リトマス紙をつけた

3．BTB液を加えた　　4．石灰水を加えた　　5．加熱して水を蒸発させた

（イ）②、③、⑤の水溶液は何ですか。A～Eから選びなさい。

【8】かん電池と豆電球、電流計を使って図のような回路を作りました。

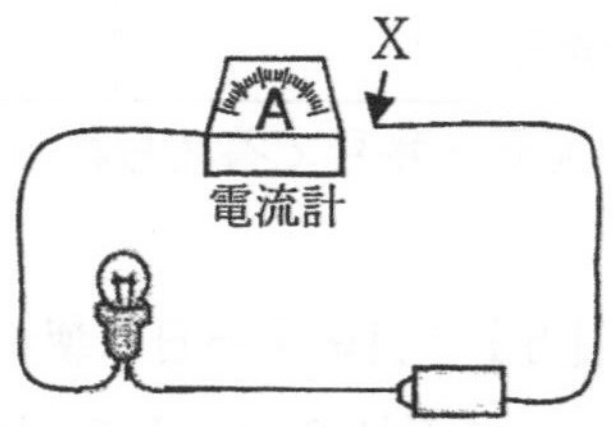

（ア）導線のXの部分を電流計につなぐとき、最初は電流計のどのたんしにつながなければなりませんか。

1．＋たんし　　2．500mA　　3．50mA　　4．5A

（イ）図のXの部分を電流計につないだとき、豆電球は光りませんでした。回路のどこに不具合があるかを調べるために、下の文の操作をしてみました。下線1～5のうち、してはいけない操作が1つありますが、それはどれですか。

> はじめに、$_1$<u>かん電池を新しいものに取りかえてみたが</u>、豆電球は光らなかった。次に電流計をはずし、$_2$<u>かん電池を豆電球につないでみたが</u>、豆電球は光らなかったので、$_3$<u>豆電球を新しいものに取りかえてみた</u>。それでも豆電球は光らなかったので、$_4$<u>かん電池を電流計に直接つないでみたら</u>、電流計の針は大きくふれた。最後に、$_5$<u>ソケットを新しいものに取りかえ、図の回路を作り直す</u>と、やっと豆電球は光った。

（ウ）豆電球が光っているとき、電流計は右の図のようにふれていました。このとき何mAの電流が流れていますか。ただし、電流計の－たんしは500mAにつないでいました。

（エ）（ウ）のあと、しばらくたつと豆電球の中のフィラメントが切れてしまいました。このとき、電流計の針はどうなりますか。

1．すぐに0mAとなる。

2．しばらく（ウ）のままであるが、やがて0mAとなる。

3．ずっと（ウ）のままである。

4．（ウ）よりも大きな値をさすようになる。

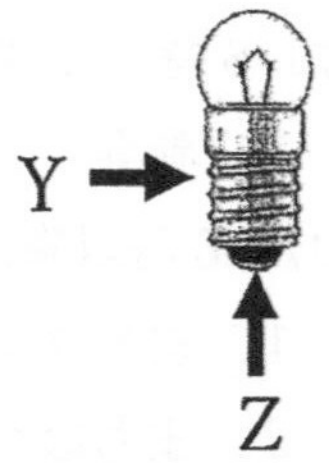

（オ）豆電球はソケットに入れて使いますが、ソケットがない場合には、2本の導線を豆電球に直接つないで使うこともできます。正しいつなぎ方はどれですか。

1．YとZにつなぐ。　2．2本ともYにつなぐ。　3．2本ともZにつなぐ。

受験番号	2022年度 同志社香里中学校 後期入学試験 問題 社会	4枚のうち その1

※注意　特別な指示のある場合をのぞき、漢字で書ける解答はすべて漢字で書きなさい。
漢字で書ける解答をかなで書いた場合には減点します。

(40分)

【1】2021年におこったできごとをカードにまとめた。あとの問いに答えなさい。

イギリスでG7サミットが開かれ、「新型コロナ対策」などについて話し合われました。また、①中国に対して、新疆《しんきょう》（　1　）自治区と1997年にイギリスから返還《へんかん》された（　2　）で人権と自由を尊重することなどの内容が話し合われました。

アメリカの【　A　】大統領は、アメリカ軍が（　3　）から撤退《てったい》したと発表しました。当時（3）を統治していたタリバン政権が、2001年のアメリカ同時多発テロ事件の首謀《しゅぼう》者をかくまっているとしてはじまった戦争がようやく終わりました。

（　4　）で国軍がクーデターを起こし、アウンサンスーチー氏が拘束《こうそく》されました。この国では、（　5　）教を信仰《しんこう》する少数民族ロヒンギャが迫害《はくがい》され、大量の難民が発生していることも問題となっています。

JR東日本とJR北海道は、新幹線の物流サービスを本格化させると発表しました。拠点《きょてん》は上越・②北陸と東北の分岐点《ぶんきてん》（　6　）駅に設けられます。北海道新幹線の北の終着駅である新（　7　）北斗《ほくと》駅から新鮮《しんせん》な魚や野菜を首都圏《けん》に速く運ぶことが可能となります。

（　8　）第一原子力発電所の事故から10年がたちました。事故後、安全確保や点検のため多くの原子力発電所が停止しています。政府は「脱《だつ》【　B　】社会」をめざすため、再生可能エネルギーの割合を高めるとともに、原子力発電も活用するとしています。

国勢調査の結果が公表され、日本の人口は2015年の調査より86万人（　9　）しました。人口（　10　）数が大きかったのが、③北海道、新潟、福島、秋田などでした。一方、人口が（　11　）したのは東京、大阪、愛知、④沖縄など9都府県でした。

問1　文中【A】にあてはまる現在の大統領名をカタカナ4字で書きなさい。

問2　文中【B】にあてはまる語を漢字2字で書きなさい。

問3　文中（1）～（4）にあてはまる語を下よりそれぞれ選び、記号で答えなさい。

あ.イラク　い.シリア　う.ミャンマー　え.タイ
お.ベトナム　か.アフガニスタン　き.モンゴル　く.チベット
け.ウイグル　こ.マカオ　さ.香港《ホンコン》　し.北京《ペキン》

問4　文中（5）にあてはまる語を下より選び、記号で答えなさい。

あ.ヒンドゥー　い.キリスト　う.仏　え.イスラム

問5　文中（6）～（8）にあてはまる都市を下よりそれぞれ選び、記号で答えなさい。

あ.宇都宮　い.大宮　う.女川　え.浜松
お.釧路　か.函館　き.敦賀　く.福島

問6　文中（9）～（11）にあてはまる語の組み合わせとして正しいものを下より選び、記号で答えなさい。

あ.（9）増加（10）増加（11）減少　い.（9）減少（10）増加（11）減少
う.（9）増加（10）減少（11）増加　え.（9）減少（10）減少（11）増加

問7　文中＿＿＿①～④について、あとの問いに答えなさい。

①　次の文中X・Yの組み合わせとして正しいものを下より選び、記号で答えなさい。

中国は、［　X　］の尖閣諸島に対して領有を主張するなど、海洋進出を強めている。サミットでは中国の動きをけん制するため、「［　Y　］海峡《かいきょう》の平和と安定」が重要だと、はじめて首脳宣言に明記された。

あ.X:南シナ海　Y:マラッカ　い.X:東シナ海　Y:マラッカ
う.X:南シナ海　Y:台湾　え.X:東シナ海　Y:台湾

②　北陸にある半島を下より選び、記号で答えなさい。

あ.男鹿半島　い.能登半島　う.房総半島　え.大隅半島

③　北海道が収かく量全国1位（※）ではないものを下より選び、記号で答えなさい。

※2020年産『県勢2022』より

あ.なす　い.てんさい　う.小麦　え.たまねぎ

④　那覇からの直線距離《きょり》が最も遠い都市を下より選び、記号で答えなさい。

あ.札幌　い.台北《タイペイ》　う.上海《シャンハイ》　え.ソウル

受験番号	2022年度 同志社香里中学校 後期入学試験　問題　社会	4枚のうち その2

【2】次の会話文を読み、あとの問いに答えなさい。

しんじ君：社会の授業で、「私たちと裁判」というテーマでレポートを作るんだ。

お父さん：裁判は身近にはないから難しいね。争いや事故、犯罪などが起こった時に、憲法や（　1　）にもとづいて問題の解決をするのが①裁判所の仕事だよ。

しんじ君：裁判所にはいくつか種類があるよね。

お父さん：②最高裁判所のほかに、高等裁判所・地方裁判所・（　2　）裁判所・簡易裁判所があるよ。

しんじ君：裁判の内容もさまざまだよね。

お父さん：人々の間に起きた争いなどについて、訴《うった》えた側である（　3　）と訴えられた側である（　4　）が行う裁判と、罪を犯《おか》した疑いのある人が有罪か無罪かの判決を出す裁判があるよ。

しんじ君：裁判の判決は重要な意味をもつことから、慎重《しんちょう》に判決を出す必要があるよね。

お父さん：その通り。だから裁判所の判決に納得ができなかったら、上級の裁判所に訴えることができる（　5　）制というしくみがあるんだよ。

しんじ君：なるほど。2009年から始まった裁判員制度ってどんな制度？

お父さん：裁判に関心を持って、身近なものにするため、国民にも裁判に参加してもらう制度だよ。裁判員は（　6　）のある20歳以上の人から（　7　）で選ばれ、刑罰《けいばつ》の（　8　）犯罪の裁判に、裁判官とともに加わるんだ。そして有罪か無罪かを、有罪であれば、どのくらいの刑罰にするかを判断するんだよ。

しんじ君：へえ、知らなかった。もっとくわしく調べて、レポートにまとめてみるよ！

問1　文中（1）～（8）にあてはまる語を下よりそれぞれ選び、記号で答えなさい。

あ. 原告　　い. 三審　　う. くじ　　え. 投票

お. 審査《しんさ》　　か. 終審《しゅうしん》　　き. 重い　　く. 選挙権

け. 収入　　こ. 家庭　　さ. 被告《ひこく》　　し. 立候補

す. 軽い　　せ. 条約　　そ. 法律

問2　文中＿＿①・②について、あとの問いに答えなさい。

①　裁判所が持つ権限を下より選び、記号で答えなさい。

あ. 立法権　　い. 司法権　　う. 行政権　　え. 自衛権

②　最高裁判所の説明としてまちがっているものを下より選び、記号で答えなさい。

あ. 最高裁判所は法律が憲法に違反《いはん》していないかを調べる

い. 最高裁判所の裁判官を内閣が辞《や》めさせることができる

う. 最高裁判所の長官は内閣が指名する

え. 最高裁判所の裁判官は内閣が任命する

【3】次の会話文を読み、あとの問いに答えなさい。

あすかさん：今年、冬のオリンピックがある北京ってどんなところ？

お兄さん　：唐の（　1　）などとならんで古くから中国の都として知られた都市だよ。（　2　）に統一されたモンゴル人が13世紀につくった《　A　》はここを「大都」と呼んだんだ。

あすかさん：それって鎌倉幕府の（　3　）だった北条時宗が戦った国？

お兄さん　：そうだよ。16世紀に朝鮮出兵をした（　4　）と戦った《　B　》も北京を都にしたんだよ。そのあとの《　C　》も北京が都で、明治時代に日本がこの国との戦争に勝って（　5　）をかく得したことは習ったよね。

あすかさん：戦争と言えば、（　6　）は北京の郊外《こうがい》での戦いが始まりだったわね。

お兄さん　：よくおぼえているね。北京では2008年に夏のオリンピックもあったので、歴史上初めて夏冬のオリンピックを開さいした都市になるね。

あすかさん：昨年の東京大会は新型コロナウイルスの影響《えいきょう》で「安全・安心」のために多くの会場で［ア］けど、北京ではどうなるかなあ。

問1　文中（1）～（6）にあてはまる語を下よりそれぞれ選び、記号で答えなさい。

（1）　あ. 長安　　い. 旅順　　う. 重慶　　え. 南京

（2）　あ. チンギス・ハン　　い. シャクシャイン　　う. ザビエル　　え. エルトゥールル

（3）　あ. 大老　　い. 将軍　　う. 執権　　え. 摂政

（4）　あ. 織田信長　　い. 徳川家康　　う. 豊臣秀吉　　え. 徳川家光

（5）　あ. 小笠原諸島　　い. 台湾　　う. 樺太　　え. 千島列島

（6）　あ. 日露戦争　　い. 太平洋戦争　　う. 朝鮮戦争　　え. 日中戦争

問2　文中《A》《B》《C》の組み合わせとして正しいものを下より選び、記号で答えなさい。

あ. 《A》元《B》明《C》清　　い. 《A》元《B》宋《C》清

う. 《A》明《B》元《C》宋　　え. 《A》明《B》宋《C》清

問3　文中［ア］にあてはまる文を下より選び、記号で答えなさい。

あ. オンラインで競技がおこなわれた　　い. ワクチンを打った選手だけが参加できた

う. 観客を入れなかった　　え. 競技が中止になった

【4】次の会話文を読み、あとの問いに答えなさい。

生徒：日本で新型コロナウイルスが初確認されてもう2年が経《た》ちましたね。
先生：そうだね。今はワクチン接種もかなり進んでいるから、はやく以前のような生活が戻《もど》ってきて欲しいね。
生徒：感染症《かんせんしょう》と言えば、次の新しい紙幣《しへい》に描《えが》かれる予定の（　1　）さんは、ペスト菌《きん》の発見で有名ですよね。他にも破傷風の治療《ちりょう》法発見とか。
先生：よく知っているね。新型コロナウイルス感染症の効果的な治療法も早く見つかるといいね。
生徒：新紙幣に描かれる予定の人はあと二人いますね。1871年に①不平等条約改正の準備を目的にアメリカ・ヨーロッパに派遣《はけん》された使節団に幼くして同行し、帰国後には②日本の女性教育や地位向上に功績のあった（　2　）さん。そして日本で最初の銀行を設立したことで知られる（　3　）さん。
先生：みんな江戸時代末から明治時代以降に活躍《かつやく》した人たちだね。では現在の紙幣に描かれている人たちは知っているかな。
生徒：もちろんです。一万円札は『学問のすゝめ』を書いたことで有名な（　4　）さん、五千円札は『たけくらべ』の作者で、当時としてはめずらしい女性の小説家であった樋口一葉さん、そして千円札は黄熱病の研究で知られる（　5　）さんですね。千円札は医学で社会に貢献《こうけん》した人、五千円札は男性中心の社会の中で活躍した女性とそれぞれに共通点がありますね。一万円札の二人にも共通点はあるかな。
先生：（3）さんは武蔵国岡部藩《はん》の農民、（4）さんは中津藩の下級武士出身で、ともに高くない身分から成功した人物だね。みんなもがんばって勉強して、社会に貢献できるようになれたらいいね。

問1　文中（1）～（5）にあてはまる人名を下よりそれぞれ選び、記号で答えなさい。

あ. 北里柴三郎　い. 与謝野晶子　う. 新渡戸稲造　え. 福沢諭吉
お. 野口英世　か. 志賀潔　き. 津田梅子　く. 渋沢栄一

問2　文中＿＿①・②について、あとの問いに答えなさい。

①　次のできごとを年代の古い順に並べたとき、AとBにあてはまるものの組み合わせとして正しいものを下より選び、記号で答えなさい。

古い　　　　　　　　新しい
□ → A → □ → B

1. 日英同盟が結ばれる
2. 関税自主権を確立する
3. ノルマントン号事件が起こる
4. イギリスとの交渉《こうしょう》で治外法権が撤廃《てっぱい》される

あ. A：1　B：3　　い. A：3　B：4　　う. A：2　B：1
え. A：4　B：2　　お. A：4　B：3　　か. A：1　B：2

②　「原始、女性は太陽であった」の言葉で知られ、男性より低くおさえられていた当時の女性の地位向上を目ざす運動を始めた人物を下より選び、記号で答えなさい。

あ. 市川房枝　い. 平塚らいてう　う. 田中正造　え. 小村寿太郎

以上

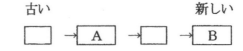

二〇二二年度 同志社香里中学校 後期入学試験問題 国語 解答用紙

六枚のうち その六

（番号で答えられるものは、すべて番号で答えなさい。また、字数制限のある問題は、かぎかっこなどの記号・句読点も一字とします。）

【一】

問一 A B C D

問二

問三

問四

問五

問六

問七

問八

問九

【二】

① ②

【三】

① ② ③ ④ ⑤

【四】

① ② ③ ④ ⑤ ⑥ ⑦ ⑧

【五】

問一 ア イ ウ

問二 A B C

問三 葉っぱは a ほど、b ということ。

問四

問五

問六

問七 1 2 3

受験番号

氏名

このらんには記入しないこと

一問一 8点	三 5点
一問二～四 9点	四 16点
一問五・六 10点	五問一 6点
一問七 5点	五問二 9点
一問八 7点	五問三 8点
一問九 8点	五問四・五 6点
二 4点	五問六・七 19点
小計 51点	小計 69点
合計	

※120点満点

受験番号					2022年度　同志社香里中学校 後期入学試験解答用紙　算数	4枚のうち その4
氏名						

※120点満点

（注意）答えはすべてこの用紙に書きなさい。

1	(1)		(2)		(3)		15点
2	(1)	度	(2)	cm^2	(3)	：	15点
3	(1)	長いす　脚 / 生徒　人	(2)	脚			15点
4	(1)	枚	(2)		(3)	枚	18点
5	(1)	秒速　m / 秒後	(2)	m	(3)	m	21点
6	(1)	倍	(2)	倍	(3)	：	18点
7	(1)	m	(2)	m^2	(3)	m^2	18点

受験番号		2022年度　同志社香里中学校 後期入学試験解答用紙　理科	5枚のうち その5
氏名			

（記号・番号で答えられるものはすべて記号・番号で答えなさい。）

【1】

ア		イ		ウ	①	②		エ	
オ		カ		キ	枚	ク		ケ	

【2】

ア		イ		ウ		エ		オ	

【3】

ア	a	b	c	d			
イ		ウ		エ		オ	
カ		キ					

【4】

ア	a　g	b　g	c　g		
イ	cm	ウ		エ	cm

【5】

ア		イ		ウ	12時	15時
エ		オ	8時	12時	カ	

【6】

ア	試料	イ		ウ		エ		オ	

【7】

ア	操作Ⅰ	操作Ⅱ	操作Ⅲ	イ	②	③	⑤

【8】

ア		イ		ウ	mA	エ		オ	

採点欄 ここには何も 書かないこと
【1】 10点
【2】 10点
【3】 10点
【4】 9点
【5】 9点
【6】 10点
【7】 12点
【8】 10点
合計

※80点満点

受験番号					2022年度 同志社香里中学校 後期入学試験　解答用紙　社会	4枚のうち その4
氏名						

【1】

問1〔カタカナ4字〕

問2〔漢字2字〕

問3

(1)

(2)

(3)

(4)

問4

問5

(6)

(7)

(8)

問6

問7

①

②

③

④

【2】

問1

(1)

(2)

(3)

(4)

(5)

(6)

(7)

(8)

問2

①

②

【3】

問1

(1)

(2)

(3)

(4)

(5)

(6)

問2

問3

【4】

問1

(1)

(2)

(3)

(4)

(5)

問2

①

②

以上

以下の欄には
何も記入しないで下さい

【1】 30点

【2】 20点

【3】 16点

【4】 14点

※80点満点

受験番号

二〇二三年度　同志社香里中学校　前期入学試験問題　国語

七枚のうち　その一

（番号で答えられるものは、すべて番号で答えなさい。また、字数制限のある問題は、かぎかっこなどの記号・句読点も一字とします。）

(50分)

【一】

お詫び
著作権上の都合により、文章は掲載しておりません。
ご不便をおかけし、誠に申し訳ございません。
教英出版

お詫び
著作権上の都合により、文章は掲載しておりません。
ご不便をおかけし、誠に申し訳ございません。
教英出版

（芦沢央『僕の神さま』ＫＡＤＯＫＡＷＡ）

問一　□ａ・ｂにあてはまる言葉を、それぞれ次から選びなさい。（番号は一度しか選べない）

1　目を凝《こ》らす　2　目を配る　3　目を回した　4　目を見開いた　5　目を奪《うば》われた

問二　――線①「何かを言いかけた水谷くん」とありますが、このときに水谷くんはどのようなことを言おうとしたと考えられますか。次の文の（　）にあてはまる言葉を、これより前の文中から二十字程度でぬき出し、説明を完成させなさい。

僕たちが見つけた花は（　　　　）ということ。

問三　――線Ⅰ「淀みなく」・Ⅱ「呆然とした」の意味を、それぞれ次から選びなさい。

Ⅰ「淀みなく」　1　堂々と　2　きちんと　3　すらすらと　4　はっきりと

Ⅱ「呆然とした」　1　あっけにとられた　2　あわてふためいた　3　うっとりとした　4　とまどった

問四　――線②「ごめんなさい、と吐き出す声が震える」とありますが、このときの「僕」の思いの説明としてあてはまるものを次から選びなさい。

1　桜の塩漬けをだめにして代わりのものを作ったことに、おじいちゃんは気づいていなかった。おじいちゃんはおそらく僕のことを許さないだろう。どうせ嫌《きら》われるくらいなら、やっぱり黙《だま》ったままでいればよかった。

2　僕は桜の塩漬けを台無しにしたうえに、代わりのものを作って失敗をごまかそうとした。しかも、おじいちゃんの体調まで悪くしてしまった。おじいちゃんは僕にがっかりしただろうし、怒ってもいるだろう。

3　落としてだめになった桜の塩漬けを捨ててしまい、おじいちゃんの機嫌《きげん》を損《そこ》ねてしまった。勇気を出して本当のことを打ち明けたけれども、おじいちゃんは前のように僕に優《やさ》しく接してくれるのだろうか。

4　僕は桜の塩漬けを落として台無しにした。そして、水谷くんまで偽物《にせもの》の桜の塩漬け作りに巻き込み、つらい思いをさせてしまった。助けてくれた友達を苦しめるようなことをした自分が情けない。

問五　――線③「水谷くんの推理」とありますが、水谷くんはいくつかのできごとから考えて、最終的にこの推理にたどりつきました。この推理にたどりつくために必要なできごとは何ですか。例のようにあてはまる番号三つをマルで囲みなさい。ただし、四つ以上マルをつけた場合は0点とします。

（例）　Ⓐ　B　Ⓒ　D　Ⓔ　F

1　「僕」と水谷くんは、桜茶を飲んでも体調に変化がなかったこと。
2　「僕」と水谷くんが桜の塩漬けに使った花に、毒が含《ふく》まれていたこと。
3　「僕」がおばあちゃんの桜の塩漬けの作り方を覚えていたこと。
4　おじいちゃんが桜茶を飲んだ後に体調を崩したが、薬を飲んで回復したこと。
5　おじいちゃんがクッキーの袋の裏面や包装紙を念入りに見ていたこと。
6　水谷くんが図書館で借りた本に、さまざまな品種の桜が載っていたこと。

問六　この文章には次の一文がぬけています。入るところを、文中の【　】A～Eから選びなさい。

けれど今日は、どこか居心地《いごこち》が悪そうだった。

問七　――線④「やがて額から伝わり始めた細かな震えを、僕は身動きもできずに受け止めていた」とありますが、このときの二人の説明としてあてはまるものを次から選びなさい。

1　おじいちゃんは、亡き妻の得意料理の作り方を教わらなかったことを後悔《こうかい》し、涙《なみだ》がこみ上げてきた。「僕」はおじいちゃんが動揺《どうよう》を必死に隠そうとしていることに気づき、おじいちゃんが落ち着くまで黙って待とうとした。

2　おじいちゃんは、まだ幼いと思っていた「僕」が桜の塩漬けを再現できるほど成長していたことに心を動かされ、声をあげて泣いていた。「僕」はおじいちゃんがなぜ泣いているのか理解できず、困っていた。

3　おじいちゃんは、妻を亡くして悲しいのは自分だけでなく、「僕」もまた同じ悲しみを抱えていたのだと気づき、思わず泣いてしまった。「僕」はおじいちゃんをなぐさめるために、そっと触《ふ》れることしかできなかった。

4　おじいちゃんは、桜の塩漬けの作り方を「僕」が覚えていたと知り、亡き妻が孫の中で生き続けているかのように感じられ、涙をこらえきれなかった。「僕」はおじいちゃんの涙にどうしてよいかわからず、その場で立ち尽《つ》くしていた。

【二】

〈A〉

お詫び
著作権上の都合により、文章は掲載しておりません。
ご不便をおかけし、誠に申し訳ございません。
教英出版

（香川雅信・飯倉義之編『四七都道府県・妖怪伝承百科』）

〈B〉

お詫び
著作権上の都合により、文章は掲載しておりません。
ご不便をおかけし、誠に申し訳ございません。
教英出版

（門賀美央子『ときめく妖怪図鑑』）

＊民俗学…人々の生活や文化の歴史を研究する学問。　＊柳田國男…明治時代生まれの民俗学研究者。『妖怪談義』は柳田國男の著書。

＊stopgap…一時しのぎ。

問一　――線①「そうした認識」とはどのような認識ですか。次から選びなさい。

1　妖怪は、漫画やアニメに描かれることによって、キャラクターとして確立したのだという認識。
2　妖怪は、図鑑にのっている生き物のように、名前や外見や性質が定まっているものだという認識。
3　妖怪とは、漫画やアニメの中にしか登場しない架空の存在に過ぎないのだという認識。
4　妖怪とは、実際に存在する生き物に類似した姿かたちをしているものだという認識。

問二　――線②「軒並み」の意味を次から選びなさい。

1　すべて　　2　隣《とな》り合って　　3　どこにでも　　4　一つ一つ

問三　――線③「夜路をあるいて居ると急に行く先が壁になり、どこへも行けぬこと」とありますが、元々は、この文の中で筆者が傍点《ぼうてん》を付けている二字があります。その二字はどれだと考えられますか。ぬき出しなさい。傍点とは、例えば「私だけが知っている」の「だけ」のように、強調したり、読者の注意をうながしたりするために付ける記号です。

問四　――線④「この『病名』のようなもの」とありますが、怪異に名前を付けることによる効果が二つあります。どのようなことですか。文中の言葉を使って、それぞれ三十字程度で答えなさい。

問五　――線⑤「落としどころを見出す」と同じ意味で使われている言葉を、これより前の文中から四字でぬき出しなさい。

問六　――線⑥「妖怪『によって』何事かを語ること」・⑦「妖怪『について』語ること」とは、具体的にどのようなことを指しますか。それぞれ次から選びなさい。（番号は一度しか選べない）

1　妖怪が人々の目にどのような姿で見えるかを説明すること。
2　妖怪が物語の中でどのように描かれてきたのかを考察すること。
3　妖怪がどのようにして怖れられるようになったのかを伝えること。
4　妖怪が人々の生活にどのような影響《えいきょう》を与えるかを詳《くわ》しく述べること。
5　妖怪が人々の間でどのようにして伝承されてきたかを深く考えること。

問七　□に入る言葉を、ひらがな三字で答えなさい。

問八　――線⑧「妖怪を学ぶこと。それは、人間を学ぶことなのです」とありますが、なぜそう言えるのですか。次の文の（　　）にあてはまる言葉をBの文中から二十字以内でぬき出し、説明を完成させなさい。

妖怪について研究することで、（　　　　　　　　）がわかるから。

問九　A・Bの文章で共通して述べられていることとして、あてはまるものを次から選びなさい。

1　妖怪は、珍しいものを求める好奇心から、空想の中で作り出された存在である。
2　妖怪は、自然現象や災害《さいがい》をおそれて敬う気持ちによって生まれた存在である。
3　妖怪は、未知のものへの疑問を解消しようとして生み出された存在である。
4　妖怪は、漫画やアニメを通して、子供だけでなく大人にも親しまれてきた存在である。

問十　次の表は、AとBの文章に出てくる具体例を対応するようにまとめたものです。表の空らん≪　≫に入る内容を、Bの文中の言葉を使って二十字以内で答えなさい。

A	B
夜になると川の方からショキショキと小豆を洗うような音が聞こえてくる。	お日様が照っているのに、雨が降ってきた。
そんな時間にそんな場所で小豆を洗うような者がいるはずがないと考える。	≪　　　　≫
それは怖い、怪しいということになる。	あやしい出来事になる。
誰かがそれは「小豆洗い」だと語る。	「人を化かす狐が嫁入り行列でもやっているんだろう」という結論に至る。

【三】　――線の漢字の読みを答えなさい。

①　名を連ねる。　②　かわいい仕草。　③　自腹を切る。　④　車に便乗する。　⑤　勇気を奮う。

【四】　――線のカタカナを漢字に直しなさい。

①　キヨい心。　②　芸のコやし。　③　フセキを打つ。　④　アンずるより産むがやすし。
⑤　エイテンを祝う。　⑥　ハンコツ精神。　⑦　神社のサイレイ。　⑧　コウラクに出かける。

【五】　――線A～Dのカタカナにあてはまる漢字を、それぞれ次から選びなさい。

A　一挙手一トウ足。　1　刀　2　投　3　討　4　党
B　先生にシ事する。　1　師　2　至　3　支　4　司
C　均セイのとれた作品。　1　勢　2　整　3　製　4　静
D　節ソウを守る。　1　層　2　総　3　操　4　相

（注意）とちゅうの計算は余白を利用し，答えはすべて解答用紙に書きなさい。また，円周率は3.14として計算しなさい。
(50分)

1　次の$\square$をうめなさい。

(1)　$\left\{15-\left(2\frac{1}{5}-1.6\right)\right\}\times\left(\frac{1}{2}+\frac{1}{3}\right)\div\frac{3}{7}=\square$

(2)　$\left(\frac{5}{7}-\square\div1\frac{1}{5}\right)\times\frac{7}{8}=\frac{5}{24}$

(3)　$67.4\times7.54-54.7\times1.41+32.6\times7.54-45.3\times1.41=\square$

2　次の問いに答えなさい。

(1)　右の図において，直線ABと直線CDが平行であるとき，角㋐の大きさは何度ですか。

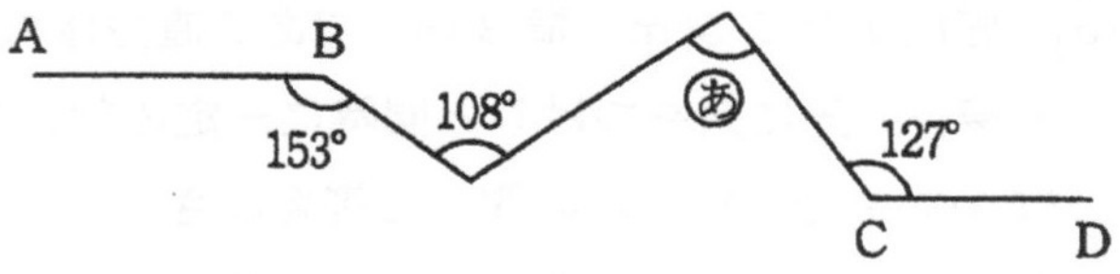

(2)　右の図の正六角形において，6つの頂点のうち3点を結んで三角形を作ります。直角三角形は何個できますか。

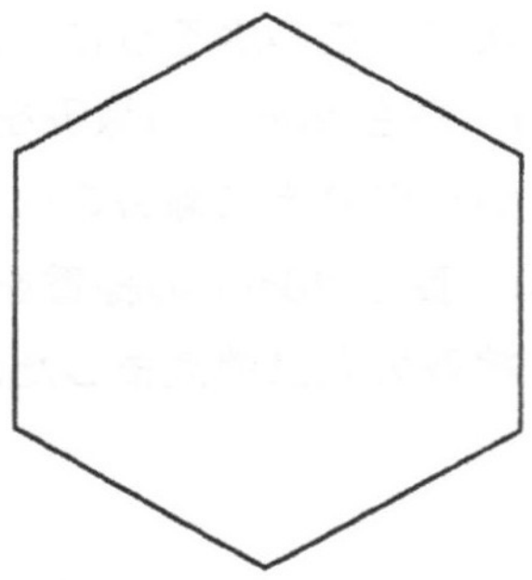

(3)　右の図のように，円と1辺が10cmの正方形があります。かげをつけた部分の面積は何cm^2ですか。

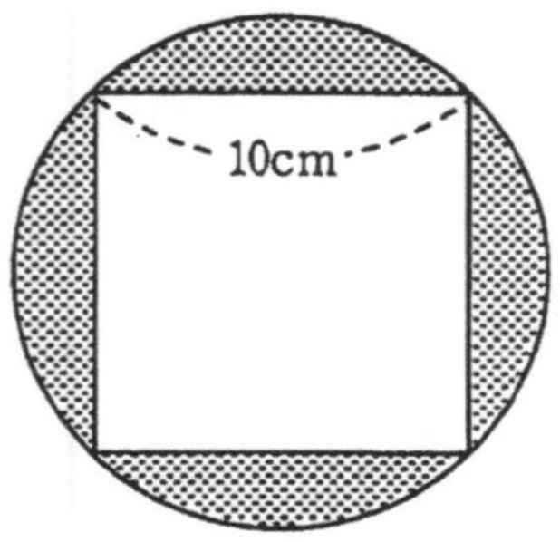

3　1個のさいころを続けて投げて，出た目を得点として合計点を競うゲームをします。さいころは18回まで投げることができますが，合計点が5の倍数になると，途中《とちゅう》であってもゲームは終わりとなります。次の問いに答えなさい。

(1)　このゲームで最も低い合計点は何点ですか。

(2)　さいころを10回投げたところでゲームが終わりました。このとき，最も低い合計点は何点ですか。

(3)　このゲームで最も高い合計点は何点ですか。

（注意）とちゅうの計算は余白を利用し，答えはすべて解答用紙に書きなさい。また，円周率は3.14として計算しなさい。

4　容器Aに5%の食塩水200g，容器Bに13%の食塩水600gが入っています。次の問いに答えなさい。

(1)　容器Bに入っている食塩は何gですか。

この2つの容器から同じ量の食塩水をくみ出しました。Aからくみ出した食塩水をBに，Bからくみ出した食塩水をAに入れてよくかき混ぜると，2つの容器の食塩水の濃《のう》度が等しくなりました。

(2)　食塩水の濃度は何%になりましたか。

(3)　それぞれの容器からくみ出した食塩水は何gですか。

5　底面がたて5cm，横20cmである直方体の水そうがあります。図1は長さ20cmの線香《こう》を底面と垂直に固定した図です。図1の線香の先に火をつけると同時に一定の割合で水を入れ始めると，10分後に線香の先が水につかり火が消え，残りの線香の長さは10cmでした。次の問いに答えなさい。ただし，(1)～(3)において，火をつけるとき水そうに水は入っていないものとし，水を入れる速さは同じです。また，線香の太さは考えないものとします。

(1)　図1の線香の先に火をつけてから4分後に水を入れ始めました。火をつけてから何分後に線香の火は消えましたか。

次に，この水そうに，1辺5cmの鉄でできた立方体のブロック6個を図2，図3のように入れました。

(2)　長さ20cmの線香を，図2のようにブロックの上の面と垂直に固定し，火をつけると同時に水を入れ始めました。火をつけてから何分後に線香の火は消えましたか。

(3)　長さ20cmの線香を，図3のように底面と垂直に固定し，火をつけると同時に水を入れ始めました。火をつけてから何分後に線香の火は消えましたか。

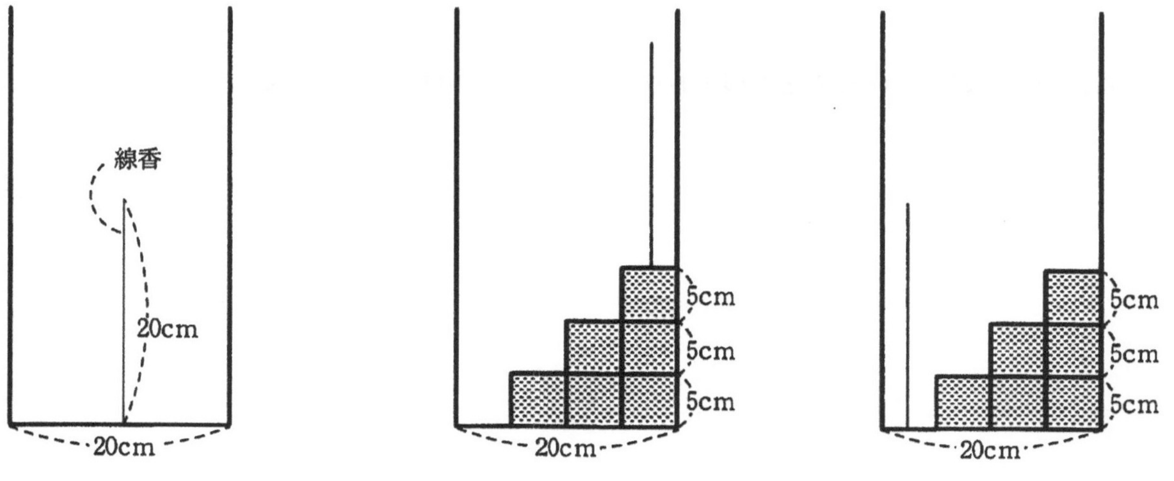

（図1）　（図2）　（図3）

受験 番号	2023年度　同志社香里中学校 前期試験問題　算数	

（注意）とちゅうの計算は余白を利用し，答えはすべて解答用紙に書きなさい。また，円周率は3.14として計算しなさい。

6　右の図のような1辺が3 cmの正方形を9個組み合わせた図形があります。次の問いに答えなさい。

(1)　AB : CDを最も簡単な整数の比で答えなさい。

(2)　GIの長さは何cmですか。

(3)　四角形EFGHの面積は何cm^2ですか。

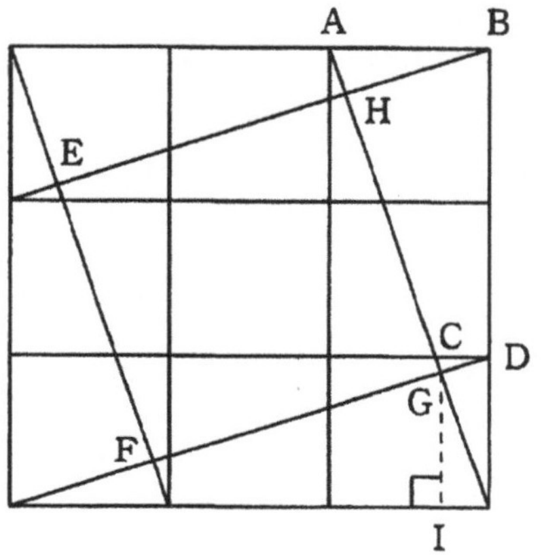

7　右の図のような直方体があります。次の問いに答えなさい。

(1)　辺ABを軸《じく》としてこの直方体を1回転させたときにできる立体の体積は何cm^3ですか。

(2)　辺ABを軸としてこの直方体を72°回転させたときにできる立体の体積は何cm^3ですか。

(3)　辺ABを軸としてこの直方体を1回転させたときに長方形CDEFが通過する部分の体積を3.14で割った値はいくらですか。

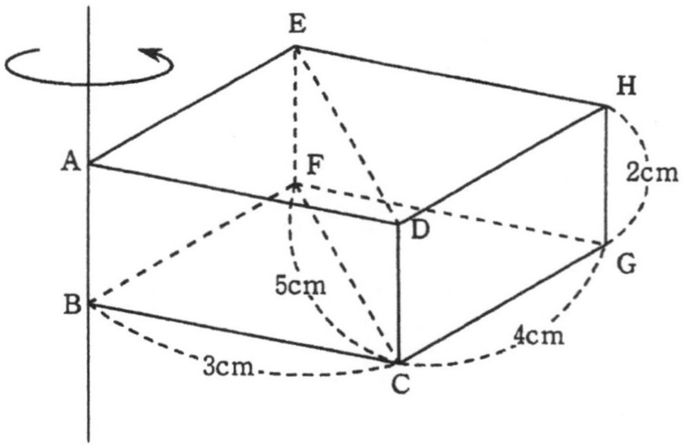

受験 番号	2023年度同志社香里中学校 前期入学試験問題用紙　理科	5枚のうち その1

記号・番号で答えられるものはすべて記号・番号で答えなさい。

(40分)

【1】下図は水のすがたの変化を表しています。

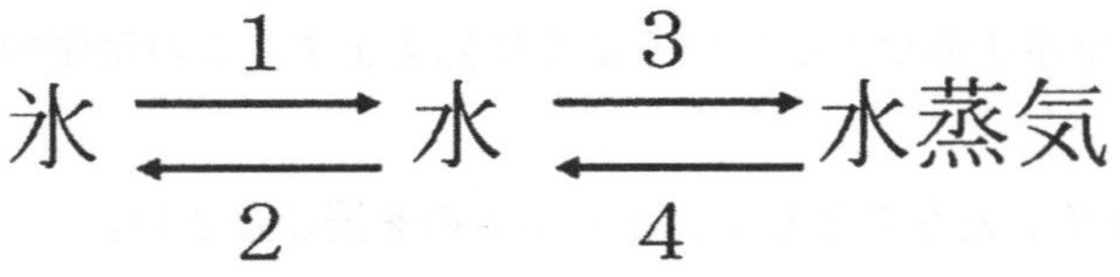

(ア) 矢印1～4のうち、加熱すると起こる変化をすべて選びなさい。

(イ) 矢印2の変化が起こるのは何℃ですか。

(ウ) 矢印3の変化を何といいますか。

1．結露（けつろ）　2．蒸発　3．冷凍（れいとう）　4．分解

(エ) 次の文中の下線部では、図中の矢印1～4のどの変化が起こりましたか。ただし、同じ番号を何度使ってもよい。

(a) ジュースの入ったコップに氷を入れると、コップの周りに水滴（すいてき）がつき始めた。

(b) 洗たくした服を外につるしておくと、かわいていた。

(c) やかんに水を入れてふっとうさせると、やかんの口からゆげがでてきた。

【2】5種類の気体A～Eについての文を読み、次の問いに答えなさい。

気体Aと気体Bはどちらもつんとしたにおいがあり、水によくとけます。気体Aがとけている水溶液（すいようえき）にBTB液を加えると、青色になり、気体Bがとけている水溶液にBTB液を加えると、黄色になります。

気体Cは空気中に約78%、気体Dは空気中に約21%、気体Eは空気中に約0.04%ふくまれています。気体Eを石灰水（せっかいすい）にふきこむと、白くにごります。

(ア) 気体Aと気体Bはそれぞれ何ですか。

1．酸素　2．二酸化炭素　3．ちっ素　4．アンモニア　5．塩化水素

(イ) 空気が入ったビンの中で、ろうそくを燃やしました。燃やす前と後では、ビンの中の気体Cの割合はどうなりましたか。

1．大きくなった　2．小さくなった　3．変わらなかった

(ウ) 気体Dの説明として、正しいものを選びなさい。

1．ものを燃やすと発生する気体である。

2．人の肺で、血液中から出される気体である。

3．日光が当たっている水草が出すあわに多くふくまれる気体である。

4．水をふっとうさせると出てくる気体である。

(エ) 気体Eがとけている水溶液は何性ですか。

1．酸性　2．中性　3．アルカリ性

【3】てこのはたらきについて、下の文を読み、あとの問いに答えなさい。

てこには、力点、支点、【 X 】の3点がありますが、このうち人が力を加える点が（ a ）、てこのはたらきで実際にものが動く点が（ b ）です。

てこのしくみは、わたしたちが日ごろ使っているいろいろな道具に応用されています。くぎぬきのように、A自分が加えた力の何倍もの力を出すことができる道具もあれば、逆にピンセットのように、B自分が加えた力を何分の一かに小さくできる道具もあります。

(ア) 文中の【X】にあてはまる語を答えなさい。

(イ) 文中の（a）と（b）にあてはまる語の組み合わせとして、正しいものは次のどれですか。

	a	b
1．	支点	【X】
2．	【X】	力点
3．	力点	支点
4．	力点	【X】

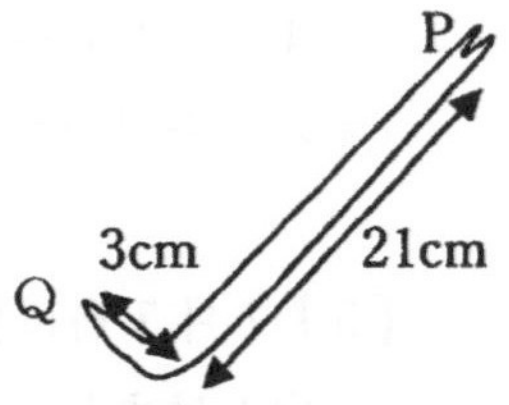

(ウ) 文中の下線部Aについて、右図のくぎぬきでは、P点に14kg分の力を加えると、Q点は何kg分の力を出すことができますか。

(エ) 3点の並び方が次の①～③のような道具は、下線部A、Bどちらのしくみになりますか。下の選たくし1～3より1つずつ選びなさい。

① 力点、支点、【X】　② 力点、【X】、支点　③ 支点、力点、【X】

[選たくし]

1．Aのしくみになる。

2．Bのしくみになる。

3．A、Bどちらのしくみにもなることがある。

受験 番号	2023年度同志社香里中学校 前期入学試験問題用紙　理科	５枚のうち その２

記号・番号で答えられるものはすべて記号・番号で答えなさい。

【４】次のＡ～Ｄのこん虫について、下の問いに答えなさい。

Ａ．モンシロチョウ　　Ｂ．カブトムシ　　Ｃ．ナナホシテントウ　　Ｄ．アキアカネ

（ア）Ａ～Ｄが卵を産むとき、葉に複数の卵を密着するように産みつけるのはどれですか。

（イ）A～D の成虫がおもに食べるものを、次から１つずつ選びなさい。

１．キャベツの葉　　２．ミカンの葉　　３．花のみつ
４．花粉　　５．アブラムシ　　６．くさった葉
７．木のしる　　８．飛んでいる小さな虫

（ウ）Ａ～Ｄのうち、さなぎの時期がないものをすべて選びなさい。

（エ）モンシロチョウのよう虫が卵からかえって、はじめにすることは何ですか。

１．葉を食べる　　２．卵のからを食べる　　３．ふんをする　　４．皮をぬぐ

（オ）カブトムシのオスには２本の角があります。短い方の角はどこから生えていますか。

１．頭　　２．胸　　３．腹

（カ）ナナホシテントウの成虫はどうやって冬を過ごしますか。

１．夏と同じ場所で動き回っている。
２．土の中にもぐって、寒さをさけて過ごす。
３．落ち葉の下やすきまなどで、寒さをさけて過ごす。
４．冬ごしせずに死んでしまう。

（キ）アキアカネなど、トンボのよう虫を特に何といいますか。

【５】７月７日に星空が見たくて、長野県の山おくへ出かけました。満天の星空をながめていると、昔の人が星の並びを見て星座や物語をつくった気持ちがよくわかりました。右図は 20 時 30 分ごろに東の空をスケッチしたものです。実際はもっと多くの星が見えましたが、ある程度の明るさの星だけをスケッチしました。A～C は、その中でも特に明るく見えた１等星です。また、C と B のあたりを通るように、うすい雲のような光の帯が見えました。

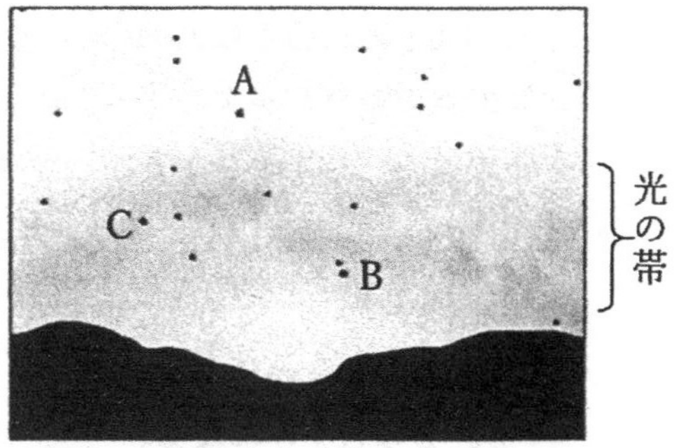

（ア）A は七夕の物語で「おりひめ」とされる星です。

① この星の名前を答えなさい。

② この星は何色に見えますか。最も近い色を次から選びなさい。

１．赤　　２．白　　３．黄　　４．もも

（イ）B は七夕の物語で「ひこぼし」とされる星です。この星の名前を答えなさい。

（ウ）文中下線部の「光の帯」を何といいますか。

（エ）C は、近くの４つの星とともに十字を形づくっているように見えます。この星座の名前を答えなさい。

（オ）90 分後の同じ方角の空をスケッチしたものとして、正しいものを選びなさい。

１．
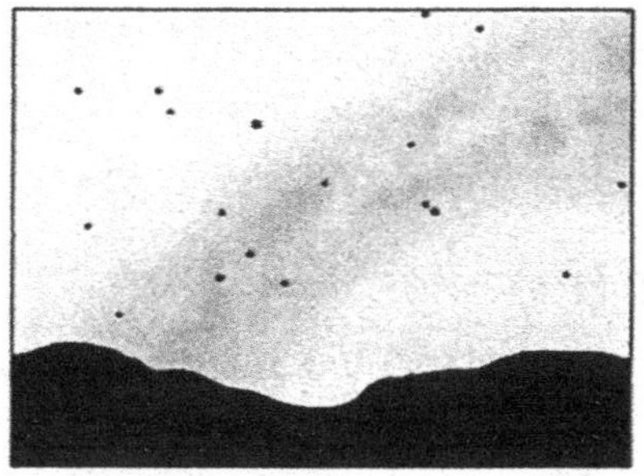

２．
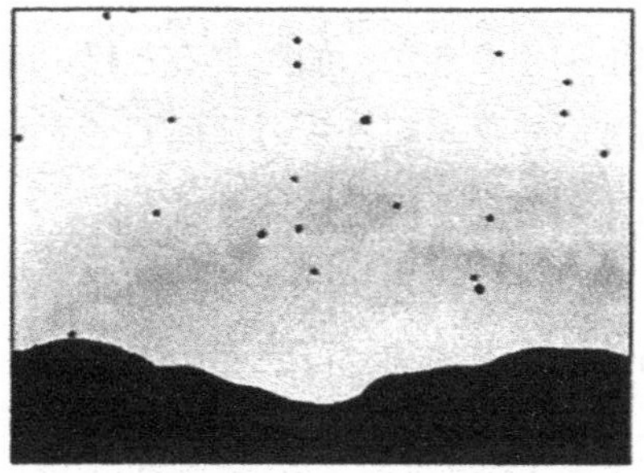

３．
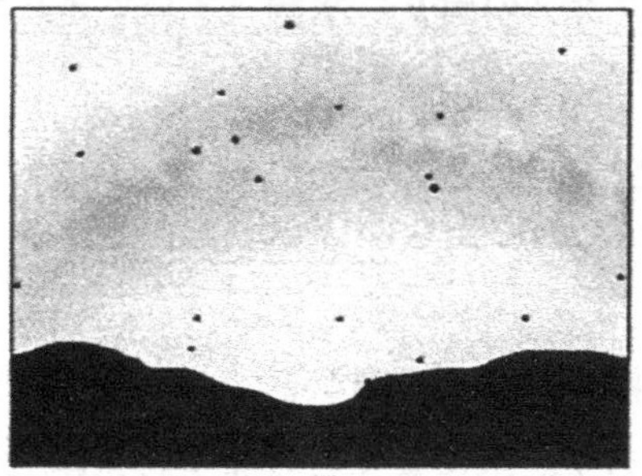

４．

（カ）日本の探査機がリュウグウから持ち帰った試料の分せきが進められています。

① リュウグウはどのような種類の天体ですか。

１．すい星　　２．衛星　　３．こう星　　４．小わく星　　５．流れ星

② 持ち帰った試料はおもにどのようなものでしたか。

１．化石　　２．砂　　３．生物　　４．空気　　５．けむり

③ この試料を調べることで、どのような謎（なぞ）の解明につながると期待されていますか。

１．地球の生命の起源　　２．地球外文明の存在
３．移住可能な星の存在　　４．老化のしくみ

記号・番号で答えられるものはすべて記号・番号で答えなさい。

【6】インゲンマメを使って、暖かい場所で図のような実験を行いました。AとBはしめらせただっし綿の上に種子を置き、CとDは同じ土の入った植木ばちに発芽してから少し成長したものを植え、水をあたえました。また、BとDには光が当たらないように段ボールの箱をかぶせました。

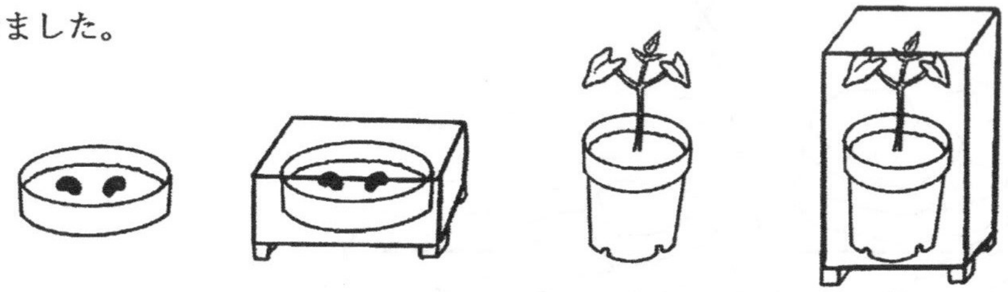

A　B　C　D

(ア)「種子の発芽に必要な条件」と「植物の成長に必要な条件」のうち、どちらの条件にもふくまれているものをすべて選びなさい。

1．水　2．空気　3．適当な温度　4．光　5．肥料

(イ) 実験AとBは、発芽に【　X　】が必要かどうかを調べるために行いました。【X】にあてはまるものを（ア）の選たくしより選びなさい。

(ウ) 実験AとBで発芽したのはどれですか。

1．Aのみ　2．Bのみ　3．AとB

(エ) 実験CとDを行い、1～2週間後にどうなったかを調べると、黄色っぽい葉をつけたものが観察されました。黄色っぽい葉をつけていたものはどれですか。

1．Cのみ　2．Dのみ　3．CとD

(オ) 次の文の空らんにあてはまる語を答えなさい。

植物は、成長するのに必要な養分としてデンプンをつくっている。このデンプンは葉が（　a　）を受けることでつくられ、体の成長に使われたり、根や種子などにたくわえられたりする。インゲンマメでは、種子の（　b　）にたくわえられたデンプンが発芽後の成長に使われている。このことは、(b) に（　c　）をかけて色の変化を観察することでわかる。植物の葉では（a）を受けているときに、デンプンがつくられるだけでなく（　d　）を取り入れて（　e　）を出すはたらきもある。この時に出された（e）は、ヒトの（　f　）で血液中に取り入れられ、全身に運ばれていく。

【7】次の文を読み、下の問いに答えなさい。

ごみ処理場には鉄くずのかたまりを運ぶクレーンがあります。その先にはコイルが取り付けられており、鉄くずを持ち上げたり、はなしたりすることができます。これらの作業を効率よく行うために、【　X　】のしくみが利用されています。

(ア) 下線部について、次の問いに答えなさい。

①クレーンのはたらきを支える【X】のしくみとして、最もよくあてはまる説明を選びなさい。

1．スイッチを入れ、コイルに電流が流れている間だけ磁石の性質が現れる。

2．一度コイルに電流を流すと、流すのをやめても磁石の性質が永遠につづく。

3．コイルの中に鉄の棒を入れたときだけ、コイルに磁石の性質が現れる。

4．コイルの中に一度鉄の棒を入れると、ぬいても磁石の性質は永遠につづく。

②【X】にあてはまる語を漢字3字で答えなさい。

(イ) 次のうち、【X】の仕組みを利用して、電気をおもに「力や運動」に変えているものはどれですか。

1．電子オルゴール　2．電動式車いす　3．トースター　4．LEDライト

(ウ)【X】のしくみによって磁石になったコイルの磁力の強さが、何によって決まるかを調べるために、表のⅰ～ⅳのコイルで実験しました。それぞれに同じ鉄心を入れてかん電池をつなぎ、コイルのはしにゼムクリップがつく個数を数えました。使ったかん電池はすべて同じものとします。

	ⅰ	ⅱ	ⅲ	ⅳ
巻き数	200	200	100	100
かん電池	1個	2個直列	2個並列	1個

① コイルの巻き数と磁力の強さの関係を調べるために、ⅰとⅱで使ったコイルの巻き数を100回分ほどいて、ⅲとⅳで使うコイルへと作りかえるとき、どのようにすればよいですか。正しい操作を1つ選びなさい。

1．巻いている部分の導線の全長を変えないように、コイルの直径を2倍にする。

2．巻いていない部分以外の導線の全長を変えないように、ほどいてできた余分な導線を切って短くする。

3．回路の導線の全長を変えないように、ほどいてできた余分な導線はそのまま余らせておく。

② ゼムクリップのつく個数が同じになったコイルが2つありました。その組み合わせを次から選びなさい。

1．ⅰとⅱ　2．ⅰとⅲ　3．ⅰとⅳ　4．ⅱとⅲ　5．ⅱとⅳ　6．ⅲとⅳ

受験番号	2023年度同志社香里中学校 前期入学試験問題用紙　理科	5枚のうち その4

記号・番号で答えられるものはすべて記号・番号で答えなさい。

【8】水平に積み重なる地層でできた3つの岩場が、海面の上につき出ています。これらの岩場は、水中に積もった地層が地上に現れた後、波による水のはたらきによって取り残されたものと考えられます。波のおだやかな日にそれぞれ上陸し、断面が観察しやすいA～Fの層についてスケッチと記録を取りました。

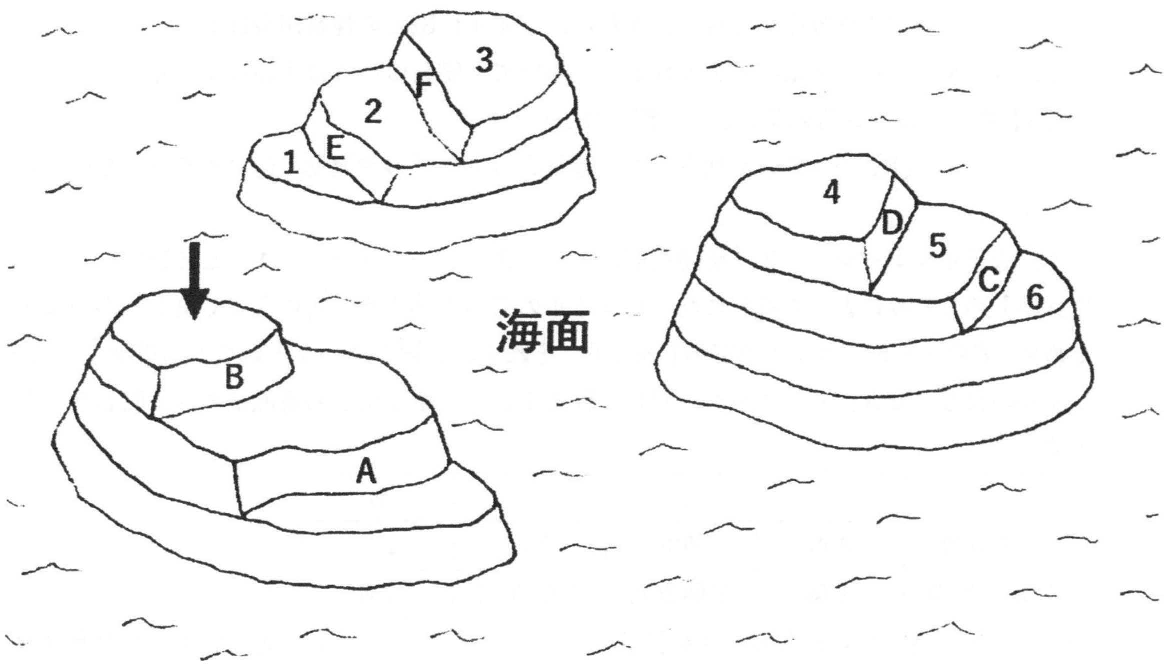

[スケッチ]　　[記録]

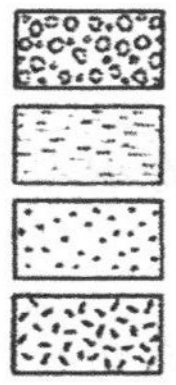

Aは1～2cmほどの丸みのある小石でできている。
BとEはまったく同じ層で、目に見えないほどの細かいつぶでできている。
CとFはまったく同じ層で、1mmほどの丸みのあるつぶでできている。
Dは白や黒、とう明のキラリと光る1mmほどの角ばったつぶでできている。

（ア）下線部の「水のはたらき」を何といいますか。

（イ）BとEをつくる岩石の名前を答えなさい。

（ウ）Dは何が積もってできた地層ですか。

（エ）図中の矢印で示す面には、右のような足あとの化石が見られました。

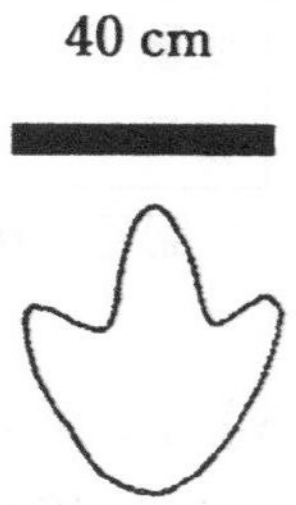

① 足あとを残した生き物は何ですか。

1．キョウリュウ　　2．ゾウ　　3．ワニ　　4．ビカリア

② 同じ生き物の足あとが見つかる可能性がある面を、図中の1～6よりすべて選びなさい。

（オ）地層の積み重なりから、海中には垂直な断層があると考えられます。下のX～Zのどこにありますか。

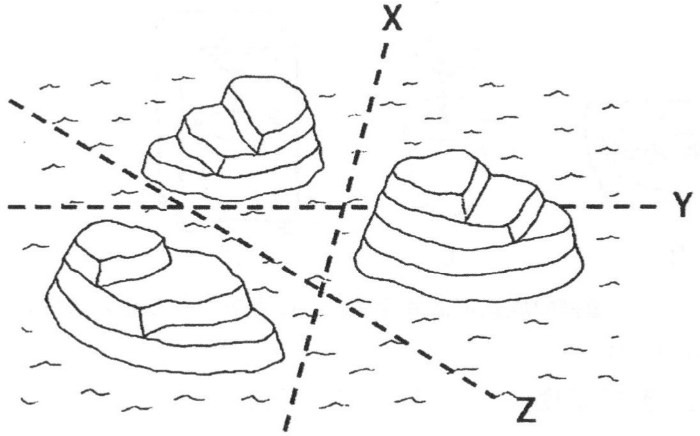

（カ）3つの岩場から考えられる、海面より上の地層の積み重なりとして正しいものを選びなさい。ただし、よく観察できなかった層は「不明」と表しています。

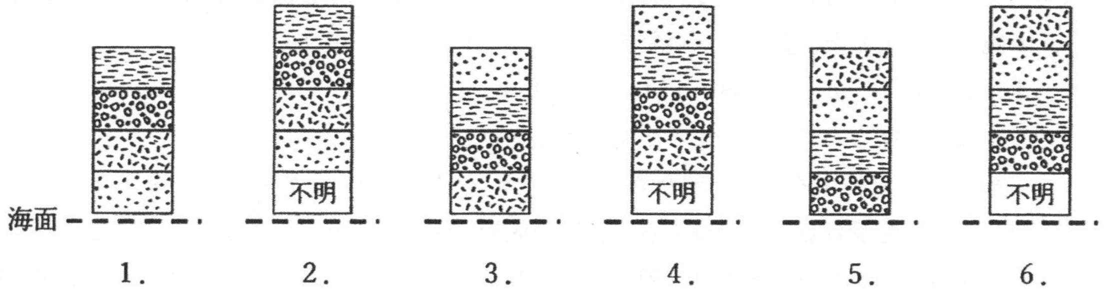

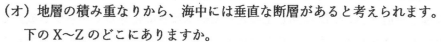

受験番号	2023年度 同志社香里中学校 前期入学試験 問題 社会	4枚のうち その1

※注意　特別な指示のある場合をのぞき、漢字で書ける解答はすべて漢字で書きなさい。
漢字で書ける解答をかなで書いた場合には減点します。

(40分)

【1】令和４年の「総理の一日」を抜粋《ばっすい》した次の各文を読み、あとの問いに答えなさい。

２月 24 日、①Ｇ７首脳テレビ会議に出席しました。

３月 22 日、②令和４年度予算成立等について会見を行いました。

５月 24 日、アメリカ、オーストラリア、（　１　）の首脳と会合を行い、その後、共同声明を発出しました。

共同声明より（一部抜粋）

我々は、自由、法の支配、③民主的価値、主権及《およ》び領土一体性、武力による威嚇《いかく》又《また》は武力の行使や現状を変更《へんこう》しようとするいかなる一方的な試みに訴《うった》えることなく紛争《ふんそう》を平和的に解決すること、航行及び上空飛行の自由といった、いずれも（1）太平洋地域及び世界の平和、安定及び繁栄《はんえい》に不可欠である原則を強く支持する。

６月 14 日、第 12 回（　２　）〔＝ＳＤＧｓ〕推進本部会合を開催《かいさい》しました。

７月８日、④元総理襲撃《しゅうげき》事案について会見しました。

９月９日、（　３　）について会見を行いました。

10 月 28 日、記者会見を行いました。

会見内容より（一部抜粋）

３月、４月、７月、そして９月の対策に引き続き、先ほど大型の総合経済対策を（　４　）決定いたしました。今回の対策は「物価高克服《こくふく》・経済再生実現のための総合経済対策」です。

11 月 16 日、G20 バリ・サミット出席のためインドネシア共和国のバリを訪問している総理は、Ｇ７／⑤北大西洋条約機構首脳緊急《きんきゅう》会合に出席しました。

首相官邸《かんてい》ホームページ「総理の一日」より　（作問のため一部改）

問１　文中（1）にあてはまるものを下より選び、記号で答えなさい。

あ. インド　　い. フランス　　う. シンガポール　　え. イギリス

問２　文中（2）にあてはまるものを下より選び、記号で答えなさい。

あ. 物価・賃金・生活総合対策
い. 持続可能な開発目標
う. 新しい資本主義実現
え. 資産所得倍増

問３　文中（3）にあてはまるものを下より選び、記号で答えなさい。

あ. 緊急事態宣言の全国適用の要請《ようせい》
い. 日朝首脳会談
う. ＦＩＦＡ・ワールドカップで日本代表がスペインに勝利したこと
え. 英国のエリザベス二世女王陛下の死去

問４　文中（4）には、首相と国務大臣が集まって意思決定をする会議の名称《めいしょう》が入る。その名称を下より選び、記号で答えなさい。

あ. 閣議　　い. 本会議　　う. 公聴《こうちょう》会　　え. 委員会

問５　文中＿＿＿①～⑤について、あとの問いに答えなさい。

①〔1〕Ｇ７の構成国を下より選び、記号で答えなさい。

あ. 中国　　い. ドイツ　　う. ロシア　　え. オーストラリア

〔2〕この時、おもに話し合われた内容を下より選び、記号で答えなさい。

あ. 英国のＥＵ離脱《りだつ》
い. ミャンマーでのクーデター
う. 核兵器禁止条約の発効
え. ウクライナ情勢

②　国会で可決成立した予算は過去最大の金額であった。その予算額を下より選び、記号で答えなさい。

あ. 67 兆 6000 億円　　い. 87 兆 6000 億円
う. 107 兆 6000 億円　　え. 127 兆 6000 億円

③　国民主権のおもな内容にあてはまらないものを下より選び、記号で答えなさい。

あ. 最高裁判所の裁判官を審査する
い. 国会議員を選挙で選ぶ
う. 条例の改正を請求《せいきゅう》する
え. 憲法改正を公布する

④　この内容について述べた文ａ・ｂについて、正誤の組み合わせとして正しいものを下より選び、記号で答えなさい。

ａ）安倍氏は衆議院議員選挙の応援《おうえん》演説中に襲撃《しゅうげき》された。
ｂ）安倍氏の国葬儀《そうぎ》は一部の野党の反対により中止された。

あ. a 正　b 正　　い. a 正　b 誤　　う. a 誤　b 正　　え. a 誤　b 誤

⑤　この略称《りゃくしょう》をアルファベット大文字４字で書きなさい。

【2】次の新聞記事を読み、あとの問いに答えなさい。

> 不漁が続いていたサンマの群れがようやく根室海峡の羅臼《らうす》町沖などへと入り込《こ》み、①北海道②根室市の（　1　）側の根室港、③太平洋側の花咲《はなさき》港は7日、計700トンを超《こ》える通称《つうしょう》「海峡さんま」の豊漁に活気づいた。＜中略＞
> 同町沖で④秋サケの定置網《ていちあみ》漁をしていた漁師は「定置網の周りのあちこちにサンマが現れて、思わず網ですくおうかと思ったほどだ」と驚《おどろ》く。
> 今年は（　2　）のウクライナ侵略の影響《えいきょう》で、日本のサンマ漁船は主漁場の⑤北方4島や千島沖（　3　）カイリの海域での漁ができず、（　4　）での操業を余儀《よぎ》なく※されていた。全国さんま棒受網《ぼううけあみ》漁業協同組合によると、10月末までの⑥花咲港での水揚《みずあ》げ量は、10年前の7万2508トンに比べて10分の1にも満たない6210トンにとどまった。

※余儀なく…しかたなく　　　　読売新聞オンライン　2022年11月8日付（作問のため一部改）

問1　文中（1）～（4）にあてはまるものを下よりそれぞれ選び、記号で答えなさい。

（1）　あ. オホーツク海　い. 日本海　う. ベーリング海　え. 北極海

（2）　あ. ポーランド　い. イラン　う. トルコ　え. ロシア

（3）　あ. 200　い. 300　う. 400　え. 500

（4）　あ. 地中海　い. 内海　う. 公海　え. 中海

問2　文中＿＿＿①～⑥について、あとの問いに答えなさい。

①　北海道が収かく量（2020年）全国1位ではないものを下より選び、記号で答えなさい。

（『日本国勢図会 2022/23』より）

あ. にんじん　い. ピーマン　う. たまねぎ　え. ばれいしょ

②　根室市にある本土最東端の岬《みさき》を下より選び、記号で答えなさい。

あ. 潮岬　い. 宗谷《そうや》岬　う. 納沙布《のさっぷ》岬　え. 襟裳《えりも》岬

③　太平洋の北の方から流れる寒流を下より選び、記号で答えなさい。

あ. 千島海流　い. 対馬海流　う. 日本海流　え. リマン海流

④　サケのように栽培《さいばい》漁業が進んでいるものを下より選び、記号で答えなさい。

あ. サンマ　い. イワシ　う. ヒラメ　え. スルメイカ

⑤〔1〕択捉島の読みを解答欄《らん》に合うようにひらがな4字で書きなさい。

〔2〕北方4島（北方領土）にふくまれるものを下より選び、記号で答えなさい。

あ. 竹島　い. 歯舞群島　う. 尖閣諸島　え. 沖ノ鳥島

⑥　サンマの水揚げの多い港を北から順に並べたものとして正しいものを下より選び、記号で答えなさい。

あ. 釧路《くしろ》／女川《おながわ》／銚子《ちょうし》　い. 女川／銚子／釧路　う. 銚子／女川／釧路

え. 釧路／銚子／女川　お. 女川／釧路／銚子　か. 銚子／釧路／女川

問3　次のグラフ【X】【Y】について、あとの問いに答えなさい。

※内水面漁業…湖沼《こしょう》や河川など淡水《たんすい》面における漁業

【X】

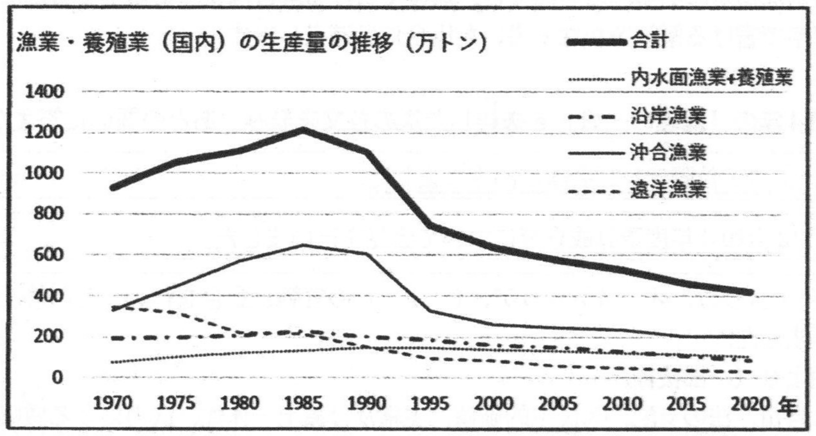

【Y】

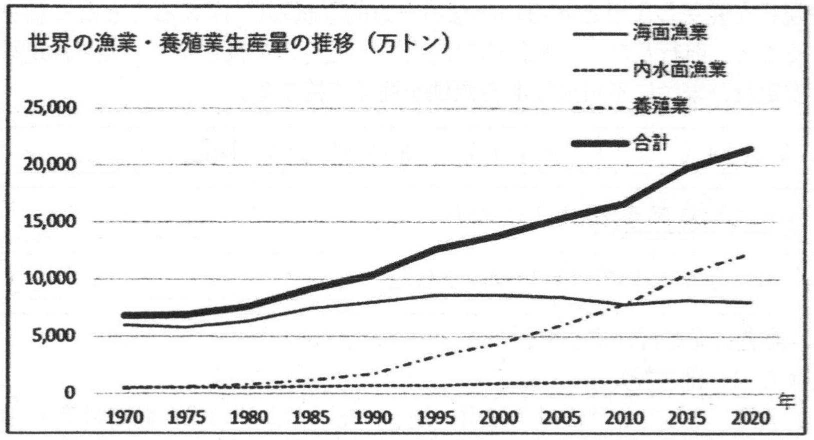

（令和3年度『水産白書』より作成）

〔1〕【X】【Y】について述べた文a・bについて、正誤の組み合わせとして正しいものを下より選び、記号で答えなさい。

a）日本の漁業生産量合計は1980年代にピークに達し、最近はその半分にも満たない。

b）世界の海面漁業の生産量は、最近20年間でいちじるしく増加してきている。

あ. a 正　b 正　い. a 正　b 誤　う. a 誤　b 正　え. a 誤　b 誤

〔2〕【X】【Y】を参考に、日本の漁業生産量を増やすのに有効な対策についてまとめた次の文中（Ⅰ）・（Ⅱ）にあてはまる語を下よりそれぞれ選び、記号で答えなさい。また、＜Ⅲ＞にあてはまる語を漢字2字で書きなさい。

> 【X】からは日本の漁業生産量の合計が1980年代をさかいにしだいに減少していることがわかる。一方、【Y】を見ると、海面漁業や（　Ⅰ　）の生産量はそれほど増えていないが、（　Ⅱ　）の生産量が増えているため、合計の生産量が増えている。したがって、日本の漁業生産量を増やすためには、（Ⅱ）を増やしたり、とりすぎないように水産＜　Ⅲ　＞の管理に取り組んで魚の減少を防いだりすることが重要である。

あ. 養殖《ようしょく》業　い. 内水面漁業　う. 沖合漁業　え. 遠洋漁業

受験番号	2023年度 同志社香里中学校 前期入学試験 問題 社会	4枚のうち その3

【3】次の会話文を読み、あとの問いに答えなさい。

やえさん：「家康を初代とする徳川将軍家の徳川家広さんが（　1　）を訪れ、19 代当主に就任することを神前に報告した。」と新聞に書いてあったわ。

じょう君：家広さんは（1）に神様としてまつられているご先祖の家康に報告したんだね。

やえさん：徳川家って①15 代の徳川慶喜のあとも続いていたのね。

じょう君：16 代の徳川家達《いえさと》と 17 代の家正《いえまさ》は帝国議会で皇族や華族などからなる（　2　）の議長だったし、当主ではないけど徳川宗敬《むねよし》は 1951 年の（　3　）に関わったんだ。

やえさん：私たちが知らないだけなのね。家康の前の時代はどうだったのかしら。

じょう君：家康は、（　4　）の小さな大名の子として生まれたんだ。先祖は②源氏の流れをくむ③新田氏ともいわれているけど、よくわからないらしいよ。家康自身はおさない頃《ころ》から苦労をしているしね。

やえさん：④「人の一生は重荷を負って遠き道をゆくが如《ごと》し　いそぐべからず」は家康が残した言葉とも言われているわね。あなたもいろいろあるけど、がんばってね。

問1　文中（1）～（4）にあてはまる語を下よりそれぞれ選び、記号で答えなさい。

（1）　あ. 太宰府天満宮　い. 鶴岡八幡宮　う. 伊勢神宮　え. 日光東照宮

（2）　あ. 参議院　い. 衆議院　う. 貴族院　え. 枢密院

（3）　あ. 日中平和友好条約の調印　い. サンフランシスコ平和条約の調印　う. 沖縄の日本への復帰　え. エルトゥールル号の救難活動

（4）　あ. 三河　い. 近江　う. 駿河　え. 越後

問2　文中＿＿①～④について、あとの問いに答えなさい。

①　家康が幕府を開いてから慶喜の大政奉還までのおおよその年数を下より選び、記号で答えなさい。

あ. 180 年　い. 200 年　う. 260 年　え. 320 年

②　11 世紀後半に東北地方でおこった反乱をしずめ、源氏が東国に勢力を広げるきっかけをつくった人物を下より選び、記号で答えなさい。

あ. 源頼朝　い. 源義家　う. 源義経　え. 源義仲

③　1333 年、新田氏が足利氏らとともに倒《たお》した鎌倉幕府の執権一族を下より選び、記号で答えなさい。

あ. 上杉氏　い. 北条氏　う. 毛利氏　え. 伊達氏

④　家康の一生について述べた文のうちまちがっているものを下より選び、記号で答えなさい。

あ. 織田氏とともに武田氏をやぶった　い. 子の秀忠に将軍職をゆずった

う. 今川氏の人質になった　え. 鎖国を完成させた

【4】次の文を読み、あとの問いに答えなさい。

日本で初めて走った鉄道は、1853 年 7 月、ロシアの軍艦《ぐんかん》が長崎に持ちこんだ模型の蒸気機関車である。翌年、ペリーが 2 回目の日本訪問に際して大統領から将軍への献上《けんじょう》品として持参したのも、模型の蒸気機関車であった。このとき屋根にまたがって乗った①幕臣が、日本で客車に「乗った」初の日本人である。

《A》1868 年 1 月、幕府からアメリカ領事館に鉄道設営免許《めんきょ》があたえられた。アメリカはこの免許を根拠《こんきょ》に建設要請を行ったが、明治政府は却下《きゃっか》した。政府は 1869 年 11 月に自国による鉄道建設を決め、1872 年 10 月には新橋～（　1　）間で正式開業し、その翌年には大幅《おおはば》な利益をあげた。

日本の鉄道が戦争に使われたのは、1877 年の（　2　）戦争が最初である。当時京浜《けいひん》間と京阪神間のみの運行であったが、軍隊の集結や港への輸送に大きな効果があった。

東京と関西を結ぶ路線は、初め（　3　）経由とされたが、山岳《さんがく》地帯のため工事は難航した。そこで 1886 年、鉄道局長は②総理大臣と相談して東海道へのルート変更を決定し、（　4　）が発布されたのと同じ年の 1889 年 7 月に現在の東海道本線が全通した。

《B》1905 年、関西では初の都市間の電気鉄道である阪神電気鉄道の梅田駅～三宮《さんのみや》駅間が開通した。1910 年には京阪電気鉄道が天満橋《てんまばし》駅～五条駅間で開業し、1914 年には電車で初めて「急行」を運行した。

問1　文中（1）にあてはまる地名を下より選び、記号で答えなさい。

あ. 横浜　い. 伊豆　う. 日本橋　え. 浦安

問2　文中（2）にあてはまるものを下より選び、記号で答えなさい。

あ. 西南　い. 日清　う. 日露　え. 日中

問3　文中（3）にあてはまる街道名を下より選び、記号で答えなさい。

あ. 日光街道　い. 中山道　う. 甲州街道　え. 奥州街道

問4　文中（4）にあてはまるものを下より選び、記号で答えなさい。

あ. 解放令　い. 五箇条の御誓文　う. 大日本帝国憲法　え. 廃藩置県

問5　文中＿＿①・②について、あとの問いに答えなさい。

①　幕臣とは将軍家の家臣という意味だが、幕末に西郷隆盛と交渉《こうしょう》して江戸城を明け渡した幕臣を下より選び、記号で答えなさい。

あ. 坂本龍馬　い. 大塩平八郎　う. 勝海舟　え. 大久保利通

②　この人物は初代総理大臣である。下より選び、記号で答えなさい。

あ. 大隈重信　い. 木戸孝允　う. 渋沢栄一　え. 伊藤博文

問6　文中＿＿《A》・《B》について、1868 年～1905 年の間におこったできごととして、まちがっているものを下より選び、記号で答えなさい。

あ. 太陽暦《れき》を採用する　い. 八幡製鉄所が開業する

う. 日英同盟を結ぶ　え. 関税自主権を回復する

以上

二〇二三年度 同志社香里中学校 前期入学試験問題 国語 解答用紙

七枚のうち その七

（番号で答えられるものは、すべて番号で答えなさい。また、字数制限のある問題は、かぎかっこなどの記号・句読点も一字とします。）

【一】

問一 a b

問二 僕たちが見つけた花は

20

ということ。

問三 Ⅰ Ⅱ

問四

問五 1 2 3 4 5 6

問六

問七

【二】

問一

問二

問三

問四

30

こと。

30

こと。

問五

問六 ⑥ ⑦

問七

問八 妖怪について研究することで、

がわかるから。

問九

問十

【三】

① ねる

②

③

④

⑤ う

【四】

① い

② やし

③

④

⑤

⑥

⑦

⑧

【五】

A

B

C

D

受験番号

氏名

このらんには記入しないこと

一 問一・三 12点	二 問六 8点
一 問二 7点	二 問七 3点
一 問四・五 13点	二 問八 5点
一 問六・七 10点	二 問九・十 9点
二 問一〜三 9点	三 5点
二 問四 16点	四 16点
二 問五 3点	五 4点
小計 70点	小計 50点
合計 ※120点満点	

受験番号					2023年度　同志社香里中学校 前期試験解答用紙　算数	4枚のうち その4
氏名						

※120点満点

（注意）答えはすべてこの用紙に書きなさい。

	(1)	(2)	(3)	
1				15点
2	度	個	cm^2	15点
3	点	点	点	18点
4	g	%	g	18点
5	分後	分後	分後	18点
6	：	cm	cm^2	18点
7	cm^3	cm^3		18点

受験番号					2023年度同志社香里中学校 前期入学試験解答用紙　理科	５枚のうち その５
氏名						

（記号・番号で答えられるものはすべて記号・番号で答えなさい）

採点欄
ここには何も
書かないこと

【1】

ア		イ	℃	ウ	
エ	a		b		c	

【2】

ア	A		B		イ		ウ		エ	

【3】

ア		イ		ウ	kg分
エ	①		②		③	

【4】

ア		イ	A		B		C		D	
ウ		エ		オ		カ		キ		

【5】

ア	①		②		イ	
ウ		エ	座			
オ		カ	①		②		③	

【6】

ア		イ		ウ		エ	
オ	a		b		c		
	d		e		f		

【7】

ア	①		②		イ		ウ	①		②	

【8】

ア		イ		ウ	
エ	①		②		オ		カ	

採点欄	
【1】	10点
【2】	10点
【3】	10点
【4】	10点
【5】	10点
【6】	10点
【7】	10点
【8】	10点
合計	

※80点満点

受験番号		2023年度 同志社香里中学校 前期入学試験　解答用紙　社会	４枚のうち その４
氏名			

【１】

問１

問２

問３

問４

問５①

［1］

［2］

②

③

④

⑤〔アルファベット大文字４字〕

【２】

問１

（1）

（2）

（3）

（4）

問２

①

②

③

④

⑤[1]〔ひらがな４字〕

択捉　島《とう》

[2]

⑥

問３

[1]

[2]

（Ⅰ）

（Ⅱ）

（Ⅲ）〔漢字２字〕

【３】

問１

（1）

（2）

（3）

（4）

問２

①

②

③

④

【４】

問１

問２

問３

問４

問５

①

②

問６

以上

以下の欄には
何も記入しないで下さい

【１】

20点

【２】

30点

【３】

16点

【４】

14点

※80点満点

（番号で答えられるものは、すべて番号で答えなさい。また、字数制限のある問題は、かぎかっこなどの記号・句読点も一字とします。）

（50分）

【一】

草児は親の事情で引っ越《こ》しをした。今は祖母と仕事で留守がちな母の三人で暮らしている。前の小学校でいつも一緒《いっしょ》だった「文ちゃん」とも離《はな》れてしまった。草児は放課後になると毎日のように博物館を訪《おとず》れている。

博物館の前に立ち、「本日休館日」の立て札を目にするなり、動けなくなってしまった。今日は木曜日だということをすっかり忘れていた。一色の絵の具で塗《ぬ》りつぶしたような毎日の中で、曜日の感覚が鈍《にぶ》っていたのかもしれない。ワチャーというような声が頭上から降ってきて、振《ふ》り返った。このあいだムササビの骨格標本を見上げていた男が草児のすぐ後ろに立っていた。今日は灰色のスーツを着ている。男の指がすっと持ち上がって、立て札を指す。ちょっと異様なぐらいに長く見える指だった。「きみ知ってた？　今日休みって」「うん」男があまりに情けない様子だったので、［ア］警戒心《けいかいしん》がゆるみ「知ってたけど忘れてた」と反応してしまう。「そうかあ」中に入れないのならば、帰るしかない。背を向けて歩き出すと、男も後ろからついてくる。公園から出るには同じ方向に向かうしかないからあたりまえのことなのだが、気になって何度も振り返ってしまう。「どうしたの？」草児の視線を受けとめた男が、ゆったりと口を開く。なにを勘違《かんちが》いしたものか「なに？　腹減ってんの？」と質問を重ねる。違う。とっさに答えたが、嘘《うそ》だった。腹は常に減っている。男のアクセントはすこしへんだった。このあたりの人とも、草児とも違う。そのくせ、［イ］恥《は》じてはいないようだ。「あ、これ食う？」書類やノートパソコンが入っていそうな鞄《かばん》から、蒲焼《かばや》きさん太郎《たろう》が出てきた。差し出されたそれを草児が黙《だま》って見ていると、男はきまりわるそうに下を向き、包装を破いて、自分の口に入れた。「そうだよな、あやしいよな。知らないおじさんが手渡《てわた》してくる蒲焼きさん太郎なんか食べちゃだめだ」しっかりしてるんだな、えらいな、うん、と勝手に納得《なっとく》し、男はベンチに座《すわ》った。鞄から、つぎつぎとお菓子《かし》が取り出される。いくつかのお菓子には見覚えがあり、そのほかははじめて目にする。うまい棒とポテトスナックは知っているが、なんとかボールと書いてあるお菓子は知らない。「あの、なんで、そんなにいっぱいお菓子持ってるの」おそるおそる問う。この男は草児が知っているどの大人とも違う。男はすこし考えてから「さあ？」と首を傾《かし》げた。自分自身のことなのに。①「安心するから、かな」うまい棒を齧《かじ》りながら、男は「何年か前に出張した時に」と喋《しゃべ》り出した。帰りの新幹線が事故で何時間もとまったまま、という体験をしたのだという。いつ動き出すのかすらまったくわからなくて、不安だった。でも、新幹線に乗る前に売店で買ったチップスターの筒《つつ》を握《にぎ》りしめていると、［ウ］安心した。その時、思いもよらないものが気持ちを支えてくれることもあるんだな、と知った。あれは単純に「食料がある」という安心感ではなかった、たとえば持っていたのが乾《かん》パンなどの非常食然としたものだったら［エ］違った気がする、だからお菓子というものは自分の精神的な命綱《いのちづな》のようなものだと思ったのだ、というようなことをのんびりと語る男に手招きされて、草児もベンチに座った。いつでも逃《に》げられるように、すこし距離《きょり》をとりつつ。草児が背負っていたリュックからオレンジマーブルガムのボトルを出すと、男は「なんだよ、持ってるじゃないか」とうれしそうな顔をする。自分のガムはただのおやつであって、命綱なんかではない。

やっぱへんなやつだ、と身を引いた拍子《ひょうし》に、手元が狂《くる》った。容器の蓋《ふた》が開いてガムがばらばらと地面にこぼれ落ちる。草児は声を上げなかった。男もまた。映画館で映画を観《み》るように、校長先生の話を聞くように、唇《くちびる》を結んだまま、丸いガムが土の上を転がっていくのを見守った。気づいた時にはもう、涙《なみだ》があふれ出てしまっていた。頬《ほお》を伝っていく滴《しずく》は熱くて、でも顎《あご》からしたたり落ちる頃《ころ》には冷たくなっていた。どうして泣いているのか自分でもよくわからなかった。ガムの容器の蓋をちゃんとしめていなかったこと。博物館の休みを忘れていたこと。男が蒲焼きさん太郎を差し出した時に蘇《よみがえ》った、文ちゃんと過ごした日々のこと。楽しかった時もいっぱいあった。それなのに、どうしても文ちゃんに嫌《いや》だと言えなかったこと。嫌だと言えない自分が恥ずかしかったこと。別れを告げずに引っ越ししてしまったこと。父が手紙をくれないこと。自分もなにを書いていいのかよくわからないこと。算数でわからないところがあったこと。でも先生に訊《き》けなかったこと。母がいつも家にいないこと。今日も学校で、誰《だれ》とも口をきかなかったこと。祖母から好かれているのか嫌《きら》われているのかよくわからないこと。いつも自分はここにいていいんだろうかと感じること。疲《つか》れた顔をしていること。男は泣いている草児を見てもおどろいた様子はなく、困惑《こんわく》するでもなく、かといって慰《なぐさ》めようとするでもなかった。ただ②「いろいろ、あるよね」とだけ、言った。「え」と訊きかえした時には、涙はとまっていた。いろいろ、と言った男は、けれども、草児の「いろいろ」をくわしく聞きだそうとはしなかった。「いろいろある」草児が繰《く》り返すと、男は食べ終えたうまい棒の袋《ふくろ》を細長く折って畳《たた》みはじめる。

「ところできみは、なんでいつも博物館にいるの？」「だよね、いつもいるよね？」と質問を重ねる男は、草児がいつもいるとわかるほど頻繁《ひんぱん》に博物館を訪れているのだ。「恐竜《きょうりゅう》とかが、好きだから」大人に好きなものについて訊かれたら、かならずそう答えることにしている。嘘ではないが、太古の生物の中でもとりわけ恐竜を好むわけではない。にもかかわらずそう言うのは「そのほうがわかりやすいだろう」と感じるからだ。そう答えると、大人は「ああ、男の子だもんね」と勝手に納得してくれる。「あと、もっと前の時代のいろんな生きものにも、いっぱい、いっぱい興味がある」他の大人の前では言わない続きが、するりと口から出た。エディアカラ紀、海の中で、とつぜ

んさまざまなかたちの生物が出現しました。体はやわらかく、目やあし、背骨はなく、③獲物《えもの》をおそうこともありませんでした。エディアカラ紀の生物には、食べたり食べられたりする関係はありませんでした。図鑑《ずかん》を暗誦《あんしょう》した。草児は、そういう時代のそういうものとして生まれたかった。同級生に百円をたかられたり、喋っただけで奇異《きい》な目で見られたり、こっちはこっちでどう見られているか気にしたり、そんなんじゃなく、静かな海の底の砂の上で静かに生きているだけの生物として生まれたかった。

「行ってみたい？　エディアカラ紀」唐突《とうとつ》な質問に、うまく答えられない。この男は「エディアカラ紀」を観光地の名かなにかだと思っているのではないか。「タイムマシンがあればなー」でも操縦できるかな。ハンドルを左右に切るような動作をしてみせる。「バスなら運転できるんだけどね。おれむかし、バスの運転手だったから」男の言う「むかし」がどれぐらい前の話なのか、草児にはわからない。わからないので、黙って頷《うなず》いた。むかしというからには今は運転手ではなく、なぜ運転手ではないのかという理由を、草児は訊《たず》ねない。男が「いろいろ」の詳細《しょうさい》を訊かなかったように。

男がまた、見えないハンドルをあやつる。一瞬《いっしゅん》ほんとうにバスに乗っているような気がした。バスが、長い長い時空のトンネルをぬけて、しぶきを上げながら海に潜《もぐ》っていく。いくつもの水泡《すいほう》が、窓ガラスに不規則な丸い模様を走らせる。視界が濃《こ》く、青く、染まっていく。海の底から生えた巨大《きょだい》な葉っぱのようなカルニオディスクス。楕円形《だえんけい》にひろがるディッキンソニア。ゆったりとうごめく生きものたち。自分はそれらをいちいち指さし、男は薄《うす》く笑って応じるだろう。バスは音も立てずに進んでいく。砂についたタイヤの跡《あと》はやわらかいカーブを描《えが》き、その上を、図鑑には載《の》っていない小さな生きものが横断する。

そこまで想像して、でも、と呟《つぶや》いた。「もし行けたとしても、戻《もど》ってこられるのかな？」タイムマシンで白亜紀《はくあき》に行ってしまうアニメ映画を、母と一緒に観たことがある。その映画では、途中《とちゅう》でタイムマシンが恐竜に踏《ふ》み壊《こわ》されていた。その場面は強烈《きょうれつ》に覚えているのに、主人公が現代に戻ってきたのかどうかは覚えていない。男が「さあ」と首を傾げる。さっきと同じ、他人事のような態度で。「戻ってきたいの？」そりゃあ、と言いかけて、自分でもよくわからなくなる。「だって、えっと……戻ってこなかったら、心配するだろうから」草ちゃんがどこにでも行けるように、と母は言ってくれるが、タイムマシンで原生代に行って二度と帰ってこなかったら、きっと泣くだろう。

「そうか。だいじな人がいるんだね」おれもだよ、と言いながら、男はゆっくりと、草児から視線を外した。「タイムマシンには乗れないんだ。仕事をさぼって博物館で現実逃避《とうひ》するぐらいが［　　］なんだ、おれには」「さぼってるの？」男は答えなかった。意図的に無視しているとわかった。そのかわりのように「ねえ、だいじな人って、たまにやっかいだよね」と息を吐《は》いた。「なんで？」「やっかいで、だいじだ」空は藍色《あいいろ》の絵の具を足したように暗く、公園の木々は、ただの影《かげ》になっている。きみもう帰りな、とやっぱりへんな、すくなくとも草児にはへんだと感じられるアクセントで言い、男が立ち上がる。うまい棒のかけらのようなものが空中にふわりと舞い散った。

いつもと同じ朝が、今日もまた来る。トースターに入れたパンを焦《こ》がしてしまって、家を出るのがすこし遅《おく》れた。教室に入って宿題を出し、椅子《いす》に腰《こし》を下ろすと同時に担任が教室に入ってきた。あー！　誰かが甲高《かんだか》い叫《さけ》び声を上げる。担任はいつものジャージを穿《は》いていたが、上は黒いTシャツだった。恐竜の絵が描かれている。「ティラノサウルス！」誰かが指さす。せんせーなんで今日そんなかっこうしてんのー、と別の誰かが笑う。彼らは先生たちの変化にやたら敏感《びんかん》で、髪《かみ》を切ったとか手をケガしたとか、そういったことにいちいち気づいて指摘《してき》せずにはいられないのだ。

「ちがう」声を発したのが自分だと気づくのに、数秒を要した。みんながこちらを見ている。心の中で思ったことを、いつのまにか口に出していた。担任から促《うなが》されて立ち上がる。椅子が動く音が、やけに大きく聞こえる。「ちがう、というのはどういう意味かな？　宮本さん」「……それはアロサウルスの絵だと思います」「なるほど。どう違うか説明できる？」「時代が違います。ティラノサウルスは白亜紀末に現れた恐竜で、アロサウルスは、ジュラ紀です」すべて図鑑の受け売りだった。「続けて」「えっと、どちらも肉食ですが、ティラノサウルスよりアロサウルスのほうが頭が小さい、という特徴《とくちょう》があります」ずっと喋らないようにしていた。笑われるのは無視されるよりずっとずっと嫌なことだった。おそるおそる目線だけ動かして教室を見まわしたが、笑っている者はひとりもいなかった。何人かは［A］ような顔で、何人かは注意深く［B］ように、草児を見ている。「ありがとう。座っていいよ。宮本さん、くわしいんだな。説明もわかりやすかったよ」［C］ような声を上げた担任につられたように、誰かが「へー」と声を漏《も》らすのが聞こえた。「じゃあ、国語の教科書三十五ページ、みんな開いて」なにごともなかったように、授業がはじまる。

国語の次は、体育の授業だった。体操服に着替《きが》えて体育館に向かう。体育館はいつも薄暗く、壁《かべ》はひび割れ、床《ゆか》は傷だらけで冷たい。草児はここに来るたび、うっすらと暗い気持ちになる。体育館シューズに履《は》き替えていると、誰かが横に立った。草児より小柄《こがら》な「誰か」はメガネを押《お》し上げる。「恐竜、好きなの？」「うん」草児が頷くと、メガネも頷いた。「ぼくも」そこで交《か》わした言葉は、それだけだった。④でも誰かと並んで立つ体育館の床は、ほんのすこしだけ、冷たさがましに感じられる。

（寺地はるな『タイムマシンに乗れないぼくたち』文藝春秋刊）

問一　□ア～エにあてはまる言葉を、それぞれ次から選びなさい。（番号は一度しか選べない）

1　もっと　2　つい　3　しっかり　4　あやうく　5　すこしも　6　なぜか

問二　――線①「安心するから、かな」とありますが、男はどうしてお菓子があると安心するのですか。次の文の（　　）にあてはまる言葉を、文中から十二字でぬき出し、説明を完成させなさい。ただし、解答らんには始めの三字を書くこと。

男にとってお菓子は（　　　　　　　　）であるから。

問三　――線②「ただ『いろいろ、あるよね』とだけ、言った」とありますが、このときの男の様子としてあてはまるものを次から選びなさい。

1　草児が泣いている理由に見当がつかないので、これ以上彼を動揺《どうよう》させないように、言葉を選んで話しかけている。

2　草児がつらい出来事の数々を語るのは、自分を信頼《しんらい》しているからだと気づき、彼の気持ちに応《こた》えたいと思っている。

3　じっくりと話を聞く前に、草児がはげしく泣き出したことに戸惑《とまど》ってしまい、上手に慰められないでいる。

4　具体的なことを聞かなくても、草児の日常が苦しいものであると感じたので、彼の気持ちを察して声をかけている。

問四　――線③「草児は、そういう時代の……生まれたかった」とありますが、このときの草児の気持ちとしてあてはまるものを次から選びなさい。

1　誰にも頼《たよ》らずに、自分ひとりで生きていきたいと思っている。

2　誰に傷つけられることもなく、心穏《おだ》やかに過ごしたいと思っている。

3　誰にも嫌われずに、みんなと楽しく暮らしたいと思っている。

4　誰に合わせることもなく、自由気ままに生活したいと思っている。

問五　□にあてはまる言葉を次から選びなさい。

1　アトノマツリ　2　オカンムリ　3　ショウネンバ　4　セキノヤマ

問六　□A～Cにあてはまる言葉をそれぞれ次から選びなさい。（番号は一度しか選べない）

1　様子をうかがう　2　興味を引く　3　感心した　4　驚《おどろ》いた

問七　草児と男が出会った日の描写《びょうしゃ》の中に、時間が経《た》ったことがわかる表現があります。その表現の始めの三字をぬき出しなさい。

問八　この小説のタイトルは『タイムマシンに乗れないぼくたち』です。どうして草児はタイムマシンに乗れないと思ったのですか。その理由を十五字以内で答えなさい。

問九　――線④「誰かと並んで立つ体育館の床は、ほんのすこしだけ、冷たさがましに感じられる」とありますが、このときの草児の様子としてあてはまるものを次から選びなさい。

1　ずっと一人でつらい思いを抱《かか》えていたが、男には素直な気持ちで話すことができた。学校でも思ったことをそのまま口にしたことで打ち解けられそうなクラスメイトが見つかり、寂《さび》しさが少し和《やわ》らいでいる。

2　これまでは一人でも大丈夫《だいじょうぶ》だと強がっていたが、男に自分の悩《なや》みを聞いてもらったことで心が軽くなった。学校でも困ったときには友達に相談してよいのだとわかって、少し気が楽になっている。

3　話の合う相手を見つけられずに孤独《こどく》を感じていたが、男と共通の話題で盛り上がった。学校でも自分の好きなものについて堂々と発表したことで、気の合いそうな友人が見つかり、気持ちが少し明るくなっている。

4　過去の悲しい経験から人を信頼できずにいたが、男が自分の気持ちを理解してくれたことで、心を開いて人と話せるようになった。学校でも自分からクラスメイトに声をかけてみようと少し前向きになっている。

【二】　――線の漢字の読みを答えなさい。

①　野辺の花。　②　敵の根城にふみこむ。　③　類いまれな才能。　④　お金を工面する。　⑤　すすきの群生。

【三】　――線のカタカナを漢字に直しなさい。

①　争いをオサめる。　②　サイサンにわたる注意。　③　頭痛にキく薬。　④　人の意見にキョウチョウする。

⑤　名簿《めいぼ》とショウゴウする。　⑥　シンカが君主をいさめる。　⑦　オウネンのスター。　⑧　タイボウの新刊が出る。

【四】　――線A～Dのカタカナにあてはまる漢字を、それぞれ次から選びなさい。

A　エイ気を養う。　1　栄　2　英　3　衛　4　営

B　イ細を話す。　1　遺　2　委　3　井　4　医

C　決キ集会。　1　貴　2　揮　3　旗　4　起

D　ショウ形文字。　1　象　2　唱　3　証　4　承

【五】

この文章は、「世代間倫理《りんり》」（今生きている人たちには、これから生まれてくる人たちの生存や生活に対して責任があるという主張）について述べたものである。

1 いま、石油を例に挙げましたが、それは世代間倫理を説明するときに資源の問題がよく使われるからです。「今の世代が石油を全部使ったら、後の世代が使えなくなる。だから省エネしよう」という話で、非常に分かりやすい例のように思えます。しかし実際には、石油の燃焼《ねんしょう》の結果としての地球温暖化が登場してしまい、その結果、資源枯渇《こかつ》を気にする以前に廃棄物《はいきぶつ》（CO_2など）の削減《さくげん》のほうが重要課題になっています。また先にもふれたように、石油を残せという要求に対しては、［　Ⅰ　］という不可知論や、［　Ⅱ　］という楽観論が存在します。歴史をさかのぼると、過去の人類も、木炭から石炭、石炭から石油というように、その都度資源を開発してきたので、不可知論や楽観論が出てくるのも分かります。それに対して、ある程度確実に分かることで、しかも楽観できないのが、廃棄物（ゴミ）の問題です。今の経済システムは処理できない廃棄物をどんどん生み出しており、その影響《えいきょう》は将来世代にまで及《およ》びます。世代間倫理が必要な例は、廃棄物問題だといえます。そこで次からしばらく廃棄物について考えてみることにします。

2 加藤尚武は、『環境《かんきょう》倫理学のすすめ』のなかで「ゴミ生成の不等式」と呼べるものを提出しています。「ゴミは、使用期間をすぎたのに耐用《たいよう》期間を保っている物質である」。つまり、一日使うだけなのに、放っておくと何年も形が残る、というものがゴミなのです。これを不等式で表すと次頁《じこう》の①イラストのようになるでしょう。今、プラスチックごみによる海洋汚染《おせん》が話題になっています。ウミガメがビニル袋を飲み込んで窒息死《ちっそくし》したという話を聞いたことがあるかと思います。プラスチックごみの問題点は、耐用期間が長すぎることにあります。コンビニエンスストアから公園まで一五分、商品を運ぶためにレジ袋を使い、その袋を公園脇《わき》の草むらに捨てたら、長期間そこに残り続けます。プラスチックが海に流れ込《こ》んだら、しばらく漂《ただよ》い続けます。そもそもプラスチックの利点は容易に自然分解されないという点にありましたが、ここでは②それが仇《あだ》となっています。

3 逆に言えば、「使用期間が過ぎるとすぐに消滅《しょうめつ》すればゴミが出ない」ということになります。これはつまり、使用期間＝耐用期間、ということで、自然分解するものはゴミにならないということです。ミカンは、食べられなくなるとき（使用期間が終了《しゅうりょう》）と、腐《くさ》って土に返るとき（耐用期間が終了）がほぼ同じです。この場合はゴミが発生しません。ここから分かるのは、自然分解されるもので暮らせばゴミは出ない、ということです。技術者なら、自然分解されるプラスチックを開発してやろう、と意気ごむかもしれません。環境倫理学では、この問題をどうやって乗り越《こ》えようとするのでしょうか。もちろん、極端《きょくたん》に生活の幅《はば》を狭《せば》めるような「自然分解するものだけで暮らすべきだ」と主張することはありません。では、どのように考えるのでしょうか。

4 加藤は著書のなかで、③もう一つ別のゴミ戦略を描《えが》いています。それは、［　Ⅲ　］、という提案です。そんなものは存在するのでしょうか。加藤によれば、それは「芸術品」だといいます。南禅寺《なんぜんじ》の扇面屏風《せんめんびょうぶ》を捨てる人はいない、という例を出していますが、確かに芸術品は決してゴミになりません。文化財もそうでしょう。高松塚古墳《たかまつづかこふん》の壁画《へきが》は、使用期間が「永遠」なのに、耐用期間のほうが先に尽《つ》きようとしていたため、必死の修復作業が行われました。すべての製品を芸術品に、というのは不可能ですが、少なくともモノをつくる人は、使い捨て商品ではなく長持ちする製品をつくるべきだ、という④「製造者の倫理」がここから導かれます。

5 より長持ちする製品をつくるべき、という観点からすると、近年住宅メーカーが推《お》している「百年住宅」という工法が評価されるべきでしょう。千葉県職員で産廃Ｇメンとして有名な石渡正佳は、『スクラップエコノミー』という本のなかでこう述べています。「実は戸建て住宅の重さは、ちょうど一生分のゴミの量と同じ三〇～五〇トンである。住宅を一度でも解体したことがある人は、一生分のゴミを一度に出したことになるのだ」。つまり、毎日ゴミの削減に努力しても、一回建て替《か》えをしたらその努力が帳消しになるということです。第一章でふれた、個人の倫理よりも社会の倫理を、という話を思い出してください。そこでは、大口の無駄《むだ》を省かなければならない、社会のシステムを改善しなければならない、と述べました。住宅をスクラップにすることは大口の廃棄物を生み出すので、ここを改善することは大きな成果につながります。

6 しかし、個々人に「建て替えを控《ひか》えよう」と呼びかけても限度があります。そもそも現在の日本の住宅は二五年くらいしかもたないつくりになっているわけですから。改善が必要なのは買う側ではなく、売る側、作る側です。その点から、住宅の寿命《じゅみょう》が二五年から一〇〇年に延びる「百年住宅」の工法は高く評価されるべきで、これが普及《ふきゅう》すればたいへんな量のゴミの削減につながることでしょう。

7 さらにハードルを下げて、少なくとも「製品を作る段階で最終処分の方法を決定しておくこと」が求められます。言い換《か》えれば、使用が終わっても処分もできずに延々と残り続けるようなものは作ってはいけない、ということになります。

8 使用が終わっても処分もできずに延々と残り続けるようなものの代表は、原発から出る放射性廃棄物（核《かく》廃棄物）です。二〇一一年の福島第一原発爆発事故以来、原発の危険性は広く知られるようになりましたが、二〇二一年現在も国内（西日本）で原発が稼働《かどう》しており、

そこからは放射性廃棄物が生み出されています。これまでにも原発の稼働によって大量の放射性廃棄物が生み出されてきましたが、その処理方法はなく、それらは国内に大量に蓄積《ちくせき》されています。原発は「トイレのないマンション」だとよく言われますが、それは、原発から出るゴミを処理する方法がないのに、どんどんゴミを出し続けている、という意味です。原発から出る放射性廃棄物からは一〇万年間は放射能（放射線を出す能力）が消えない、と言われます。そのため一〇万年間の管理が必要になります。これは世代間倫理の観点からすると大変なことです。現在私たちが使っている電力の一部を賄《まかな》うために、そのゴミを一〇万年にわたって将来世代に残すことになるのですから。

[9]
A　そこからすると、西暦《せいれき》三〇〇〇年というのは「たかだか一〇〇〇年後」の話にすぎません。
B　西暦三〇〇〇年というのは、今から約一〇〇〇年後です。
C　ここに来て、西暦三〇〇〇年の人類に対する配慮《はいりょ》、という話が急に現実味を帯びてきました。
D　しかし、放射性廃棄物の影響はその一〇〇倍にあたる、一〇万年後の未来にまで及ぶ話なのです。

しかしそれは平安時代から令和の時代までの期間なのです。一〇万年後というのがいかに途方《とほう》もない期間かが分かるでしょう。つまり、西暦三〇〇〇年とか一〇万年後の人類といった「遠い将来世代」への配慮を求める世代間倫理は、単なる理論上の問題とは言えないのです。

（吉永明弘『はじめて学ぶ環境倫理』ちくまプリマー新書）

問一　□Ⅰ・Ⅱにあてはまるものをそれぞれ次から選びなさい。（番号は一度しか選べない）

1　後の世代よりも現代の私たちの生活を優先するべきだ
2　省エネを心がけたところで、石油の枯渇は避《さ》けられない
3　資源が枯渇してもその時代の人たちが何とかするだろう
4　後の世代にとって石油が必要かどうかは分からない
5　石油が枯渇しても、木炭や石炭を使えばいいのではないか

問二　——線①「イラスト」とありますが、イラストにはどのような不等式が書かれていると考えられますか。次から選びなさい。

1　利点 ＞ 問題点
2　ゴミ ＜ 資源
3　プラスチックごみ ＜ 可燃ごみ
4　使用期間 ＞ 耐用期間

問三　——線②「それ」が指しているものを二十字以内で答えなさい。

問四　——線③「もう一つ別のゴミ戦略」とありますが、[3]段落までに述べられているゴミ戦略として、正しいものを次から選びなさい。

1　プラスチックを海には棄《す》てない。
2　なるべく自然分解されるものを使って暮らす。
3　自然分解されるプラスチックを開発する。
4　大きなごみを出さないようにする。

問五　□Ⅲにあてはまる内容を十五字程度で答えなさい。「使用期間」という言葉を使うこと。

問六　——線④「製造者の論理」とありますが、この段落で述べられている以外の「製造者の論理」を文中から二十五字以内で探し、始めと終わりの五字をぬき出しなさい。

問七　[9]段落のA～Dをならべかえて、意味の通る文章にしなさい。

問八　文章の内容について、正しいものには○、まちがっているものには×を書きなさい。

1　世代間倫理の立場から考えれば、石油などの資源枯渇の問題より、廃棄物の削減についての問題のほうが深刻だ。
2　毎日どれだけゴミの削減に努力しても、家を建て替えたら意味がなくなるので、家を建て替えるべきではない。
3　原発の危険性が知られるようになった今こそ、世代間倫理の観点から放射性廃棄物の処理方法を新しく開発する必要がある。

問九　段落の説明について、正しいものには○、まちがっているものには×を書きなさい。

1　[3]段落では、[2]段落で筆者が紹介《しょうかい》した意見とは異なる意見を示し、問題を深くほり下げている。
2　[5]段落では、[4]段落で述べられている内容について、それを実践《じっせん》している例を紹介している。
3　[8]段落では、[7]段落で筆者が述べた主張に反する例を紹介し、[9]段落の結論につなげている。

（注意）とちゅうの計算は余白を利用し，答えはすべて解答用紙に書きなさい。また，円周率は3.14として計算しなさい。
(50分)

1　次の□をうめなさい。

(1)　$\left\{3-0.4\times\left(1\frac{3}{4}+\frac{1}{3}\right)\right\}\div\left(\frac{1}{5}+\frac{9}{20}\right)-2=$ □

(2)　$1.8\times1\frac{2}{3}-(\square-0.75)\div0.5=2\frac{5}{6}$

(3)　2つの分数$\frac{3}{4}$，$\frac{9}{16}$のそれぞれに同じ分数をかけると整数になりました。かける分数の中で最も小さいものは□です。

2　次の問いに答えなさい。

(1)　右の図において，同じ印をつけた角の大きさは等しいものとします。
角㋐の大きさは何度ですか。

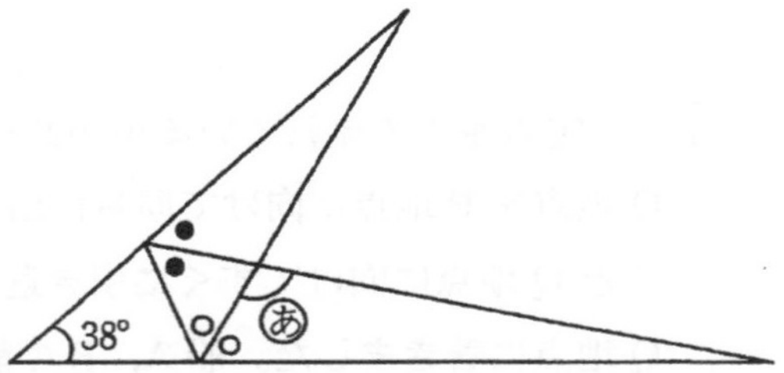

(2)　右の図は，半径が9 cmの円を，円周が中心Oに重なるように折り返したものです。
かげをつけた部分の周の長さは何cmですか。

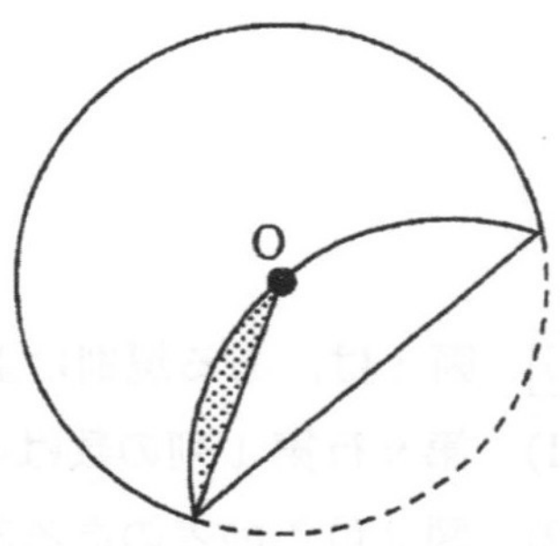

(3)　1辺が10 cmの正方形ABCDの上に，5個の同じ大きさの正方形でできた十字形が，
右の図のように重なっています。かげをつけた部分の面積は何cm^2ですか。

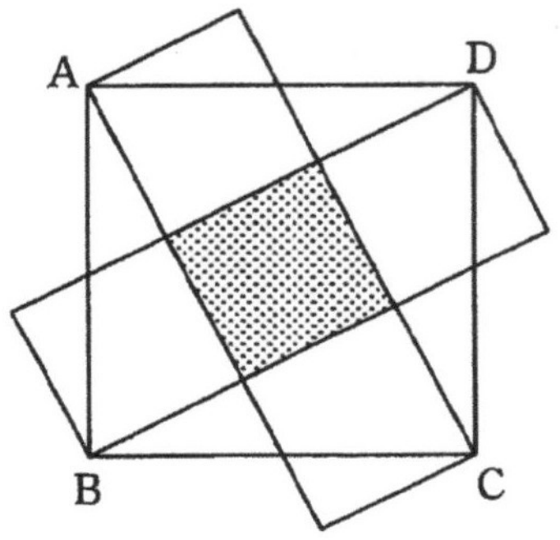

（注意）とちゅうの計算は余白を利用し，答えはすべて解答用紙に書きなさい。また，円周率は3.14として計算しなさい。

3　長方形から切り取ることができる最も大きい正方形を切り取り，残った長方形からまた切り取ることができる最も大きい正方形を切り取ります。この作業をすべての図形が正方形になるまで続けます。下の図は，たて15cm，横25cmの長方形のときの例で，斜《しゃ》線を引いた図形は正方形です。次の問いに答えなさい。ただし，正方形は図のように長方形の端《はし》から切り取ります。

(1)　図において，最も小さい正方形の1辺の長さは何cmですか。

(2)　たて323cm，横714cmの長方形の場合，最も小さい正方形の1辺の長さは何cmですか。

(3)　(2)の最初の長方形を(2)の最も小さい正方形だけでしきつめた場合，正方形は何個必要ですか。

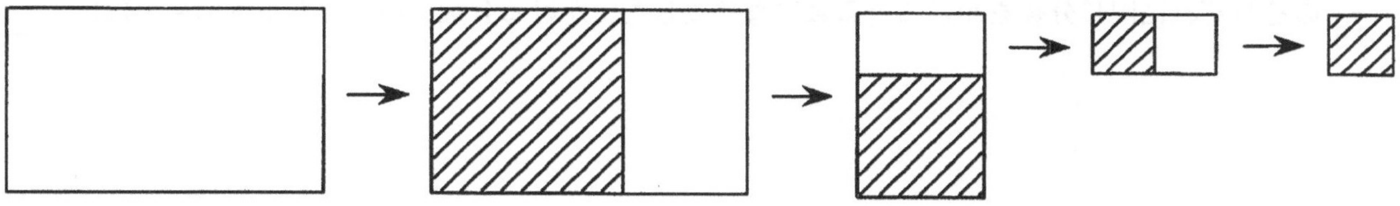

4　一定の速さで流れている川があります。川上にP地点，川下にQ地点があります。船AがP地点をQ地点に向けて，船BがQ地点をP地点に向けて同時に出発しました。船AはQ地点に着くとP地点に向けてすぐに引き返します。船BはP地点に着くとQ地点に向けてすぐに引き返します。また，船Aと船Bは出発してから30分後に初めてすれ違《ちが》い，その12分後に船AがQ地点に着きました。船A，Bの静水時の速さはそれぞれ分速60m，分速80mです。次の問いに答えなさい。

(1)　P地点からQ地点までの距離《きょり》は何mですか。

(2)　川の流れの速さは分速何mですか。

(3)　船Aと船Bが2度目にすれ違うのはP地点から何mのところですか。

5　図1は，ある規則によって偶数を書き並べた表の一部です。例えば，第3行第2列の数は16です。次の問いに答えなさい。

(1)　第9行第1列の数はいくつですか。

(2)　図2はこの表のある部分です。斜《しゃ》線を引いたところに書かれている数の和はいくつですか。

(3)　図3はこの表のある部分です。斜線を引いたところに書かれている数の和を求めたところ，3648になりました。×印のところに書かれている数はいくつですか。

	第1列	第2列	第3列	第4列	第5列
第1行	2	6	12	20	30
第2行	4	10	18	28	
第3行	8	16	26		
第4行	14	24			
第5行	22				

（図1）

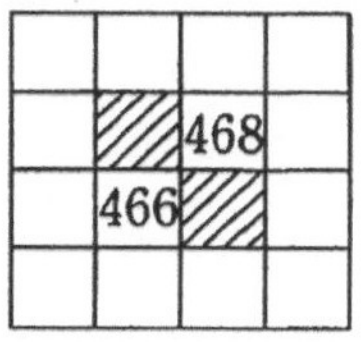

（図2）

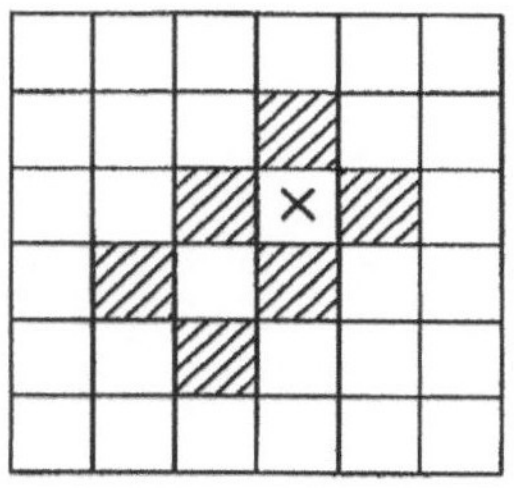

（図3）

（注意）とちゅうの計算は余白を利用し，答えはすべて解答用紙に書きなさい。また，円周率は3.14として計算しなさい。

6　右の図のような台形ABCDがあります。点Pは毎秒2cmの速さで，Aを出発してBまで動きます。次の問いに答えなさい。

(1)　点PがAを出発してから4秒後の三角形PCDの面積は何cm^2ですか。

(2)　三角形PADの面積と三角形PBCの面積の比が3：4になるのは，点PがAを出発してから何秒後ですか。

(3)　三角形PCDが直角二等辺三角形になるのは，点PがAを出発してから何秒後ですか。

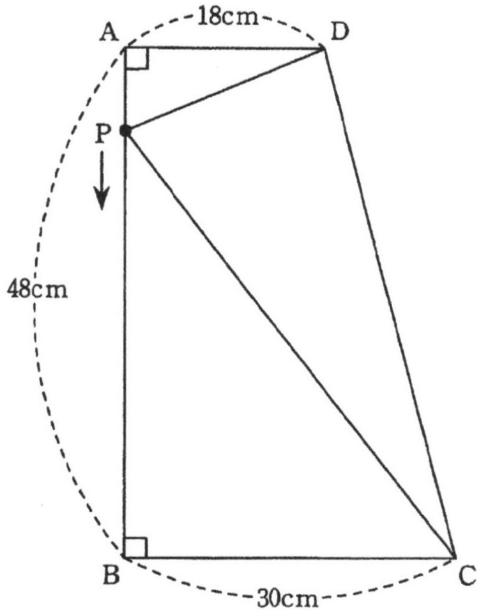

7　右の図のような立体Aと直方体の容器Bがあります。立体Aは直方体と三角柱からできています。次の問いに答えなさい。

(1)　立体Aの体積は何cm^3ですか。

(2)　立体Aのかげをつけた面を水の入っている容器Bの底にぴったりつけると，水の深さが3cmになりました。水の量は何cm^3ですか。

(3)　立体Aのかげをつけた面を2.4Lの水が入っている容器Bの底にぴったりつけると，水の深さは何cmになりますか。

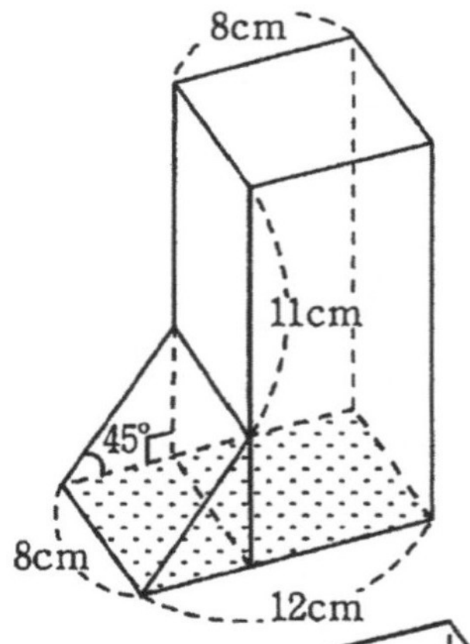

立体A

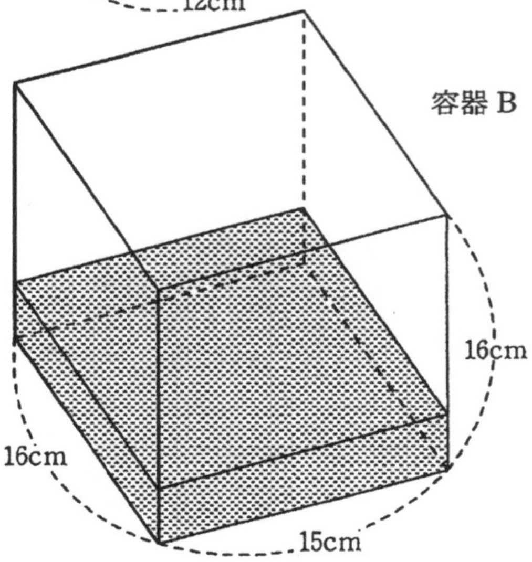

容器B

受験番号	2023年度同志社香里中学校 後期入学試験問題用紙　理科	5枚のうち その1

記号・番号で答えられるものはすべて記号・番号で答えなさい。

(40分)

【1】八重さんが夏休みにおじいちゃんの家に遊びに行くと、大きなふりこ時計がありました。八重さんはふりこ時計に使われているふりこの性質を調べようと思いました。八重さんはふりこが1往復する時間には「ふれはば」、「ふりこにつるすおもりの材質」、「ふりこの長さ」、「ふりこにつるすおもりの重さ」の4つが関係すると考え、実験を行いました。

(ア) 下表の条件で、ふりこが10往復する時間を測定し、1往復する時間を求める実験を7回行いました。1往復する時間の求め方として、最もふさわしいものを選たくしから選びなさい。

実験の条件	ふりこの長さ 30 ㎝、ふれはば 10°、金属のおもり1個						
	1回目	2回目	3回目	4回目	5回目	6回目	7回目
1往復の時間（秒）	1.1	1.9	1.2	1.2	1.1	1.0	1.1

［選たくし］

1．7回すべての実験結果から平均を求める。

2．2回目の実験結果をのぞいた、6回の実験結果から平均を求める。

3．往復する時間が同じとなった1回目、5回目、7回目の実験結果を1往復する時間と決める。

(イ) 1往復する時間におもりの重さが関係するかを調べる実験について、糸の長さとふれはばは変えずに、図1のように行いました。しかし、この実験方法はおもりの重さが関係するかどうかを調べるのにふさわしくありません。その理由は【　X　】が変わってしまうからです。【X】にあてはまる言葉を4字以上で答えなさい。

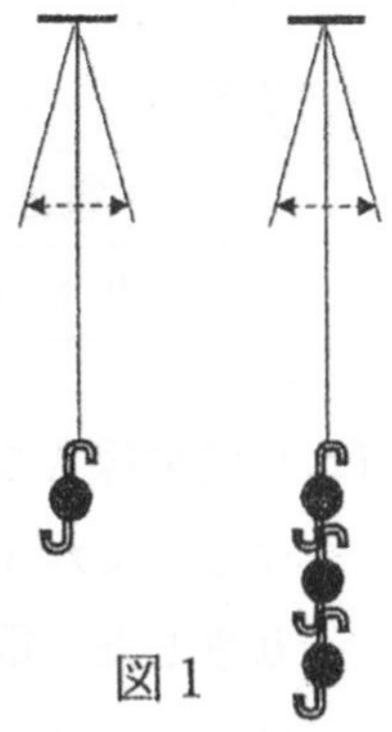

図1

(ウ) 図2のように、ふりこの長さとふれはばは変えず、ふりこにつるすおもりを金属から同じ大きさのプラスチックに変えて、実験を行いました。真下を通過するときの速さは、金属のおもりとプラスチックのおもりのどちらが速いですか。

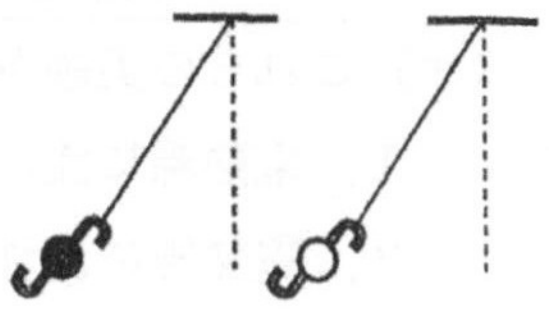

図2

1．金属のおもり　　2．プラスチックのおもり　　3．どちらも同じ

(エ) ふりこが1往復する時間に関係する条件として、正しいものをすべて選びなさい。

1．ふれはば　　　　　　2．ふりこにつるすおもりの材質

3．ふりこの長さ　　　　4．ふりこにつるすおもりの重さ

(オ) 次の文の空らんにあてはまる語の組み合わせを1～4より選びなさい。

ふりこ時計は夏になると1往復する時間が（　A　）なることがある。この理由はふりこ時計に使われているふりこが金属でできており、夏の暑さで金属の（　B　）なるためである。

	A	B
1．	長く	重さが軽く
2．	短く	重さが重く
3．	長く	大きさが大きく
4．	短く	大きさが大きく

【2】次のA、Bの水溶液（すいようえき）を使って実験をしました。下の問いに答えなさい。

A　うすい水酸化ナトリウム水溶液　　B　うすい塩酸

(ア) A、Bをそれぞれ蒸発皿に少量とり、加熱しました。水がすべて蒸発した後の蒸発皿の様子について、正しいものを選びなさい。

1．AもBも白い粉が残った。

2．AもBも何も残らなかった。

3．Aは白い粉が残ったが、Bは何も残らなかった。

4．Aは何も残らなかったが、Bは白い粉が残った。

(イ) A、Bをそれぞれ試験管に少量とり、その中にスチールウール（鉄）を入れるとどうなりますか。

1．AもBも気体がでてきた。　　2．Aのみ気体がでてきた。

3．Bのみ気体がでてきた。　　　4．AもBも気体はでてこなかった。

(ウ) A、Bをそれぞれ試験管に少量とり、その中にアルミニウムはくを入れるとどうなりますか。(イ)の選たくしから選びなさい。

(エ) A、Bを同じ体積ずつとり、混ぜ合わせた水溶液をつくりました。この水溶液にアルミニウムはくを入れると気体がでてきました。この水溶液の性質として考えられるものをすべて選びなさい。

1．酸性　　2．中性　　3．アルカリ性

記号・番号で答えられるものはすべて記号・番号で答えなさい。

【3】次の文を読み、下の問いに答えなさい。

冬に屋外で、吸う前の空気とはき出した後の空気を気体検知管で調べると、吸う前に約21%であった（　a　）が、はき出された後には約18%に減っていた。また、吸う前に約0.04%であった（　b　）は約（　c　）に増えていた。また、はき出された空気の入っていたポリエチレンのふくろをよく観察すると内側に水てきがついていることがわかった。これは、はき出された空気の中に【　Ⅰ　】という気体がふくまれていることを示している。

また、暑いときに【　Ⅱ　】をかくと、体内の水分は減少することになる。【Ⅱ】の水はかわくときに、体の熱をうばい去るはたらきがある。暑い夏に体の水分が不足すると、【Ⅱ】がかけなくなるので、体温を（　d　）はたらきが弱くなり、ひどい場合には【　Ⅲ　】症（しょう）になることもある。そのため、こまめに水分補給を行う必要がある。

一方、地面に植えられた2株のホウセンカを用いて、葉がついたままのホウセンカと葉を取り除いたホウセンカの両方にポリエチレンのふくろをかぶせ、10～20分後にふくろの内側を観察すると、葉のついたホウセンカではふくろの内側に水てきがついているのが観察された。これは、（　e　）で吸収された水が体内を通って葉から【Ⅰ】として出ていくためであり、このはたらきを【　Ⅳ　】という。

（ア）空らんa～eにあてはまる語を選びなさい。

1．ちっ素　2．酸素　3．二酸化炭素　4．水　5．82%　6．21%
7．3%　8．根　9．くき　10．葉　11．上げる　12．下げる

（イ）空らんⅠ～Ⅳにあてはまる語を答えなさい。

（ウ）色水を吸わせたホウセンカのくきの断面を観察しました。そのスケッチとして正しいものを選びなさい。ただし、色のついたところは黒くぬりつぶしてあります。

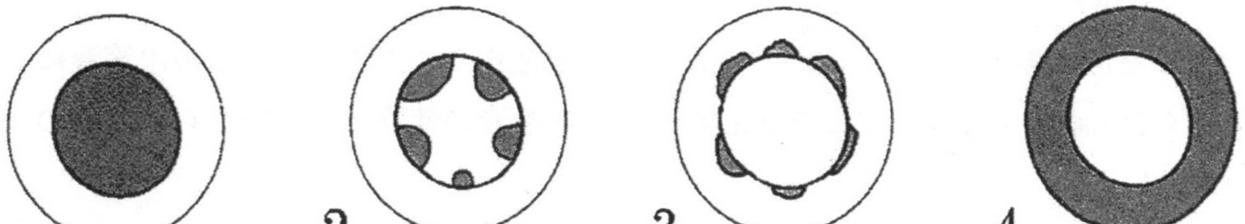

1.　2.　3.　4.

【4】電熱線Aにいくつかの電池をつないで、水（24℃、100g）をあたためる実験を行いました。ただし、この実験で使う電池はすべて同じものとします。

（ア）電熱線Aに電池1個をつないで水（24℃、100g）をあたためたところ、下の結果となりました。あたため始めてから2分後の水の温度は何℃になりますか。

あたためた時間	10秒	20秒	30秒	・・・
水の温度	24.5℃	25.0℃	25.5℃	・・・

（イ）電熱線Aに下のa～dのようにそれぞれ電池をつなぎ、水（24℃、100g）を20秒間あたためる実験を行いました。水の温度が同じになった組み合わせはどれですか。

a　b　c　d

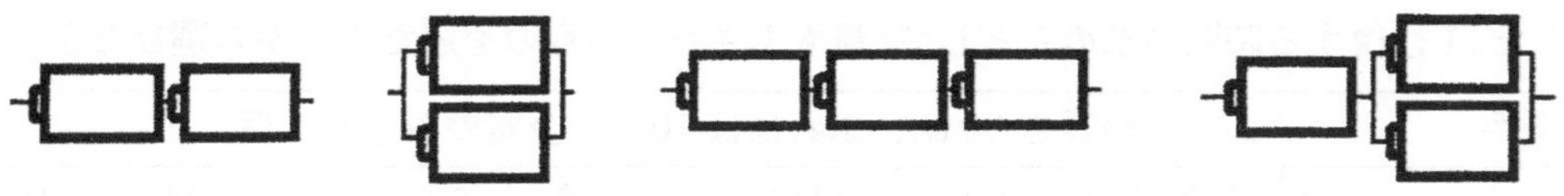

1．aとb　2．aとc　3．aとd　4．bとc　5．bとd　6．cとd

（ウ）電熱線Aに電池を直列に1個、2個、3個と増やしていきながら水（24℃、100g）をあたためていき、20秒後の温度を測定したところ、下の結果となりました。4個直列につないだとすると、20秒後の温度は何℃になりますか。

電池の個数	1個	2個	3個	・・・
20秒後の温度	25.0℃	28.0℃	33.0℃	・・・

（エ）電熱線Aの長さをもとの2分の1、さらに4分の1に切り、それらをそれぞれ電池1個につないで水（24℃、100g）をあたためたところ、1℃上げるのに必要な時間は下の結果となりました。電熱線Aが2倍の長さであったとすると、電池1個につないで水の温度を1℃上げるのに何秒かかりますか。

電熱線の長さ	もとの長さ	もとの2分の1	もとの4分の1
水の温度を1℃上げるために必要な時間	20秒	10秒	5秒

（オ）これらの実験から、電熱線の性質としてわかることを次からすべて選びなさい。

1．電熱線に流れる電流が大きいほどよく発熱する。
2．電熱線に流れる電流が小さいほどよく発熱する。
3．電熱線の長さが長いほどよく発熱する。
4．電熱線の長さが短いほどよく発熱する。

記号・番号で答えられるものはすべて記号・番号で答えなさい。

【5】ヘチマとアサガオについて、次の問いに答えなさい。

（ア）大阪でヘチマを育てたとき、Xたくさんのつぼみができる時期とY実の色が茶色くなる時期は、それぞれいつごろですか。

A. 3月～4月　　B. 6月～7月　　C. 9月～10月　　D. 12月～1月

（イ）明日にはさきそうなヘチマのめばなのつぼみを切り開いて中を観察しましたが、花粉はありませんでした。その理由として正しいものはどれですか。

1．花粉のもとになるものはあるが、まだ花粉になっていないから。

2．できた花粉がすべて運ばれてなくなったから。

3．まだ他の花から花粉が運ばれてきていないから。

4．できた花粉をハナムグリが食べてしまったから。

（ウ）さいたヘチマのめばなとさいたアサガオの花を比べました。

① アサガオの花にはあるが、ヘチマのめばなにはないものを次からすべて選びなさい。

1．めしべ　　2．おしべ　　3．花びら　　4．がく

② 次の文のうち、正しいものはどれですか。

1．ヘチマのめばなにはめしべが1本しかないが、アサガオの花には多くのめしべがある。

2．ヘチマのめばなには多くのめしべがあるが、アサガオの花にはめしべが1本しかない。

3．ヘチマのめばなもアサガオの花も、めしべは1本しかない。

4．ヘチマのめばなもアサガオの花も、多くのめしべがある。

（エ）ヘチマの花粉は、おもに何によって運ばれますか。

1．こん虫　　2．風　　3．鳥　　4．水

（オ）ヘチマのめばなとおばな、アサガオの花の3種類のつぼみに、それぞれポリエチレンのふくろをかぶせました。実ができる可能性があるものをすべて選びなさい。

1．ヘチマのめばな　　2．ヘチマのおばな

3．アサガオの花　　4．どれも実ができない

（カ）ヘチマの熟した実を割ると、中から種子が出てきました。出てきた種子のようすとして正しいものはどれですか。

1．緑色の種子がたくさん出てきた。　　2．黒色の種子がたくさん出てきた。

3．緑色の種子が1つだけ出てきた。　　4．黒色の種子が1つだけ出てきた。

（キ）ヘチマの種子を3月初めにまいて水をやっていましたが、春分の日になっても芽はでませんでした。その理由として最もふさわしいものはどれですか。

1．空気がかんそうしているから。　　2．気温が低いから。

3．土に栄養がないから。　　4．昼より夜の方が長かったから。

（ク）受粉しなかったヘチマのめばなはどうなりますか。

1．種子のある実ができる。　　2．種子のない実ができる。

3．実はできないが、種子はできる。　　4．実も種子もできず、かれて落ちる。

【6】8月の終わりごろ、朝から公園に立つ木のかげで、すわって読書をしました。ずっとすわっているとかげが動いていくため、時間とともに場所を移動しながら読んでいました。右図は9時の時点での様子で、A～Dは東西南北のどれかです。

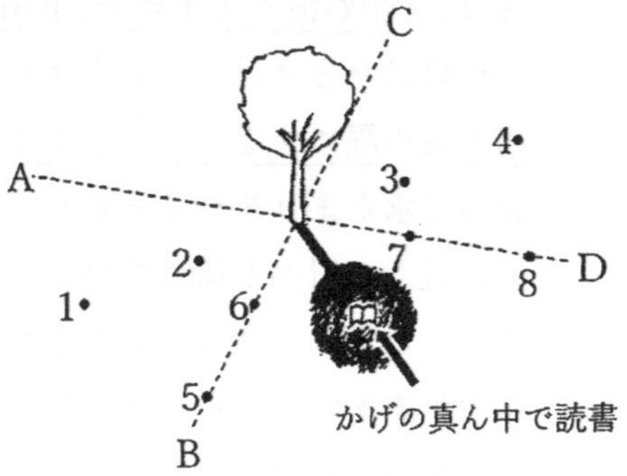

（ア）9時にX太陽が見える方角とY木のかげがのびている方角として、もっともふさわしいものをそれぞれ選びなさい。

1．北東　　2．南東　　3．北西　　4．南西

（イ）図中のA～Dのうち、北の方角はどれですか。

（ウ）12時に木のかげの真ん中で読書をするには、図中の1～8のどこにすわるとよいですか。

（エ）15時ごろ、ふと真南の空を見上げると、月が見えていることに気がつきました。どのような形に見えましたか。

（オ）この日の8時～16時の間に、すわる場所を変えていった様子として、もっともふさわしいものを選びなさい。

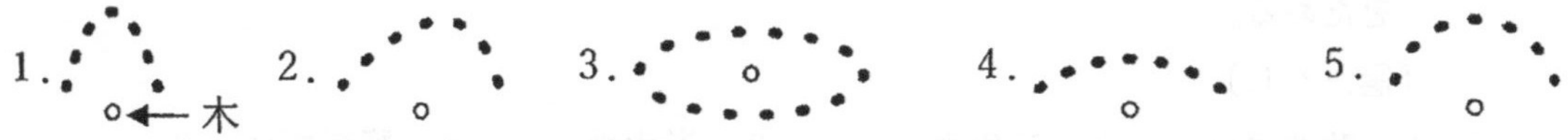

（カ）この日は一日中、雲ひとつなく晴れていましたが、もっとも気温が高くなったのは何時ごろだったと考えられますか。

1．8時　　2．10時　　3．12時　　4．14時　　5．16時

記号・番号で答えられるものはすべて記号・番号で答えなさい。

【7】次の文を読み、下の問いに答えなさい。

山地に降った雨水は集まって川となり、平地へ向かって流れていく。流れる水はしん食、運ぱん、たい積の3つのはたらきによって土地の様子を変化させる。3つのはたらきの大きさは、A川が流れる土地や、B川底の場所によって異なる。大雨で水の量が増えると、これら3つのはたらきはどれも大きくなり、災害をもたらすことがある。川に近い地域では、Cひ害を最小限にするためにさまざまな工夫がされている。一方、平地に降った雨水は、場所によって水たまりをつくったり、D地面にしみこんだり、下水道へ流れこんだりするが、その後は近くの川へと流れていく。こうして、陸地に降った雨は川となり、最終的には海へ流れこむとともに、運ぱんしてきたE土砂（どしゃ）をたい積させて地層を形成する。このような流れる水のはたらきは、大昔からくり返されていて、形成された地層はF地球の歴史を知る手がかりとなる。

(ア) 下線部A、Bについて、次の文の空らんにある語のうち、正しいものを選びなさい。

A：川の上流では、下流よりも土地のかたむきが[a](1.大きい　2.小さい)ため、しん食のはたらきは[b](1.大きく　2.小さく)なる。また、たい積のはたらきは、[c](1.上流　2.下流)のほうが大きくなる。

B：川が曲がったところの内側では、外側よりも水の流れが[a](1.速い　2.おそい)ため、しん食のはたらきは[b](1.大きく　2.小さく)なる。また、たい積のはたらきは[c](1.内側　2.外側)のほうが大きくなる。

(イ) 下線部Cについて、次の目的でつくられているものを選たくしから1つずつ選びなさい。

(a) 大雨のときに、石や土が一度に流されるのを防ぐ。

(b) 川の水量が増えたとき、人が住む場所に流れこむのを防ぐために、川の外に一時的に水をためる。

〔選たくし〕

1．防波てい　2．三角す　3．遊水地　4．護岸ブロック
5．砂防ダム　6．三日月湖　7．せん状地

(ウ) 下線部Dについて、次の文の空らんにある語のうち、正しいものを選びなさい。

地面の水のしみこみやすさは、土の種類によって異なり、もっともしみこみやすいのは[a](1.砂　2.どろ　3.れき)で、もっともしみこみにくいのは[b](1.砂　2.どろ　3.れき)である。この性質を利用して、水田の底にはつぶの[c](1.大きな　2.小さな　3.大きさがふぞろいな)土をしきつめている。

(エ) 下線部Eについて、砂、どろ、れきが混じった土砂が一度に海へ流れこんだとき、最後に積もるつぶはどれですか。

1．砂　2．どろ　3．れき

(オ) 下線部Fについて、日本の千葉県市原市に分布する77万4千年前〜12万9千年前の地層は、手がかりの多さや正確さから、その時代を代表する地層として国際的に認められました。これにより、その時代には何という名前がつけられましたか。

1．ジャパニアン　2．ニホニアン　3．チバニアン　4．イチハラニアン

【8】右図は水の温度(℃)と、物質Xを水100gにとけるだけとかした量(g)との関係をグラフにしたものです。例えば60℃のとき、水100gに物質Xは100gまでとけることがグラフからわかります。また、水の温度が高くなるほど、とける量が多くなることもわかります。答えが割り切れない場合は、小数第1位を四捨五入して整数で答えなさい。

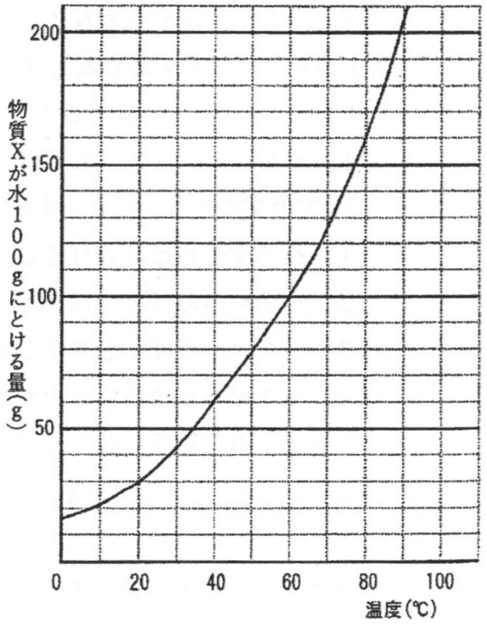

(ア) 40℃の水40gに物質Xは何gまでとけますか。

(イ) 60℃の水60gに物質Xを40gとかしたところ、すべてとけました。この水溶液のこさは何%ですか。

(ウ) 80℃の水80gに物質Xをとけるだけとかした水溶液を、20℃まで冷やすと結晶(けっしょう)ができます。何gの結晶ができますか。

(エ) 水70gに物質Xを100gとかすには、水の温度を何℃にする必要がありますか。次の中から最も低い温度を選びなさい。

1．30℃　2．40℃　3．50℃　4．60℃　5．70℃　6．80℃

※注意　特別な指示のある場合をのぞき、漢字で書ける解答はすべて漢字で書きなさい。
漢字で書ける解答をかなで書いた場合には減点します。

(40分)

【1】2022年におこったできごとをカードにまとめた。あとの問いに答えなさい。

最高裁判所は、海外に住む日本人が（　1　）に投票できないことは、①憲法に違反《いはん》しているという判決を出しました。（1）は、②最高裁の裁判官が、その職にふさわしいかどうかを投票によって判断する制度です。

9月1日、東京外国為替《かわせ》市場で円相場が1ドル＝（　2　）円台を約24年ぶりに記録しました。（　3　）が急激に進んだ要因は、アメリカと日本の金利の差が拡大したことです。金利の（　4　）いアメリカでお金を運用するほうが大きな利益を望めるので、円を売り、ドルを買う動きを強めました。

ロシアがウクライナへ侵攻《しんこう》しました。これに対してアメリカは、③国連にロシア軍の撤退《てったい》を求める決議案を提出しました。一般《いっぱん》市民への被害《ひがい》も出ており、他国へ逃《のが》れた④難民の救済が求められています。

⑤選挙後、岸田首相は⑥内閣改造を行い、第二次改造内閣が発足しました。岸田首相は、新内閣の取り組むべき課題として新型コロナウイルスへの対応や、物価高への対策をあげています。10月からはじまった⑦国会でこれらの課題について議論が行われました。

問1　文中（1）にあてはまる語を下より選び、記号で答えなさい。

あ. 世論調査　　い. 裁判員制度　　う. 国事行為　　え. 国民審査

問2　文中（2）にあてはまる数字を下より選び、記号で答えなさい。

あ. 80　　い. 100　　う. 120　　え. 140

問3　文中（3）（4）にあてはまる語の組み合わせとして正しいものを下より選び、記号で答えなさい。

あ.（3）円安　（4）低　　い.（3）円安　（4）高
う.（3）円高　（4）低　　え.（3）円高　（4）高

問4　文中＿＿①～⑦について、あとの問いに答えなさい。

①　日本国憲法の施行《しこう》を記念した祝日を下より選び、記号で答えなさい。

あ. 2月11日　　い. 5月3日　　う. 8月11日　　え. 11月3日

②　このほかに国民が政治に参加する権利として正しいものを下より選び、記号で答えなさい。

あ. 国務大臣を任命することができる　　い. 国会を召集《しょうしゅう》することができる
う. 市長をやめさせる請求《せいきゅう》ができる　　え. 法律を制定することができる

③　国連の機関ではないものを下より選び、記号で答えなさい。

あ. ユネスコ　　い. 青年海外協力隊　　う. ユニセフ　　え. 安全保障理事会

④　国連難民高等弁務官事務所の略称《りゃくしょう》を下より選び、記号で答えなさい。

あ. UNHCR　　い. ODA　　う. PKO　　え. AMDA

⑤　選挙について述べた文a・bについて、正誤の組み合わせとして正しいものを下より選び、記号で答えなさい。

a）衆議院議員選挙は4年ごとに、参議院議員選挙は6年ごとに行われる。
b）衆議院議員選挙に立候補できる年齢《ねんれい》は25歳《さい》以上、参議院議員選挙に立候補できる年齢は30歳以上である。

あ. a 正　b 正　　い. a 正　b 誤　　う. a 誤　b 正　　え. a 誤　b 誤

⑥　内閣の仕事ではないものを下より選び、記号で答えなさい。

あ. 最高裁判所の長官を指名する
い. 条約を結ぶ
う. 予算案をつくって国会に提出する
え. 条例を制定する

⑦　国会の仕事として正しいものを下より選び、記号で答えなさい。

あ. 法律が憲法に違反していないか審査する
い. 衆議院を解散する
う. 憲法改正の発議をする
え. 天皇の国事行為に助言や承認をおこなう

【2】次の会話文と資料をみて、あとの問いに答えなさい。

先　生：今日は日本の貨物輸送について勉強しましょう。国内での輸送はどんな方法が多くなっているかな。みんなのタブレットで調べてみましょう。

ひなた：えーっと、輸送する貨物の重さで比べると、一番多い輸送手段は（　1　）、二番は（　2　）みたいです。でも貿易など国外との輸送では（　3　）の割合が一番高くなっていますね。

先　生：輸送方法は時代によっても違います。明治時代の人口分布をあらわした日本地図をヒントにその違《ちが》いを考えましょう。今と比べて気付くことはありますか？

れ　い：太平洋側と日本海側の人口に今ほど差がないように見えます。

先　生：そうですね。ではなぜ今は①日本海側の地域で人口が少ないのでしょうか。

れ　い：少ない理由か…。②日本海側には大きな平野が少なく、③工業の盛んな地域との間をつなぐ鉄道や道路などの交通網《もう》も十分ではないからでしょうか。

先　生：そうですね。その他にも理由はありますか？

れ　い：難しいですね。たくさんの人が働く場所が必ずしも都市ではなかったか、あるいは、人や物の移動や輸送手段が今とは違ったからですか？

先　生：するどい！今の日本ではサービス業や工業で働く人が多いけれど、明治の頃《ころ》はまだ農業が中心でした。だから④農業生産がさかんな地域に人が多かったと考えられますね。では当時の国内の輸送手段を調べてみてください。

ひなた：はい！えーっと…、まだ鉄道や自動車の普及《ふきゅう》前なので、船による輸送が多かったみたいですね。そう考えると、⑤北海道と大阪をつないでいた北前船の寄港地に沿って人がたくさん住んでいたのではないでしょうか。

先　生：そうですね。時代と共に輸送手段や人口分布が変化していくことが分かりますね。

＜資料1＞人口が少ないランキング（2021年）

順位	県名	人口（人）
1位	（　Ⅰ　）県	約 549,000
2位	（　Ⅱ　）県	約 665,000
3位	高知県	約 684,000
4位	徳島県	約 712,000

※『データでみる県勢 2023』より

＜資料2＞四つの工業地帯・地域についての説明文（工業生産額の多い順）

A）　自動車を中心とした機械工業が占《し》める割合が高い。

B）　他の工業地帯に比べて金属の占める割合が高い。

C）　機械工業の割合が約半分を占め、その他にふくまれる印刷業なども多い。

D）　金属や食料品の占める割合が比較的高い。

＜資料3＞米の収かく量が多いランキング（2021年）

順位	県名	生産量（t）
1位	（　Ⅲ　）県	約 620,000
2位	北海道	約 573,700
3位	（　Ⅳ　）県	約 501,200
4位	山形県	約 393,800

※『データでみる県勢 2023』より

問1　文中（1）～（3）にあてはまるものを下よりそれぞれ選び、記号で答えなさい。同じ記号をくりかえし使ってもよい。

あ. 自動車　　い. 船舶《せんぱく》　　う. 鉄道　　え. 航空機

問2　文中＿＿＿①～⑤について、あとの問いに答えなさい。

①　＜資料1＞中（Ⅰ）・（Ⅱ）にあてはまる県を下よりそれぞれ選び、記号で答えなさい。

あ. 石川　　い. 鳥取　　う. 富山　　え. 島根

②　次にあげる平野の中で、日本海側にはないものを下より選び、記号で答えなさい。

あ. 出雲平野　　い. 庄内平野　　う. 濃尾平野　　え. 越後平野

③〔1〕＜資料2＞中A～Dはかつて四大工業地帯と呼ばれていた。あてはまるものを下よりそれぞれ選び、記号で答えなさい。

あ. 北九州工業地域　　い. 京浜工業地帯　　う. 阪神工業地帯　　え. 中京工業地帯

〔2〕岡山県、広島県、山口県、香川県、愛媛県を中心に広がる工業地域の名称《めいしょう》を漢字で書きなさい。

④　＜資料3＞中（Ⅲ）・（Ⅳ）にあてはまる県を下よりそれぞれ選び、記号で答えなさい。

あ. 新潟　　い. 宮城　　う. 秋田　　え. 岩手

⑤〔1〕この航路で北海道から多くの海産物が運ばれていた。その品目としてふさわしくないものを下より選び、記号で答えなさい。

あ. サケ　　い. ニシン　　う. タイ　　え. コンブ

〔2〕この北前船は、北海道から南下するよりも西日本から北上する方が早く目的地へ着くことができた。これは□海流の影響《えいきょう》を受けるためである。□にあてはまる語を漢字2字で書きなさい。

【3】日本の刀の歴史についての文を読み、あとの問いに答えなさい。

①大陸から金属器が伝わり、その後、鉄の加工技術や製鉄技術が発達し、支配者と一緒《いっしょ》に埋葬《まいそう》されるようになった刀剣《とうけん》が日本刀の起源とされている。これらは武器というよりも権力・権威《けんい》の象徴品《しょうちょうひん》であった。皇室に伝わる「三種の神器」のひとつである②「草薙剣《くさなぎのつるぎ》」や、熊本県にある５世紀後半につくられた（　１　）から出土した鉄刀もこのような刀である。

鎌倉時代には、（　２　）をおこした後鳥羽上皇が日本刀を作ることを奨励《しょうれい》したことで、③山城国の粟田口《あわたぐち》派、備前国の福岡一文字派、備中国の青江《あおえ》派など、優《すぐ》れた刀工の流派が発展した。

（　３　）をきっかけに戦国時代が到来《とうらい》すると、質の悪い安価な刀が大量生産された。その後、豊臣秀吉が国内統一を果たした後に、【　Ａ　】令を発令し、武士以外の農民や商人が武器を持つことを禁止した。

江戸時代末期には、④開国して貿易をしようとする派とこれに反対する派の対立から争いが多くなり、日本刀を注文する人も増えた。

問１　【　Ａ　】にあてはまる語を漢字２字で書きなさい。

問２　文中（１）～（３）にあてはまるものを下よりそれぞれ選び、記号で答えなさい。

（１）　あ. 大仙古墳　い. 江田船山古墳　う. 稲荷山古墳　え. 高松塚古墳

（２）　あ. 石橋山の戦い　い. 承久の乱　う. 西南戦争　え. 島原・天草一揆

（３）　あ. 平治の乱　い. 関ヶ原の戦い　う. 屋島の戦い　え. 応仁の乱

問３　文中＿＿＿①～④について、あとの問いに答えなさい。

①　金属器と加工技術が伝わったとされる時代を下より選び、記号で答えなさい。

あ. 弥生時代　い. 古墳時代　う. 飛鳥時代　え. 奈良時代

②　「草薙剣」が失われたとされる源平合戦最後の戦いを下より選び、記号で答えなさい。

あ. 壇ノ浦の戦い　い. 桶狭間の戦い　う. 長篠の戦い　え. 一ノ谷の戦い

③　現在のどこにあたるか、下より選び、記号で答えなさい。

あ. 神奈川県　い. 京都府　う. 鳥取県　え. 三重県

④　対立の原因となった条約を下より選び、記号で答えなさい。

あ. 下関条約　い. ポーツマス条約

う. 日米修好通商条約　え. 日米安全保障条約

【4】次の会話文を読み、あとの問いに答えなさい。

かおり：安倍晋三元首相が（　１　）選挙の期間中に銃撃《じゅうげき》されたことはショックでした。

先　生：首相経験者が銃撃されて亡くなるのは、1936年に軍人によって大臣らが殺害された（　２　）いらいのことだしね。安倍さんは首相の在職日数が一番長かったんだよ。とても悲しいことだね。

かおり：二番目は誰《だれ》ですか？

先　生：①日露戦争のときの桂太郎《かつらたろう》だよ。三番目は安倍さんのおじいさんの弟で、ノーベル平和賞を受賞した（　３　）だよ。

かおり：お祖父さんの弟さんも首相だったんですか。

先　生：そうだよ。（3）のお兄さん、つまり安倍さんのおじいさんは岸信介《のぶすけ》といって、この人も②1957年から1960年まで首相だったよ。また、安倍さんのお父さんは外務大臣などをつとめているし、弟さんは昨年まで防衛大臣だったね。

かおり：すごい家族ですね。では、四番目に長いのは誰ですか？

先　生：伊藤博文だよ。ここまでの四人は（　４　）県にゆかりのある人ばかりだね。安倍さんのご先祖も長州藩出身だしね。

かおり：そういえば、③伊藤博文も首相をやめたあとに暗殺されていますね。時代は違うけれど、政治家が暴力にたおれるなんてあってはならないことですね。

問１　文中（１）～（４）にあてはまるものを下よりそれぞれ選び、記号で答えなさい。

（１）　あ. 衆議院議員　い. 首相指名　う. 参議院議員　え. 奈良県知事

（２）　あ. 五・一五事件　い. 二・二六事件　う. 満州事変　え. ノルマントン号事件

（３）　あ. 湯川秀樹　い. 川端康成　う. 佐藤栄作　え. 新渡戸稲造

（４）　あ. 高知　い. 鹿児島　う. 佐賀　え. 山口

問２　文中＿＿＿①～③について、あとの問いに答えなさい。

①　日露戦争のころ、ある女性歌人が戦場にいる弟を思ってよんだ歌を下より選び、記号で答えなさい。

あ. 「君死にたまうことなかれ」　い. 「進め一億火の玉だ」

う. 「栄冠《えいかん》は君に輝《かがや》く」　え. 「人生いろいろ」

②　この間のできごとを下より選び、記号で答えなさい。

あ. 日本国憲法が公布される　い. サンフランシスコ平和条約を結ぶ

う. 新日米安全保障条約を結ぶ　え. 日本が国際連合に加盟する

③　伊藤博文は1909年に暗殺された。このあとにおこったできごとを下より選び、記号で答えなさい。

あ. 大日本帝国憲法を発布する　い. 日露戦争がおこる

う. 日英同盟を結ぶ　え. 日本が朝鮮を併合する

以上

二〇二三年度 同志社香里中学校 後期入学試験問題 国語 解答用紙

六枚のうち その六

（番号で答えられるものは、すべて番号で答えなさい。また、字数制限のある問題は、かぎかっこなどの記号・句読点も一字とします。）

【一】

問一 ア イ ウ エ

問二

問三

問四

問五

問六 A B C

問七

問八 から。

問九

【二】

① ② ③ い ④ ⑤

【三】

① める ② ③ く ④ ⑤ ⑥ ⑦ ⑧

【四】

A B C D

【五】

問一 Ⅰ Ⅱ

問二

問三 こと。

問四

問五 15

問六 ～

問七 → → →

問八 1 2 3

問九 1 2 3

受験番号

氏名

このらんには記入しないこと

一 問一 8点	四 4点
一 問二 3点	五 問一・二 9点
一 問三～六 18点	五 問三 5点
一 問七・八 11点	五 問四・五 10点
一 問九 5点	五 問六 4点
二 5点	五 問七 4点
三 16点	五 問八・九 18点
小計 66点	小計 54点
合計	

※120点満点

受験番号					2023年度　同志社香里中学校 後期試験解答用紙　算数	4枚のうち その4
氏名						

※120点満点

（注意）答えはすべてこの用紙に書きなさい。

1	(1)		(2)		(3)		15点
2	(1)	度	(2)	cm	(3)	cm^2	15点
3	(1)	cm	(2)	cm	(3)	個	18点
4	(1)	m	(2)	分速　m	(3)	m	18点
5	(1)		(2)		(3)		18点
6	(1)	cm^2	(2)	秒後	(3)	秒後	18点
7	(1)	cm^3	(2)	cm^3	(3)	cm	18点

受験番号				
氏名				

2023年度同志社香里中学校
後期入学試験解答用紙　理科

5枚のうち
その5

（記号・番号で答えられるものはすべて記号・番号で答えなさい）

【1】

ア		イ		ウ	
エ		オ			

【2】

ア		イ		ウ		エ	

【3】

ア	a		b		c		d		e	
イ	Ⅰ		Ⅱ		Ⅲ					
	Ⅳ		ウ							

【4】

ア	℃	イ		ウ	℃	エ	秒	オ	

【5】

ア	X		Y		イ		ウ	①		②	
エ		オ		カ		キ		ク			

【6】

ア	X		Y		イ		ウ		エ		オ		カ	

【7】

ア	A	a	b	c	B	a	b	c			
イ	a		b		ウ	a	b	c	エ		オ

【8】

ア	g	イ	%	ウ	g	エ	

採点欄
ここには何も
書かないこと

【1】

【2】

【3】

【4】

【5】

【6】

【7】

【8】

合計

※80点満点
（配点非公表）

受験番号				
氏名				

2023年度 同志社香里中学校
後期入学試験　解答用紙　社会

【1】

問1

問2

問3

問4

①

②

③

④

⑤

⑥

⑦

【2】

問1

(1)

(2)

(3)

問2①

[Ⅰ]

[Ⅱ]

②

③[1]

A

B

C

D

[2]〔漢字〕

工業地域

④

[Ⅲ]

[Ⅳ]

⑤

[1]

[2]〔漢字2字〕

海流

【3】

問1〔漢字2字〕

令

問2

(1)

(2)

(3)

問3

①

②

③

④

【4】

問1

(1)

(2)

(3)

(4)

問2

①

②

③

以上

以下の欄には
何も記入しないで下さい

【1】 20点

【2】 30点

【3】 16点

【4】 14点

※80点満点

受験番号

(50分)

【一】次の文章とそれについての感想文を読んで、以下の問いに答えなさい。

日本語は、漢字によって飛躍的《ひやくてき》に進化しました。漢字は使い勝手がよく、日常に①欠くべからざる存在です。しかし、②その功とともに罪の部分も認めなくてはなりません。音と訓の誤解もそうですが、それよりも大きな問題は、漢字が日本語のもつ働きの意味を奪《うば》ってしまっていることです。

日本語は、「かく（書く・欠く・*掛《か》く）」のように、漢字ではさまざまに書き分ける内容をすべてもっています。このように多様な日本語の、その場その場の内容をひと目で識別できる手段が漢字です。だから、③いきおい漢字を多用するようになる。とくに最近は、パソコンですぐに難しい漢字が出てくるものだから、なおさら安易に漢字を使用する傾向《けいこう》にあります。

しかし、そうした漢字依存《いそん》が、日本語のもつ本来の意味を失わせていくことになります。

（　Ⅰ　）、右にあげた「かく」は、文字や絵を「かく」時に用いますが、このことばは、漢字や*簡や紙が渡来《とらい》する以前からあったと考えられます。

④文字がないのに、どうして「かく」ということばがあるのか。その答えが縄文《じょうもん》の土器です。土をこねて成形したものに縄目をはりめぐらしたり、線文様などを刻んだりする。この時、先の尖《とが》ったもので、柔《やわ》らかい粘土《ねんど》を引っ搔《か》くでしょう。原初の「かく」とは、搔いて表面の土や石を欠くことだったのです。

ものに傷をつける「搔く」行為《こうい》は、指を使って行なう動作です。後世の例ではありますが、琴《こと》を「搔き鳴らす」など、「かく」は、指先や爪《つめ》で何かを動かすことを示す*接頭語として用いられることもあります。ですから漢字が入ってきた時、指を使って何かを記す動作を「かく」といい、同じく指で絵に表わすことも「かく」といったのです。そして両者を、「書く」「描《か》く」などと漢字を変えて区別するようになりました。（　Ⅱ　）そのために、「かく」という⑤やまとことばが、本来はどういう働きを示すものなのかが、わかりにくくなってしまいました。

一休ばなしに「このはしわたるべからず」という、有名な話がありますね。単なる駄洒落《だじゃれ》のように受けとめられていますが、これこそ、日本語の豊かさを示してくれる逸話《いつわ》です。「はし」は橋なのか端《はし》なのか、どちらの意味だろうかと、意味を限定して理解しようとすることほど、日本語を痩《や》せさせるものはありません。

さらに、「はし」には本来、「間」の意味がありました。たとえば箸《はし》は二本の間でつかむから「はし」、鳥の「□」も同様です。両岸をつなぐから、橋を「はし」といったのです。この頓知《とんち》から、「橋」「端」「間」を思い浮《う》かべる遊びは、楽しいではありませんか。

*最初にあげましたが、柳田国男《やなぎたくにお》は⑥「どんな字病」ほど恐《おそ》ろしい病気はないといいました。それは「どんな字を書くのですか」と絶えず問いかける人々への警鐘《けいしょう》です。

日本語は包容力のある、創造性豊かな*沃野《よくや》をもちます。

（中西進『ひらがなでよめばわかる日本語』新潮文庫刊）

*掛く…「掛ける（高い所からぶら下げる、垂らす）」のこと。　*簡…文字を記した竹や木の札。
*接頭語…単独では用いられず、常に他の語の上について、その語とともに一語を形成するもの。
*最初にあげましたが…本文より以前に、作者が「どんな字病」についてふれていることを指している。
*沃野…農作物の生産力が高い、よく肥えた平野。

〈感想文〉

私はこの文章を読んだとき、⑦目からうろこが落ちました。そして、他にも日本語で書いたときに自分が気づいていなかった発見があると思って、この文章が載《の》っている『ひらがなでよめばわかる日本語』を最初から読んでみました。すると、先ほどの文章のような発見があることに気づきました。それは、「は」「はな」「め」などが身体の一部分を表しているだけでなく、（　A　）の成長過程や（　A　）の一部分の名前になっていることです。視覚・聴覚《ちょうかく》・触覚《しょっかく》など生き物の感覚機能はたくさんありますが、その第一は（　B　）だと思います。そのように考えると、（　A　）の最初の成長段階である（　C　）と（　B　）の感覚器官である（　D　）が同じ発音であっても不思議ではありません。また、（　A　）の一部分である（　E　）は、同じく（　A　）の一部分である（　F　）と合わせて「取るに足らないもの」という意味の熟語として用いられますが、（　E　）についても同じ発音が身体の一部分にあるわけですから、これは偶然《ぐうぜん》の一致《いっち》とは思えません。

私はこの本を読んで、柳田国男さんが、民間伝承の調査を通して、一般庶民《しょみん》の生活・文化の発展の歴史を研究する学者であり、「どんな字を書くの」とたずねることを、「どんな字病」と名付けて警告したことを知りました。この文章の最後にある⑧「日本語は包容力のある、創造性豊かな沃野をもちます」という一文は本全体を読めば、より理解が深まります。みなさんにもこの本を読んでもらい、できれば日本語について考えるきっかけにしてほしいです。私もこれからは身の回りにある何気ない言葉にもアンテナを張りながら日本語に対する意識を高めていきたいと思います。

問一　（　　）Ⅰ・Ⅱにあてはまる語を、次から選びなさい。（番号は一度しか選べない）

1　ところで　　2　しかし　　3　たとえば　　4　あるいは

問二　――線①③⑦の意味を、それぞれ次から選びなさい。

①「欠くべからざる存在」

1　当たり前のようにあるもの　　2　あったほうがよいもの
3　絶対になくてはならないもの　　4　忘れてはならないもの

③「いきおい」

1　必ずそうなるさま　　2　どうしようもないさま
3　非常に簡単なさま　　4　特に考えがないさま

⑦「目からうろこが落ちる」

1　急にわかるようになる　　2　非常におどろく
3　不思議な気分になる　　4　深く感動する

問三　――線②「その功」とは何ですか。次から選びなさい。

1　漢字をはじめとした外来語によって日本語が飛躍的に進化したこと。
2　漢字によって日本語の意味が容易に想像できるようになったこと。
3　漢字を導入したことで他の言語よりも日本語の使い勝手がよくなったこと。
4　漢字に音と訓という二種類の読みがあることが非常に便利であること。

問四　――線④「文字がないのに、どうして『かく』ということばがあるのか」に対する答えを次から選びなさい。

1　昔の日本人は文字を「かく」ことはできなかったが、絵を「かく」ことはできたから。
2　古代の日本には文字らしきものが実は存在し、それを記すことを「かく」と呼んだから。
3　指を使ってものに印や模様などを残す動作を、昔からはば広く「かく」と呼んでいたから。
4　漢字が日本に入ってくる前から、中国には文字を「かく」という技術があることを知っていたから。

問五　――線⑤「やまとことば」と同じ意味を表す二字熟語を考えて答えなさい。

問六　[　　]にあてはまる言葉を考えて、ひらがなで答えなさい。

問七　――線⑥『「どんな字病」ほど恐ろしい病気はない』とありますが、「どんな字病」の恐ろしさについて、たとえを用いて説明したのが次の一文です。[　　　　]にあてはまるたとえの表現を、本文中から十字以内でぬき出しなさい。

「どんな字病」は、[　　　　]。

問八　（　　）A～Fにあてはまる言葉を、すべて漢字で答えなさい。

問九　――線⑧「日本語は包容力のある、創造性豊かな沃野をもちます」とはどういうことですか。次から選びなさい。

1　元々は外国の文字である漢字であっても、日本語にはそれを問題なく使いこなせる対応力が備わっていること。
2　日本語は漢字をはじめとした外来語を多く取り入れながら、それぞれの語がもつ意味を豊富にしてきたこと。
3　時代の影響《えいきょう》を受けながら、日本語は本来の意味を変化させたり新しい言葉や表現を生み出したりしてきたこと。
4　古来からある日本語は、一つ一つの言葉をさまざまな意味で用いることができるような柔軟性《じゅうなんせい》を持っていること。

【二】次の――線のうち、現代かなづかいとして正しいものをすべて選び、解答らんの番号をマルで囲みなさい。

①　ひづめの音がする。　②　さかずきを交わす。　③　隣国《りんごく》とはぢつづきだ。　④　まじかにせまる山々。　⑤　うでずくで連れてくる。

【三】――線の漢字の読みを答えなさい。

①　とらぬたぬきの皮算用。　②　旅行費用の内訳を調べる。　③　小鳥がひなを育む。

【四】――線のカタカナを漢字に直しなさい。

①　手をカす。　②　シャワーをアびる。　③　センレンされた文章。　④　ハロウィンのカソウ。
⑤　議論のソウテン。　⑥　セイキョクが混乱する。　⑦　庭木のコウバイ。　⑧　ケイレツ会社。

【五】

「僕《ぼく》」はお笑い芸人を志して青森から上京し、養成所で出会ったサクとコンビを組んで活動していたが、サクが役者に転身したため、コンビを解消して一人になった。宅配便の会社で契約《けいやく》社員として働きながら、時々お笑いライブに出る生活を送っている。「僕」はタケトリ・オキナが配信する『ツキない話』という月に関する豆知識を語るインターネットラジオを聴《き》くのが好きで、月は「レゴリス」という細かい砂に覆《おお》われており、その砂のおかげで月が明るく見えるのだという話が心に残っていた。以下は、お笑いライブに出演した後の場面である。

ステージから降りて帰ろうとしたとき、控室《ひかえしつ》の前で覚えのある顔を見かけた。痩《や》せていて猫背《ねこぜ》で、分厚い眼鏡をかけている無精髭《ぶしょうひげ》の男性。

「吉沢《よしざわ》さん！」僕は思わず走り寄った。ポンサクが事務所ライブに出ていたころ、町興《まちおこ》しのイベントの仕事を回してくれた企画《きかく》会社の社長だ。あの頃《ころ》はかなりポンサクを買ってくれていたと思う。解散後は一度も関わりがなかったけど。吉沢さんは僕の顔を見て、［A］ように顔をゆがめた。「ごめん、誰《だれ》だっけ。芸人志望、いっぱいいるからわかんないや」「ポン重太郎《しげたろう》です。元・ポンサクの！」「うん？」あらぬほうに目をきょろきょろさせたあと、吉沢さんは［B］らしくうなずいた。「あーああ、イケメンじゃないほう」「…………そうです」そういう覚えられ方だったのか。無理もないけど。「まだやってたんだ。解散してずいぶんたつでしょ」吉沢さんは、［C］とも取れるような笑《え》みを見せた。「はい」「じゃ、がんばって」僕は焦《あせ》った。ここで挨拶《あいさつ》だけで終わってしまったら、今までの僕と変わらない。せっかく吉沢さんとまた会えたんだ。何か、何か繋《つな》げないと。体を斜《なな》めにした吉沢さんに向かって、僕は叫《さけ》んだ。「あの！　あの、僕、なんでもします。本気でお笑いをやりたいんです。何かあったら仕事ください」吉沢さんはちょっとのけぞった。声が大きすぎたかもしれない。通りかかった他の芸人がこちらを見ている。「なんでも、ねえ」鼻をこすりながら吉沢さんは笑い、こう言った。「『バクチキ』の雛壇《ひなだん》とか？　オレの知り合いがプロデューサーやってるんだよね。次の改編レギュラー、探してるって言ってたな。やってみたい？」バクチキ……！　息が止まった。通称《つうしょう》バクチキは、『爆笑《ばくしょう》チキチキドーン』というバラエティ番組だ。大御所《おおごしょ》タレントが司会進行していて、雛壇の芸人がトークを盛り上げる。そこに、僕が？「で、でも、僕まだ、まったくの無名で」声がうわずっていた。吉沢さんは、にやりと唇《くちびる》の端《はし》を上げる。「そういうヤツが一晩で有名になるっていう、夢のある商売だろ」ごくん、と唾《つば》を飲む音が自分の中に響《ひび》いた。すごい。ものすごいラッキーが回ってきた。これはきっと、僕にとってのレゴリスだ。吉沢さんのコネクションに一面覆われて、僕はやっと、遠くまで美しい光を放つことができるんだ……。吉沢さんが、ふと［D］ように言った。「ああ、そうだ。あさって、うちの会社来てもらえる？　手伝ってほしいことがあるんだけど」早くも仕事が。こんなにうまくいくなんて、こわいくらいだ。あさっては宅配便の仕事が入っている。一瞬《いっしゅん》迷ったけど、シフトを変えてもらえるように連絡《れんらく》してみよう。いや、もういっそ、辞《や》めてしまっても大丈夫《だいじょうぶ》なんじゃないか。「もちろんです」僕は勢いよく返事をした。吉沢さんは名刺《めいし》を僕に渡《わた》し、朝十時に来るようにと言って去って行った。体中の細胞《さいぼう》が騒《さわ》いで、世の中のすべてに大声で叫びたい気分だった。どうだ、見てろよ。サクがいなくても、僕ひとりで有名になってやるから。サクよりも成功してやるから。帰りの電車の中で、僕は興奮しながらツイッターを投稿《とうこう》した。「久しぶりのライブ、最高だった。その後さらに最最高なことが起きた。人生って思わぬところで急展開するもんだよな。見返すチャンスがやってきた。今後のポン重太郎に、乞《こ》うご期待！」なんていったって、バクチキだ。吉沢さんの言うように一晩で有名になって、次々に仕事が舞《ま》い込《こ》むようになって［a］。その夜は布団《ふとん》に入ってからも興奮して眠《ねむ》れずに、何度も寝返《ねがえ》りを打った。時間を確かめるために暗がりでスマホを開き、ついでにツイッターを確認《かくにん》する。＊夜風からの「いいね」は、つかなかった。

二日後、吉沢さんの会社を訪《おとず》れた。間違《まちが》えたかなと思うぐらい、ぼろぼろの雑居ビルだった。だけど確かに、住所もビル名も合っている。五階建てのその建物にエレベーターはない。階段で三階に上がると、キャップをかぶったおじさんがいた。業界の人かな。僕はちょっと会釈《えしゃく》したが、おじさんはそれには気づかずに階段を下りて行った。吉沢さんが出てきて、僕に軽く手を上げる。「ああ、きたきた。……えーと。ごめん、何て呼べばいい？」こめかみを掻《か》きながら苦笑いする吉沢さんに、僕は言った。「本名は本田ですけど、ポンでいいです」「ポンね。じゃ、とりあえず、そこに積んである箱、下に運んでくれる？」「［b］箱、ですか」部屋の隅《すみ》に、大きさの揃《そろ》わない段ボール箱がいくつも乱雑に置かれている。デスクの上には書類やファイルが散らばっていた。「実は会社たたむことになってさ」「えっ」「明日までにここ、引き揚《あ》げなきゃいけないんだけど、挨拶回りでばたばたしてたんで荷物の整理がつかなくてね。今はこの会社、俺《おれ》ひとりでやってるようなもんだから、今日はポンが来てくれて助かったよ」これは［c］これは、ドッキリかなんかだろうか。無名の芸人に意地悪な設定を仕掛《しか》けて、どう反応するかって。そうだ、きっとそうに違いない、そうであってほしい。だとしたら、どんなリアクションをしたらウケる？　そんなことを虚《うつ》ろに考えながら、僕は「はぁ」と気の抜《ぬ》けた返事をするしかなかった。言われるまま、茶色い段ボール箱に腕《うで》を伸《の》ばす。けっこうな重量だ。箱の角を手のひらの中央に置いて安定させ、中指や薬指でしっかり抱《かか》えて階段に向かった。「なんか、手慣れてるねえ」ちょっと意外そうに、吉沢さんが言った。僕は吉沢さんのほうを見ず、平淡《へいたん》に答える。「僕、プロなんで」荷物運びの。階段を下りると、さっきのキャップのおじさんが少し先に立っていて「こっち」と手招きした。路上に軽トラックが停《と》めてあり、荷台にはすでに、廃棄《はいき》されるのであろうキャビネットと小型冷蔵庫が載《の》っている。業界じゃなくて、業者の人だったらしい。僕は脱力《だつりょく》した。段ボール箱を運び終わり、軽トラックが行ってしまうと、今度はゴミの分別を任された。燃えるゴミとプラゴミ、瓶缶《びんかん》を分け、古い雑誌をまとめて紐《ひも》でくくる。「なんかさあ、もう、ゴミって捨てるのも大変だよね」吉沢さんはいまいましそうに言いながら、書類の整理をしている。その言葉はサクや事務所に捨てられた僕へのあてつけか。そんなふうに思えるぐらいに、心がねじ曲がっていた。あの話は。あの話は、どうなってるんだ。手を動かしながら、僕は悶々《もんもん》としていた。この状況《じょうきょう》がドッキリじゃないことぐらい、わかっている。ゴミがあらかた片付き、床掃除《ゆかそうじ》を済ませると、吉沢さんが「もういいよ」と言った。午後二時だった。昼飯も食べていない。「あとは俺しかわかんないから、自分でやる。ありがとう、お疲《つか》れさん」吉沢さんは、缶コーヒーをひとつ、僕によこした。デスクの隅に何本か転がっていたやつだ。これが、今日の「仕事」の報酬《ほうしゅう》。僕はおずおずと訊《たず》ねた。「…………あの、バクチキのプロデューサーに紹介《しょうかい》してくれる話って」吉沢さんは目を見開き、ええっと叫んで笑い出した。「まさかと思うけどなんか勘違《かんちが》いさせた？　俺はやってみたいかって言っただけだろ。あんなの世間話だよ」僕は泣きそうにな

りながら食い下がる。「でも、無名なヤツが一晩で有名になるっていう夢のある商売だって、励《はげ》ましてくれたじゃないですか」「もちろんそうだよ。実力と運があればね」……実力と、運。ポン重太郎はどちらも持ち得ていないのだと、はっきり言われたみたいだった。僕が涙《なみだ》をこらえていると、吉沢さんはぽつんと言った。「本当に難しいんだよ。人を笑わせる仕事って」くたびれたシャツの襟《えり》が汚れている。吉沢さんだって、人を笑わせたくてこの会社を経営してきたんだろう。笑えない自分にもがきながら。成功している知り合いを横《よこ》目で見ながら。①僕は缶コーヒーを握《にぎ》りしめ、吉沢さんに深くお辞儀《じぎ》をして部屋を出た。

翌週の土曜日、僕は新幹線で青森に向かっていた。僕はやっぱりダメだ。ぜんぜん、ダメだ。そもそもの始まりからしてダメだ。大学祭でちょっとウケたからって、内定を蹴《け》って養成所に入ったってところから、ダメダメのスタートだ。今回のことだってまったく同じだ。いつもは気弱で自信なんかないくせに、少しばかりうまくいったと思うと急に気が大きくなって。吉沢さんがうまく取り次いでくれてバクチキのレギュラーになれるなんて思っていた。そんな甘《あま》い世界じゃないことぐらい、充分《じゅうぶん》すぎるぐらい知ってるはずなのに。自分がバカすぎて、消えてしまいたくなった。もうきっぱり手を引く時なのかもしれない。ミツバ急便の正社員試験を受けて、もう少し安定した暮らしを手に入れるのもいい。身分不相応な夢なんか追わずに、焦燥感《しょうそうかん》にかられることも傷つくこともなく、汗水《あせみず》流して働いて、休みの日はビールを飲んで。そのほうがずっと幸せじゃないか。それとも、青森に戻《もど》るか。親にしてみれば、あっけなく夢破れて帰ってきた息子なんて、近所の笑いものかもしれないけど……。いや、これでやっと笑ってもらえるならそれもいいのか。「よくないだろ」僕は小さく声に出して自分にツッコミを入れる。スマホを取り出し、ツイッターを開いた。あれから僕は何も投稿していない。最後にツイートした文面を目でたどる。「久しぶりのライブ、最高だった。その後さらに最最最高なことが起きた。人生って思わぬところで急展開するもんだよな。見返すチャンスがやってきた。今後のポン重太郎に、乞うご期待！」見返すチャンス。あのとき勢いで打ち込んでしまったそのツイートをあらためて読むと、その言葉が引っかかった。②僕は、サクを見返したかったのだろうか。そんなことが原動力になっていたんだろうか。それともサクだけじゃなくて、この不条理な世の中に？　間違っていた。この日僕がすべきツイートは、「今日、ライブ会場に来てくれたお客さんたち、本当にありがとう」ってことだったのに。僕はその投稿を削除《さくじょ》し、スマホをズボンのポケットに入れて目を閉じた。ステージに立ったときのわくわくと高まる気持ち、客席との一体感を思い出す。お客さんの表情。揺《ゆ》れた肩《かた》。体が甘く疼《うず》いた。そうだな、サク。エンタメって③そういうことだよな。提供するほうも受け取るほうも、一緒《いっしょ》に楽しいって。やっぱり僕は、お笑いが好きなんだ……。故郷に続く新幹線は僕を運びながら、ゆりかごみたいに揺れている。

父さんとの食事会は、夕方からなじみの和食屋で行われた。*恵里佳《えりか》がうまくとりなしておいてくれたのか、みんなで話を合わせているのか、本当に誰も僕にあれこれと訊《き》いてきたりしなかった。もともと、あまり自分からはしゃべらない人たちだ。ただ、家に戻る車の中で、父さんがぼそりと「重太郎は体格良くなったな」と言った。宅配便の仕事をしているからだ。悩《なや》んで貧しくてげっそりしていることを想像していたのかもしれない。「重太郎が元気なら、それでいいよ」のんびりした口調でそう言われて、泣きそうになって何も答えられなかった。母さんも、ただほほえんでいた。［　　　　］。そんな想《おも》いを受け取った気がした。僕にとってそれは、一番心強い応援《おうえん》だった。家に着くと、母さんが「眠い」と言って目をこすりはじめた。田舎《いなか》の人は、夜も朝も早い。まだ九時前なのに、ふたりとも寝室《しんしつ》に行ってしまった。恵里佳も自分の家に戻ったので、僕はひとり、居間でテレビをつけた。久しぶりに見たローカルなコマーシャルに笑っていると、スマホの着信音が鳴った。*てっちゃんだった。僕は迷わず、すぐに電話を取る。「てっちゃん！」「おー、ポン！　久しぶりだなあ」変わらない、てっちゃんの声だった。「恵里佳ちゃんから、ポンが今、帰ってきてるって聞いて。水くさいなあ、それなら連絡しろよ」もう距離《きょり》を置かれてしまったと思っていたてっちゃんに、こんなふうに普通《ふつう》に話してもらえてすごく嬉《うれ》しかった。てっちゃんは、ゴエモンも元気だとか最近新しい車を買ったとか、軽い雑談をしたあと、「今からちょっと出られる？　一杯《いっぱい》行こうよ」と誘《さそ》ってくれた。

駅前の居酒屋で、僕とてっちゃんは乾杯《かんぱい》をした。中学校の先生を続けているてっちゃんは、ソフトボール部の顧問《こもん》をしているという。日に焼けた笑顔が健康的だった。肴《さかな》をつまみながら、僕たちはいろんな話をした。メインは東京での僕についてだった。コンビ解散のときのこと、事務所を出てからは、宅配便のドライバーをしていること。「サイン書くほうじゃなくて、サインもらう仕事してるよ。伝票に」その言葉にてっちゃんは弾《はじ》けるように笑ってくれて、④それが僕を安心させた。ここで憐《あわ》れまれたりスルーされたりしたら、そこから本音を話せなくなっていたかもしれない。二時間ぐらい飲んだあと、僕らは店を出た。夜空に、すっきりと輝《かがや》く弓のような形の月が見えた。堂々とした満月とはまた違う、清らかな美しさがあった。僕はその光を見上げながら立ちすくむ。「……月って、自分があんなふうに光ってるなんてきっと知らないんだろうな。教えてやりたいな」てっちゃんは、ちょっとおどけた表情で僕に体を寄せた。「元・相方としてツッコませてもらうけど」「え？」「それはポン、おまえだろ！」思わずてっちゃんのほうを向いた僕に、てっちゃんはゆっくりと続ける。「俺から見たら、キラキラしてるよ。ポンは気づいてないと思うけど」「僕が？」「うん。ポンは自分のことぜんぜんダメだって思ってるかもしれないけど、俺は友達として誇《ほこ》りに思ってるよ。ひとりで東京に出て、誰の助けも借りずに自活して、夢を抱《いだ》き続けて。すごいよ、ポンは」

「だって……だって、その夢はぜんぜん叶《かな》えられてないじゃないか」「叶えなかったらダメなのかな。夢を持ってるっていうことそのものが、人を輝かせるんじゃないかな」レゴリス。ああ、そうだ。⑤僕は思い違いをしていた。レゴリスは、きれいに見せるために手をかけたまやかしの化粧《けしょう》じゃない。もともと月に「備わって」いるものなんだ。不意にそんなことがすとんと腑《ふ》に落ちて、僕は思わずため息をついた。うわべだけのお膳立《ぜんだ》てじゃなくて、青森を出たときから僕が携《たずさ》えているありのままの想いが僕を輝かせてくれるなら……。やっぱり僕はまだ……いや、もう一度、お笑いをやってみたい。別れ際《ぎわ》にしみじみと、てっちゃんが言った。「話せてよかったなあ、ずっと気になってたから。ありがとな」そのまんま、こっちのせりふだった。手を振《ふ》り合ってひとりになると、僕はサクの留守番電話を思い出した。同じだな。「ずっと気になってた」って。それはきっと、サクがお笑いをやめると言ったとき、僕がちゃんと心のうちを話さなかったからだ。ただ「わかった」って、その一言だけで。僕は本当は、サクに言いたいことがいっぱいあった。ちゃんと気持ちをぶちまければよかった。サクだって、それを聞きたかったに違いない。なんでだよ。なんで僕のこと、そんなにあっさり見捨てるんだよ。ふざけんなよ、勝手すぎるだろ。

裏切りやがって。自分ばっかりいい思いしやがって。一緒にコンビ組もうって言ってきたの、そっちじゃないか。僕はすごく楽しかったんだ。おまえと出会えて、すごくすごく嬉しかったんだ。サクがいなかったら、養成所だって続けられなかったかもしれない。お笑いってほんとにいいなって思えたのは、サクが隣《となり》でそれを教えてくれたからだ。そう、サクのおかげなんだよ。だから……だから今ならきっと言える。本心で。がんばれよ、サク。応援してるから。僕もがんばる。僕はスマホを手に取り、電話のアイコンに指をあてた。

「竹林からお送りしております、タケトリ・オキナです。かぐや姫《ひめ》は元気かな」自分の部屋で『ツキない話』を聴きながら、窓を開けた。九月半ばの夜はもう、網戸《あみど》から秋の気配がした。夕方、次のエントリーライブに申し込むためにイベント会社に電話したら、スタッフにこう言われた。「こないだお客さんから、ポン重太郎は今度いつ出ますかって訊かれたよ。初めて見たけど、おもしろかったって」そのとてつもなく嬉しい言葉は、誰かに仕掛けられたドッキリでも、甘っちょろい勘違いでもないはずだ。⑥等身大の自分が今、確かに手にできる喜びを、僕は噛《か》みしめる。

（青山美智子『月の立つ林で』）

＊夜風…「僕」がツイッターに書きこむたびに、「いいね」をくれる人。　＊恵里佳…「僕」の妹。

＊てっちゃん…「僕」の高校時代からの友人。学生の頃、二人で「ゴエモンズ」というコンビを組み、学園祭で漫才《まんざい》を披露《ひろう》した。

問一　□ A～Dにあてはまる言葉を、それぞれ次から選びなさい。（番号は一度しか選べない）

1　思いついた　2　思い当たった　3　あきれている　4　驚《おどろ》いた　5　困った　6　感心している

問二　この文章には「……」が多用されていますが、…… a～cの効果をそれぞれ次から選びなさい。（番号は一度しか選べない）

1　傷つくようなことを言われて、「僕」が返す言葉に詰《つ》まっていることを表している。
2　続きに反対の内容が書かれていることを暗示し、「僕」が複雑な気持ちになっていることを表している。
3　「僕」が努めて自分の気持ちを落ち着かせながら、考えを整理していることを表している。
4　続きを省略することで、「僕」の想像がどんどん広がっていることを表している。
5　聞いてもいいかどうかずいぶん迷った「僕」が、おそるおそる聞き返したことを表している。
6　「僕」が状況をのみこめず少しとまどって、すぐに返事ができなかったことを表している。

問三　――線①「僕は缶コーヒーを握りしめ、吉沢さんに深くお辞儀をして部屋を出た」とありますが、このときの「僕」の説明としてあてはまるものを次から選びなさい。

1　甘い勘違いをしてしまった自分に腹を立てつつも、まだ仕事をもらえるかもしれないという期待を捨てきれず、吉沢さんに礼を尽《つ》くした態度をとっている。
2　自分をだまして都合よく利用した吉沢さんに怒《いか》りを感じながらも、会社をたたまざるを得なくなったことに同情して、穏《おだ》やかに接している。
3　期待がはずれてショックや悔《くや》しさを感じつつも、吉沢さんのお笑いへの思いやこれまでの苦労を想像して、敬意を払《はら》った態度をとっている。
4　吉沢さんの言葉に深く傷つきながらも、お笑いという仕事の難しさとそれでもやめられない面白さを教えてくれたことに感謝して、丁寧《ていねい》に接している。

問四　――線②「僕は、サクを見返したかったのだろうか」とありますが、「サクを見返す」とはどうすることですか。それが具体的に書かれている連続した二文をこれより前の文中から探し、一文目のはじめの五字をぬき出しなさい。

問五　――線③「そういうこと」とはどういうことですか。「自分」という言葉を必ず使って、十五字以内で答えなさい。

問六　□に入る言葉を次から選びなさい。

1　つらくなったらすぐに帰ってきなさい。　2　帰ってこなくてもいいし、帰ってきてもいいよ。
3　重太郎なら必ずうまくいくと信じているよ。　4　一度決めたなら、最後まで頑張《がんば》りなさい。

問七　――線④「それが僕を安心させた」とありますが、「僕」が安心した理由を次から選びなさい。

1　二人で心から笑い合ったことで、てっちゃんと違って思い通りの仕事ができていない恥《は》ずかしさがなくなったから。
2　てっちゃんを笑わせられるような冗談《じょうだん》を言えたことで、お笑い芸人としての自分に少し自信を持てたから。
3　自分の言葉に笑ってくれたてっちゃんを見て、弱音を吐《は》いてもてっちゃんなら慰《なぐさ》めてくれるだろうと思ったから。
4　気がねなく笑うてっちゃんからよそよそしさが感じられなかったので、対等な関係でいられると思ったから。

問八　――線⑤「僕は思い違いをしていた。レゴリスは、……いるものなんだ」とありますが、「僕」は「レゴリス」についてどのように思い違いをしていたのですか。次の説明の（　）Ⅰ・Ⅱにあてはまる言葉をそれぞれ十字程度で文中からぬき出して、説明を完成させなさい。

はじめは、（　Ⅰ　）によるお膳立てがレゴリスで、それによって自分を輝かせることを考えていたが、てっちゃんの言葉を聞いて、自分の持っている（　Ⅱ　）こそがレゴリスなのだと気がついた。

問九　――線⑥「等身大の自分……僕は噛みしめる」とありますが、このときの「僕」の説明としてあてはまるものを次から選びなさい。

1　芸人になれるかどうかは関係なく、誰かを楽しませることができればそれでいいのだと今の自分に満足している。
2　サクへのねたみやわだかまりがなくなって、サクのことも応援しながら一緒に頑張っていこうと決意している。
3　誰かの力で有名になるのでは意味がないと気づき、自分の努力によって評価されるように頑張っていきたいと思っている。
4　早く有名になりたいという焦りから解放されて、目の前の一つ一つの仕事に誠実に向き合っていこうと決心している。

受験番号	2024年度　同志社香里中学校 前期試験問題　算数	4枚のうち その1

（注意）とちゅうの計算は余白を利用し，答えはすべて解答用紙に書きなさい。また，円周率は3.14として計算しなさい。

（50分）

1　次の□をうめなさい。

(1)　$\left(1+\frac{2}{3}\right)\div\left\{4-\left(5\div 6+\frac{7}{8}\right)\right\}=\square$

(2)　$\left\{\left(\square+\frac{3}{8}\right)\div\frac{5}{11}-0.75\right\}\times 3\frac{1}{2}=7$

(3)　ある年の1月1日は火曜日です。同じ年の5月17日は□曜日です。ただし，この年はうるう年です。

2　次の問いに答えなさい。

(1)　右の図の三角形ABCは，AB=ACの二等辺三角形です。角㋐の大きさは何度ですか。

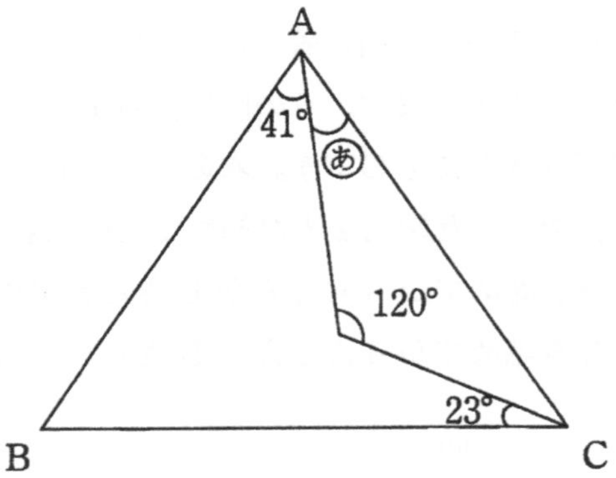

(2)　図1は，立方体の表面に3本の線をかいたものです。図2は，この立方体の展開図です。解答用紙の展開図に，表面にかいた3本の線をかきなさい。（配布された定規を使用してもかまいません。）

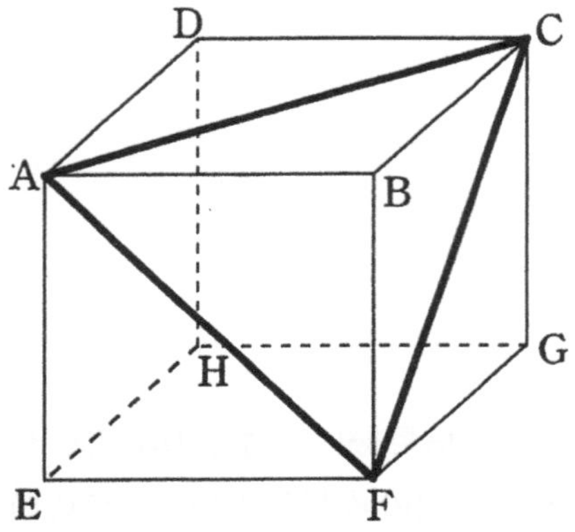

（図1）

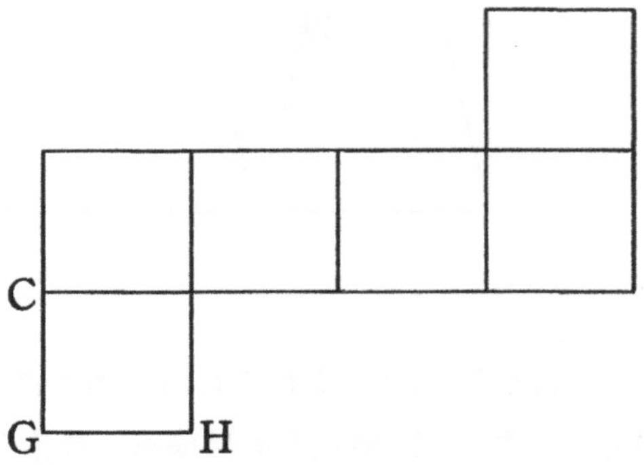

（図2）

(3)　右の図において，かげをつけた部分の面積は何 cm^2 ですか。

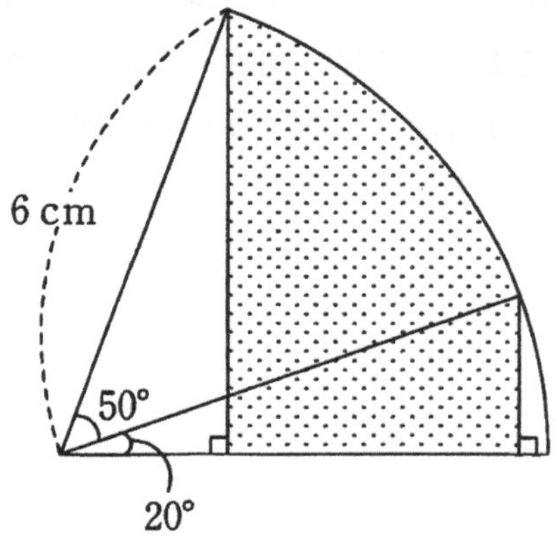

受験 番号	2024年度　同志社香里中学校 前期試験問題　算数	4枚のうち その2

（注意）とちゅうの計算は余白を利用し，答えはすべて解答用紙に書きなさい。また，円周率は3.14として計算しなさい。

3　下の表は25人のクラスで60点満点のテストをしたときの得点と人数を表しています。A，B，Cの合計3題を出題し，配点はAが10点，Bが20点，Cが30点でした。次の問いに答えなさい。

得点	0	10	20	30	40	50	60	計
人数	0	2	3	10	5	3	2	25

(1)　BとCの2題だけ正解した人は何人ですか。

(2)　このテストの平均点は何点ですか。

(3)　Aを正解した人は最も多いときで何人ですか。また，最も少ないときで何人ですか。

4　Aさん，Bさんの2人は25mプールの同じ端《はし》から，Aさんは毎秒2 m，Bさんは毎秒0.5mの速さで同時に泳ぎ始めます。2人はもう一方の端に着くと泳ぎ始めた端にまた戻ってくるという往復をくり返し，泳ぎ始めた端に2人が初めて同時に着くまで泳ぐこととします。下の図は，点PでAさんとBさんが初めてすれちがい，点QでAさんがBさんを初めて追いこしたときの様子を表したものです。次の問いに答えなさい。ただし，Aさん，Bさんはそれぞれ一定の速さで泳ぐものとします。

(1)　泳ぎ始めた端に2人が初めて同時に着いたのは，泳ぎ始めてから何秒後ですか。

(2)　泳ぎ始めてからAさんがBさんを初めて追いこしたとき，2人は泳ぎ始めた端から何mの位置を泳いでいましたか。

(3)　泳ぎ始めてからAさんとBさんが3回目にすれちがうのは，2人が泳ぎ始めてから何秒後ですか。

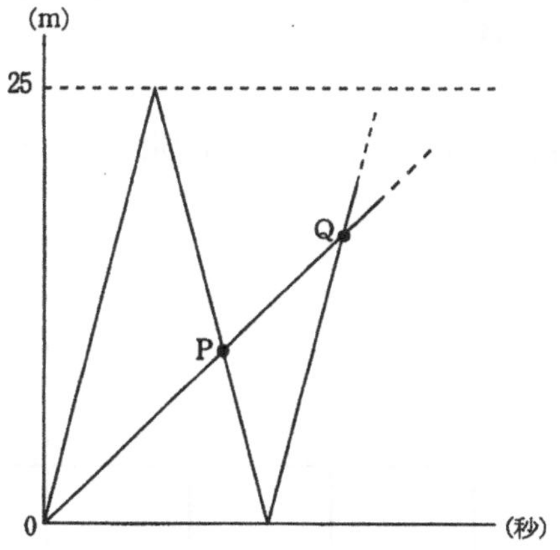

5　A地点とB地点にそれぞれ信号機があります。A地点の信号機は，青色の時間が50秒，黄色の時間が3秒，赤色の時間が27秒です。また，B地点の信号機は，青色の時間が60秒，黄色の時間が4秒，赤色の時間が26秒です。午前9時にA地点とB地点の信号機が同時に赤色から青色に変わりました。次の問いに答えなさい。ただし，信号機は青色→黄色→赤色→青色→黄色→赤色→青色→…の順に点灯します。

(1)　午前9時の次にA地点とB地点の信号機が同時に赤色から青色に変わるのは，午前9時何分ですか。

(2)　A地点とB地点の信号機は午前11時に同時に赤色から青色に変わります。午前9時から午前11時までの間に同時に赤色から青色に変わるのは，何回ですか。ただし，午前9時と午前11時も回数に入れるものとします。

(3)　午前9時から午前11時までの間に，A地点とB地点の信号機がどちらも黄色に点灯しているのは，全部で何秒ですか。

受験 番号	2024年度　同志社香里中学校 前期試験問題　算数	4枚のうち その3

（注意）とちゅうの計算は余白を利用し，答えはすべて解答用紙に書きなさい。また，円周率は3.14として計算しなさい。

6　右の図のような台形 ABCD において，同じ印をつけた角の大きさは等しいものとします。次の問いに答えなさい。

(1)　BE の長さは何 cm ですか。

(2)　BF : FD を最も簡単な整数の比で答えなさい。

(3)　四角形 AEFD の面積は，台形 ABCD の面積の何倍ですか。

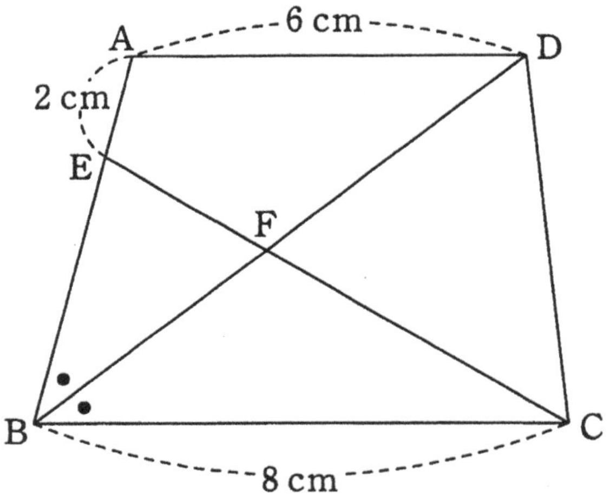

7　図1のような1辺の長さが3 cm の立方体をすきまなく積み上げてできた立体 A があります。図2は立体 A を真上から見た図です。次の問いに答えなさい。

(1)　立体 A の体積は何 cm^3 ですか。

(2)　立体 A の表面積は何 cm^2 ですか。

(3)　立体 A の表面全体（底もふくむ）にペンキで色をぬるとき，3つの面にだけ色がぬられている立方体は何個ありますか。

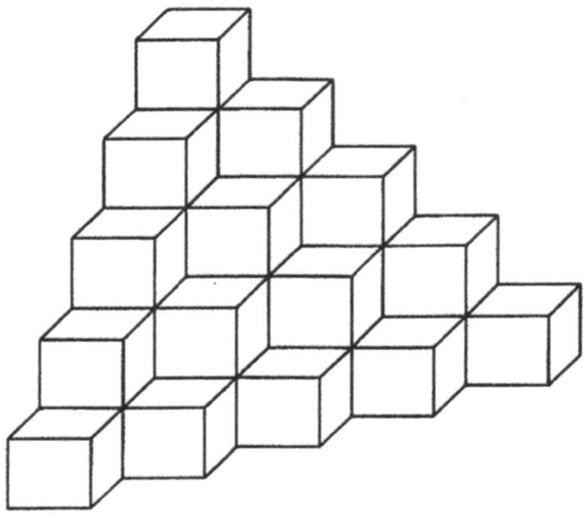

（図1）

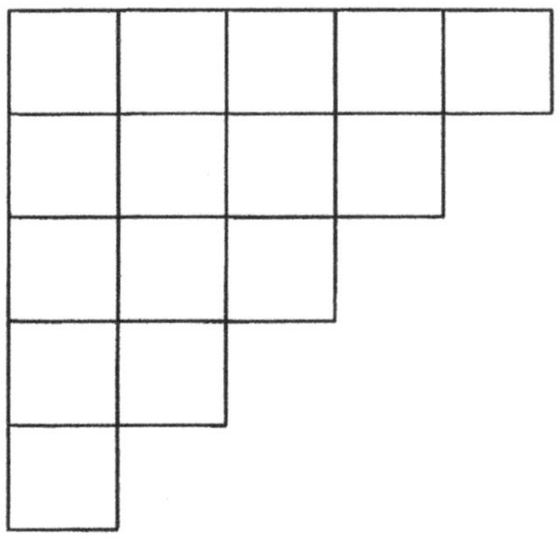

（図2）

受験番号	2024年度 前期入学試験問題用紙　理科	5枚のうち その1

記号・番号で答えられるものはすべて記号・番号で答えなさい。

(40分)

【1】右図の実験用てこは、うでの部分が均質な材料でできており、小さな穴が等間かくに 11 か所あけられています。それぞれの穴の位置を、左はしから順に A、B、…、K とし、中央の F には支柱がとりつけられています。また、10g、20g、30g、…、100g の 10 種類のおもりが 10g ごとに 1 個ずつあります。

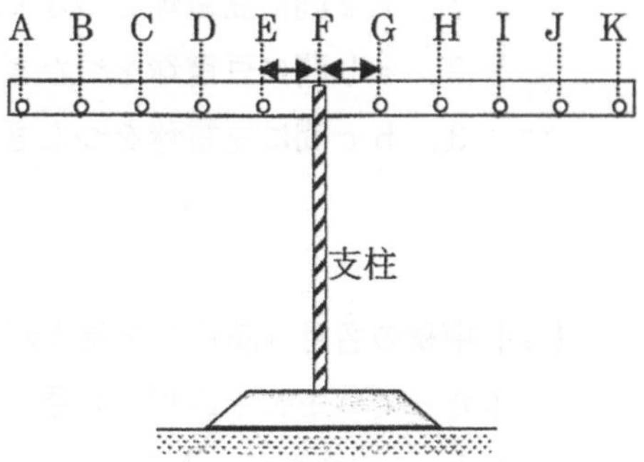

(ア) 60g のおもりを H につるしました。40g のおもりをつるしてうでを水平にするには、どこにつるせばよいですか。A～K の記号から答えなさい。

(イ) 60g のおもりを I に、40g のおもりを D につるすと、うではかたむきました。次のおもりでうでを水平にするには、どこにつるせばよいですか。

a．20g のおもりで水平にする

b．100g のおもりで水平にする

このてこの支柱を F よりも左につけかえると、うでは右へかたむきます。おもりをどこか 1 か所につるして、このように支柱をつけかえたてこのうでを水平にするには、次のようなつるし方があることがわかりました。

・支柱が E にあるとき、D に 100g のおもりをつるす。

・支柱が D にあるとき、B に 100g のおもりをつるす。

(ウ) 支柱が E にあるとき、うでを水平にできるおもりとつるす場所の組み合わせがもう 1 つあります。その組み合わせを解答らんに合うように答えなさい。

(エ) 支柱が H にあるとき、70g のおもりを G につるすと、うではかたむきました。ここにもう 1 つおもりをつるして、うでを水平にするには、どこに何 g のおもりをつるせばよいですか。

【2】次の問いに答えなさい。

(ア) 次のうち、春に見られるものと夏に見られるものを、それぞれすべて選びなさい。

1．ドングリの実が熟して落ちる　　2．ヒマワリの花がさく

3．タンポポの花がさく　　4．オオカマキリの幼虫が卵からかえる

5．クマゼミが産卵する　　6．ツバメが日本にやって来る

(イ) カブトムシの胸は、図のどこからどこまでですか。数字で答えなさい。

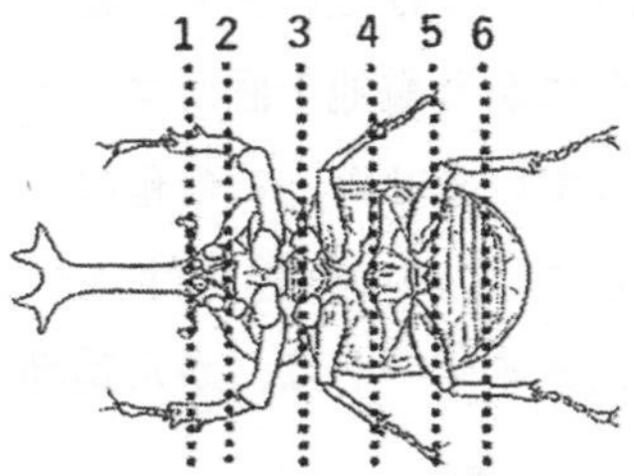

(ウ) ヒトがうでをのばすときについて答えなさい。

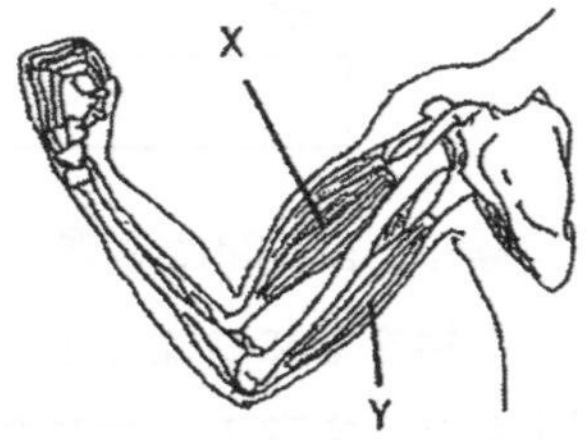

a．このとき、どの筋肉が縮みますか。

1．X のみ

2．Y のみ

3．X と Y の両方

4．X と Y の両方とも縮まない

b．骨と骨のつなぎ目を何といいますか。漢字で答えなさい。

(エ) こん虫では、幼虫から成虫になるときに、さなぎになるものとならないものがあります。カブトムシと同じように成虫になるこん虫をすべて選びなさい。

1．トンボ　　2．モンシロチョウ　　3．バッタ

4．ナナホシテントウ　　5．クモ　　6．ダンゴムシ

(オ) 秋にすべての葉が落ちたサクラとカキノキの枝には、冬のあいだ、図の①が見られました。

a．図の①を何といいますか。

b．図の①は、この先どうなりますか。

1．夏になるとすべて花になる

2．春になると花や葉になる

3．春になるとすべて花になる

4．冬のあいだにすべて葉になる

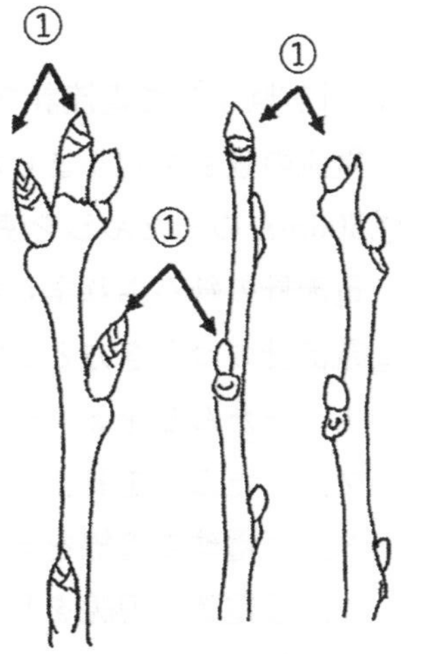

サクラ　　カキノキ

記号・番号で答えられるものはすべて記号・番号で答えなさい。

【3】木でできた中が見えない三角形の箱から、図1のように、金属でできた3本の柱a、b、cがつきぬけています。箱の中では、ab、bc、ca間のうち2か所には図2のようにかん電池1個がエナメル線でつながっていますが、残り1か所には何もつながっていません。この箱の中で、かん電池がどのようにつながっているかを調べるために、2つの実験を行いました。ただし、2個のかん電池は同じもので、豆電球と発光ダイオードは、かん電池1個で点灯します。

（図1）

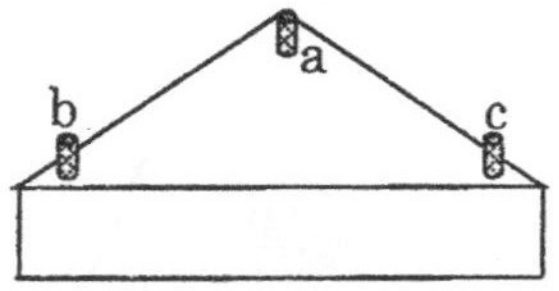

（図2）

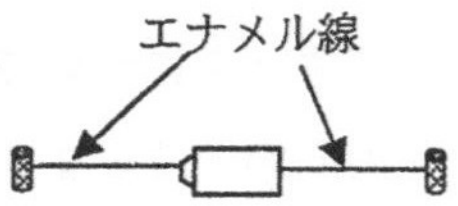

［実験Ⅰ］ab間に豆電球をつなぐと、点灯した。また、発光ダイオードの＋極をaに、－極をbにつなぐと、点灯した。

［実験Ⅱ］実験Ⅰと同じ発光ダイオードの＋極をaに、－極をcにつないだが、点灯しなかった。＋極と－極を入れかえてつないだが、点灯しなかった。

（ア）エナメル線を使うときには、つなぐ部分を紙やすりなどでけずりますが、これはエナメル線がどのような構造をしているからですか。

1．エナメルという金属のまわりを、プラスチックのまくがおおっている。
2．銅のまわりを、エナメルという金属がおおっている。
3．銅のまわりを、エナメルという電気を通さない素材がおおっている。

（イ）［実験Ⅰ］で電流計を使って、豆電球に流れている電流の強さを測りました。

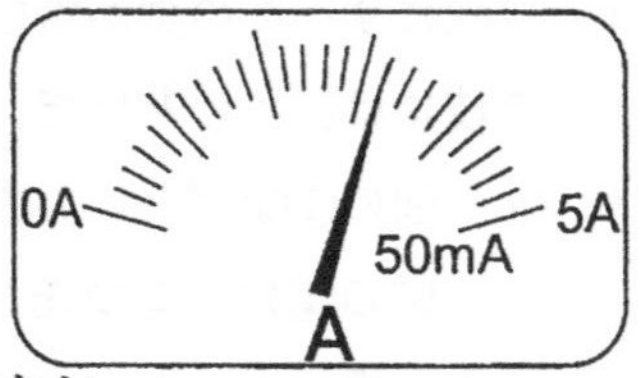

①500mAの－たんしを使っているとき、右図のように電流計の針がふれました。流れている電流は何mAですか。

②電流計のつなぎ方として正しいものはどれですか。

1．＋たんしをa、－たんしをbとつなぐ。
2．＋たんしをb、－たんしをaとつなぐ。
3．豆電球の導線をaからはずして＋たんしとつなぎ、－たんしはaとつなぐ。
4．豆電球の導線をbからはずして＋たんしとつなぎ、－たんしはbとつなぐ。

（ウ）次の①～③にあてはまるつなぎ方を、下の1～3よりそれぞれ選びなさい。あてはまるものがないときには4と答えなさい。

①2つのかん電池が「並列つなぎ」になるつなぎ方。
②豆電球が［実験Ⅰ］よりも明るく点灯するつなぎ方。
③かん電池がとても熱くなる、危険なつなぎ方。

1．ca間に豆電球をつなぐ。
2．ab間に豆電球をつなぎ、さらにca間を1本のエナメル線でつなぐ。
3．bc間に豆電球をつなぎ、さらにab間を1本のエナメル線でつなぐ。

【4】中秋の名月（満月）を見ながら食べたお団子の味が忘れられず、あれから1週間もたっていましたが和がし屋を訪ねたところ、残念ながら月見団子はありませんでした。せめてきれいな月だけでもと思い、1週間前と同じ21時に南東向きの縁側（えんがわ）にこしかけたところ、正面に月は見えませんでした。

（ア）21時に月はどちらの方角に見えますか。

1．北東　2．東　3．南　4．南西　5．どこを向いても見えない

（イ）この日の月が、縁側の正面に見えるのは何時ごろですか。

1．15時　2．18時　3．20時　4．夜中の0時　5．夜中の3時

（ウ）（イ）のとき、月の形と向きはどのように見えますか。

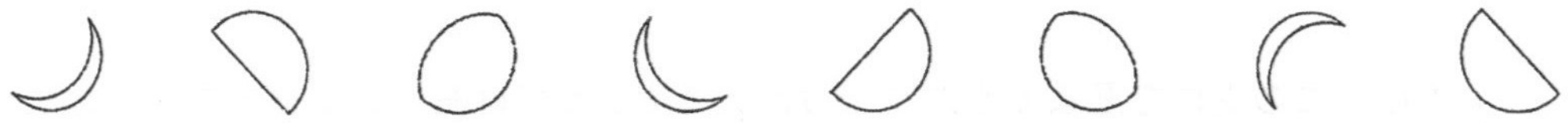

1．　2．　3．　4．　5．　6．　7．　8．

（エ）（ウ）の月がしずむのは何時ごろですか。

1．夜中の0時　2．夜中の3時　3．6時　4．12時　5．15時

（オ）次に満月が見られるのは、この日から数えておよそ何日後ですか。

1．3日後　2．7日後　3．14日後　4．21日後　5．24日後

（カ）（オ）の21時の満月を見上げると、どのように見えますか。

1．　2．　3．

受験番号	2024年度 前期入学試験問題用紙　理科	5枚のうち その3

記号・番号で答えられるものはすべて記号・番号で答えなさい。

【5】日本では夏から秋にかけて台風が近づくようになり、上陸することもあります。台風は非常に発達した背の高い雲の集まりで、うずを巻きながら進み、大雨や強風をもたらします。台風の大きさや強さ、動きなどは、下図のように表されます。

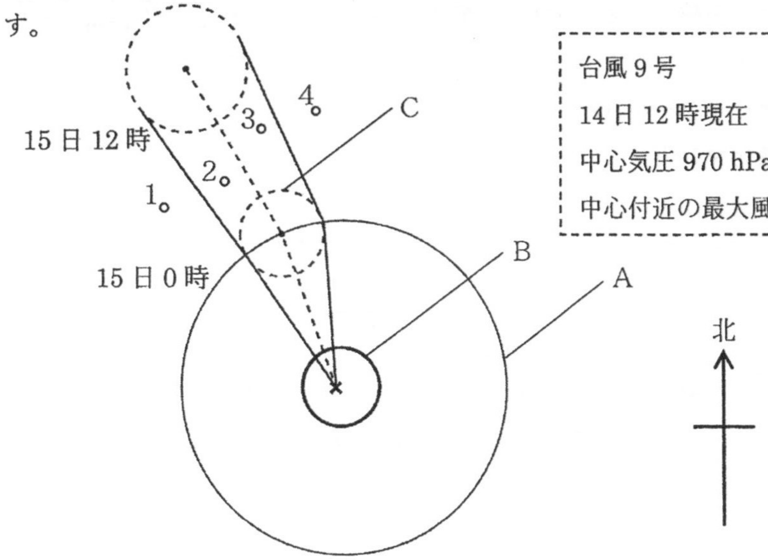

台風9号
14日12時現在
中心気圧 970 hPa
中心付近の最大風速 40 m（秒速）

（ア）日本に近づいてくる台風は、おもにどこで発生したものが多いですか。

1．はるか西の陸上　　2．はるか南の陸上

3．はるか西の海上　　4．はるか南の海上

（イ）9〜10月にかけて日本に上陸した台風は、その後どちらへ進んでいくことが多いですか。

1．北西　　2．北東　　3．南西　　4．南東

（ウ）台風をつくるおもな雲の種類を1つ選びなさい。

1．巻積雲　　2．巻層雲　　3．乱層雲　　4．積乱雲

（エ）図中のA〜Cは何を表していますか。次より1つずつ選びなさい。

1．風速25m（秒速）以上の暴風域　　2．風速15m（秒速）以上の強風域

3．時間雨量10mm以上の降水域　　4．12時間後の予想される暴風域

5．24時間後の予想される暴風域

6．進路によって暴風域となるおそれがあるところ

7．12時間後に台風の中心位置となる可能性の高いところ

8．24時間後に台風の中心位置となる可能性の高いところ

（オ）台風では、風はどのようにふいていますか。

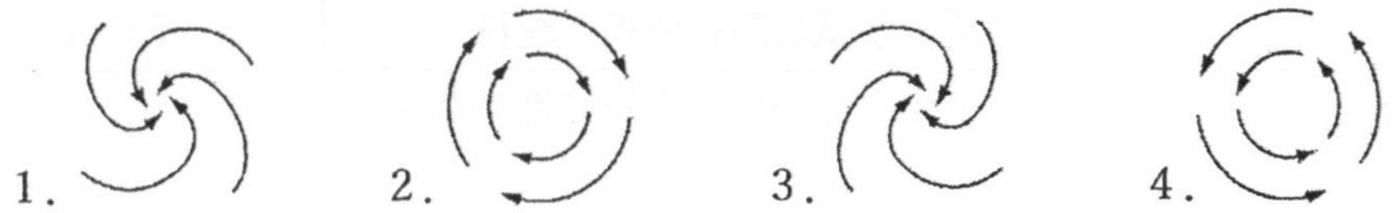

（カ）いっぱんに、台風の風の向きと台風の進む向きが同じところでは、風が強くなります。この台風が今後、予報円の最も西寄りに進んだ場合、15日の午前中に風が最も強くなると予想される地点は、図中の1〜4のどれですか。

（キ）台風の接近にともなって発生する可能性があるひ害を、次よりすべて選びなさい。

1．電柱がたおれる　　2．山のしゃ面がくずれる　　3．家屋がしん水する

4．断層で地面が割れる　　5．高波で船が転ぷくする

【6】空気だけが入ったペットボトルAと、水を半分くらい入れたペットボトルBのそれぞれにふたをし、Bには水面の位置にしるしをつけました。これら2本のペットボトルを一晩中、冷とう庫に入れておきました。実験を行った部屋の温度は一定であり、ペットボトルのふたはとちゅうで開けないものとします。

（ア）冷とう庫から取り出したばかりのAについて、あてはまるものはどれですか。

1．ふくらんでいる　　2．しぼんでいる　　3．ふくらみもしぼみもしていない

（イ）冷とう庫から取り出したばかりのBは水が氷になっていました。水面の位置は、最初のしるしと比べてどうなっていますか。

1．最初のしるしよりも高くなっている。

2．最初のしるしよりも低くなっている。

3．最初のしるしと同じ高さのままである。

（ウ）冷とう庫から取り出したAを部屋にしばらく置いておくと、どうなりますか。

1．少しずつふくらみ、冷とう庫に入れる前よりも大きくなってとまる。

2．少しずつふくらみ、冷とう庫に入れる前と同じ大きさになってとまる。

3．冷とう庫から取り出したときと同じ大きさのままである。

4．少しずつしぼみ、冷とう庫に入れる前と同じ大きさになってとまる。

5．少しずつしぼみ、冷とう庫に入れる前よりも小さくなってとまる。

（エ）冷とう庫から取り出したBのふたを開け、部屋にしばらく置いておくと、ペットボトルの外側がぬれてきました。この理由を次から選びなさい。

1．ペットボトルの中の氷が水になって、外側についたから。

2．ペットボトルの外側の空気にふくまれる水蒸気が水になったから。

3．ペットボトルの成分がとけだしてきたから。

記号・番号で答えられるものはすべて記号・番号で答えなさい。

【7】次の問いに答えなさい。

（ア）下のA～Dの文は、水草に産みつけられたメダカの卵がかえるまでのようすを表しています。これらを正しく並びかえたとき、3番目にくるものはどれですか。

A．赤い血液が流れているのがみえる

B．目の部分が黒くなってくる

C．あわのようなものが全体にちらばっている

D．卵の中でぐるっと回るように動く

（イ）メダカの卵は水温25度のとき、どれくらいの期間でかえりますか。

1．2～3日　2．5～6日　3．11～13日　4．18～20日

（ウ）卵からかえった子メダカが、エサを食べずに育つ期間は何日くらいですか。（イ）の選たくしから選びなさい。

（エ）右図は、野生のメダカがよく食べている生物です。この生物の名前を答えなさい。

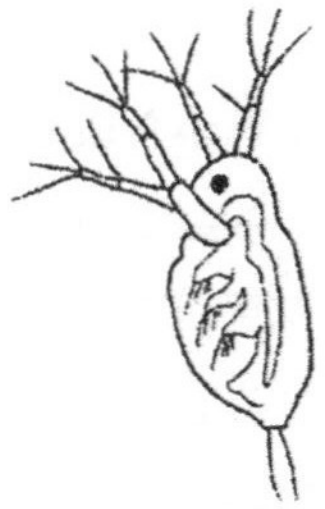

（オ）（エ）の生物より大きいものを次からすべて選びなさい。あてはまるものがない場合は、5と答えなさい。

1．ミドリムシ　2．ミカヅキモ　3．クンショウモ　4．ゾウリムシ

（カ）池にすむメダカは水中の小さな生物を食べますが、メダカはアメリカザリガニに食べられてしまいます。生物どうしの「食う食われるの関係」を何といいますか。

（キ）アメリカザリガニはもともと海外にすむ生物でしたが、人の活動によって日本の池に持ちこまれ、そのまますみついてしまいました。このように、人の活動が原因でもともと生息していない自然環境にすみついてしまった生物を何といいますか。漢字4字以内で答えなさい。

（ク）アメリカザリガニ以外で、（キ）にあてはまる生物はどれですか。

1．ツバメ　2．ライオン　3．アカミミガメ　4．タヌキ

（ケ）大きくなったアメリカザリガニを食べるのはどれですか。

1．ヤゴ　2．サギ　3．スズメ　4．サワガニ

【8】気体を発生させる実験を行うために、右図のような装置を組み立てました。

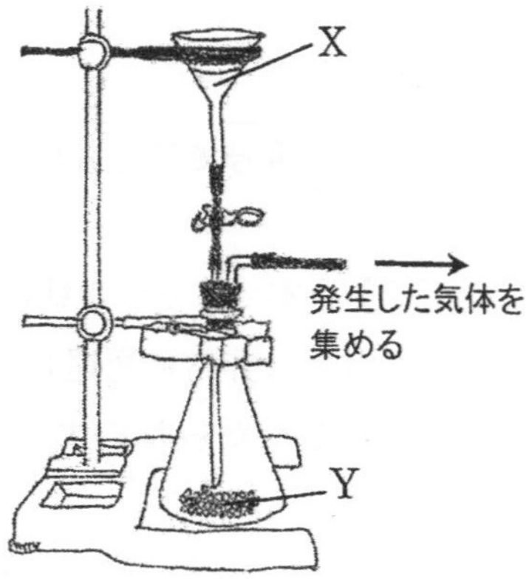

（ア）次の気体を発生させるときに用いる薬品について、X、Yにあてはまるものをそれぞれ選びなさい。

a．酸素を発生させる

b．二酸化炭素を発生させる

1．うすい塩酸　2．うすい過酸化水素水

3．石灰水　4．石灰石

5．スチールウール（鉄）　6．アルミニウム

7．二酸化マンガン

（イ）酸素の集め方として最も ふさわしいものはどれですか。

1．　2．　3．　4．

（ウ）次のうち、酸素についての文には1、二酸化炭素についての文には2、その他の気体についての文には3と答えなさい。

a．石灰水に通すと白くにごる。

b．つんとしたにおいがする。

c．火のついたろうそくを入れると激しく燃える。

d．空気にふくまれる体積の割合は約2割である。

e．空気にふくまれる体積の割合は約8割である。

f．水にとけると炭酸水ができる。

受験 番号	2024年度 同志社香里中学校 前期入学試験 問題 社会	4枚のうち その1

※注意　特別な指示のある場合をのぞき、漢字で書ける解答はすべて漢字で書きなさい。
漢字で書ける解答をかなで書いた場合には減点します。

(40分)

【1】次の会話文を読み、あとの問いに答えなさい。

父　：春休みも家族で淡路島に行こうか！
しんや：やったー。去年10月の「第1回ゆるバース」はゆるキャラに直接ふれあえてすごくおもしろかったね。
母　：大好きな讃岐うどんをテーマにした【　Ⅰ　】の「うどん脳」が優勝したのを覚えているわ。
父　：お父さんはふるさとの①佐田岬半島をテーマにした愛媛県の「サダンディー」に投票したけど4位だったよ。お母さんの推《お》しにおしくも負けちゃったな。
しんや：ぼくは明治日本の産業革命遺産である＜　ア　＞の「ガンショーくん」に投票したけど全然だめだったー。
ゆうき：ぼくは浜名湖のうなぎが大好きだから（　1　）の「うなぽん」を応援《おうえん》して9位だったよ。
父　：ちなみに＜ア＞は正式には端島《はしま》と呼ぶよ。2015年に世界遺産に登録されたね。
ゆうき：世界遺産に登録されている島は他にもあるの？
父　：登録の古い方だと、縄文杉《すぎ》で有名な（　2　）の屋久島、広島県の＜　イ　＞などが代表的だね。令和になってから登録されたものだと＜　ウ　＞だよ。
ゆうき：淡路島は大きな島だけど、面積の広さだと日本で何番目なのかなぁ。
しんや：えーと、広い方から、本州、＜　エ　＞、＜　オ　＞、四国、＜　カ　＞、＜　キ　＞、沖縄島、佐渡島、奄美大島、対馬の次だから11番目だね。
ゆうき：しんやは物知りだね。じゃあ日本にはいくつ島があるの？
しんや：国土地理院が去年2月に発表した情報だと、＜　ク　＞島だよ。
ゆうき：じゃあ日本で一番島の数が多いのはどこ？
しんや：（　3　）だよ。ちなみに島の数が0の都道府県が＜　ケ　＞個あるんだよ。その中の意外な例が、【　Ⅱ　】と滋賀県だよ。
母　：【Ⅱ】にある空港が建つ人工島や、琵琶湖などの湖沼《こしょう》にある陸地は島として数えないそうね。
父　：日本の国土面積は約＜　コ　＞万㎢だけど、領海と排他的経済水域を合わせた海域は、その約＜　サ　＞倍の面積になるんだ。おいしい魚介類《ぎょかいるい》がたくさん水あげされるのはそういった海域のおかげだね。
母　：淡路えびす鯛《たい》の刺身《さしみ》と鯛めしがすごくおいしかったわね。
しんや：淡路島は、②3つの海峡に囲まれていて潮の流れが速いから鯛の運動量が多くなって、弾力《だんりょく》のある食感に育つからよりおいしくなるらしいよ。
ゆうき：合格祝いの春休み旅行、楽しみだなぁ！

問1　文中【Ⅰ】【Ⅱ】にあてはまる都道府県名を漢字で書きなさい。

問2　文中（1）～（3）にあてはまるものを下よりそれぞれ選び、記号で答えなさい。
あ. 沖縄県　い. 鹿児島県　う. 東京都　え. 長崎県　お. 静岡県

問3　文中＜ア＞～＜ウ＞にあてはまるものを下よりそれぞれ選び、記号で答えなさい。
あ. 宗像・沖ノ島　い. 厳島神社　う. 佐渡島
え. 軍艦島　お. 奄美大島、徳之島、沖縄島北部及び西表島

問4　文中＜エ＞～＜キ＞にあてはまる語の組み合わせとして正しいものを下より選び、記号で答えなさい。

あ.	エ 北海道	オ 九州	カ 国後島	キ 択捉島
い.	エ 北海道	オ 九州	カ 択捉島	キ 国後島
う.	エ 九州	オ 北海道	カ 国後島	キ 択捉島
え.	エ 九州	オ 北海道	カ 択捉島	キ 国後島

問5　文中＜ク＞にあてはまるものを下より選び、記号で答えなさい。
あ. 1412　い. 6852　う. 14125　え. 68520

問6　文中＜ケ＞にあてはまるものを下より選び、記号で答えなさい。
あ. 6　い. 7　う. 8　え. 9

問7　文中＜コ＞にあてはまるものを下より選び、記号で答えなさい。
あ. 18　い. 28　う. 38　え. 48

問8　文中＜サ＞にあてはまるものを下より選び、記号で答えなさい。
あ. 3　い. 6　う. 9　え. 12

問9　文中＿＿①・②について、あとの問いに答えなさい。
①　この半島の説明としてまちがっているものを下より選び、記号で答えなさい。
あ. 太平洋側の気候で冬の降水量が多い　い. 宇和海と伊予灘に囲まれている
う. 日本で一番細長い半島である　え. 原子力発電所がある
②　下の図A～Cにあてはまる海峡の組合せとして正しいものを下より選び、記号で答えなさい。

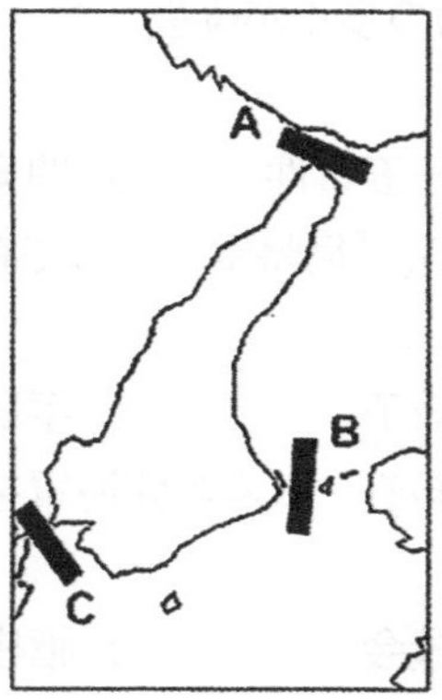

あ. A明石　B紀淡　C鳴門　い. A明石　B鳴門　C紀淡
う. A紀淡　B明石　C鳴門　え. A紀淡　B鳴門　C明石
お. A鳴門　B明石　C紀淡　か. A鳴門　B紀淡　C明石

受験 番号	2024年度 同志社香里中学校 前期入学試験 問題 社会	4枚のうち その2

【2】古典落語「阿弥陀池《あみだいけ》」の一場面を読み、あとの問いに答えなさい。

A：世の中が①明治と変わって新聞というものができた。
B：私はなあ、新聞みたいなもん読まんでも、世間のこと何でも知ってますがな。
A：それならたずねるけど、この大阪に②和光寺《わこうじ》という寺があるの知ってるか？世間の人は「阿弥陀池」と言うてるが、本当は和光寺と言うて③尼《あま》寺や。そこへ、こないだ盗人《ぬすっと》が入ったことお前知らんやろ？ピストルを突き付けて「金を出せ！」ときた。
B：尼さん、ビックリしたやろ？
A：ビックリするかいな。和光寺の尼さんぐらいになると修行を積んでるわ。だまって盗人のほうを向いて「さあ、間違いなくここを撃《う》て」と左の胸元を指差したんや。
B：ピ、ピストルの前で？
A：尼さんが言うには「私の夫、④山本大尉《たいい》は⑤過ぎし日露の戦いで、心臓を撃ちぬかれて⑥名誉《めいよ》の戦死を遂《と》げられた。同じ死ぬなら夫と同じ所を撃たれて死にたい。さあ、ここを撃て。」それを聞いた盗人、持ったピストルを落として土下座した。「あなたは山本大尉の奥《おく》さんでございましたか！私は⑦戦地にいたときに山本大尉の部下で、ひとかたならぬお世話になりました。知らぬこととは言いながら、何という事を…」盗人がピストルを自分に向けて、撃とうとするのを尼さんが止めてこう言うた。「待て。腹の底から改心をしたのなら悪人も善人もない。お前も誰《だれ》かにそそのかされて来たのではないか？誰かが行けと言うたのであろう？」とたずねると「へぇ、『阿弥陀が行け（阿弥陀池）』と言いました」と、…どや、⑧この作り話、わりとよう出来てるやろ？
B：作り話？？？？

（作問のため一部改）

問１　文中＿＿＿①～⑧について、あとの問いに答えなさい。

①　日刊新聞が発行され始めた時期に最も近いできごとを下より選び、記号で答えなさい。
あ. 国会の開設　い. 廃藩置県の実施《じっし》　う. 鹿鳴館の完成　え. 大日本帝国憲法の発布

②　和光寺は1945年３月に建物の多くが焼失した。その理由として考えられるものを下より選び、記号で答えなさい。
あ. 二・二六事件　い. 五・一五事件　う. 関東大震災　え. アメリカ軍の空襲《くうしゅう》

③　「尼」は女性の僧のことだが、「尼将軍」として有名な歴史上の人物を下より選び、記号で答えなさい。
あ. 紫式部　い. 北条政子　う. 平塚らいてう　え. 与謝野晶子

④　大尉は軍隊の階級の一つである。日本の陸海軍を指揮・統率していたものを下より選び、記号で答えなさい。
あ. 内閣総理大臣　い. 帝国議会　う. 枢密院　え. 天皇

⑤　日露戦争の指導者としてあてはまらない人物を下より選び、記号で答えなさい。
あ. 陸奥宗光　い. 乃木希典　う. 東郷平八郎　え. 小村寿太郎

⑥　日露戦争での日本の戦死者数を下より選び、記号で答えなさい。
あ. 約1.3万人　い. 約8.4万人　う. 約50万人　え. 約230万人

⑦　「戦地」として考えられるものはどれか下より選び、記号で答えなさい。
あ. 真珠湾　い. 香港　う. 旅順　え. 南京

⑧　この「作り話」の時期としてあてはまるものを下より選び、記号で答えなさい。
あ. 1880年ごろ　い. 1890年ごろ　う. 1900年ごろ　え. 1910年ごろ

【3】来日外国人が残した記録の要約を読み、あとの問いに答えなさい。

A）ピント（戦国時代）

ピント、ゼイモト、ボラリョの３人の（　１　）人は、中国人海賊《かいぞく》の船に乗って①中国のランパカウを出航したが、暴風雨により漂流《ひょうりゅう》し、（　２　）に流れ着いた。ある日、ゼイモトが鉄砲で狩猟《しゅりょう》するのを見て、領主ナウトキンは強い関心を示した。ゼイモトはナウトキンに鉄砲をプレゼントし、そのつくり方を教えた。

B）②ケンペル（江戸時代中期）

③伊勢参りの旅に出かける人たちは、どの国から来るにせよ一様にこの④大きな街道のある区間を通らねばならない。食べ物や旅費を道中で他人にねだる伊勢参りの人たちは、江戸へ旅行をする者にとっては少なからず不愉快《ふゆかい》である。

C）申維翰《シンユハン》（江戸時代中期）

大阪では文の指導を求める人が他の地方よりも多く、ある日は夜明けまで眠れなかった。それでも、私たち朝鮮通信使一行を江戸まで案内する（　３　）藩の人が止めたため、私のところに来られなかった人がいたらしい。

問１　文中（１）～（３）にあてはまるものを下よりそれぞれ選び、記号で答えなさい。
（１）　あ. ポルトガル　い. イタリア　う. スペイン　え. オランダ
（２）　あ. 出島　い. 硫黄島　う. 種子島　え. 石垣島
（３）　あ. 土佐　い. 仙台　う. 対馬　え. 加賀

問２　文中＿＿＿①～④について、あとの問いに答えなさい。

①　当時、中国はなんと呼ばれていたか下より選び、記号で答えなさい。
あ. 宋　い. 元　う. 明　え. 清

②　ケンペルが日本でくらした場所を下より選び、記号で答えなさい。
あ. 平戸　い. 下田　う. 函館　え. 長崎

③　伊勢参りのような、江戸中期の庶民の娯楽としてまちがっているものを下より選び、記号で答えなさい。
あ. 野球見物　い. 歌舞伎見物　う. 相撲見物　え. 花火見物

④　この街道を下より選び、記号で答えなさい。
あ. 奥州街道　い. 東海道　う. 日光街道　え. 甲州街道

【4】次の会話文を読み、あとの問いに答えなさい。

じろう君：社会の授業で、「①内閣のはたらき」というテーマでレポートを作るんだ。お兄ちゃんのテーマは裁判所だったね。

お父さん：国会で決められた法律や（　1　）にもとづいて、国民のためにいろいろな仕事を行うのが内閣だよ。

じろう君：内閣の責任者は、誰なの？

お父さん：内閣総理大臣だよ。首相ともよばれているね。多くの場合は、国会議員の中から、（　2　）で多数をしめる②政党の代表が選ばれるんだよ。

じろう君：そうか、そうやって選ばれたのが、岸田首相だね。

お父さん：首相は複数の国務大臣を任命して内閣をつくり、首相と大臣たちで（　3　）を開いて政治の進め方を話し合うんだ。内閣のもとで実際の仕事を行うのが③省や庁だよ。

じろう君：例えば、財務省は具体的にどんな仕事をしているの。

お父さん：国民のために必要なお金をどうやって集めるかや、集めたお金をどのように使うかを決めているよ。そうそう、今年の７月から新しいお札になることを知っているかい。一万円札は《　A　》、五千円札は《　B　》、千円札は《　C　》になるんだ。新しいお札の発行も財務省と（　4　）の仕事だよ。

じろう君：へーえ、そうなんだ。今の内閣の仕事には、国民は満足しているの。

お父さん：それがなかなか、評判は悪いんだよ。内閣支持率も低く、国民の不満が高くなっていたね。今年に期待したいね。

じろう君：ありがとう。お兄ちゃんに負けないように、レポートがんばるよ。

問１　文中（１）～（４）にあてはまる語を下よりそれぞれ選び、記号で答えなさい。

あ. 条例　　い. 金融庁　　う. 衆議院　　え. 参議院
お. 公聴会　　か. 日本銀行　　き. 閣議　　く. 予算

問２　文中《A》～《C》の組み合わせとして正しいものを下より選び、記号で答えなさい。

あ.　《A》渋沢栄一　《B》津田梅子　《C》北里柴三郎
い.　《A》渋沢栄一　《B》北里柴三郎　《C》津田梅子
う.　《A》津田梅子　《B》北里柴三郎　《C》渋沢栄一
え.　《A》津田梅子　《B》渋沢栄一　《C》北里柴三郎
お.　《A》北里柴三郎　《B》渋沢栄一　《C》津田梅子
か.　《A》北里柴三郎　《B》津田梅子　《C》渋沢栄一

問３　文中＿＿①～③について、あとの問いに答えなさい。

①　内閣が持つ権限を下より選び、記号で答えなさい。

あ. 行政権　　い. 司法権　　う. 立法権　　え. 選挙権

②　現在の国会で多数をしめている政党を下より選び、記号で答えなさい。

あ. 立憲民主党　　い. 自由民主党　　う. 日本共産党　　え. 日本維新の会

③　（1）・（2）の仕事をする省庁を下より選び、記号で答えなさい。

（1）国の行政組織や地方自治・通信などに関する仕事
（2）国民の健康や働くことなどに関する仕事

あ. 総務省　　い. 厚生労働省　　う. 文部科学省　　え. 防衛省
お. こども家庭庁　　か. 外務省　　き. 復興庁　　く. 環境省

問４　昨年３月に、文化庁が機能の一部を移転した都市を下より選び、記号で答えなさい。

あ. 奈良　　い. 仙台　　う. 京都　　え. 広島

以上

二〇二四年度 同志社香里中学校 前期入学試験問題 国語 解答用紙

六枚のうち その六

（番号で答えられるものは、すべて番号で答えなさい。また、字数制限のある問題は、かぎかっこなどの記号・句読点も一字とします。）

【一】

問一 Ⅰ Ⅱ

問二 ① ③ ⑦

問三

問四

問五

問六

問七 「どんな字病」は、　　　。

問八 A B C D E F

問九

【二】

1 2 3 4 5

【三】

①

②

③ 　む

【四】

① 　す

② 　びる

③

④

⑤

⑥

⑦

⑧

【五】

問一 A B C D

問二 a b c

問三

問四

問五 　　こと。

問六

問七

問八 Ⅰ 10 Ⅱ 10

問九

受験番号

氏名

このらんには記入しないこと

一 問一・二 12点	四 16点
一 問三・四 8点	五 問一 12点
一 問五・六 6点	五 問二・三 10点
一 問七 4点	五 問四 4点
一 問八・九 16点	五 問五 6点
二 3点	五 問六七九 12点
三 3点	五 問八 8点
小計 52点	小計 68点
合計	

※120点満点

受験番号					2024年度　同志社香里中学校 前期試験解答用紙　算数	4枚のうち その4
氏名						

※120点満点

（注意）答えはすべてこの用紙に書きなさい。

1	(1)		(2)		(3)	曜日	15点
2	(1)	度	(2)	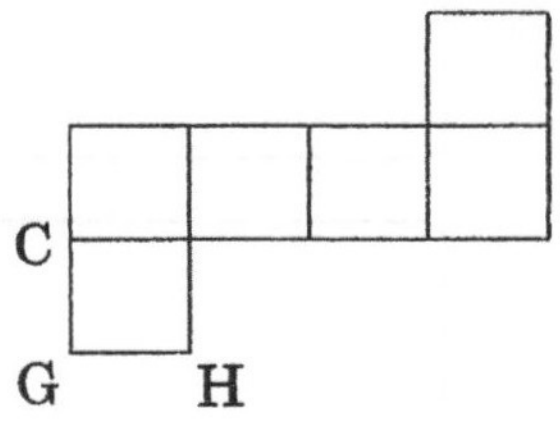	(3)	cm^2	15点
3	(1)	人	(2)	点	(3)	最も多い　人 最も少ない　人	18点
4	(1)	秒後	(2)	m	(3)	秒後	18点
5	(1)	午前9時　分	(2)	回	(3)	秒	18点
6	(1)	cm	(2)	：	(3)	倍	18点
7	(1)	cm^3	(2)	cm^2	(3)	個	18点

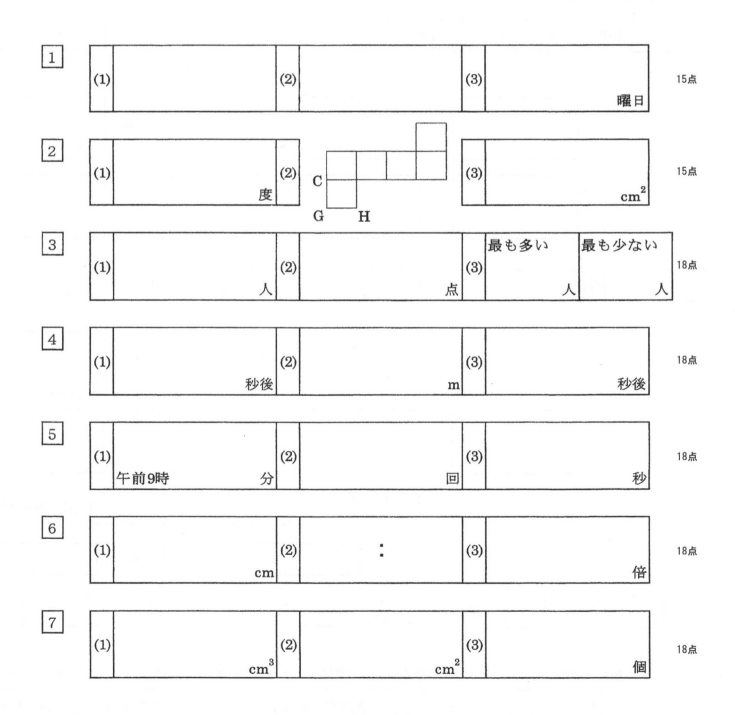

受験番号					2024年度同志社香里中学校 前期入学試験解答用紙　理科	5枚のうち その5
氏名						

（記号・番号で答えられるものはすべて記号・番号で答えなさい）

採点欄
ここには何も
書かないこと

【1】

ア		イ	a	b		
ウ	に　　　gのおもり			エ	に　　　gのおもり	

【2】

ア	春	夏	イ	〜	ウ	a	
ウ	b	エ		オ	a	b	

【3】

ア		イ	①　　　mA	②	ウ	①	②	③

【4】

ア		イ		ウ		エ		オ		カ	

【5】

ア		イ		ウ		エ	A	B	C
オ		カ		キ					

【6】

ア		イ		ウ		エ	

【7】

ア		イ		ウ		エ		オ	
カ		キ		ク		ケ			

【8】

ア	a	X	Y	b	X	Y	イ				
ウ	a	b	c	d	e	f					

採点欄	
【1】	11点
【2】	10点
【3】	9点
【4】	10点
【5】	10点
【6】	8点
【7】	10点
【8】	12点
合計	

※80点満点

受験番号					2024年度 同志社香里中学校 前期入学試験　解答用紙　社会	4枚のうち その4
氏名						

【1】

問1〔漢字〕

【Ⅰ】

【Ⅱ】

問2

(1)

(2)

(3)

問3

〈ア〉

〈イ〉

〈ウ〉

問4

問5

問6

問7

問8

問9

①

②

【2】

問1

①

②

③

④

⑤

⑥

⑦

⑧

【3】

問1

(1)

(2)

(3)

問2

①

②

③

④

【4】

問1

(1)

(2)

(3)

(4)

問2

問3

①

②

③(1)

③(2)

問4

以上

以下の欄には何も記入しないで下さい

【1】 30点

【2】 16点

【3】 14点

【4】 20点

※80点満点

受験番号		二〇二四年度　同志社香里中学校　後期入学試験問題　国語	六枚のうち　その一

（50分）

（番号で答えられるものは、すべて番号で答えなさい。また、字数制限のある問題は、かぎかっこなどの記号・句読点も一字とします。）

【一】

お詫び

著作権上の都合により、文章は掲載しておりません。ご不便をおかけし、誠に申し訳ございません。

教英出版

お詫び

著作権上の都合により、文章は掲載しておりません。ご不便をおかけし、誠に申し訳ございません。

教英出版

（最果タヒ『百人一首という感情』）

＊藤原宮…大和《やまと》（いまの奈良県）に持統天皇が造営した藤原京（六九四―七一〇）の宮殿《きゅうでん》。

問一　━━線①「『干すという』～ないだろうか」とありますが、「遠まわし」に感じさせる表現が入っている理由を筆者はどのように考えていますか。それがわかる一文を探し、はじめの五字をぬき出しなさい。

問二　━━線②「変更であったらしい」と同じ働きで使われている「らしい」を次から選びなさい。

1　当日は学生らしい格好で来てください。

2　この路線の電車が遅れて到着するのは非常にめずらしい。

3　天気予報によると、明日は大雨になるらしい。

4　かわいらしいパンダのしぐさにいやされる。

問三 ——線③「さもありなん」の意味を次から選びなさい。

1 もっともなことだ　2 おどろくばかりだ　3 考える余地がある　4 そうかもしれない

問四 ——線④「遠くに見えるもの、小さく見えるもの」とは、持統天皇の和歌でいうとどの部分ですか。冒頭《ぼうとう》の和歌からぬき出しなさい。

問五 ——線⑤「とっくに来ていた～教えてくれるような。」は、「ような」の下に「感覚」という言葉が省略されているように思われます。それをふまえて以下の問いに答えなさい。

（1）「とっくに来て～できなかった」とありますが、何に気づかなかったのですか。文中から五字以内でぬき出しなさい。

（2）「ささやかだ～くれるような（感覚）」を端的《たんてき》に言いかえた表現を、これより前の文中から八字以内でぬき出しなさい。

問六 ——線⑥「遠くできらめいた星～扱われるようになった」とはどういうことですか。次から選びなさい。

1 作品に込められた作者の思いが、後世の人々にだんだん伝わらなくなったこと。

2 作品に描かれた情景が、時間の経過とともに身近なものとして感じられなくなったこと。

3 平凡《へいぼん》な光景を描いただけの歌が、時間を超えて伝説的な作品として扱われるようになったこと。

4 庶民《しょみん》の目線で詠んだ作品が、後に気品あふれる歌のように捉《とら》えられるようになったこと。

問七 ——線⑦「長い年月を超えて歌が、『今』にやってきたときの愛おしさ」とはどういうことですか。次から選びなさい。

1 古人の感性をくみ取れない部分もあるが、情景描写については現代の人々にも身近に感じられること。

2 たとえ「今」の感覚では理解が難しくても、古代の人が感じた感性を大切に残したいと強く願うこと。

3 当時の人々が気づかなかった歌の長所を「今」に生きる人が発見できたとき、喜びがあふれてくること。

4 遠い昔の人の感覚であっても強く共感できる部分を見つけたとたん、急に親しみがわいてくること。

問八 次の会話文は、持統天皇の和歌について書かれたこの文章を読んだ後に、先生と生徒が話し合ったものです。それを読んで以下の問いに答えなさい。

先　生「みなさんはこの文章を読んで何か思ったことはありますか。この文章についてはもちろん、持統天皇の和歌自体についての感想でもいいですよ。」

生徒A「歌のリズムが五・七・五・七・七で心地よいと思いました。小学校で習った（ a ）みたいだし。」

生徒B「（ a ）は五・七・五だよ。それに、もし持統天皇の和歌が（ a ）なら季節を表す（ b ）が複数あって変だし。」

生徒A「そうだった。（ b ）は、例えば『さんま』なら（ c ）を表す、みたいな感じだったよね。」

生徒C「そうそう。ところで、先生。『干すてふ』の『てふ』って何と読むんですか。」

先　生「それはね、『チョー』と読みます。今みなさんが使っている文字は基本的に現代の発音に合わせて書き表していますが、その感覚だと、昔の日本語は文字と発音が必ずしも一致《いっち》しません。ちなみに歴史的かなづかいといいますが、発音の仕方にはいくつかルールがあります。その一部を紹介《しょうかい》しますね。ちょっと黒板を見てください。」

> ルールその①　語の最初にくる場合をのぞいて、「は・ひ・ふ・へ・ほ」は「ワ・イ・ウ・エ・オ」と発音する。
> （例）　かは（川）　→　カワ　　いへ（家）　→　イエ
> ルールその②　「あう」は「オー」、「いう」は「ユー」、「えう」は「ヨー」と発音する。
> （例）　いうれい（幽霊）　→　ユーレイ　　えうねん（幼年）　→　ヨーネン

先　生「では、ここで問題です。歴史的かなづかいで『あふぎ』と書いてあれば、どのように発音すると思いますか。」

生徒C「難しいなあ。Bさんならわかるんじゃない？」

生徒B「【　I　】という発音で合っていますか？」

先　生「そのとおり。すばらしいです。じゃあ、最後に持統天皇の和歌について議論を深めておきましょう。この和歌を読んで、他に感じたことはありますか。」

生徒C「色が対比的に使われているようなイメージを持ちました。衣からイメージされる（ d ）色、そして和歌が詠まれた季節を考えると、山は（ e ）の季節ですから、当然その色との対比がイメージとしてわいてきます。」

先　生「なるほど。きっと持統天皇もCさんがイメージしたものを、まさに目のあたりにした感動を歌にして詠んだのだと思いますよ。」

（1）（　　）a～eにあてはまる語を考えて漢字で答えなさい。なお、eは色を表す漢字をふくむ二字熟語で答えなさい。

（2）══線「わかるんじゃない？」という話し言葉を書き言葉に直しなさい。ただし、文の終わりは「？」を用いず、かつ文の意味が変わらないように直すこと。

（3）【　I　】にあてはまる発音をカタカナで答えなさい。

【二】

1　「ハマキゴケ」を探していると、何やら白い毛のようなものをみつけることがある。この白い毛を指でひっぱってみる。もし、するっと抜《ぬ》けたらそれは恐《おそ》らく犬か猫《ねこ》の毛だ。しかし、ちゃんとコケの先から生えていたら、それは「ヘラハネジレゴケ」の葉の一部かもしれない。この白い毛は、専門用語で「透明尖《とうめいせん》」といい、ここに乾燥《かんそう》から体を守る大きな秘密がある。小さなコケの葉の先にある、さらに小さな透明尖だからといって、その働きをコケにしてはいけない。透明尖を切ったコケは、透明尖があるコケと比べて、なんと、体内から失われる水の量が三〇%も増えたそうだ。実はこの小さな透明尖には、次に挙げるような水が失われるのを防ぐ役割がある。

2　［ a ］注目すべきところは、透明尖の白い色だ。葉の先にある白い透明尖は日光を効率よく反射し、コケの体温が上昇《じょうしょう》するのを防ぐ。体温が上がらなければ、それだけ体から蒸発する水の量も減るので、①これは間接的に水の保持に役立つ。透明尖は小さな蓋《ふた》としてもその威力《いりょく》を発揮する。コケが乾燥するとき、透明尖はさまざまな方向によじれながら、コケの個体間の隙間《すきま》にぴったりと入り込《こ》む。透明尖が群落の隙間を埋めることで、群落が乾燥するスピードを遅《おく》らせているのだ。［ b ］、透明尖は水の吸収量を増やす働きもある。「毛管現象（毛細管現象）」という言葉を聞いたことはあるだろうか。表面張力によって、細い管のなかを液体が上昇する現象である。葉の先に透明尖があることで、ほんのわずかではあるが、コケの表面積が大きくなり、雨水や霧《きり》をとらえやすくなる。この雨や霧が毛管現象でコケ本体へと運ばれ、水分の吸収に貢献《こうけん》している。「体温の上昇を防ぐ」「蒸発速度を遅らせる」「朝露《あさつゆ》や霧を吸収する」……。これらの透明尖の効果は、いずれも全くないとはいえないが、決して劇的に乾燥を遅らせられるほどの効果があるようにはみえない。［ c ］、〝塵《ちり》も積もれば山となる〟。たとえ一つ一つの効果が小さくても、それが組み合わさることでそれなりの効果が期待できるようになる。とりわけ小さなコケにとっては、ヒトからみたら取るに足らないような効果であっても、大きな意味をもつ。これは、前述の透明尖を切った実験結果が雄弁《ゆうべん》に語っているだろう。

3　白い色は透明尖にだけみられるものでない。コケそのものの色が白くなることもある。ギンゴケは、都市でもっとも目にするコケの一つ。ただ、場合によってはコケとは思わないかもしれない。というのも、個体によってはほとんど体全体が白色になってしまっているためだ。もちろん、これは枯《か》れているわけではない。光を効率よく反射するための環境《かんきょう》適応である。

> 1　これは、日焼けが過ぎると皮膚《ひふ》がんを誘発《ゆうはつ》してしまうのと似ている。
> 2　直射日光が降りそそぐところでは、太陽光の強いエネルギーはコケが処理できる容量をはるかにこえ、葉の細胞《さいぼう》を傷つけてしまう。
> 3　そこで、ギンゴケはもっとも効率的に光を反射する白をまとうことで、自らの体を光の害から守っているのだ。
> 4　光はコケの体温を上昇させて乾燥を促《うなが》すが、コケに与える影響《えいきょう》はそれだけではない。

なお、ギンゴケは強光に耐《た》えられ、おまけに乾燥にもたいへん強いことから、幅広い環境に生えており、都市から高山、さらにヒマラヤから南極にいたるまで、世界のありとあらゆるところで報告されている。日本でもっとも高いところ（富士山山頂直下）にあるコケもギンゴケだそうだ。やっとのことで登った富士山の山頂では、願わくば「ここに来なければみられない珍《めずら》しいコケ」があってほしいもの。家のコンクリートブロックの上にみられるコケと同じ種類だったら、若干《じゃっかん》、拍子抜《ひょうしぬ》けかもしれない？

4　形や色を工夫して乾燥や強光に耐えるコケの適応には目をみはるものがある。しかし、それだけで②生き延びられるほど、都市の環境は甘くはない。そこで一部の都市のコケがとったさらなる戦略は「逃亡者《とうぼうしゃ》になる」ことだった。コケが逃亡者になるとは、いったい、どういう意味だろうか。人にはいろいろな生き方がある。一つの場所にずっと住み続ける人もいれば、職業がら異動が多く、各地を転々とする人もいる。同じように、コケにもいろいろなライフスタイルがある。これをざっくり説明すれば、「不安定な環境では、コケは太く短く生き、一方、安定した環境では、細く長く生きる」といえる。このコケの生き方は大きく六つに分類されており、都市でみられる「逃亡者」はその一つである。「都市の逃亡者」と聞くと、「木を隠《かく》すなら森、追っ手から逃《に》げるには人の多い都市だ」というサスペンス的なイメージをしてしまうかもしれない。が、コケは決して悪いことをして逃げているわけではない。それでも「逃亡者」と呼ばれているのは、次から次へと慌《あわ》ただしく移動していく様子が、逃亡者に通じるところがあるためだ。

5　ここでは、③都市や農村で広くみられる逃亡者のコケ、「ヒョウタンゴケ」の生き方を紹介《しょうかい》しよう。その名の通り、コケの花（胞子体《ほうしたい》）がひょうたんのような形をしている。映画やドラマに出てくる逃亡者が、機転となみなみならぬ強い意志で追跡者《ついせきしゃ》から逃《のが》れているように、逃亡者のコケにも、極《きわ》めて高い逃げのスキルが必要とされる。ただ、ここで必要とされるスキルは、追っ手からではなく、雑草に対してである。土砂《どしゃ》が移動したり、掘《ほ》り返されたりしてむき出しになった小さな荒地《あれち》に、ヒョウタンゴケは颯爽《さっそう》と侵入《しんにゅう》する。侵入するや否《いな》や、数枚の葉をつけ、瞬《またた》く間に胞子体をぐんぐん生長させ、あれよあれよという間に蒴《さく》をつけて胞子を散布する。そして、荒地に草が生え始める頃《ころ》には、ヒョウタンゴケはすでにその短い一生を終えて、そこにはいない。その代わりに、親コケから撒《ま》かれた胞子が新しい場所で生命の営

みを始めているのだ。このように、雑草から逃れるがごとく、ヒョウタンゴケは都市のスペースを次から次へと移動するのだ。「逃亡者」たるゆえんである。なお、ヒョウタンゴケは焚火《たきび》の跡《あと》に好んで生えるため、キャンプ場などでは遠くからでもわかるほどの群落があることも少なくない。戦時中、空襲《くうしゅう》で街が焼野原になったあとには、ヒョウタンゴケの大群落が広がっていたそうだ。

6　厳しい都市の環境で生きていくためには、逃げてばかりはいられない。時には助け合って立ち向かっていかなければならない状況《じょうきょう》もある。道端《みちばた》に生えるホソウリゴケの場合、コケの個体が寄り添《そ》ってクッションをつくり、水の保持力をあげていることを紹介した。こうした助け合いは種の垣根《かきね》を越《こ》えて存在する。木の幹のコケのマットをよく観察してみよう。遠くからみるとただの緑の塊《かたまり》にみえる。でも、コケに顔を近づけてみると……いろいろな種類のコケが混ざって生えていることに気がつく。糸くずのようなものから、小さなクッション、ペタンと平たいコケまで、その形もⅠ千差万別《せんさばんべつ》。都市の街路樹でよくみかけるのは、ヒナノハイゴケ、コゴメゴケ、コモチイトゴケ、タチヒダゴケなどだろうか。このようにいろいろな種類のコケがみられるのも、コケたちの美しい友情のおかげなのだ。

7　垂直の木の幹にコケの種である胞子が定着するのは難しい。運よく木の割れ目に胞子が入ったとしても、ひとたび雨が降れば、木の幹をしたたる雨水とともに下に流されていってしまう。しかし、挑戦《ちょうせん》を繰《く》り返しているうちに、たまたま幸運に恵《めぐ》まれた胞子が定着することがある。こうなればしめたもの。幸運なコケは少しずつ大きくなり、晴れて木の幹にコケのマットをつくるようになる。一旦《いったん》木の幹にコケのマットができたら、このマットを足場にして次々に他のコケが侵入してくる。これは、日々の掃除《そうじ》からも想像しやすい。［　］ように、コケのマットに入った胞子はちょっとやそっとの雨や風では落ちることがない。おまけにコケのマットには適度な湿度《しつど》もあり、発芽直後の乾燥に弱いコケが生き延びるうえでも都合がいい。こうしてコケのマットの恩恵《おんけい》に与《あず》かった新参者のコケは、すくすくと生長を続ける。そして、やがてはコケのマットにさまざまなコケがみられることになる。

8　でも、④このコケ同士の助け合いに、どこか釈然《しゃくぜん》としない人がいるかもしれない。厳しい自然界では、ときに生物は非情である。限られた資源をめぐって、同じ種であっても容赦《ようしゃ》ない争いを繰り広げることさえある。場合によっては恩を仇《あだ》で返すがごとく、先住のコケを足がかりにして、新しく入ってきたコケがはびこってしまうかもしれない。特に、樹幹のような広くもない環境では、生物同士の争いも激しく、まさにⅡ生き馬の目を抜く世界。助け合いなどという生易しいことはいっていられないはずだ、と。しかし、樹幹のコケを見る限り、こうした争いはあまり起きていないようだ。これには、二つの理由がある。一つ目は、コケにとって樹幹の環境は厳しく、生長スピードが抑《おさ》えられていることだ。地面から離れ、風や大気にさらされている樹幹は乾燥しやすい。乾燥に耐えることができるコケであっても、都市の樹幹の環境では生長が制限されがちになる。こうした環境下にあるコケは、今ある個体を維持《いじ》するのがやっとで、他の個体と争って陣地《じんち》を拡大するほどの余裕《よゆう》はないのだろう。二つ目は、コケがほかの種と共存することで、より多くの水分を保持できるようになることだ。コケのマットに別のコケが生えると、相乗効果でより目のつまったコケのマットになる。目の粗《あら》いスカスカしたマットに比べ、ぎゅっと目のつまったマットはより多くの水を保持することができる。つまり、他のコケと一緒に生えることで、既存《きぞん》のコケにも利益があるといえよう。コケたちは種の垣根を越えて助け合って必死に生きている。街路樹をおおう小さな緑のマットには、ひそかに美しい助け合いに満ちていたのだ。

（大石善隆『コケはなぜに美しい』）

＊胞子体…胞子を作る器官。　＊胞子…コケの種。　＊蒴…胞子が入っている器官。

問一　［　］a～cにあてはまる言葉を、それぞれ次から選びなさい。（番号は一度しか選べない）

1　しかし　2　つまり　3　だから　4　さらに　5　あるいは　6　まず

問二　――線①「これ」が指しているものを次から選びなさい。

1　乾燥から体を守ること　2　水の蒸発する速度を速めること
3　体温の上昇を防ぐこと　4　日光をもれなく反射すること

問三　3段落の1～4をならびかえて、意味の通る文章にしなさい。

問四　――線②「生き延びられる」と同じ働きで使われている「られる」を次から選びなさい。

1　私の母は年齢《ねんれい》より若く見られる。　2　社長は明日来られる予定だ。
3　病気がちの祖母の身が案じられる。　4　遠足の日なら早く起きられる。

問五　――線③「都市や農村で広くみられる逃亡者のコケ、『ヒョウタンゴケ』の生き方を紹介しよう」とありますが、「ヒョウタンゴケ」が「逃亡者」にたとえられるのはなぜですか。次から選びなさい。

1　長い時間をかけて遠く離れた場所まで胞子を飛ばし、都市間を移動しながら分布を広げているから。
2　ほかの植物が生えていない土地に入り込み、競争相手となる雑草を避けて繁殖《はんしょく》を続けているから。
3　いろいろな植物が生える都市の中で育ち、多くの雑草と同じ場所で目立たずに生長しているから。
4　乾燥した土地に入り込んで形や色を変化させながら生長し、あらゆる環境にも適応しているから。

問六　――線Ⅰ「千差万別」・Ⅱ「生き馬の目を抜く」の意味を、それぞれ次から選びなさい。

Ⅰ「千差万別」
1　長所と短所が両方ある　2　見た目が特徴的《とくちょうてき》である
3　種類や違《ちが》いがたくさんある　4　姿や形が大きく変化する

Ⅱ「生き馬の目を抜く」
1　油断できない　2　協力できない　3　邪魔《じゃま》できない　4　予測できない

問七　[　　] にあてはまるものを次から選びなさい。

1　水にぬれたぞうきんについた糸くずやほこりが乾燥して取れにくくなる
2　絨毯《じゅうたん》の目のなかに糸くずやほこりがくっついて掃除機でなかなか吸い取れない
3　はたきによって舞《ま》い上がった糸くずやほこりが結局は床《ゆか》に落ちて溜《た》まっていく
4　ソファやベッドの下などの狭《せま》い場所は糸くずやほこりがすぐに溜まってしまう

問八　――線④「このコケ同士の助け合いに、どこか釈然としない人がいるかもしれない」とありますが、ここで想定される疑問に対して筆者が述べている内容を以下のようにまとめました。[　　] A・Bにあてはまる内容を、Aは二十字以内、Bは十字以内でそれぞれ考えて、説明を完成させなさい。

厳しい自然界では、ときに激しい生存競争が繰り広げられるにもかかわらず、樹幹のコケにそれが見られないのは、都市の樹幹は [　A　] 環境のため、繁殖する余裕もなく、生息範囲《はんい》を広げられないからである。また、コケがほかの種と一緒に生えることで、「先住のコケ」にも「新参者のコケ」にも [　B　] という恩恵がある。このように、コケたちは種の垣根を越えて助け合っている。

問九　本文の内容にあてはまるものを、次から二つ選びなさい。

1　垂直の木の幹には、木の割れ目にコケの種である胞子が入りやすく定着しやすい。
2　空襲で焼野原になった場所に群生したというヒョウタンゴケは、焚火があった跡にも好んで生える。
3　透明尖があることで、コケは雨水や霧を吸収しやすくなるが、コケの乾燥を防ぐ効果はない。
4　都市で見られるようなコケはヒマラヤや富士山などの標高の高い山頂では繁殖していない。
5　コケには環境に応じた様々な生き方があり、安定して繁殖できる場所では細々と長く生きる。

【三】次の――線のうち、現代かなづかいとして正しいものをすべて選び、解答らんの番号をマルで囲みなさい。

1　はなじが出る。　2　いなずまが走る。　3　石につまずく。　4　たずなを引く。　5　ぬのじの目が細かい。

【四】――線の漢字の読みを答えなさい。

①　分が悪い。　②　かげで画策する。　③　養蚕業に従事する。

【五】――線のカタカナを漢字に直しなさい。

①　ショチュウ見舞《みま》い。　②　ショウコウ状態。　③　両国がメイヤクを結ぶ。　④　判断をユダねる。
⑤　夢がヤブれる。　⑥　社長のシンニンがあつい。　⑦　県のチョウシャの建てかえ。　⑧　ウンカイが広がる。

（注意）とちゅうの計算は余白を利用し，答えはすべて解答用紙に書きなさい。また，円周率は3.14として計算しなさい。

（50分）

1　次の□をうめなさい。

(1)　$\left(\frac{14}{27}\div1.4-\frac{1}{3}\right)\times5\frac{2}{5}=\square$

(2)　$\left\{\left(\square-\frac{1}{7}\right)\times5.25-\frac{3}{10}\right\}\div\frac{6}{25}=5$

(3)　3を5個かけたとき，一の位の数は3です。3を2024個かけたとき，一の位の数は□です。

2　次の問いに答えなさい。

(1)　右の図は，長方形ABCDを点Cが点Aに重なるように折り曲げたものです。角㋐の大きさは何度ですか。

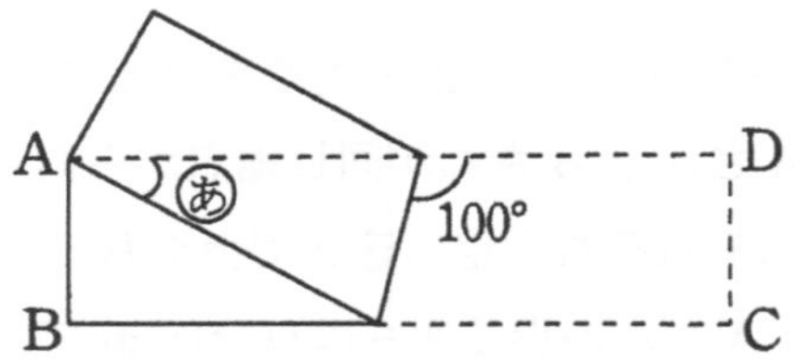

(2)　同じ大きさの立方体を，白いねん土で13個，黒いねん土で14個作りました。図1は，これらを同じ色がとなり合わないように並べてできた立方体Xです。立方体Xを，3点A，B，Cを通る平面で切ったときの切り口は，図2の①～⑥のどれになりますか。一つ選び番号で答えなさい。

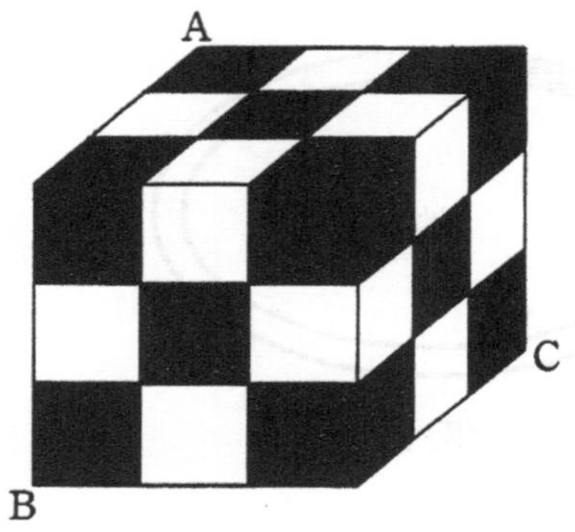

（図1）

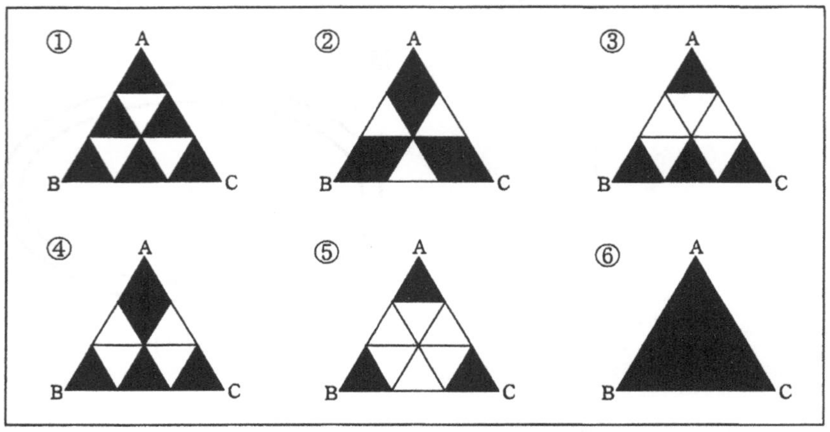

（図2）

(3)　右の図のような正方形ABCDがあります。かげをつけた部分の面積は何cm^2ですか。

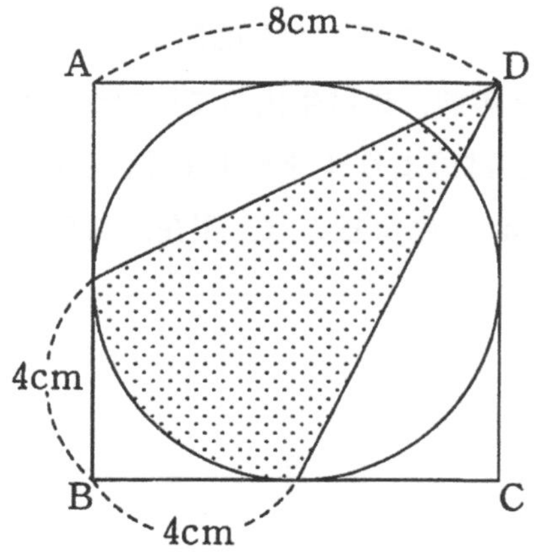

（注意）とちゅうの計算は余白を利用し，答えはすべて解答用紙に書きなさい。また，円周率は3.14として計算しなさい。

3　マッチ棒を下の図のように並べていきます。2段の図形に使うマッチ棒は9本です。次の問いに答えなさい。

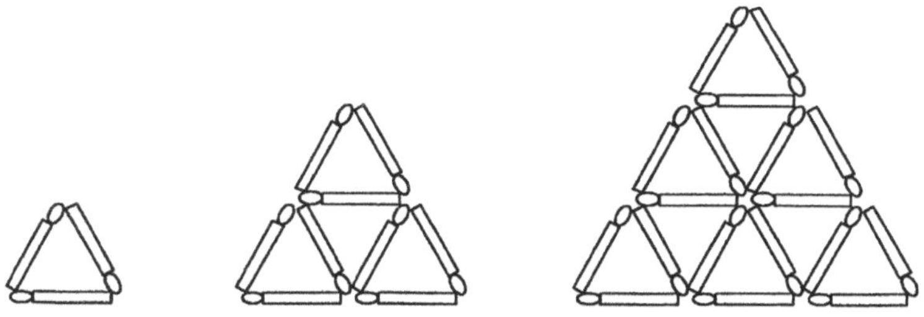

1段　　2段　　3段

(1)　5段の図形に使うマッチ棒は何本ですか。

(2)　10段の図形に使うマッチ棒は，9段の図形に使うマッチ棒より何本多いですか。

(3)　マッチ棒を570本使うのは，何段の図形ですか。

4　図1のような池の周りをひとまわりする道があり，その道は1周が900 mです。AさんとBさんの歩く速さの比は2：3で，AさんとBさんが同じ地点から同時に反対向きに出発すると6分後に初めて出会います。次の問いに答えなさい。ただし，2人はそれぞれ一定の速さで歩くものとします。

(1)　Aさんの歩く速さは毎分何mですか。

(2)　AさんとBさんが同じ地点から同時に同じ向きに出発すると，何分後にBさんがAさんを初めて追いこしますか。

(3)　図2のように区間Xが通行止めになりました。AさんとBさんが同じ地点から同時に反対向きに出発してから2分後に，Aさんは区間Xの端《はし》に着き，すぐに来た道を引き返しました。Aさんが引き返してから6分後に，2人は初めて出会いました。区間Xは何mですか。ただし，Bさんも区間Xの端に着くと，すぐに来た道を引き返すものとします。

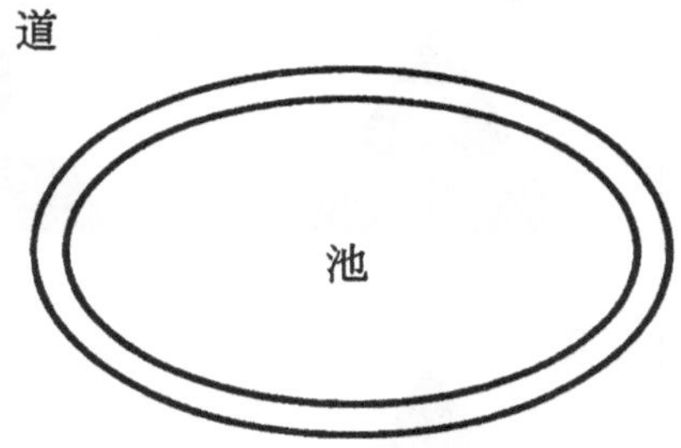

(図1)

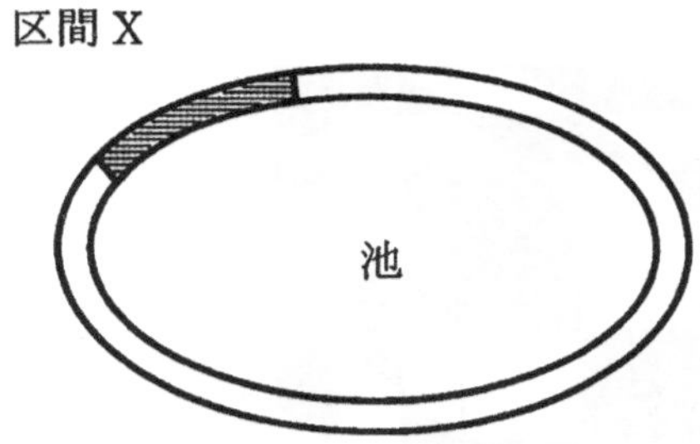

(図2)

5　つばささんは両親と兄と弟の5人家族です。現在，家族の年令の和は111才です。9年後，つばささんをのぞいた家族4人の年令の和は136才になります。次の問いに答えなさい。

(1)　現在，つばささんは何才ですか。

(2)　9年前，弟は生まれていなかったため，家族の年令の和は68才でした。現在，弟は何才ですか。

(3)　父は母より4才年上です。9年前，父の年令は子ども2人の年令の和の4倍でした。両親の年令の和と子ども3人の年令の和が4：3になるのは，現在から何年後ですか。

（注意）とちゅうの計算は余白を利用し，答えはすべて解答用紙に書きなさい。また，円周率は3.14として計算しなさい。

6 点Oを中心とし，半径が6 cmの円周を12等分する点を結んで，右の図のような十二角形を作りました。次の問いに答えなさい。

(1) 角あの大きさは何度ですか。

(2) 十二角形の対角線は何本ありますか。

(3) かげをつけた部分の面積は何 cm^2 ですか。

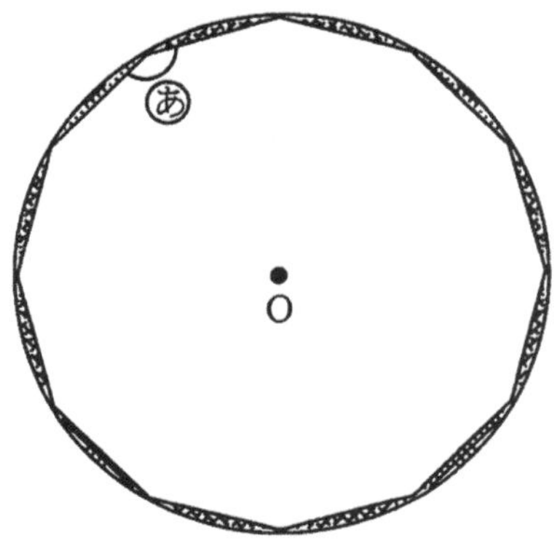

7 図1は，直方体の水そうに，鉄でできた直方体のブロック6個をすきまなく入れたものです。ブロックの大きさはすべて同じです。この水そうに，一定の割合で満水になるまで水を入れます。図2は，水を入れ始めてから22秒後までの時間と水面の高さとの関係を表したグラフです。次の問いに答えなさい。

(1) 満水になるのは，水を入れ始めてから何秒後ですか。

(2) 水を入れ始めてから45秒後の水面の高さは何 cm ですか。

(3) 水を入れ始めてから30秒後の水面の形は正方形でした。あの長さは何 cm ですか。

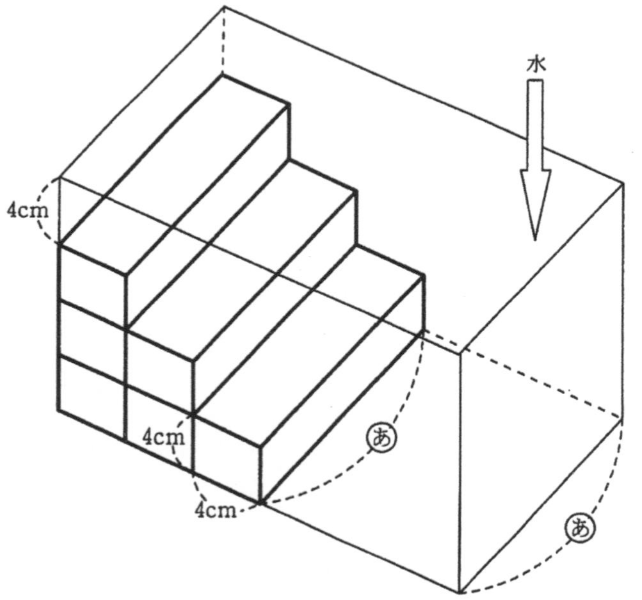

(図1)

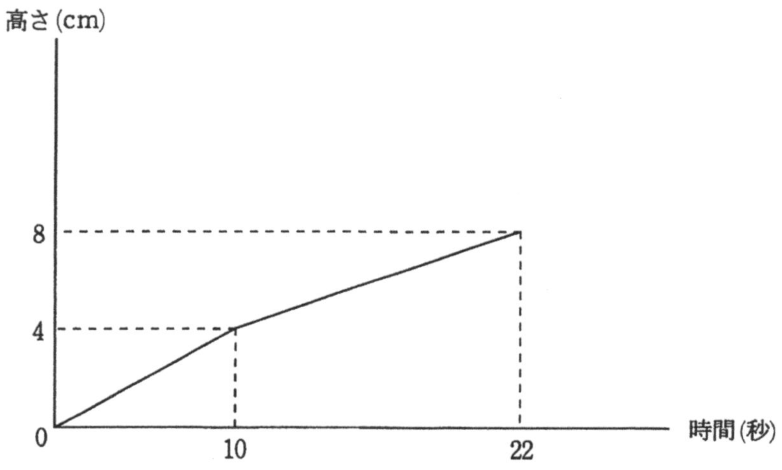

(図2)

記号・番号で答えられるものはすべて記号・番号で答えなさい。

(40分)

【1】下図は1月13日22時00分に大阪で南の星空を見上げたときのようすです。
A～Eは1等星で、なかでもDはひときわ明るい星です。

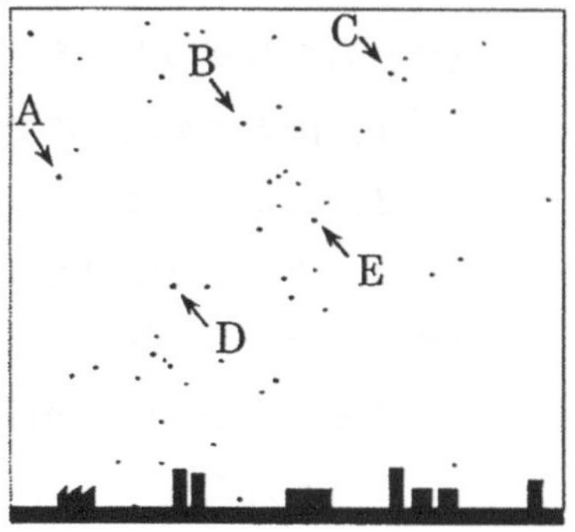

(ア) Aの星の名前を答えなさい。

(イ) Dをふくむ星座の名前を答えなさい。

(ウ) Eの星は、どのような色に見えますか。

1．赤色っぽい　　2．黄色っぽい

3．緑色っぽい　　4．青色っぽい

(エ) 次のうち、正しいものをすべて選びなさい。

1．星座をつくる星の色は、時間とともに変わっていく。

2．星座をつくる星の並び方は、季節とともに変わっていく。

3．同じ星座が同じ時こくに見える位置は、季節とともに変わっていく。

4．星座の見える位置とかたむきは、どちらも時間とともに変わっていく。

(オ) 2時間後の同じ方角の星空として、正しいものを選びなさい。

1．
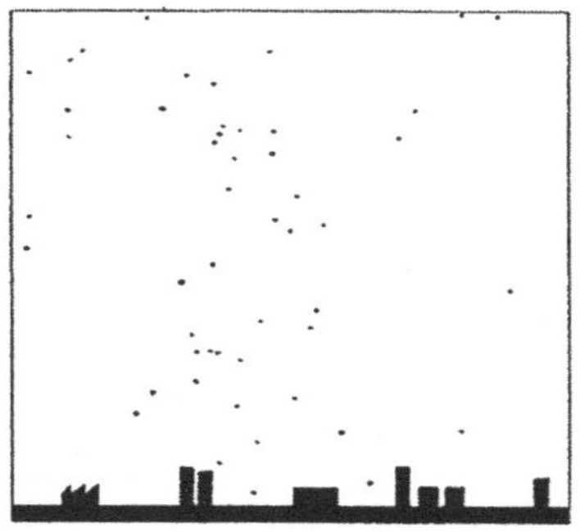

2．
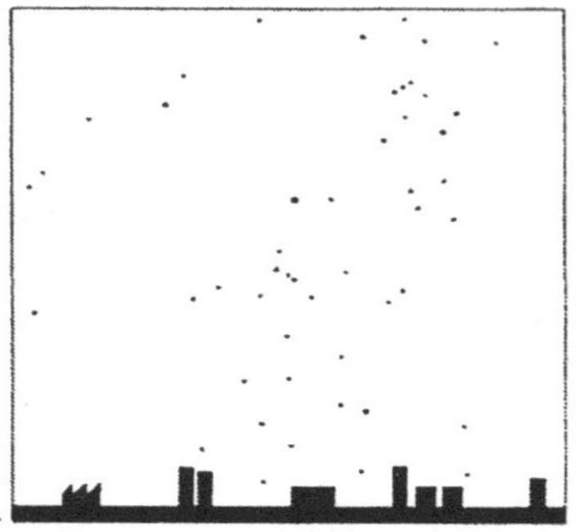

3．
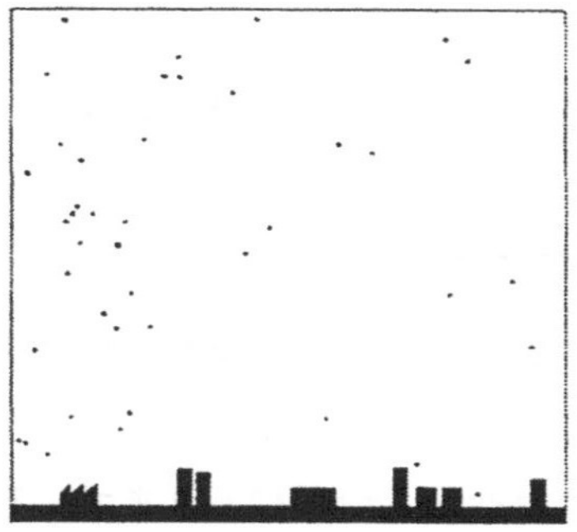

4．
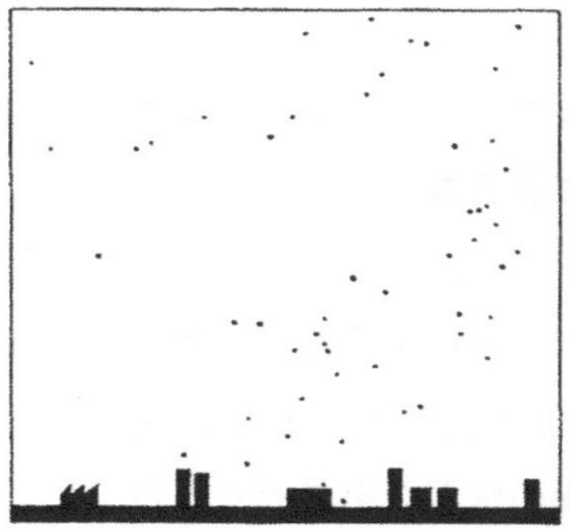

【2】のばしたゴムがもとにもどろうとする性質を調べるために、Ⅰ、Ⅱの実験を行いました。

Ⅰ：輪ゴムの力を利用して模型の車を走らせる実験を行いました。表は輪ゴムの太さや本数、のばす長さを変えながら行った結果です。

実験	太さ	本数	のばす長さ	車の動いたきょり
①	細い	1本	5cm	120cm
②		1本	15cm	400cm
③		2本	5cm	235cm
④	太い	1本	10cm	395cm
⑤		2本	10cm	785cm

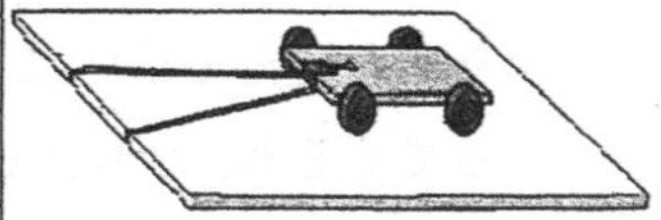

(ア) これら5つの実験のうち2つを比べることで、輪ゴムの本数によって車の動くきょりが変わることを確かめられる実験の組み合わせは、何種類ありますか。ただし、確かめられる組み合わせがない場合は×と答えなさい。

(イ) 上の5つの実験のうち2つを比べることでわかったことをすべて選びなさい。

1．太いゴムほど、車を遠くまで動かせる

2．細いゴムほど、車を遠くまで動かせる

3．ゴムの本数が多いほど、車を遠くまで動かせる

4．ゴムの本数が少ないほど、車を遠くまで動かせる

5．ゴムをのばす長さが長いほど、車を遠くまで動かせる

6．ゴムをのばす長さが短いほど、車を遠くまで動かせる

Ⅱ：2種類のゴムひもAとBの先におもりをつるして、のびたゴムひもの長さを調べました。(図1)

おもりをつるしたゴムひもの長さ〔cm〕				
おもりの重さ	10g	20g	30g	40g
ゴムひもA	12cm	14cm	16cm	18cm
ゴムひもB	21cm	22cm	23cm	24cm

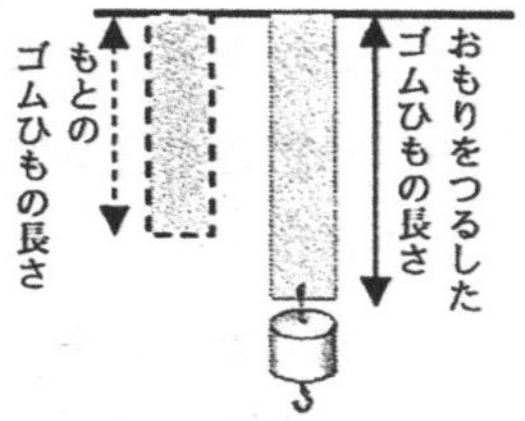

図1

(ウ) ゴムひもAに60gのおもりをつるすと、ゴムひもAはもとの長さから何cmのびますか。

(エ) ゴムひもAとBに同じおもりをつるすと、ゴムひもAはゴムひもBの何倍のびますか。

(オ) 図2のように、ゴムひもAを2本横に並べて60gのおもりをつるすと、ゴムひもはもとの長さから何cmのびますか。

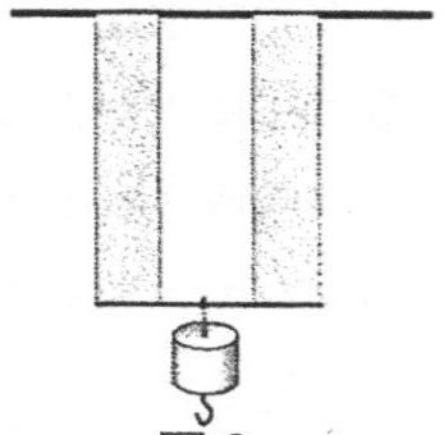
図2

記号・番号で答えられるものはすべて記号・番号で答えなさい。

【3】同志社香里中学校に小さな畑をつくり、6月にカボチャの種をまき、サツマイモのなえを植えました。しばらくして大きくなってくると、カボチャの葉には、その葉を食べるこん虫のウリハムシの成虫が観察されました。また、サツマイモの葉にはサツマイモの葉を食べるガの幼虫が観察されました。ガは、モンシロチョウのようなチョウの仲間です。

左：サツマイモ　　右：カボチャ

（ア）ウリハムシはどこか遠くから飛んできたようです。サツマイモにいるガの幼虫はどこから来たのでしょう。最もふさわしいものを選びなさい。

1．遠くから飛んできた　　2．遠くから地面をはってきた
3．成虫が産んだ卵がかえった　　4．成虫が幼虫を運んできた

（イ）7月末になると、カボチャの花がさき始めました。カボチャの花について、正しいものをすべて選びなさい。ただし、カボチャはヘチマの仲間です。

1．お花では、おしべ全体が花びらの中にある
2．め花では、めしべ全体が花びらの中にある
3．花のさいたお花では、花びらの中にめしべがみられることがある
4．花のさいため花では、花びらの中に花粉がみられることがある
5．つぼみのときに、お花かめ花かを見分けることができる

（ウ）7月にカボチャを観察していると、太陽の光がよく当たる昼過ぎには葉がしおれていました。しかし、3時過ぎにカボチャの葉が建物のかげに入ってくると、しおれていた葉が元気になっていました。カボチャの葉が元気になった理由について次のように考えました。次の文の空らんに入るふさわしい語を答えなさい。

> カボチャの葉がしおれているときには、葉にふくまれる水が少なくなっており、その葉に水がたっぷりふくまれるようになったので葉が元気になったと考えられる。葉に水がたっぷりふくまれるようになったのは、カボチャの（　a　）から水が吸収されるようになったからである。そのためには葉の裏にある（　b　）が開いて、多くの水が（　c　）できるようになる必要があると考えられる。それを確かめるために、葉にポリエチレンのふくろをかぶせる実験をしようと思う。

（エ）この畑のカボチャに花がさいているとき、ミツバチが観察されました。ミツバチがカボチャの花を訪れた理由として、最もふさわしいものを選びなさい。

1．カボチャの葉を食べるウリハムシを食べに来た
2．サツマイモの葉を食べるガの幼虫を食べに来た
3．カボチャの花を受粉させるために来た
4．カボチャの花のみつを吸いに来た
5．カボチャの花を食べに来た

（オ）右の写真のカボチャとサツマイモはどこにできましたか。

1．両方とも地中にできた　　2．両方とも地上にできた
3．カボチャは地中に、サツマイモは地上にできた
4．カボチャは地上に、サツマイモは地中にできた

（カ）カボチャを収かくし終わってしばらくすると、ツバメがいなくなりました。カボチャの収かくはいつ行われましたか。

1．6月ごろ　　2．9月ごろ　　3．12月ごろ

（キ）サツマイモは10月に収かくしました。この時期の出来事として正しいものをすべて選びなさい。

1．カエルが卵を産む　　2．オオカマキリが卵を産む
3．カブトムシが卵を産む　　4．ドングリの実が熟して落ちてくる
5．カモが北に帰っていく　　6．イチョウの新しい葉が出てくる

【4】5種類の水溶液（すいようえき）A～Eの性質を調べるために、それぞれ試験管に入れて実験をしました。A～Eは塩酸、食塩水、アンモニア水、石灰水、炭酸水のどれかです。下の表は、においとBTB液の色の変化をまとめたものです。

水溶液	A	B	C	D	E
におい	なし	つんとにおう	なし	なし	つんとにおう
BTB液の色	青色	青色	緑色	黄色	黄色

（ア）試験管に入れたときに、見た目だけでわかる水溶液が1つだけあります。A～Eの記号で答えなさい。

（イ）石灰水と塩酸はどれですか。A～Eの記号で答えなさい。

（ウ）それぞれの水溶液を蒸発皿の上で加熱したとき、白い固体が残るものをすべて選び、A～Eの記号で答えなさい。

（エ）2種類の水溶液を混ぜると白くにごる組み合わせが1つだけあります。その組み合わせをA～Eの記号で答えなさい。

記号・番号で答えられるものはすべて記号・番号で答えなさい。

【5】電熱線を使って、水をあたためる実験をしました。表は電熱線にかん電池1個をつないで、水をあたためたときの温度変化を表したものです。

時間	0秒	20秒	40秒	60秒
温度	25℃	27℃	29℃	31℃

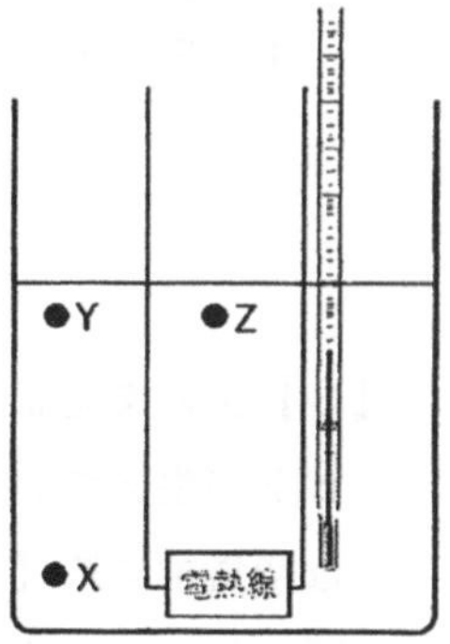

(ア) 右上図のように電熱線を使って水をあたため始めたとき、X、Y、Zはどの順にあたたまりますか。

1．X→Y→Z　　2．X→Z→Y　　3．Z→Y→X　　4．Z→X→Y

(イ) あたため始めてから5分後の水の温度は何℃ですか。

(ウ) 電熱線を使って水をあたため続けたとき、水の温度変化を表すグラフとして正しいものを選びなさい。

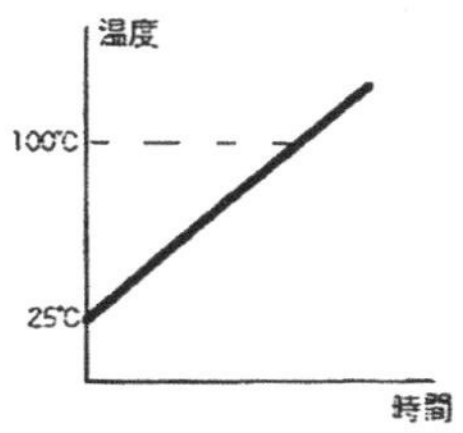

1．

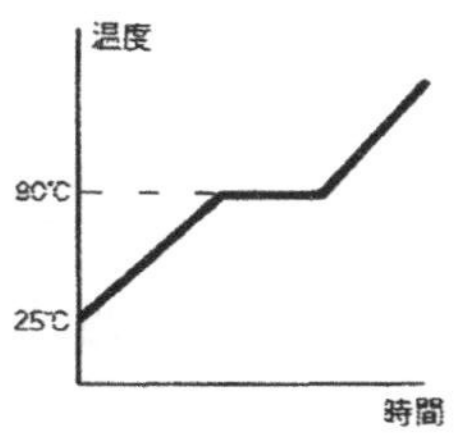

2．

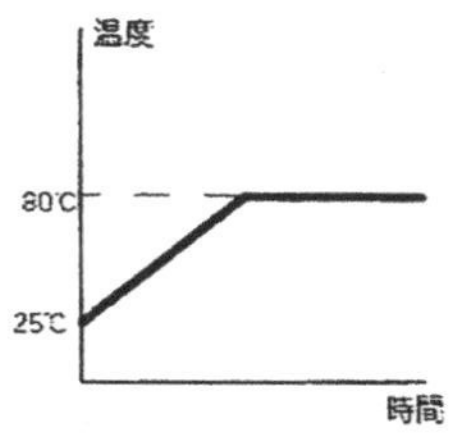

3．

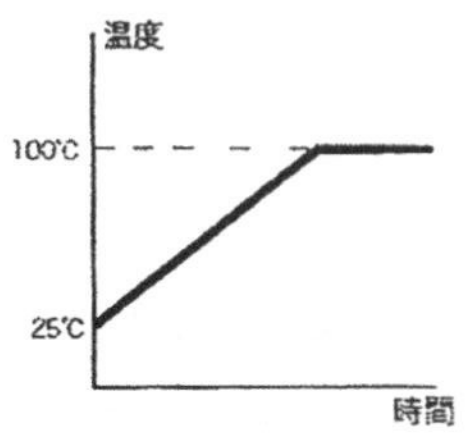

4．

(エ)A～Dのように複数のかん電池を電熱線につないで80℃まで水をあたためるとき、かかる時間が同じである組み合わせを選びなさい。

A

B
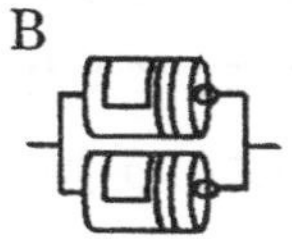

C

D
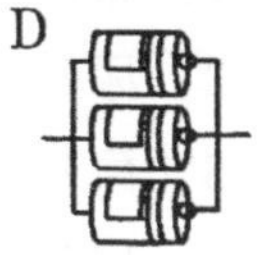

1．AとB　　2．AとC　　3．AとD　　4．BとC
5．BとD　　6．CとD

(オ)身のまわりでは、電気をいろいろなものに変えて利用しています。次の文のうち、誤っているものをすべて選びなさい。

1．電子オルゴールでは電気が音に変わっている
2．豆電球では電気が光と熱に変わっている
3．光を電気に変えることはできない
4．動き（運動）を電気に変えることはできない

【6】物質Xは温度が高くなるほど水にとけやすくなります。下の表は、水100gに物質Xが何gまでとけるかを示したものです。答えが割り切れない場合は、小数第2位を四捨五入して小数第1位まで求めなさい。

温度（℃）	20	40	60	80
とける量（g）	32	64	105	168

(ア) 40℃の水40gに物質Xは何gまでとかすことができますか。

(イ) 60℃の水60gに物質Xをとけるだけとかした後、20℃まで冷やすと、何gの結晶（けっしょう）が出てきますか。

(ウ) 80℃の水80gに物質Xをとけるだけとかした水溶液と、20℃の水20gに物質Xをとけるだけとかした水溶液を混合し、温度を40℃に保つと、何gの結晶が出てきますか。

(エ) 80℃の水50gに物質Xをとけるだけとかした水溶液と、20℃の水50gに物質Xをとけるだけとかした水溶液を混合し、温度を60℃に保つと、物質Xはすべてとけました。温度を60℃に保ったまま水を蒸発させると、少なくとも何gの水が蒸発したときに結晶が出てきますか。次の1～7から選びなさい。

1．1g　　2．2g　　3．3g　　4．4g　　5．5g　　6．6g　　7．7g

記号・番号で答えられるものはすべて記号・番号で答えなさい。

【7】ある海岸の岩場の足もとに地層が見られました。図1はその様子をスケッチしたものです。図2は、海岸のがけ①に見られる地層をスケッチしたものです。

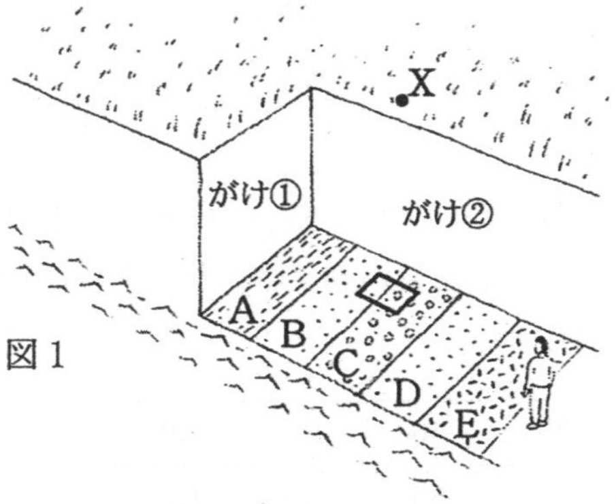

図1

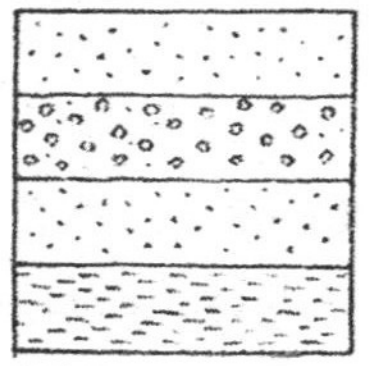

図2

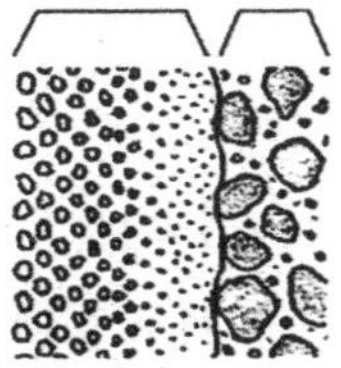

図3

〔足もとの地層の記録〕

・Aは黒色で、目に見えないほどの細かい粒（つぶ）でできている。
・BとDは2mmよりも細かい粒でできている。Dにはホタテの化石が見られる。
・Cは1～3cmほどの丸みのある粒でできている。
・Eは白色や黒色のキラリと光る1mmほどの角ばった粒でできている。
・図1の□部分をよく観察すると、図3のようにBをつくる粒は、Cに近づくほど細かくなっている。

（ア）CとEはそれぞれ、何が積み重なってできたと考えられますか。

1．れき　　2．どろ　　3．砂　　4．火山灰

（イ）Dはどのようなところでできたと考えられますか。

1．ぬま　　2．海　　3．川　　4．湖　　5．砂ばく

（ウ）海岸のがけ②では、地層はどのように見えますか。

1．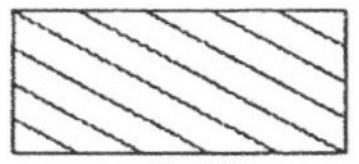　2．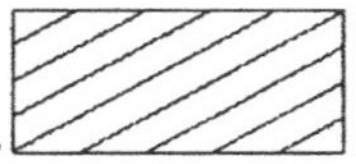　3．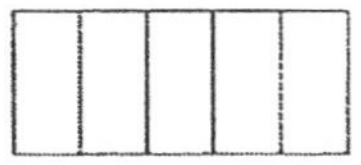　4．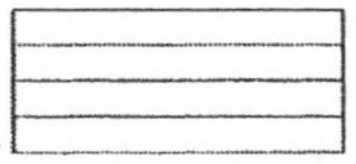

（エ）図1の□部分は、どのような順に積もったと考えられますか。

1．Cの粒 → Bのあらい粒 → Bの細かい粒
2．Bのあらい粒 → Bの細かい粒 → Cの粒
3．Cの粒 → Bの細かい粒 → Bのあらい粒
4．Bの細かい粒 → Bのあらい粒 → Cの粒

（オ）右図は、X地点の地表から足もとの地層の深さまでのボーリング試料です。右図a～cが示す部分の地層を、次の1～4から選びなさい。（同じ番号を何度使ってもよい。）

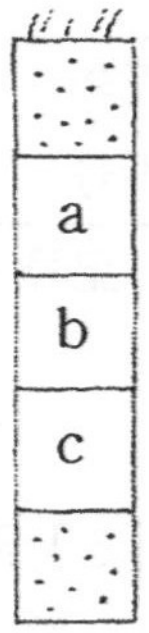

1．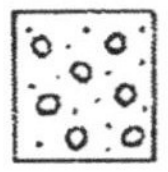　2．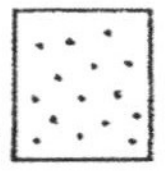　3．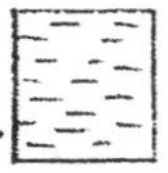　4．

【8】次の文を読み、下の問いに答えなさい。

ヒトが生きていくために大切なものとして、「酸素」、「食物」、「水」があります。酸素は空気中に約【 X 】%ふくまれており、（　a　）から血液中に取りこまれ、全身に運ばれます。食物は（　b　）や（　c　）で消化されて養分となり、（c）から血液中に取りこまれます。水はおもに（c）や（　d　）から血液中に吸収され、養分などをとかして運んでいます。体内の水は（　e　）でつくられる尿（にょう）や、［　F　］の表面から出ていくあせ、はく息の中にふくまれる［　G　］などの形で体外に出ていきます。そのためヒトには体を出入りする水の量を調節して、体内の水分を一定に保つ仕組みがあります。たとえば、水分が足りないとき（e）では、［　P　］。このような仕組みをもつことで、大人の体にふくまれる水の重さは、体重の約【 Y 】%に保たれています。

（ア）空らんa～eにあてはまる語を選びなさい。

1．胃　　2．小腸　　3．大腸　　4．かん臓
5．じん臓　　6．ぼうこう　　7．肺　　8．心臓

（イ）空らんF、Gにあてはまる語を答えなさい。

（ウ）【X】、【Y】に入る数字として、最も近いものをそれぞれ選びなさい。

1．20　　2．40　　3．60　　4．80

（エ）［　P　］にあてはまる文を次から選びなさい。

1．尿として出ていく水の量を減らすために、うすい尿がつくられます
2．尿として出ていく水の量を減らすために、こい尿がつくられます
3．尿として出ていく水の量を増やすために、うすい尿がつくられます
4．尿として出ていく水の量を増やすために、こい尿がつくられます

受験 番号	2024年度 同志社香里中学校 後期入学試験 問題 社会	4枚のうち その1

※注意　特別な指示のある場合をのぞき、漢字で書ける解答はすべて漢字で書きなさい。
漢字で書ける解答をかなで書いた場合には減点します。

(40分)

【1】2023年におこったできごとをカードにまとめました。あとの問いに答えなさい。

①太平洋を取り巻く11の国が参加する環《かん》太平洋パートナーシップ協定＝【　A　】に、②イギリスが加盟することが決まりました。太平洋地域以外からの参加ははじめてです。イギリスは2020年に欧州《おうしゅう》連合＝【　B　】から離脱《りだつ》し、新しいパートナーを求めていました。

Ｇ７サミットが【　C　】で開催《かいさい》されました。主要なテーマはロシアによるウクライナ侵攻《しんこう》でした。侵攻から１年以上がたちましたが、停戦の見通しはたっていません。周辺国は警戒《けいかい》を強め、４月に（　１　）がＮＡＴＯに加盟しました。今回のサミットには③新興国・途上国の首脳も招待されました。

④都道府県知事選挙、市区町村長選挙、⑤地方議会議員選挙をいっせいに行いました。この統一地方選挙は、地域の住民が地方自治に参加する機会のひとつです。地方自治では⑥住民は直接請求《せいきゅう》権を持ち、住民にとって最も身近な政治参加の機会です。

問１　文中【A】・【B】にあてはまるアルファベット略称《りゃくしょう》をそれぞれ書きなさい。

問２　文中【C】にあてはまる都市を漢字２字で書きなさい。

問３　文中（１）にあてはまる国を下より選び、記号で答えなさい。

あ. 中国　　い. メキシコ　　う. エジプト　　え. フィンランド

問４　文中＿＿①～⑥について、あとの問いに答えなさい。

①　参加国を下より選び、記号で答えなさい。

あ. サウジアラビア　　い. アメリカ　　う. ブラジル　　え. オーストラリア

②　次の文中X・Yにあてはまる人名の組み合わせとして正しいものを下より選び、記号で答えなさい。

イギリスでは、［ X ］3世の戴冠《たいかん》式が首都ロンドンのウェストミンスター寺院でおこなわれました。戴冠式が行われるのは、1953年の［ Y ］2世以来、70年ぶりです。

あ. X　チャールズ　Y　エリザベス　　い. X　チャールズ　Y　ジョージ
う. X　エドワード　Y　エリザベス　　え. X　エドワード　Y　ジョージ

③　次の文中X・Yにあてはまる語の組み合わせとして正しいものを下より選び、記号で答えなさい。

インドやブラジルなどの新興国・途上国は［ X ］とよばれ、近年経済力をつけている国が多く、注目が高まっています。また、ロシアに対して［ Y ］的な立場の国も多く、ロシアへの制裁にも参加していない国もあります。Ｇ７はこれらの国々との連携《れんけい》を強化していこうと考えています。

あ. X　ＯＥＣＤ　Y　中立　　い. X　グローバルサウス　Y　中立
う. X　ＯＥＣＤ　Y　敵対　　え. X　グローバルサウス　Y　敵対

④　次の文a・bについて、正誤の組み合わせとして正しいものを下より選び、記号で答えなさい。

a）都道府県知事、市区町村長、地方議員の任期は４年である。
b）都道府県知事は、地方議会で議員の中から選挙で選ばれる。

あ. a 正　b 正　　い. a 正　b 誤　　う. a 誤　b 正　　え. a 誤　b 誤

⑤　次の文a・bについて、正誤の組み合わせとして正しいものを下より選び、記号で答えなさい。

a）地方議会は、首長の不信任決議をおこなうことができる。
b）地方議会は、法律の範囲《はんい》内で条例を制定することができる。

あ. a 正　b 正　　い. a 正　b 誤　　う. a 誤　b 正　　え. a 誤　b 誤

⑥　次の文a・bについて、正誤の組み合わせとして正しいものを下より選び、記号で答えなさい。

a）住民は一定の署名を集めれば、議会の解散を請求することができる。
b）住民は一定の署名を集めれば、地方裁判所の裁判官をやめさせることができる。

あ. a 正　b 正　　い. a 正　b 誤　　う. a 誤　b 正　　え. a 誤　b 誤

受験番号	2024年度 同志社香里中学校 後期入学試験 問題 社会	4枚のうち その2

【2】次の文を読み、あとの問いに答えなさい。

2022 年 11 月、国際連合は①世界の人口が（　1　）人に到達《とうたつ》したと発表した。さらに国連は 2023 年半ばの推計として（　2　）が（　3　）を抜《ぬ》いて人口世界一になったと発表した。

人口が増加すると、社会には②さまざまな問題が起こる。なかでも心配なのが食料問題だ。2022 年、ロシアによるウクライナ侵攻の影響《えいきょう》で③世界的な食料危機が懸念《けねん》されたが、最も影響を受けると予想されたのは人口が急増している④アフリカである。日本も⑤世界有数の穀物輸入国であるため、この問題とは無縁《むえん》ではない。

世界の人口が増加している一方で、⑥日本の人口は減少し続けている。戦後、日本の人口は爆発《ばくはつ》的に増加したが、2008 年に 1 億 2808 万人をピークに減少に転じた。2022 年に生まれた子どもの数は初めて 80 万人を下回り、1 人の女性が一生の間に生む子どもの平均人数を表す⑦合計特殊《とくしゅ》出生率は過去最低の（　4　）であった。これを受けて 2023 年 6 月に岸田文雄内閣は「異次元の【　A　】化対策」を打ち出し、さまざまな政策を 2024 年から実行に移そうとしている。

人口が減少すると、働く世代の人々の数が減少して、経済の規模が縮小する。同時に⑧高齢《こうれい》者の数が増加することで、社会保障費が増加するなどの問題も生じる。

問1　文中（1）～（4）にあてはまるものを下よりそれぞれ選び、記号で答えなさい。

（1）　あ. 60 億　い. 70 億　う. 80 億　え. 90 億

（2）　あ. インド　い. 中国　う. アメリカ　え. ナイジェリア

（3）　あ. インド　い. 中国　う. アメリカ　え. ナイジェリア

（4）　あ. 0.78　い. 1.26　う. 1.75　え. 2.03

問2　文中【A】にあてはまる語を漢字２字で書きなさい。

問3　文中＿＿＿①～⑧について、あとの問いに答えなさい。

①　世界の面積と人口の内訳を地域別に表したグラフ（2021 年度）のAにあてはまるものを下より選び、記号で答えなさい。(『データブックオブ・ザ・ワールド 2023』より)

あ. アフリカ　い. オセアニア
う. アジア　え. ヨーロッパ
お. 北アメリカ　か. 南アメリカ

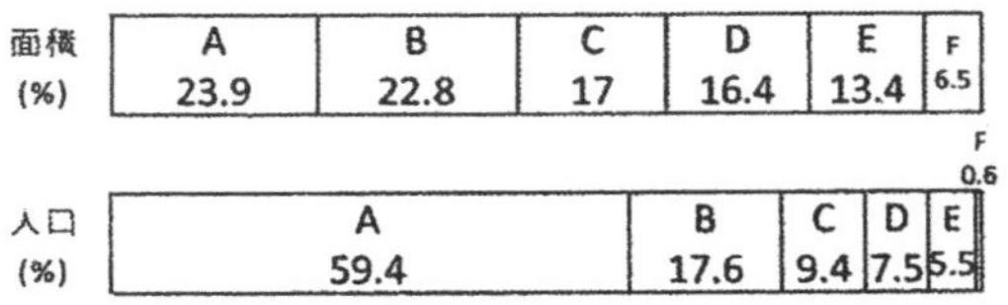

②　世界の人口が増加することによっておこると考えられる問題としてまちがっているものを下より選び、記号で答えなさい。

あ. 水やエネルギーが不足する
い. 都市部に人口が集中し、交通渋滞《じゅうたい》が起こる
う. ごみの増加や大気汚染《おせん》が深刻化する
え. 山間部で住民サービスが低下し、自治体が消滅《しょうめつ》する

③　ロシアとウクライナが世界の輸出量の約３割を占《し》める作物を下より選び、記号で答えなさい。

あ. 大豆　い. 米　う. 小麦　え. とうもろこし

④　アフリカ大陸を略地図で描《えが》いたとき、赤道と０度の経線の位置として正しいものを下より選び、記号で答えなさい。

あ　い　う　え

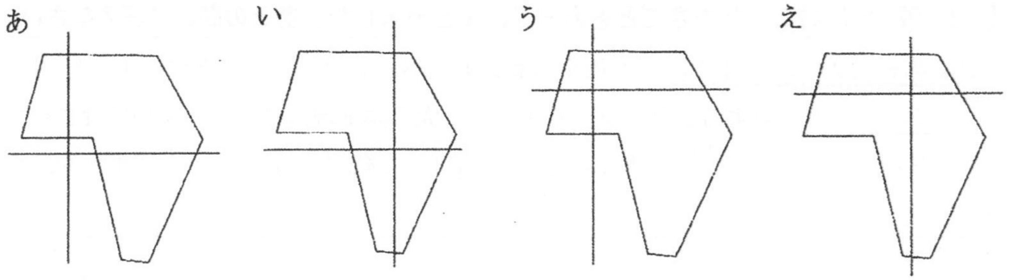

⑤　日本の食料自給率（カロリーベース、2021 年度）としてふさわしいものを下より選び、記号で答えなさい。

あ. 38%　い. 58%　う. 115%　え. 221%

⑥　下の図は日本の人口ピラミッドである。古い順に並べたものを下より選び、記号で答えなさい。

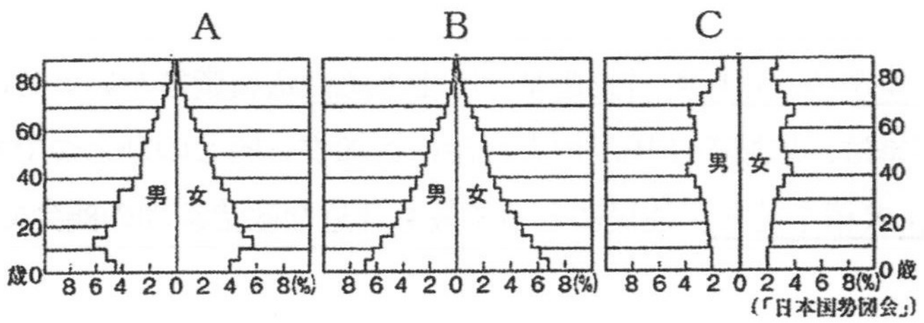

あ. A → B → C　い. A → C → B　う. B → A → C
え. B → C → A　お. C → A → B　か. C → B → A

⑦（1）日本で合計特殊出生率が最も高い沖縄県に含《ふく》まれる島を下より選び、記号で答えなさい。

あ. 南鳥島　い. 択捉島　う. 沖ノ鳥島　え. 与那国島

（2）日本で合計特殊出生率が最も低い東京都が、全国一位であるものを下より選び、記号で答えなさい。

あ. 自転車生産額　い. 海苔《のり》の生産量　う. 自動車生産額　え. 印刷物出荷額

⑧（1）老人ホームを表す地図記号を下より選び、記号で答えなさい。

あ　い　う　え

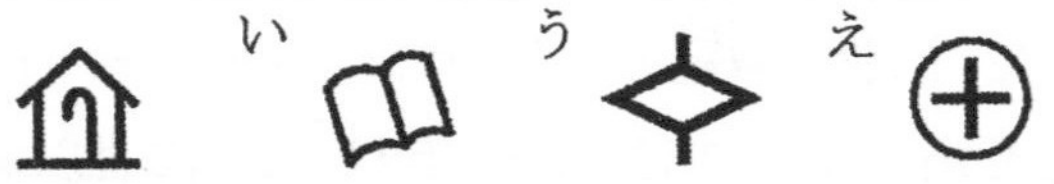

（2）2023 年の日本の年齢別人口構成のうち、65 歳以上の高齢者が占める割合としてふさわしいものを下より選び、記号で答えなさい。

あ. 約 10%　い. 約 30%　う. 約 50%　え. 約 70%

【3】古典落語「景清《かげきよ》」のあらすじと一場面を読み、あとの問いに答えなさい。

（あらすじ）

目の病気で視力を失った腕利《うでき》きの職人・定次郎《さだじろう》（以下：定）は、「目の観音《かんのん》様※1」として有名な柳谷《やなぎだに》観音（①京都府長岡京市の楊谷寺《ようこくじ》）にお参りに行きましたが、全く治りません。以下は、心配してやって来たご近所の甚兵衛《じんべえ》さん（以下：甚）との場面です。

甚：柳谷《やなぎだに》さんだけが仏さんやあらへんがな。近いところで②清水《きよみず》の観音さんはどうや？

定：ほお、清水さんやったら近うてよろしいなあ…、あそこ、目のほうやりますかい？

甚：あのな、お医者やないねんで。まぁ関係ないこともないで。昔、③平家の侍《さむらい》で「悪七兵衛景清《あくしちびょうえ》」という者がおった。④芝居《しばい》や浄瑠璃《じょうるり》にも出てくるさかい、名前ぐらいは知ってるやろ？それが⑤平家が壇ノ浦で滅《ほろ》んだあとも生き残って⑥奈良の大仏供養※2に来た頼朝の命を狙《ねら》ったんやけど、しくじって捕《つか》まって逆に頼朝に助けてもろたんや。恩を受けた以上、頼朝を狙うことはできん。ただ、「⑦源氏の世の中は見るのもいやや」と、自分の両眼を清水さんへお供えしたという話があるわい。そう考えたら目に関係ないこともないで、清水さんに祈願《きがん》したらどうや？

定：へぇ…ほんなら、改めてまたお参りさせてもらいまっさ。

※1 仏教の仏様のひとつ　※2 焼け落ちた東大寺の再建を祝う儀式《ぎしき》

（作問のため一部改）

問１　文中＿＿＿①～⑦について、あとの問いに答えなさい。

①　長岡京のひとつ前の都を下より選び、記号で答えなさい。

あ．平城京　い．藤原京　う．大津京　え．平安京

②　「清水の観音さん」とは京都の清水寺のことである。この寺は778年にひらかれたが、同じ時代にできたものを下より選び、記号で答えなさい。

あ．『万葉集』　い．『源氏物語絵巻』　う．『御伽草子』　え．『蒙古襲来絵詞』

③　平家の守り神とされる神社を下より選び、記号で答えなさい。

あ．八坂神社　い．鶴岡八幡宮　う．厳島神社　え．日光東照宮

④　歌舞伎や人形浄瑠璃の脚本家《きゃくほんか》として有名な人物を下より選び、記号で答えなさい。

あ．本居宣長　い．歌川広重　う．近松門左衛門　え．杉田玄白

⑤　壇ノ浦の戦いがあった県を下より選び、記号で答えなさい。

あ．山口県　い．香川県　う．兵庫県　え．静岡県

⑥　奈良時代に人々のために土木事業をおこない、大仏づくりにも協力した僧《そう》を下より選び、記号で答えなさい。

あ．行基　い．鑑真　う．雪舟　え．運慶

⑦　「源氏の世の中」と関係ないものを下より選び、記号で答えなさい。

あ．執権　い．守護　う．地頭　え．防人

問２　本文から「悪七兵衛景清」が生きた時代を下より選び、記号で答えなさい。

あ．８世紀　い．10世紀　う．12世紀　え．14世紀

【4】次の文を読み、あとの問いに答えなさい。

日本初の国産チョコレートは、風月堂によって①1878 年に発売された。当時は、「貯古齢糖《チョコレート》」や「猪口令糖《チョコレート》」という表記で新聞広告がされていた。カカオ豆からの一貫生産は、②1918年森永製菓《せいか》がはじめた。こうしてチョコレートは高級品から庶民《しょみん》の菓子となり、③1920年代から30年代にかけて日本人の間に急速に普及《ふきゅう》した。

キャラメルなどをチョコレートでコーティングしたボンボン・ショコラは④1923年に来日したゴンチャロフによって神戸でつくられはじめた。⑤1932年、神戸のモロゾフが、「愛の贈《おく》り物としてチョコレートを贈りましょう」というスタイルを提案したが、日本でバレンタインデーにチョコを贈る習慣が定着したのは1960年代のことである。

第二次世界大戦の影響により、日本では1940年12月を最後にカカオ豆の輸入は止まったが、⑥オランダ領東インドを占領《せんりょう》した日本軍は、カカオ豆の農園や、ジャワ島の工場を手に入れ、森永製菓などにチョコレートをつくらせ、軍に納入させた。

1945年に日本が第二次世界大戦で敗れると、占領軍を通じて大量のチョコレートが日本にもたらされ、⑦当時の子供たちが兵士たちに投げかけた「ギブ・ミー・チョコレート!」という語は、占領時代の世相を表す語となった。

問１　文中＿＿＿①～⑦について、あとの問いに答えなさい。

①　この年以前におこったできごととして正しいものを下より選び、記号で答えなさい。

あ．国会の開設　い．江戸を東京とする
う．政党内閣の成立　え．治安維持法の成立

②　この年に終結した戦争を下より選び、記号で答えなさい。

あ．日清戦争　い．第１次世界大戦　う．日中戦争　え．朝鮮戦争

③　この年代におこったできごとを下より選び、記号で答えなさい。

あ．鹿鳴館の開設　い．学制の公布　う．電気冷蔵庫の普及　え．ラジオ放送の開始

④　来日の背景としてもっとも適切なものを下より選び、記号で答えなさい。

あ．満州事変　い．世界恐慌　う．ロシア革命　え．日中戦争

⑤　この当時の社会の様子として正しいものを下より選び、記号で答えなさい。

あ．バスの車掌《しゃしょう》は若者に人気の仕事となったが、男子のみがなることができた。
い．男女ともに国会議員の選挙に限り、普通選挙権が認められていた。
う．徴兵令による女子の兵役の義務は男子よりも６か月短縮されていた。
え．中学校には男子が、女学校には女子が通うなど男女別学が基本であった。

⑥　現在の国としてもっとも適切なものを下より選び、記号で答えなさい。

あ．インド　い．ベトナム　う．インドネシア　え．タイ

⑦　この兵士たちの出身国としてもっとも適切なものを下より選び、記号で答えなさい。

あ．中国　い．イタリア　う．ドイツ　え．アメリカ

以上

二〇二四年度 同志社香里中学校 後期入学試験問題 国語 解答用紙

六枚のうち その六

（番号で答えられるものは、すべて番号で答えなさい。また、字数制限のある問題は、かぎかっこなどの記号・句読点も一字とします。）

【一】

問一

問二

問三

問四

問五 (1)

(2)

問六

問七

問八 (1) a b c d e

(2)

(3)

【二】

問一 a b c

問二

問三 ↓ ↓ ↓

問四

問五

問六 Ⅰ Ⅱ

問七

問八 A B

問九

【三】

1 2 3 4 5

【四】

①

②

③ 業

【五】

①

②

③

④ ねる

⑤ れる

⑥

⑦

⑧

受験番号

氏名

二 問三 4点	一 問一・二 7点
二 問四・五 7点	一 問三・四 7点
二 問六・七 8点	一 問五 8点
二 問八 12点	一 問六・七 8点
二 問九 6点	一 問八 1 10点
三・四 6点	一 問八 2 3 9点
五 16点	二 問一・二 12点
小計 59点	小計 61点
合計	

このらんには記入しないこと

※120点満点

受験番号					2024年度　同志社香里中学校 後期試験解答用紙　算数	4枚のうち その4
氏名						

※120点満点

（注意）答えはすべてこの用紙に書きなさい。

1	(1)		(2)		(3)		15点
2	(1)	度	(2)		(3)	cm^2	15点
3	(1)	本	(2)	本	(3)	段	18点
4	(1)	毎分　　m	(2)	分後	(3)	m	18点
5	(1)	才	(2)	才	(3)	年後	18点
6	(1)	度	(2)	本	(3)	cm^2	18点
7	(1)	秒後	(2)	cm	(3)	cm	18点

受験番号					2024年度同志社香里中学校 後期入学試験解答用紙　理科	５枚のうち その５
氏名						

（記号・番号で答えられるものはすべて記号・番号で答えなさい）

採点欄
ここには何も
書かないこと

【１】

ア		イ	座		
ウ		エ		オ	

【１】10点

【２】

ア	種類	イ		ウ	cm	エ	倍	オ	cm

【２】10点

【３】

ア		イ		ウ	a	b	c
エ		オ		カ		キ	

【３】10点

【４】

ア		イ	石灰水	塩酸	ウ		エ	と

【４】８点

【５】

ア		イ	℃	ウ		エ		オ	

【５】10点

【６】

ア	g	イ	g	ウ	g	エ	

【６】12点

【７】

ア	C	E	イ		ウ		エ	
オ	a	b	c					

【７】10点

【８】

ア	a	b	c	d	e			
イ	F	G	ウ	X	Y	エ		

【８】10点

合計

※80点満点

受験番号					2024年度 同志社香里中学校 後期入学試験　解答用紙　社会	4枚のうち その4
氏名						

【1】

問1〔アルファベット〕

【A】

【B】

問2〔漢字２字〕

問３

問４

①

②

③

④

⑤

⑥

【２】

問１

(1)

(2)

(3)

(4)

問2〔漢字２字〕

問３

①

②

③

④

⑤

⑥

⑦

(1)

(2)

⑧

(1)

(2)

【３】

問１

①

②

③

④

⑤

⑥

⑦

問２

【４】

問１

①

②

③

④

⑤

⑥

⑦

以上

以下の欄には
何も記入しないで下さい

【１】 20点

【２】 30点

【３】 16点

【４】 14点

※80点満点

福岡県

①［国立］福岡教育大学附属中学校（福岡・小倉・久留米）
②［県立］育徳館中学校
門司学園中学校
宗像中学校
嘉穂高等学校附属中学校
輝翔館中等教育学校
③西南学院中学校
④上智福岡中学校
⑤福岡女学院中学校
⑥福岡雙葉中学校
⑦照曜館中学校
⑧筑紫女学園中学校
⑨敬愛中学校
⑩久留米大学附設中学校
⑪飯塚日新館中学校
⑫明治学園中学校
⑬小倉日新館中学校
⑭久留米信愛中学校
⑮中村学園女子中学校
⑯福岡大学附属大濠中学校
⑰筑陽学園中学校
⑱九州国際大学付属中学校
⑲博多女子中学校
⑳東福岡自彊館中学校
㉑八女学院中学校

佐賀県

①［県立］香楠中学校
致遠館中学校
唐津東中学校
武雄青陵中学校
②弘学館中学校
③東明館中学校
④佐賀清和中学校
⑤成穎中学校
⑥早稲田佐賀中学校

長崎県

①［県立］長崎東中学校
佐世保北中学校
諫早高等学校附属中学校
②青雲中学校
③長崎南山中学校
④長崎日本大学中学校
⑤海星中学校

熊本県

①［県立］玉名高等学校附属中学校
宇土中学校
八代中学校
②真和中学校
③九州学院中学校
④ルーテル学院中学校
⑤熊本信愛女学院中学校
⑥熊本マリスト学園中学校
⑦熊本学園大学付属中学校

大分県

①［県立］大分豊府中学校
②岩田中学校

宮崎県

①［県立］五ヶ瀬中等教育学校
②［県立］宮崎西高等学校附属中学校
都城泉ヶ丘高等学校附属中学校
③宮崎日本大学中学校
④日向学院中学校
⑤宮崎第一中学校

鹿児島県

①［県立］楠隼中学校
②［市立］鹿児島玉龍中学校
③鹿児島修学館中学校
④ラ・サール中学校
⑤志學館中等部

沖縄県

①［県立］与勝緑が丘中学校
開邦中学校
球陽中学校
名護高等学校附属桜中学校

もっと過去問シリーズ

北海道

北嶺中学校
7年分（算数・理科・社会）

静岡県

静岡大学教育学部附属中学校
（静岡・島田・浜松）
10年分（算数）

愛知県

愛知淑徳中学校
7年分（算数・理科・社会）
東海中学校
7年分（算数・理科・社会）
南山中学校男子部
7年分（算数・理科・社会）
南山中学校女子部
7年分（算数・理科・社会）
滝中学校
7年分（算数・理科・社会）
名古屋中学校
7年分（算数・理科・社会）

岡山県

岡山白陵中学校
7年分（算数・理科）

広島県

広島大学附属中学校
7年分（算数・理科・社会）
広島大学附属福山中学校
7年分（算数・理科・社会）
広島学院中学校
7年分（算数・理科・社会）
広島女学院中学校
7年分（算数・理科・社会）
修道中学校
7年分（算数・理科・社会）
ノートルダム清心中学校
7年分（算数・理科・社会）

愛媛県

愛光中学校
7年分（算数・理科・社会）

福岡県

福岡教育大学附属中学校
（福岡・小倉・久留米）
7年分（算数・理科・社会）
西南学院中学校
7年分（算数・理科・社会）
久留米大学附設中学校
7年分（算数・理科・社会）
福岡大学附属大濠中学校
7年分（算数・理科・社会）

佐賀県

早稲田佐賀中学校
7年分（算数・理科・社会）

長崎県

青雲中学校
7年分（算数・理科・社会）

鹿児島県

ラ・サール中学校
7年分（算数・理科・社会）

※もっと過去問シリーズは国語の収録はありません。

教英出版
〒422-8054
静岡県静岡市駿河区南安倍3丁目12－28
TEL 054-288-2131
FAX 054-288-2133
詳しくは教英出版で検索
教英出版 検索
URL https://kyoei-syuppan.net/

④[府立]富田林中学校
⑤[府立]咲くやこの花中学校
⑥[府立]水都国際中学校
⑦清風中学校
⑧高槻中学校（A日程）
⑨高槻中学校（B日程）
⑩明星中学校
⑪大阪女学院中学校
⑫大谷中学校
⑬四天王寺中学校
⑭帝塚山学院中学校
⑮大阪国際中学校
⑯大阪桐蔭中学校
⑰開明中学校
⑱関西大学第一中学校
⑲近畿大学附属中学校
⑳金蘭千里中学校
㉑金光八尾中学校
㉒清風南海中学校
㉓帝塚山学院泉ヶ丘中学校
㉔同志社香里中学校
㉕初芝立命館中学校
㉖関西大学中等部
㉗大阪星光学院中学校

兵庫県

①[国立]神戸大学附属中等教育学校
②[県立]兵庫県立大学附属中学校
③雲雀丘学園中学校
④関西学院中学部
⑤神戸女学院中学部
⑥甲陽学院中学校
⑦甲南中学校
⑧甲南女子中学校
⑨灘中学校
⑩親和中学校
⑪神戸海星女子学院中学校
⑫滝川中学校
⑬啓明学院中学校
⑭三田学園中学校
⑮淳心学院中学校
⑯仁川学院中学校
⑰六甲学院中学校
⑱須磨学園中学校(第1回入試)
⑲須磨学園中学校(第2回入試)
⑳須磨学園中学校(第3回入試)
㉑白陵中学校
㉒夙川中学校

奈良県

①[国立]奈良女子大学附属中等教育学校
②[国立]奈良教育大学附属中学校
③[県立] 国際中学校
青翔中学校
④[市立]一条高等学校附属中学校
⑤帝塚山中学校
⑥東大寺学園中学校
⑦奈良学園中学校
⑧西大和学園中学校

和歌山県

①[県立] 古佐田丘中学校
向陽中学校
桐蔭中学校
日高高等学校附属中学校
田辺中学校
②智辯学園和歌山中学校
③近畿大学附属和歌山中学校
④開智中学校

岡山県

①[県立]岡山操山中学校
②[県立]倉敷天城中学校
③[県立]岡山大安寺中等教育学校
④[県立]津山中学校
⑤岡山中学校
⑥清心中学校
⑦岡山白陵中学校
⑧金光学園中学校
⑨就実中学校
⑩岡山理科大学附属中学校
⑪山陽学園中学校

広島県

①[国立]広島大学附属中学校
②[国立]広島大学附属福山中学校
③[県立]広島中学校
④[県立]三次中学校
⑤[県立]広島叡智学園中学校
⑥[市立]広島中等教育学校
⑦[市立]福山中学校
⑧広島学院中学校
⑨広島女学院中学校
⑩修道中学校
⑪崇徳中学校
⑫比治山女子中学校
⑬福山暁の星女子中学校
⑭安田女子中学校
⑮広島なぎさ中学校
⑯広島城北中学校
⑰近畿大学附属広島中学校福山校
⑱盈進中学校
⑲如水館中学校
⑳ノートルダム清心中学校
㉑銀河学院中学校
㉒近畿大学附属広島中学校東広島校
㉓AICJ中学校
㉔広島国際学院中学校
㉕広島修道大学ひろしま協創中学校

山口県

①[県立] 下関中等教育学校
高森みどり中学校
②野田学園中学校

徳島県

①[県立] 富岡東中学校
川島中学校
城ノ内中等教育学校
②徳島文理中学校

香川県

①大手前丸亀中学校
②香川誠陵中学校

愛媛県

①[県立] 今治東中等教育学校
松山西中等教育学校
②愛光中学校
③済美平成中等教育学校
④新田青雲中等教育学校

高知県

①[県立] 安芸中学校
高知国際中学校
中村中学校

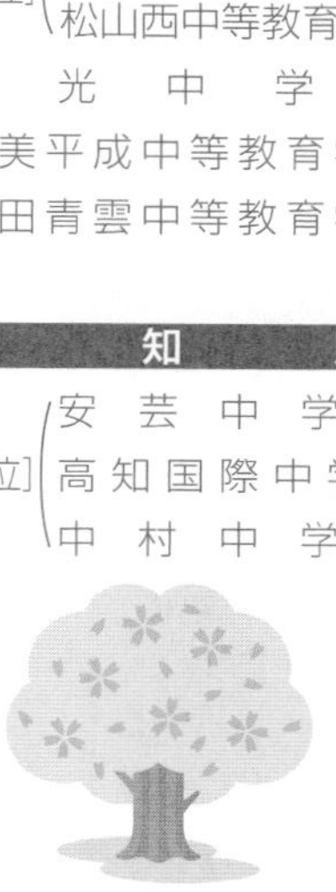

神奈川県

①[県立] 相模原中等教育学校
　　　　平塚中等教育学校

②[市立]南高等学校附属中学校

③[市立]横浜サイエンスフロンティア高等学校附属中学校

④[市立]川崎高等学校附属中学校

✿⑤聖光学院中学校

✿⑥浅野中学校

⑦洗足学園中学校

⑧法政大学第二中学校

⑨逗子開成中学校（１次）

⑩逗子開成中学校（2·3次）

⑪神奈川大学附属中学校（第1回）

⑫神奈川大学附属中学校（第2·3回）

⑬栄光学園中学校

⑭フェリス女学院中学校

新潟県

①[県立] 村上中等教育学校
　　　　柏崎翔洋中等教育学校
　　　　燕中等教育学校
　　　　津南中等教育学校
　　　　直江津中等教育学校
　　　　佐渡中等教育学校

②[市立]高志中等教育学校

③新潟第一中学校

④新潟明訓中学校

石川県

①[県立]金沢錦丘中学校

②星稜中学校

福井県

①[県立]高志中学校

山梨県

①山梨英和中学校

②山梨学院中学校

③駿台甲府中学校

長野県

①[県立] 屋代高等学校附属中学校
　　　　諏訪清陵高等学校附属中学校

②[市立]長野中学校

岐阜県

①岐阜東中学校

②鶯谷中学校

③岐阜聖徳学園大学附属中学校

静岡県

①[国立]静岡大学教育学部附属中学校
　　　（静岡·島田·浜松）

② [県立]清水南高等学校中等部
　 [県立]浜松西高等学校中等部
　 [市立]沼津高等学校中等部

③不二聖心女子学院中学校

④日本大学三島中学校

⑤加藤学園暁秀中学校

⑥星陵中学校

⑦東海大学付属静岡翔洋高等学校中等部

⑧静岡サレジオ中学校

⑨静岡英和女学院中学校

⑩静岡雙葉中学校

⑪静岡聖光学院中学校

⑫静岡学園中学校

⑬静岡大成中学校

⑭城南静岡中学校

⑮静岡北中学校

⑯ 常葉大学附属常葉中学校
　 常葉大学附属橘中学校
　 常葉大学附属菊川中学校

⑰藤枝明誠中学校

⑱浜松開誠館中学校

⑲静岡県西遠女子学園中学校

⑳浜松日体中学校

㉑浜松学芸中学校

愛知県

①[国立]愛知教育大学附属名古屋中学校

②愛知淑徳中学校

③ 名古屋経済大学市邨中学校
　 名古屋経済大学高蔵中学校

④金城学院中学校

⑤椙山女学園中学校

⑥東海中学校

⑦南山中学校男子部

⑧南山中学校女子部

⑨聖霊中学校

⑩滝中学校

⑪名古屋中学校

⑫大成中学校

⑬愛知中学校

⑭星城中学校

⑮名古屋葵大学中学校
　（名古屋女子大学中学校）

⑯愛知工業大学名電中学校

⑰海陽中等教育学校（特別給費生）

⑱海陽中等教育学校（Ⅰ·Ⅱ）

⑲中部大学春日丘中学校

新刊⑳名古屋国際中学校

三重県

①[国立]三重大学教育学部附属中学校

②暁中学校

③海星中学校

④四日市メリノール学院中学校

⑤高田中学校

⑥セントヨゼフ女子学園中学校

⑦三重中学校

⑧皇學館中学校

⑨鈴鹿中等教育学校

⑩津田学園中学校

滋賀県

①[国立]滋賀大学教育学部附属中学校

②[県立] 河瀬中学校
　　　　守山中学校
　　　　水口東中学校

京都府

①[国立]京都教育大学附属桃山中学校

②[府立]洛北高等学校附属中学校

③[府立]園部高等学校附属中学校

④[府立]福知山高等学校附属中学校

⑤[府立]南陽高等学校附属中学校

⑥[市立]西京高等学校附属中学校

⑦同志社中学校

⑧洛星中学校

⑨洛南高等学校附属中学校

⑩立命館中学校

⑪同志社国際中学校

⑫同志社女子中学校（前期日程）

⑬同志社女子中学校（後期日程）

大阪府

①[国立]大阪教育大学附属天王寺中学校

②[国立]大阪教育大学附属平野中学校

③[国立]大阪教育大学附属池田中学校

教英出版　2025年春受験用　中学入試問題集

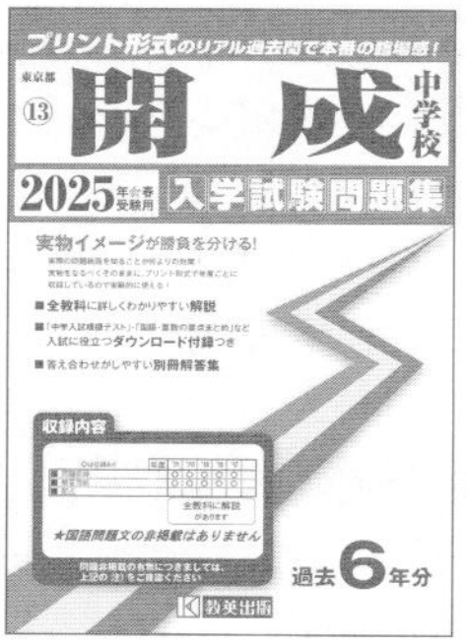

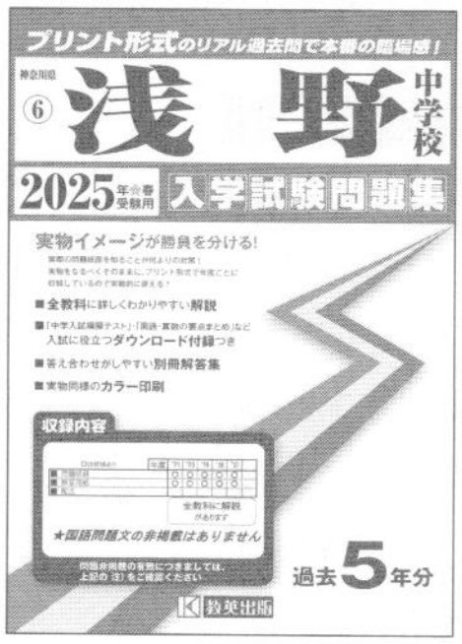

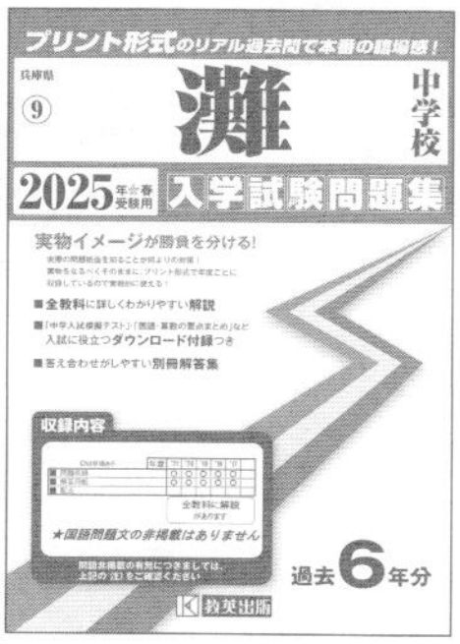

学校別問題集

✿はカラー問題対応

北海道

①［市立］札幌開成中等教育学校
②藤女子中学校
③北嶺中学校
④北星学園女子中学校
⑤札幌大谷中学校
⑥札幌光星中学校
⑦立命館慶祥中学校
⑧函館ラ・サール中学校

青森県

①［県立］三本木高等学校附属中学校

岩手県

①［県立］一関第一高等学校附属中学校

宮城県

①［県立］宮城県古川黎明中学校
②［県立］宮城県仙台二華中学校
③［市立］仙台青陵中等教育学校
④東北学院中学校
⑤仙台白百合学園中学校
⑥聖ウルスラ学院英智中学校
⑦宮城学院中学校
⑧秀光中学校
⑨古川学園中学校

秋田県

①［県立］
大館国際情報学院中学校
秋田南高等学校中等部
横手清陵学院中学校

山形県

①［県立］
東桜学館中学校
致道館中学校

福島県

①［県立］
会津学鳳中学校
ふたば未来学園中学校

茨城県

①［県立］
日立第一高等学校附属中学校
太田第一高等学校附属中学校
水戸第一高等学校附属中学校
鉾田第一高等学校附属中学校
鹿島高等学校附属中学校
土浦第一高等学校附属中学校
竜ヶ崎第一高等学校附属中学校
下館第一高等学校附属中学校
下妻第一高等学校附属中学校
水海道第一高等学校附属中学校
勝田中等教育学校
並木中等教育学校
古河中等教育学校

栃木県

①［県立］
宇都宮東高等学校附属中学校
佐野高等学校附属中学校
矢板東高等学校附属中学校

群馬県

①
［県立］中央中等教育学校
［市立］四ツ葉学園中等教育学校
［市立］太田中学校

埼玉県

①［県立］伊奈学園中学校
②［市立］浦和中学校
③［市立］大宮国際中等教育学校
④［市立］川口市立高等学校附属中学校

千葉県

①［県立］
千葉中学校
東葛飾中学校
②［市立］稲毛国際中等教育学校

東京都

①［国立］筑波大学附属駒場中学校
②［都立］白鷗高等学校附属中学校
③［都立］桜修館中等教育学校
④［都立］小石川中等教育学校
⑤［都立］両国高等学校附属中学校
⑥［都立］立川国際中等教育学校
⑦［都立］武蔵高等学校附属中学校
⑧［都立］大泉高等学校附属中学校
⑨［都立］富士高等学校附属中学校
⑩［都立］三鷹中等教育学校
⑪［都立］南多摩中等教育学校
⑫［区立］九段中等教育学校
⑬開成中学校
⑭麻布中学校
⑮桜蔭中学校
⑯女子学院中学校
✿⑰豊島岡女子学園中学校
⑱東京都市大学等々力中学校
⑲世田谷学園中学校
✿⑳広尾学園中学校（第2回）
✿㉑広尾学園中学校（医進・サイエンス回）
㉒渋谷教育学園渋谷中学校（第1回）
㉓渋谷教育学園渋谷中学校（第2回）
㉔東京農業大学第一高等学校中等部（2月1日 午後）
㉕東京農業大学第一高等学校中等部（2月2日 午後）

■ ご使用にあたってのお願い・ご注意

（１）問題文等の非掲載

著作権上の都合により，問題文や図表などの一部を掲載できない場合があります。

誠に申し訳ございませんが，ご了承くださいますようお願いいたします。

（２）過去問における時事性

過去問題集は，学習指導要領の改訂や社会状況の変化，新たな発見などにより，現在とは異なる表記や解説になっている場合があります。過去問の特性上，出題当時のままで出版していますので，あらかじめご了承ください。

（３）配点

学校等から配点が公表されている場合は，記載しています。公表されていない場合は，記載していません。

独自の予想配点は，出題者の意図と異なる場合があり，お客様が学習するうえで誤った判断をしてしまう恐れがあるため記載していません。

（４）無断複製等の禁止

購入された個人のお客様が，ご家庭でご自身またはご家族の学習のためにコピーをすることは可能ですが，それ以外の目的でコピー，スキャン，転載（ブログ，ＳＮＳなどでの公開を含みます）などをすることは法律により禁止されています。学校や学習塾などで，児童生徒のためにコピーをして使用することも法律により禁止されています。

ご不明な点や，違法な疑いのある行為を確認された場合は，弊社までご連絡ください。

（５）けがに注意

この問題集は針を外して使用します。針を外すときは，けがをしないように注意してください。また，表紙カバーや問題用紙の端で手指を傷つけないように十分注意してください。

（６）正誤

制作には万全を期しておりますが，万が一誤りなどがございましたら，弊社までご連絡ください。

なお，誤りが判明した場合は，弊社ウェブサイトの「ご購入者様のページ」に掲載しておりますので，そちらもご確認ください。

■ お問い合わせ

解答例，解説，印刷，製本など，問題集発行におけるすべての責任は弊社にあります。

ご不明な点がございましたら，弊社ウェブサイトの「お問い合わせ」フォームよりご連絡ください。迅速に対応いたしますが，営業日の都合で回答に数日を要する場合があります。

ご入力いただいたメールアドレス宛に自動返信メールをお送りしています。自動返信メールが届かない場合は，「よくある質問」の「メールの問い合わせに対し返信がありません。」の項目をご確認ください。

また弊社営業日（平日）は，午前９時から午後５時まで，電話でのお問い合わせも受け付けています。

2025 春

株式会社教英出版

〒422-8054　静岡県静岡市駿河区南安倍３丁目 12-28

TEL　054-288-2131　　FAX　054-288-2133

URL　https://kyoei-syuppan.net/

MAIL siteform@kyoei-syuppan.net

教英出版